Deutsch-Französisches Institut [Hrsg.]
Institut Franco-Allemand [Éd.]

Frankreich Jahrbuch

Die Wirtschaft Frankreichs, Italiens und Deutschlands in der Pandemie

Les économies française, italienne et allemande face à la pandémie

35. Jahrgang 2021

Nomos

dfi Deutsch-Französisches Institut
Institut Franco-Allemand

dfi

Deutsch-
Französisches
Institut

Redaktion: Eileen Keller

Die Deutsche Nationalbibliothek verzeichnet diese Publikation in der Deutschen Nationalbibliografie; detaillierte bibliografische Daten sind im Internet über http://dnb.d-nb.de abrufbar.

ISBN 978-3-8487-8752-4 (Print)
ISBN 978-3-7489-3190-4 (ePDF)

ISSN 0935-6649

Onlineversion
Nomos eLibrary

1. Auflage 2022

Vorwort

Zum Markenkern des Frankreich Jahrbuches gehört, dass es Frankreich nicht isoliert, sondern in der Regel vergleichend in seinem europäischen Kontext in den Blick nimmt. In diesem Jahr rückt neben Deutschland dabei Italien in den Mittelpunkt. Dies erklärt sich mit der besonderen Rolle, die Italien als drittgrößte Wirtschaftsmacht des Kontinents und als drittes bevölkerungsstarkes Gründungsmitglied der EU (bzw. ihrer Vorläufer) einnimmt. Der Schwerpunktteil dieses Frankreich Jahrbuches nimmt die wirtschaftlichen Auswirkungen der Corona-Pandemie in den drei Ländern vergleichend in den Blick, analysiert die Auswirkungen europäischer Maßnahmen und beleuchtet zudem, wie sich die Beziehungen zwischen den drei Ländern in der jüngeren Vergangenheit entwickelt haben.

Der vorliegende 35. Band des Frankreich Jahrbuches erscheint in einer überarbeiteten Konzeption in diesem Jahr erstmals beim Nomos Verlag. Beibehalten wurden all jene Elemente, die sich bewährt haben: Die Grundstruktur aus Schwerpunkt- und Handbuchteil mit einem jährlich wechselnden Schwerpunktthema, das sich an die Thematik der Jahrestagung des dfi anlehnt, jahresaktuelle Informationen zu Frankreich (Chronik, Wahlen, Zusammensetzung der Regierung), deutsch-sprachige Neuerscheinungen zu Frankreich und den deutsch-französischen Beziehungen sowie Informationen zu den wichtigsten öffentlich im Internet zugänglichen Quellen zu den gesellschaftlichen und wirtschaftlichen Basisdaten Frankreichs im europäischen Vergleich.

Neuerdings richtet sich das Frankreich Jahrbuch, wie schon beim Blick auf das zweisprachige Cover deutlich wird, stärker noch als in der Vergangenheit an die an Deutschland und den deutsch-französischen Beziehungen interessierte Leserschaft in Frankreich. Mit dieser Zielsetzung wurde auch die Rubrik *Regards croisés* eingeführt, die zumeist kürzere Beiträge in französischer Sprache beinhaltet. Auch wurden allen Beiträgen des Schwerpunktteils Kurzzusammenfassungen und Stichworte in beiden Sprachen vorangestellt. Als weiteren Service für die frankreichinteressierte Leserschaft in Deutschland enthält der Handbuchteil nun auch eine Rubrik mit Rezensionen, die lesenswerte Neuerscheinungen in der Fachliteratur zu und aus Frankreich vorstellt.

Wie in der Vergangenheit auch, ist der vorliegende Band ein echtes Gemeinschaftsprodukt des Deutsch-Französischen Instituts, an dem neben den externen Autorinnen und Autoren zahlreiche Mitarbeiterinnen und Mitarbeiter des Instituts an der Konzeption, Erstellung und Finalisierung des Manuskripts beteiligt waren – nicht nur als Autoren, sondern auch als scharfsinnige Gutachter ebenso wie versierte Übersetzerinnen und Übersetzer und gründliche Korrekturleserinnen und Korrekturleser. Die Kollegen aus der Frankreich-Bibliothek des Instituts liefern mit der Chronik und dem Überblick über Neuerscheinungen wichtige Beiträge zum Handbuchteil.

Wir danken allen Autorinnen und Autoren dieses Sammelbandes, den Übersetzerinnen und Übersetzern sowie den Praktikantinnen und Praktikanten, die daran mitgearbeitet haben, für ihr Engagement. Irene Lindauer-Grözinger hat in bemerkenswerter Gründlichkeit den Redaktionsprozess unterstützt und für ein einheitliches Manuskript gesorgt. Auch ihr gilt unser Dank.

Für die Redaktion:
Eileen Keller

Inhalt

Verzeichnis wichtiger Abkürzungen

AEUV	Vertrag über die Arbeitsweise der Europäischen Union
ARF	Aufbau- und Resilienzfazilität
BIP	Bruttoinlandsprodukt
BMF	Bundesministerium der Finanzen
BMWi	Bundesministerium für Wirtschaft und Energie
BVerfG	Bundesverfassungsgericht
CGIL	Confederazione Generale Italiana del Lavoro, italienischer Gewerkschaftsbund
CO_2	Kohlendioxid
Ecofin-Rat	Rat „Wirtschaft und Finanzen“ der Europäischen Union
ECON	Ausschuss für Wirtschaft und Währung des Europäischen Parlaments
EDF	Électricité de France SA, französische Elektrizitätsgesellschaft
ENEL	Ente nazionale per l’energia elettrica, italienischer Energiekonzern
EFI	Expertenkommission Forschung und Entwicklung der Bundesregierung
EPL-Index	Employment protection legislation-Index, Index der Beschäftigungsschutzgesetze
ESM	Europäischer Stabilitätsmechanismus
EU (-27)	Europäische Union (und ihre 27 Mitgliedstaaten)
EuGH	Europäischer Gerichtshof
EWWU	Europäische Wirtschafts- und Währungsunion
EZB / ECB	Europäische Zentralbank
FuE / F&E	Forschung und Entwicklung
GDF	Gaz de France, ehemaliger französischer Erdgaskonzern
IISG	Istituto Italiano di Studi Germanici, italienisches Forschungsinstitut für germanistische Studien
IMF / IWF	International Monetary Fund / Internationaler Währungsfonds
KMU	Kleine und mittlere Unternehmen
M5S	MoVimento 5 Stelle, Fünf-Sterne-Bewegung, EU-skeptische und populistische Partei in Italien
NATO	North Atlantic Treaty Organization, Nordatlantikpakt
NEET	Not in Employment, Education or Training, nichterwerbstätige Jugendliche, die nicht in Aus- oder Weiterbildung sind
NGEU	NextGenerationEU, europäisches Investitions- und Wachstumspaket
NGO	Non-governmental organization, Nichtregierungsorganisation
OECD	Organisation for Economic Co-operation and Developmen, Organisation für wirtschaftliche Zusammenarbeit und Entwicklung
PEPP	Pandemic Emergency Purchase Programm, Anleihenkaufprogramm der EZB
PISA	Programme for International Student Assessment, internationale Studie zu schulischen Leistungen
PNRR	Piano Nazionale di Ripresa e Resilienza, italienischer Plan im Rahmen von NextGenerationEU

PSPP	Public Sector Purchase Programm, Anleihenkaufprogramm der EZB
RWI	Leibniz-Institut für Wirtschaftsforschung
SVR	Sachverständigenrat zur Begutachtung der gesamtwirtschaftlichen Entwicklung
SWP	(europäischer) Stabilitäts- und Wachstumspakt
UNHCR	United Nations High Commissioner for Refugees, Hoher Flüchtlingskommissar der Vereinten Nationen
WWU	Wirtschafts- und Währungsunion

I. Themenschwerpunkt

Die Wirtschaft Frankreichs, Italiens und Deutschlands in der Pandemie

Deutschland, Frankreich und Italien im Kontext der Corona-Krise

Eileen Keller

Zusammenfassung: Dieser Beitrag führt in den Themenschwerpunkt des Frankreich Jahrbuches ein. Er beleuchtet die Relevanz des Themas und erläutert die Logik des gewählten Ansatzes, der Deutschland, Frankreich und Italien hinsichtlich der wirtschaftlichen Auswirkungen der Pandemie und der unterschiedlichen sozio-ökonomischen und politischen Rahmenbedingungen vergleichend und in ihren gegenseitigen Beziehungen in den Blick nimmt. Dabei greift er wichtige Einsichten aus den einzelnen Beiträgen auf und vermittelt so einen synthetisierten Überblick über die im vorliegenden Themenschwerpunkt versammelten Erfahrungen und Erkenntnisse.

Stichworte: Deutschland, Frankreich, Italien, Wirtschaftspolitik, Wirtschaftskrise, bilaterale Beziehungen

Résumé : Cet article présente la problématique de ce Frankreich Jahrbuch en mettant en lumière la pertinence du sujet et en expliquant la logique de l'approche choisie. Il compare l'impact économique de la pandémie et des différents contextes socio-économiques et politiques présents en Allemagne, en France et en Italie. De plus, il aborde la question de leurs relations mutuelles. Cette introduction reprend les principaux enseignements des différentes contributions et offre ainsi un aperçu synthétique des expériences et des connaissances rassemblées dans ce présent dossier.

Mots-clés : Allemagne, France, Italie, politique économique, crise économique, relations bilatérales

Wie die mannigfaltigen Entwicklungen der Pandemie selbst, kristallisieren sich auch ihre wirtschaftlichen Folgen erst im Zeitverlauf heraus. Während zu Beginn die historischen Wirtschaftseinbrüche von zum Teil über zehn Prozent Schlagzeilen machten, wurde mit der Zeit immer deutlicher, dass sich die Folgen nur unzureichend über einen massiven konjunkturellen wirtschaftlichen Einschnitt und eine wie auch immer geartete Erholungsphase beschreiben lassen – sei es in Form eines vogelflügelartigen „Vs", eines „Us" mit einer längeren Talphase oder eines „Ws" aus mehreren Phasen des Einbruchs und der Erholung. Die Corona-Krise ist als Wirtschaftskrise aufgrund bleibender und beschleunigter struktureller Veränderungen mehr als „nur" ein konjunktureller Tiefpunkt.

Nachhaltige wirtschaftliche Veränderungen, die sich mit der Pandemie verbinden und sich erst mit der Zeit vollumfänglich zeigen werden, betreffen bleibende wirtschaftliche Schäden durch Insolvenzen, Veränderungen in einzelnen Berufszweigen wie der Tourismus- und der Veranstaltungsbranche, aber auch die Folgen von Bildungslücken in den Erwerbsbiografien und der verzögerte und zum Teil pandemiebedingt missglückte Einstieg junger Erwachsener in den Arbeitsmarkt, die Berufsausbildung und das Studium. Selbiges gilt im positiven Sinne möglicherweise auch für bleibende Effekte, die der pandemiebedingte Digitalisierungsschub zeitigt.

Unsicherheiten behaften darüber hinaus auch die weitere haushaltspolitische Entwicklung. Die Pandemie traf viele europäische Länder in einer angespannten Haushaltslage, die mit den Krisenpaketen zur Stabilisierung der Wirtschaft weiter belastet wurde und die künftige fiskalische Handlungsfähigkeit über Jahre beeinträchtigen wird. Gleichzeitig handelte es sich bei den in der Krise getätigten Investitionen keineswegs nur um klassische antizyklische Konjunkturpolitik, sondern auch um Zukunftsinvestitionen, die vor allem mittelfristig die Wettbewerbsfähigkeit steigern und Europa mit Blick auf die Herausforderungen Digitalisierung und Klimawandel zukunftsfähig machen sollen. Mit den in der Krise getätigten Investitionen verbinden sich also dezidiert Weichenstellungen für die kommenden Jahre.

Auch bei den globalen Lieferketten zeigt sich, dass sich die Unterbrechungen nachhaltiger auswirken als ursprünglich angenommen. Vom Transport über Rohstoffe bis hin zu unzähligen in Fernost produzierten Teilen kommt es verstärkt zu Engpässen und Verzögerungen. In der Phase der sich hinziehenden Pandemie treffen dabei angebotsbeschränkende und nachfragestimulierende Faktoren im Weltmaßstab aufeinander, wodurch das Preisniveau möglicherweise über Jahre, und nicht nur kurzfristig aufgrund von Sondereffekten, steigen könnte. Dazu bei trägt ein durch die Kontakt- und Reisebeschränkungen verändertes Konsumverhalten, ebenso wie die zahlreichen Investitions- und Wachstumspakete, die eskalierende geopolitische Lage und der wachsende Energiebedarf Chinas.[1]

Der vorliegende Themenschwerpunkt beleuchtet vor diesem Hintergrund die unmittelbaren Auswirkungen der Pandemie in Deutschland, Frankreich und Italien. Mit den drei Ländern nimmt er die drei größten Volkswirtschaften des Kontinents in ihrem europäischen Umfeld in den Blick. Untersucht werden in diesem Zusammenhang auch die durch die Pandemie allermindestens beschleunigten Veränderungen auf europäischer Ebene mit Blick auf die fiskalische Integration und die sich verändernde Rolle der Geldpolitik der EZB. Vor dem Hintergrund der jüngsten Entwicklungen auf europäischer, aber auch auf bilateraler Ebene beleuchtet der Schwerpunktteil des diesjährigen Frankreich Jahrbuches abschlie-

1 Für einen Überblick und Diskussion inflationärer bzw. deflationärer Tendenzen im Umfeld der Corona-Pandemie siehe Demary et al. (2021) und Mayr et al. (2021).

ßend grundsätzliche Perspektiven und Voraussetzungen für die verstärkte Zusammenarbeit Deutschlands, Frankreichs und Italiens in Europa.

1. Deutschland, Frankreich und Italien im Vergleich

Jedes der drei Länder prägt durch sein politisches wie ökonomisches Gewicht und die jeweils unterschiedlichen politischen, wirtschaftlichen und gesellschaftlichen Rahmenbedingungen auf seine Weise die Funktionsweise und die weitere Entwicklung der Eurozone. Zusammengenommen und vergleichend analysiert vermitteln sie deshalb ein gutes Bild von den Herausforderungen und den Schwierigkeiten, die es im Rahmen der Währungsunion zu bewältigen gilt, aber auch von deren Stärken und ihrem Potenzial.

Deutschland ist die größte Volkswirtschaft des Kontinents. Im Gegensatz zu vielen anderen europäischen Ländern ist es gelungen, mit 20 % einen vergleichsweise hohen Anteil der Industrie am Bruttoinlandsprodukt zu halten, der über die Exportquote in den vergangenen Jahren zu beachtlichen Wohlstandssteigerungen beigetragen hat.[2] Eine stabilitätsorientierte wirtschaftspolitische Kultur hat dabei in den Jahren vor der Pandemie angesichts sprudelnder Steuereinnahmen und niedriger bzw. negativer Zinsen zu Haushaltsüberschüssen im höheren zweistelligen Milliardenbereich geführt. Dazu beigetragen hat der Reformkurs der rot-grünen Regierung unter Gerhard Schröder, der zu Wettbewerbssteigerungen in einer Zeit führte, in der viele andere europäische Länder eine expansivere Lohn- und Investitionspolitik verfolgten, was zu zunehmenden Divergenzen innerhalb der Eurozone beitrug (vgl. auch Gräbner et al. 2020, Hall 2012, Tokarski 2018).

Italien ist nach Deutschland der zweitgrößte Industriestandort des Kontinents, auch wenn sich in der jüngeren Zeit angesichts eines Modernisierungs- und vor allem Digitalisierungsrückstands zunehmend Schwächen aufgetan haben (Pellegrino und Zingales 2017). In den vergangenen Jahren war die italienische Politik angesichts eines hohen Staatsschuldenstandes, der überwiegend aus den 1980er-Jahren stammt, stark von Sparmaßnahmen und Reformbemühungen geprägt, die das Vertrauen in die Zahlungsfähigkeit des Landes stärken sollten und trotzdem nicht verhindern konnten, dass immer wieder Zweifel daran aufkeimten. Trotz einiger Reformerfolge leidet das Land unter einer mit stagnierender Produktivität

---

2 In Deutschland ist das Pro-Kopf-Einkommen zwischen 1999 (Einführung des Euro) und 2018 um 29 % gestiegen. In Frankreich waren es 17 %, in Italien lediglich 0,8 % (Tokarski 2018: 22).

verbundenen Wachstumsschwäche (vgl. auch Capussela 2018), die vor allem bei den Jugendlichen zu einer hohen Arbeitslosenquote von 30 % beitrug und die politischen Instabilitäten der vergangenen Jahre, die mit den Wahlerfolgen populistischer Parteien verbunden waren, verstärkte.

Einen vertieften Überblick über Reformerfolge und positive Entwicklungen der jüngeren Vergangenheit, aber auch die massiven strukturellen Herausforderungen, vor denen das Land steht, gibt der Beitrag von *Jan Labitzke und Alexander Grasse*. Auf der „Haben-Seite" kann Italien dabei unter anderem die nachhaltige Stabilisierung seines Rentensystems sowie die Verkleinerung beider Parlamentskammern um ein Drittel (!) für sich verbuchen, was in Deutschland im Lichte eines stetig wachsenden Bundestags politisch bislang unmöglich erscheint. Fortdauernde Schwierigkeiten betreffen den Arbeitsmarkt ebenso wie die notwendige Steigerung der nicht-preislichen Wettbewerbsfähigkeit über eine Stärkung der Innovationskraft, die Nord-Süd-Disparitäten, eine überbordende Bürokratie, ein schwerfälliges Justizsystem und soziale Schieflagen.

Besonders aufschlussreich sind in diesem Zusammenhang die angeführten vergleichenden Statistiken, die Deutschland und Frankreich miteinbeziehen. So zeigen die Eurostat-Daten deutlich, wie sehr in Italien in den vergangenen Jahren im Vergleich zu Deutschland und Frankreich aufgrund des Sparzwangs wichtige Investitionen unterblieben sind. In Deutschland wurden 2019 „insgesamt 1.325 Euro pro Person für Forschung und Entwicklung ausgegeben …, in Frankreich 795 Euro, im europäischen Schnitt 698 Euro, in Italien aber lediglich 439 Euro". Auch im Sozial-, Arbeitsmarkt- und Bildungsbereich belegen Labitzkes und Grasses Zahlen die großen Herausforderungen: In Italien sind mit 29,4 % rund drei Mal so viele Jugendliche arbeitslos wie in Deutschland (Frankreich: 21 %), wobei erhebliche regionale Unterschiede innerhalb des Landes zu beobachten sind. Über die Hälfte der Frauen im erwerbsfähigen Alter hat kein Arbeitseinkommen, was auch an einem Mangel an (erschwinglichen) Betreuungsangeboten für Kinder und pflegebedürftige Personen liegt.

Frankreich ist nach Deutschland die zweitgrößte Volkswirtschaft in der EU. Das Land mag auf den ersten Blick in einigen Aspekten eher Italien (z.B. Staatsschulden), in anderen eher Deutschland (z.B. Leistungsfähigkeit der Verwaltung) ähneln, hat aber doch sein eigenes Profil an Entwicklungen und Herausforderungen. Im Vergleich zu Italien ist es Frankreich besser gelungen, seine einstigen Staatskonzerne in international wettbewerbsfähige Unternehmen zu verwandeln. Im Vergleich zu Deutschland und Italien besonders stark ist das Land neben einzelnen ausgewählten Industriezweigen vor allem im Dienstleistungsbereich. In Frankreich ist die Staatsverschuldung zwar insgesamt geringer als in Italien, gleichzeitig trägt dort vor allem ein im internationalen Vergleich immer noch verhältnismäßig großzügiges Sozialsystem sowie eine trotz Strukturreformen im Vergleich zu Deutschland und Italien investitionsintensivere Wirtschaftspolitik zu Problemen auf der staatlichen Ausgabenseite bei.

Auch wenn zentrale Charakteristika der politischen und wirtschaftlichen Systeme der drei Länder an dieser Stelle nicht erschöpfend analysiert werden können, so deutet die vorangegangene Skizzierung auf die Nützlichkeit einer vergleichenden Perspektive hin, die Unterschiede und Gemeinsamkeiten sowie di- und konvergente Entwicklungen und die Ursachen hierfür in den Blick nimmt. Über Einsichten zu den drei Ländern hinaus, die schon allein aufgrund ihres politischen und wirtschaftlichen Gewichts ihre Berechtigung haben, lassen sich anhand dieser Konstellation wichtige Herausforderungen und Konfliktlinien, die das Funktionieren der Eurozone prägen, herausarbeiten.

2. Deutsche, französische und italienische Wirtschaftspolitik in der Krise

Angesichts der stark divergierenden fiskalischen Ausgangslage kann es nicht verwundern, dass die Reaktionen in der Pandemie unterschiedlich waren und dies trotz der vor allem in der ersten Welle stärkeren Betroffenheit Frankreichs und Italiens. Obwohl sie aufgrund der strikteren Lockdowns größere wirtschaftliche Einbrüche (13,5 % und 13 % im Vergleich zu 9,7 % im zweiten Quartal 2020 in Deutschland) erlebten, wurden mit dem *Plan d'urgence* (45 Mrd. Euro) und *Cura Italia* (25 Mrd.) zunächst verhältnismäßig kleine Krisen- und Konjunkturpakete auf den Weg gebracht. In Deutschland hingegen setzte die Regierung mit der Ankündigung der „Bazooka" bereits Mitte März 2020 mit haushaltswirksamen Leistungen in Höhe von 353 Milliarden und einem großzügigen Garantierahmen schnell auf ein starkes konjunkturelles Signal (vgl. dazu ausführlicher Keller 2021). Insgesamt waren das staatliche Defizit sowie der Anstieg der Staatsverschuldung, jeweils ins Verhältnis zum Bruttoinlandsprodukt gesetzt, 2020 in Frankreich und Italien im Vergleich zu Deutschland in etwa doppelt so hoch.[3]

In Deutschland trugen das umfängliche Konjunktur- und Krisenpaket sowie der mildere Lockdown, wie *Christoph Schmidt und Torsten Schmidt* in

---

3 2020 lag das staatliche Defizit in Deutschland bei -4,5 %, in Frankreich bei -9,1 % und in Italien bei -9,6 %. Dies verursachte einen Anstieg der Staatsverschuldung von 60 % auf 70 % des BIP in Deutschland, von 98 % auf 117 % in Frankreich und von 135 % auf 154 % in Italien. Quelle: Eurostat.

ihrem Beitrag zeigen, dazu bei, dass die Wirtschaft trotz tragischer Einzelschicksale insgesamt, auch im Vergleich zur Finanz- und Wirtschaftskrise von 2008/2009, verhältnismäßig gut durch die Pandemie kam, die befürchtete Insolvenzwelle ausblieb und das Produktionspotenzial weniger einbrach als 2008/2009. Und so richtete sich das wirtschaftspolitische Augenmerk auch im Bundestagswahlkampf 2021 relativ zügig wieder verstärkt auf die Bewältigung der mittelfristigen Herausforderungen, vor denen das Land mit der Energiewende, dem wirtschaftlichen Strukturwandel, den Herausforderungen der Digitalisierung und der demografischen Entwicklung steht. Hierbei stehen angesichts eines niedrigen Potenzialwachstums vor allem Zuwächse bei der Faktorproduktivität über F&E-Aktivitäten sowie eine Sicherung des Fachkräftepotenzials im Mittelpunkt.

Schmidt und Schmidt zeigen, dass angesichts des Niedrigzinsumfeldes „keine großen Konsolidierungsanstrengungen notwendig sind, um den Schuldenstand wieder unter die im Maastricht-Vertrag vereinbarte Obergrenze von 60 % in Relation zum Bruttoinlandsprodukt zu bringen". Dies kann ohne „gravierende Ausgabenkürzungen oder Einnahmenerhöhungen" und ohne Behinderung der für die Transformation der Wirtschaft erforderlichen staatlichen Investitionen gelingen. Dessen ungeachtet weisen sie auf eingeschränkte fiskalische Handlungsspielräume hin und plädieren angesichts der in der Pandemie gestiegenen Staatsquote auf deren Rückführung und für eine neue Balance von Markt und Staat, die marktwirtschaftlichen Lenkungsmechanismen wieder einen größeren Platz einräumt, da sie „Innovationen fördern und den wirtschaftlichen Strukturwandel beschleunigen".

In Frankreich standen in der Krise vor allem die Solvabilität der Unternehmen und die Auswirkungen auf die Beschäftigung im Mittelpunkt, die unter anderem durch verhältnismäßig großzügige Kurzarbeitregelungen – Entschädigungen bis zum vierfachen des Mindestlohns – aufgefangen wurden. Mit Blick auf die Entwicklung der Produktivität führt *Natacha Valla* auf den ersten Blick überraschende Produktivitätssteigerungen an, die sich damit erklären, dass es sich bei den am wenigsten produktiven Sektoren auch um diejenigen handelt, die von der Krise besonders stark getroffen waren. Wenngleich, wie auch in Deutschland, im Zuge der Krise ein Rückgang bei den Unternehmenspleiten festzustellen ist, sieht Valla aufgrund des insgesamt höheren Verschuldungs- und niedrigeren Produktivitätsniveaus erhebliche Insolvenzrisiken für französische Unternehmen. Trotz Fehlallokationsrisiken fordert sie deshalb einen umsichtigen Umgang mit dem Thema in der Übergangsphase, die den Staat als „Gläubiger vor die Alternative stellen [wird], ob er seine eingesetzten Mittel wirklich wieder zurückerhalten möchte" oder nicht. Damit sollte auch die heikle

Frage nach Teilverstaatlichungen nicht von vorneherein ausgeschlossen werden.

Angesichts der in der Krise getätigten Stützungsmaßnahmen hat in Frankreich auch die Frage nach der Tragfähigkeit französischer Staatsschulden und dem künftigen Umgang damit an Bedeutung gewonnen. Auch wenn die finanzielle Situation des französischen Staates aufgrund günstiger Refinanzierungsbedingungen derzeit stabil ist, fordert Valla ein grundsätzliches Umdenken in haushaltspolitischen Fragen. Dies betrifft vor allem die Frage eines angemessenen Regelwerks, verbunden mit der Annahme, dass „wir uns vielleicht von den heute angewandten Maßstäben, die auf dem Verhältnis zwischen Schulden und BIP beruhen, verabschieden sollten". Überlegungen zu solchen Reformen der Maastricht-Regeln schlichtweg als Versuch der Verwässerung abzutun, hält die Autorin für falsch, da ein bewussterer Umgang mit einzelnen Ausgabenposten „etwas sehr Grundlegendes in der Art und Weise ..., wie man in Frankreich die öffentlichen Finanzen verwaltet" verändern und somit zu mehr fiskalischer Verantwortung beitragen kann.

In Italien sind im Vergleich dazu erst durch die Einigung auf die nachfolgend beschriebenen geld- und fiskalpolitischen europäischen Maßnahmen Handlungsspielräume für umfänglichere nationale Krisenpolitik entstanden. *Marco Simoni* zeigt in seinem Beitrag, wie sich mit den in der Krise beschlossenen Maßnahmen weitreichende Weichenstellungen für die Zukunft Italiens, vor allem die Hoffnung auf die Rückkehr auf einen soliden Wachstumspfad verbinden. Er beleuchtet dabei die im italienischen Investitions- und Wachstumsplan enthaltenen Maßnahmen vor dem Hintergrund der wirtschaftlichen Schwierigkeiten Italiens. Hierfür diskutiert er einleitend zunächst unterschiedliche Erklärungsansätze für die schwache wirtschaftliche Performanz der vergangenen 20 Jahre – die Rolle, die die Einführung des Euro hierbei spielt ebenso wie der hohe Staatsschuldenstand sowie institutionelle Rigiditäten.

Simoni argumentiert, dass Italiens wirtschaftliche Probleme vor allem mit der Unfähigkeit des italienischen Staates zusammenhängen, die Voraussetzungen für Wirtschaftswachstum in einer globalisierten, wissensbasierten Weltwirtschaft zu schaffen, was er sowohl auf inadäquate Regelungen und eine ineffiziente Verwaltung als auch auf unzureichende staatliche Investitionen zurückführt. In diesem Zusammenhang kommt den in Italien getätigten Reformen und Investitionen im Rahmen des europäischen Wiederaufbaufonds eine große Bedeutung zu. Über die materiellen Effekte hinaus sieht Simoni die Bedeutung des europäischen Programms aber auch in veränderten Umgangsformen untereinander auf europäischer Ebene. Dabei handele es sich „um einen Schritt weg von einer Politik ..., die darauf beruht, vermeintlich unreifen Ländern die ‚Hände zu binden', hin zu einer neuen Phase, die auf gemeinsamer Verantwortung beruht und eine Führungsrolle für die einzelnen Länder bei den Reform- und Investitionsplänen vorsieht."

3. Europäische Reaktionen und Rahmenbedingungen

Nationale und europäische Antworten auf die Krise lassen sich nicht einfach voneinander trennen (vgl. auch Keller 2021: 19). Dies liegt am stabilisierenden Effekt der europäischen Geldpolitik ebenso wie an der fiskalischen Unterstützung, die den europäischen Staaten in unterschiedlichem Ausmaß mit dem SURE-Programm zur Sicherung von Arbeitsplätzen sowie dem europäischen Investitions- und Wachstumsprogramm NextGenerationEU (NextGenEU oder NGEU) zugutekam und insbesondere in Italien zusätzliche Spielräume für nationale Krisenpolitiken schaffte. Dies geschah auf Grundlage eines politischen Konsenses, die bereits vor der Krise beobachteten wirtschaftlichen Divergenzen in der Pandemie nicht weiter zu verschärfen.

Eine besondere Bedeutung kommt in diesem Zusammenhang, nicht nur mit Blick auf die Krisenbewältigung, sondern auch auf die weitere Entwicklung der Eurozone, dem Programm NextGenerationEU zu, auf das sich die Staats- und Regierungschefs im Juli 2020 geeinigt hatten. Dabei handelt es sich um eine zusätzlich zum regulären EU-Haushalt beschlossene, zeitlich befristete, anleihenfinanzierte „Wiederaufbau"-Fazilität über 750 Mrd. Euro, von denen über die Hälfte (390 Mrd. Euro) in Form von Zuschüssen an die Mitgliedsstaaten weitergereicht werden, wobei sich der Verteilungsschlüssel nicht nach der Größe der Länder, sondern vor allem deren Wohlstandsniveau und der Betroffenheit in der Krise richtet. Kernstück ist die 672 Milliarden schwere Aufbau- und Resilienzfazilität (ARF). Um die vorgesehenen Gelder zu erhalten, mussten alle Staaten bis April 2021 Investitions- und Reformpläne einreichen, die von der Europäischen Kommission geprüft und anschließend gebilligt wurden, und an deren etappenweise Zielerreichung die weitere Mittelauszahlung geknüpft ist. Deutschland erhält in diesem Rahmen 25, Frankreich 40 und Italien 60 Mrd. Euro in Form von Zuschüssen. Hinzu kommen Kredite, im Falle Italiens 130 Mrd. Euro, die allerdings viele Länder, darunter auch Deutschland und Frankreich, nicht in Anspruch nahmen.

Die Einigung auf das europäische Investitionspaket ist, wie *Lucas Schramm und Ulrich Krotz* in ihrem Beitrag betonen, „bemerkenswert" und der besonderen Rolle Deutschlands und Frankreichs bei der „Vorbereitung, Erarbeitung und Durchsetzung des historischen EU-Corona-Finanzpakets“ dank des einmalig dichten Netzes an politischen und administrativen Kontakten zwischen beiden Ländern zu verdanken. Die Autoren zeigen, wie Deutschland und Frankreich in einer verfahrenen akuten politischen Patt-Situation verhärteter Konfliktlinien bereit waren, ihre jeweiligen Lager zu verlassen, um zu einem gemeinsamen Kompromissvorschlag zu kommen, indem Deutschland erstmals für gemeinsame EU-Anleihen stimmte und Frankreich deren zeitliche Befristung und eine verbindliche Rahmung durch eine (weichere) Form der Konditionalität akzeptierte.

Die Autoren führen dies auf die Tatsache zurück, dass „die Positionen des jeweils anderen Partners in dieser bilateralen Sonderbeziehung die eigenen, nationalen Positionen beeinflussen und modifizieren können“. Die europäische Kompromissfindung hatte somit eine vorgelagerte bilaterale Dimension. Gleichzeitig betonen Schramm und Krotz aber auch, wie kontextspezifisch die deutsch-französische Führungsleistung ist: „Je stärker Deutschland und Frankreich selbst von einer Krise getroffen, je mehr Mitgliedstaaten insgesamt getroffen und je höher die Kosten im Falle einer ausbleibenden europäischen Antwort auf die Krise sind, desto höher ist die Wahrscheinlichkeit für das Aufkommen deutsch-französischer Führung und ihres Einflusses in der EU“.

Die zweite Säule des europäischen Krisenmanagements betrifft die Geldpolitik der EZB, die auch schon in den vorausgegangenen Krisen über ihre Rolle in der Troika sowie die großen Anleihekaufprogramme zunehmend an Bedeutung gewonnen hatte – Ende 2021 war die Bilanz der EZB auf rund 70 % des BIP der Eurozone angewachsen (BMWi 2021: 73). *Charlotte Bellon und Christina Rüther* zeigen in ihrem Beitrag, wie sich die Geldpolitik seit der Einführung des Euro verändert hat. Einerseits stellen sie eine zunehmende Autonomisierung der EZB bei der Interpretation ihrer Ziele fest. Andererseits hat die EZB begonnen, ein politisches und institutionelles Vakuum zu füllen, das die politischen Mandatsträger ihr bereitwillig überließen. Mit der Corona-Pandemie wurden die Kriterien für die Anleihekäufe weiter flexibilisiert, wodurch ein „auf den Finanzierungsbedarf einzelner Staaten abgestimmt[es]“ Kaufprogramm entstanden ist, das die EZB dem Risiko einer fiskalischen Dominanz aussetzt, also der „Unterwerfung der geldpolitischen Ziele unter die Rettung von Staaten im Falle einer drohenden Zahlungsunfähigkeit“.

Wie Bellon und Rüther zeigen, hat die zunehmende Politisierung der EZB sowie die Aufweichung einer auf Preisstabilität als oberstem Ziel ausgerichteten Geldpolitik die Legitimationsbasis der EZB untergraben. Als unabhängige technokratische, den Statuten nach a-politische Institution, ist sie auf ein klares Mandat angewiesen, das ihr Handeln politischen

Verteilungskämpfen entzieht, somit neutralisiert und vor „privater oder öffentlicher Aneignung“ schützt, was soziale Akzeptanz schafft. Vor diesem Hintergrund sind die Bemühungen der EZB in den vergangenen Jahren um mehr Transparenz durch parlamentarischen Austausch und Bürgernähe nur bedingt erfolgsversprechend. Vielmehr bräuchte es eine politische Klärung der Priorisierung der sekundären Ziele, oder aber eine Neufassung des Mandats der EZB. Wie die Ausführungen der Autorinnen zeigen, führt die zur Entlastung der Geldpolitik seit längerem geforderte und mit NextGenEU zumindest in Ansätzen realisierte europäische Fiskalpolitik also keineswegs automatisch zu einer Entlastung der obersten Währungshüterin.

4. Ansätze für eine vertiefte Zusammenarbeit

Der Blick auf die wirtschaftlichen Divergenzen, aber auch Berührungspunkte zwischen Deutschland, Frankreich und Italien, ebenso wie auf geteilte und opponierende Interessen in der Wirtschafts- und Europapolitik, verdeutlicht die Bedeutung einerseits der drei Länder für das Funktionieren der Eurozone und andererseits eines wissenschaftlichen Ansatzes, der diese systematisch vergleichend und in ihren Wechselwirkungen in den Blick nimmt. Deutschland, Frankreich und Italien stehen zusammengenommen für zwei Drittel der Wirtschaftsleistung der Eurozone und sind untereinander wirtschaftlich eng vernetzt. Für Frankreich und Italien ist Deutschland der wichtigste Handelspartner, umgekehrt ist die Bedeutung mit den Rängen 4 (Frankreich) und 6 (Italien) nicht ganz so groß. Aus deutscher Perspektive muss das Interesse an einer Zusammenarbeit mit Frankreich und Italien deshalb aber nicht geringer sein. Die Bundesrepublik hat aufgrund ihrer Exportstärke ein gesteigertes Interesse an einem starken, geeinten Wirtschaftsraum, weshalb es auf politisch wie wirtschaftlich stabile Nachbarländer angewiesen ist. In diesem Zusammenhang hat vor allem die Eurokrise schmerzlich gezeigt, dass Deutschland weder in der Lage noch willens ist, diesen Raum im Geiste eines übergeordneten gesamteuropäischen Interesses in einer alleinigen Führungsrolle zu gestalten (vgl. vertiefend Schöller 2020, Schild 2020).

Zu den Realitäten einer engen Wirtschafts- und Währungsunion mit geteilten supranationalen Elementen – wie der Geldpolitik – und eigenverantwortlichen nationalen Kompetenzen – wie den Spielräumen in der Fiskalpolitik – gehört auch, dass sich Entwicklungen in einzelnen Ländern auf ökonomische und politische Entwicklungen in anderen Ländern auswirken können. Dies gilt für den Umgang mit Migrationsströmen ebenso wie für das Gleichgewicht auf den Strommärkten nach dem deutschen Atomausstieg oder Spill-over-Effekte an den Finanzmärkten, etwa hinsichtlich des Vertrauens in die Zahlungsfähigkeit eines Landes, der Lohnpolitik oder Strukturreformen. Auch in wirtschaftspolitischen Fragen werden Entscheidungen zum Teil dezidiert in Anlehnung an oder im Gegensatz zu den Realitäten in anderen Ländern, insbesondere Deutschland, konzipiert – etwa mit Blick auf das Sozialmodell, Haushaltspolitik oder die berufliche Ausbildung, um nur einige Bereiche zu nennen.

Auch wenn es im Einzelnen schwierig sein mag, den Effekt innereuropäischer Interdependenzen, im wirtschaftlichen Bereich, aber auch darüber hinaus, im Sinne eindeutiger Kausalitäten zu benennen oder Nettonutznießer oder Nettozahler summarisch zu beziffern (vgl. Becker und Fuest 2017), so ist es doch eher abwegig vom gegenteiligen Effekt auszugehen, nämlich dass solche Interdependenzen *nicht* bestehen. Empirische Hinweise darauf gibt es in der einschlägigen Literatur einige (etwa Baccaro und D'Antoni 2020, Johnston und Regan 2016, Notermans und Piattoni 2020, 2021, Perez 2019), allerdings fehlt derzeit noch eine systematische Erschließung solcher Wechselwirkungen und ihre Aufarbeitung, die ein vollständigeres Bild ihrer wirtschaftlichen wie politischen Bedeutung vermitteln würde.

In dem Ausmaß wie Interdependenzen bestehen und geteilte Regeln – vor allem die der Eurozone – in den unterschiedlichen nationalen Kontexten zu signifikant divergierenden Effekten führen, kann man sich politisch nicht pauschal auf ein „fair play“ durch ein geteiltes gemeinsames Regelwerk berufen. Vielmehr kommt dem Management der Interdependenzen und asymmetrischen Effekte eine besondere Bedeutung zu. Dies geschieht neben der gesamteuropäischen Ebene auch durch Kooperationsstrukturen auf bi- und multilateraler Ebene, die in drei Aufsätzen am Ende des Schwerpunktteils beleuchtet werden.

Alexander Grasse und Jan Labitzke nehmen vor diesem Hintergrund das deutsch-italienische Verhältnis in den Blick. Die Autoren zeigen, dass die mediale Wahrnehmung Italiens in Deutschland oft durch Zerrbilder geprägt ist und deshalb in vielen Fällen ein „nüchterner, realitätsnäherer, aber auch konstanterer Blick dringend geboten“ sei. Zum angemessenen Umgang mit Italien gehört dabei auch ein besseres Verständnis von den italienischen Reformbemühungen und -erfolgen der vergangenen Jahre sowie der innenpolitischen Situation im Land, die angesichts eines instabilen Parteiensystems und einer volatilen Wählerschaft „komplizierter [ist] als es zurzeit vielleicht scheint“. Zum künftigen politischen Umgang mit Italien empfehlen die Autoren ein „neues Denken“ mit dem Ziel, angesichts einer sich „verschärfenden Krise zu einigen mittelosteuropäischen Staaten das Nord-Süd-Verhältnis [in der Europäischen Union] dauerhaft zu verbessern". Angesichts vieler Konvergenzen auf der Sachebene, etwa in der Industrie-, Energie- und Klimapolitik, wirken vor allem politisch-kulturelle Differenzen als „debilitierender Faktor". Noch immer hat das „moderne, politische Italien mit all seinen Facetten, seiner Komplexität und ja, auch Widersprüchlichkeit in Deutschland keine Lobby", weil es in vielen Bereichen an vernetzenden Instanzen fehlt.

Auch die Beziehungen zwischen Frankreich und Italien verlaufen alles andere als reibungslos. *Jean-Pierre Darnis* zeigt, wie in den vergangenen zwei Jahrzehnten vor allem divergierende industriepolitische Prioritäten – wie zum Beispiel in der Auseinandersetzung um den Zusammenschluss der Atlantikwerften und Fincantieri oder EDF und ENEL – und politische Konflikte – die Libyenfrage ebenso wie Migrationspolitik – zu Spannungen zwischen beiden Ländern und zur innenpolitischen Politisierung der bilateralen Beziehungen beitrugen. Dies führte Anfang 2019 im Kontext der Gelbwestenkrise zu einem echten Tiefpunkt in den gemeinsamen Beziehungen, damit verbunden aber auch zu der Erkenntnis, dass die „Fassade des guten Tons, die allzu wohlmeinend die natürliche Freundschaft zwischen beiden Völkern unterstrich, nicht ausreichte, um die tiefen Meinungsverschiedenheiten zu verbergen". Dies löste einen „echten Neustart" in den bilateralen Beziehungen aus, der im November 2021 in der Unterzeichnung des Quirinal-Vertrags gipfelte. Dabei handelt es sich um einen französisch-italienischen Freundschaftsvertrag nach Vorbild des Elysée- und des Aachener Vertrags, der an die Bemühungen aus den 1980er Jahren zur besseren Strukturierung der beiderseitigen Beziehungen anknüpft. Trotz des ambitionierten Vertragstextes bleibt Darnis bei der Bewertung dessen Potenzials vorsichtig und mahnt, dass man sich nicht „vorschnell zu Äußerungen über dessen tatsächliche Leistungsfähigkeit hinreißen lassen" solle, da es sich vor allem für Italien um ein ungewohntes Instrument handelt, dessen Erfolgschancen von den vorherrschenden politischen Realitäten geprägt sein werden.

Angesichts der durchaus nicht immer einfachen bilateralen Beziehungen zwischen Deutschland, Frankreich und Italien analysiert *Frank Baasner* ihre Bedeutung grundsätzlicher und setzt sie ins Verhältnis zum gesamteuropäischen Einigungsprozess. Ausgehend von den langjährigen vielfältigen deutsch-französischen Beziehungen argumentiert er, dass solche Formen horizontaler Europäisierung aufgrund der konfliktreichen Geschichte des Kontinents sowie der Notwendigkeit eines gesellschaftlichen Fundaments für den europäischen Einigungsprozess, das sich nur schrittweise realisieren kann, keineswegs obsolet geworden sind. Gleichzeitig sieht er in ihrer Öffnung auf Dritte ein „Gebot der Stunde" und argumentiert: „Wenn die deutsch-französische Sonderbeziehung exklusiv gesetzt wird, führt sie in die Isolation. Wenn sie für weitere Partner offen ist und die großen Erfahrungen in der bilateralen Arbeit für Andere nutzbar macht, ist sie ein wichtiger Baustein im europäischen Gebäude."

Anhand von Polen und Italien als wichtigen Partnerländern zeigt er anschließend, unter welchen Bedingungen dies über die Mechanismen „Übertragung" und „Erweiterung" gelingen kann und welche Voraussetzungen hierfür nötig sind. Besonderes Potenzial sieht er dabei in der Stärkung der Rolle Italiens, das sich aufgrund seiner langen europäischen Integrationsgeschichte leichter als Polen in bi- und trilaterale Sonderbeziehungen, die für sich einen besonderen Gestaltungsanspruch in Europa beanspruchen, einfinden könne. Hierfür führt er auch Belege aus der bisherigen Arbeit des Deutsch-Französischen Instituts an. Nichtsdestotrotz bleiben eine erfolgreiche Erweiterung und Übertragung voraussetzungsvoll, hängen diese doch von motivationalen ebenso wie Interessenlagen, persönlichen Zugängen im Partnerland, Erfahrungen mit internationaler Kooperation sowie der Bereitschaft von Schlüsselpersonen, sich einzubringen, ab.

5. Fazit

Wenn der Schwerpunktteil des vorliegenden *Frankreich* Jahrbuches Deutschland und Italien so dezidiert mit in den Blick nimmt, so ist dies der Tatsache geschuldet, dass den drei Ländern eine besondere Rolle innerhalb des europäischen Einigungsprozesses zukommt. Darüber hinaus gilt für die speziell an Frankreich interessierte Leserschaft, dass ein Teil französischer Realitäten in dem hochintegrierten wirtschaftlichen, politischen und gesellschaftlichen Raum, den der europäische Kontinent trotz aller Fragmentiertheit darstellt, außerhalb der Landesgrenzen begründet liegt. Emmanuel Macrons europapolitische Bilanz als französischer Präsident ist stark von den Erfolgen und Misserfolgen deutsch-französischer Führungsleistungen geprägt. Umgekehrt gilt dies für Italien und Deutschland natürlich auch: Im Hinblick auf die italienischen Wahlen zur Camera dei diputati fragen sich besorgte Beobachter, wieviel Angriffsfläche die deutsche Wirtschafts- und Europapolitik den populistischen Kräften im Land bietet. Hinsichtlich der Möglichkeit eines Ausscheidens Italiens aus der Währungsunion vermag sich kaum ein Experte vorzustellen, welche Auswirkungen dies auf die deutsche Wirtschaft hätte. Wer sich vor diesem Hintergrund vertieft mit Frankreich – wie mit anderen europäischen Ländern – befassen will, ist deshalb in vielen Fällen gut beraten, den Blick auch über die Landesgrenzen hinaus zu richten – und dies nicht nur aufgrund der schärfenden Wirkung, die der Vergleich als Kontrastmittel hat.

Literatur

Baccaro, Lucio / D'Antoni, Massimo (2020): Has the "External Constraint" Contributed to Italy's Stagnation? A Critical Event Analysis, MPIfG Discussion Paper 20/9, https://pure.mpg.de/rest/items/item_3243562/component/file_3243663/content

Becker, Johannes / Fuest, Clemens (2017): Der Odysseus-Komplex. Ein pragmatischer Vorschlag zur Lösung der Eurokrise, München: Carl Hanser Verlag.

BMWi (2021): Monetäre Entwicklung, in: Schlaglichter der Wirtschaftspolitik 11/2021, S. 72-74.

Capussela, Andrea Lorenzo (2018): A: Political Economy of Italy's Decline, Oxford: OUP.

Demary, Markus / Wollmershäuser, Timo / Vogt, Gerit / Traud, Gertud R. / Mütze, Stefan / Mayer, Thomas / Seiler, Pascal / Haffert, Lukas / Redeker, Nils / Rommel, Tobias (2021): Konsumstau, höhere Energiepreise, lockere Geldpolitik: Droht nach Corona die große Inflation? In: ifo Schnelldienst 9/2021, S. 3-26.

Gräbner, Claudius / Heimberger, Philipp / Kapeller, Jakob / Schütz, Bernhard (2020): Is the Eurozone disintegrating? Macroeconomic divergence, structural polarisation, trade and fragility, in: Cambridge Journal of Economics 44, 647–669.

Hall, Peter (2012): The Economics and Politics of the Euro Crisis, in: German Politics, 21 (4), S. 355-371.

Johnston, Alison / Regan, Aidan (2016): European Monetary Integration and the Incompatibility of National Varieties of Capitalism, in: JCMS: Journal of Common Market Studies 54 (2), S. 318-336.

Keller, Eileen (2021): Europa in der Corona-Krise. Wirtschaftliche Folgen und Perspektiven für Italien, Frankreich und Deutschland. Vigoni Paper 5/2021. Loveno di Menaggio: Villa Vigoni Verlag. https://www.villavigoni.eu/publication/nr-5-2021-europa-in-der-corona-krise-wirtschaftliche-folgen-und-perspektiven-fuer-italien-frankreich-und-deutschland/?lang=de

Mayr, Johannes / Bofinger, Peter / Tober, Silke / Schnabl, Gunther / Sell, Friedrich L. (2021): Inflation nach Corona: Sind die Sorgen berechtigt? In: Wirtschaftsdienst 101 (9), S. 673-691.

Notermans, Ton / Piattoni, Simona (2020): EMU and the Italian debt problem. Destabilising periphery or destabilising the periphery? In: Journal of European integration 42 (3), S. 345-362.

Notermans, Ton / Piattoni, Simona (2021): Italy and Germany: Incompatible Varieties of Europe or Dissimilar Twins? In: German Politics, DOI: 10.1080/09644008.2021.1890717

Pellegrino, Bruno / Zingales, Luigi (2017): Diagnosing the Italian disease. Nber Working Paper 23964, http://www.nber.org/papers/w23964

Perez, Sofia (2019): A Europe of creditor and debtor states: explaining the north/ south divide in the Eurozone, in: West European Politics 42 (5), S. 989 – 1014.

Schild, Joachim (2020): The myth of German hegemony in the euro area revisited, in: West European Politics 43 (5), S. 1072-1094.

Schöller, Magnus (2020): Leadership in the Eurozone: The Role of Germany and EU Institutions. Cham: Palgrave Macmillan.

Tokarski, Pawel (2018): Deutschland, Frankreich und Italien im Euroraum. Ursprünge, Merkmale und Folgen der begrenzten Konvergenz. SWP-Studie 2018/S 25. https://www.swp-berlin.org/publikation/euroraum-begrenzte-konvergenz/

Die Autorin

Eileen Keller ist wissenschaftliche Mitarbeiterin am Deutsch-Französischen Institut und dort zuständig für den Arbeitsbereich Wirtschaftspolitik. Sie promovierte an der Berlin Graduate School of Social Sciences und war anschließend Max Weber Fellow am Europäischen Hochschulinstitut in Florenz. Kontakt: keller@dfi.de

Italien und NextGenEU, zurück auf den Wachstumspfad

Marco Simoni[1]

Zusammenfassung: Der Beitrag beleuchtet die wirtschaftliche Situation Italiens im Kontext der Coronakrise. In einem ersten Schritt werden unterschiedliche Erklärungen für den wirtschaftlichen Niedergang Italiens diskutiert. In einem zweiten Schritt wird der italienische Investitions- und Wachstumsplan im Rahmen von NGEU vorgestellt und erläutert, inwiefern er die strukturellen Defizite der italienischen Volkswirtschaft beheben kann. Es wird argumentiert, dass die Haupthindernisse für mehr Wachstum vor allem in der Unfähigkeit des öffentlichen Sektors begründet liegen, die Voraussetzungen für Wachstum in der heutigen globalisierten wissensbasierten Wirtschaftswelt zu schaffen.

Stichworte: Italien, Wirtschaftswachstum, NextGenerationEU, Investitionen, Reformen

Résumé : L'article met en lumière la situation économique de l'Italie dans le contexte de la crise liée au Covid. Dans un premier temps, les différentes explications du déclin économique de l'Italie sont abordées. Dans un deuxième temps, est présenté le plan d'investissement et de croissance italien dans le cadre du NGEU et est expliqué dans quelle mesure il peut remédier aux déficits structurels de son économie. Il est avancé que les principaux obstacles à une plus grande croissance économique sont dus à l'incapacité du secteur public à créer les conditions nécessaires pour soutenir la croissance dans l'actuelle économie mondialisée de la connaissance.

Mots-clés : Italie, croissance économique, NextGenerationEU, investissements, réformes

1. Einführung

Als sich die Finanzkrise in Europa zu einer ausgewachsenen Staatsschuldenkrise ausweitete, wurde Austerität für südeuropäische Regierungen bald zum einzigen Mittel, um die Finanzmärkte zu beruhigen und makroökonomische Ungleichgewichte zu korrigieren (Stiglitz 2016). Zehn Jahre später hingegen haben die europäischen Regierungen angesichts der COVID-19-Pandemie ihre langjährigen Ängste und Spaltungen überwunden und sich bereitwillig auf das größte EU-finanzierte Konjunkturpaket aller Zeiten geeinigt. NextGenerationEU, das im Rahmen des Mehrjährigen Finanzrahmens 2021-2027 vereinbart wurde, besteht aus einem befristeten Konjunkturprogramm über 800 Mrd. Euro. Sein Ziel ist es, die durch die Coronavirus-Pandemie verursachten wirtschaftlichen und sozialen Schäden zu beheben und Europa grüner, digitaler und inklusiver zu machen.

---

1 Ich möchte Donato Di Carlo für seine wertvolle Hilfe bei der Umwandlung einer Rede in einen (hoffentlich) zusammenhängenden, lesbaren Aufsatz danken. Alle Fehler sind meine.

Im Mittelpunkt dieser Strategie steht die Aufbau- und Resilienzfazilität, ein zeitlich befristetes Instrument zur wirtschaftlichen Erholung, das den Mitgliedstaaten mehr als 720 Mrd. Euro in Form von Zuschüssen und Darlehen zur Verfügung stellt und damit politische Reformen und wirtschaftliche Investitionen unterstützt. In diesem Zusammenhang sticht Italien als eines der größten Empfängerländer hervor: Für die Umsetzung des italienischen *Piano Nazionale di Ripresa e Resilienza* (PNRR), der 132 Investitionen und 58 Reformen umfasst, erhält das Land 68,9 Mrd. Euro an Zuschüssen und 122,6 Mrd. in Form von Darlehen.[2]

Angesichts der besonderen Bedeutung von NGEU für Italien sollen die im PNRR vorgeschlagenen Investitionen und Reformen vor dem Hintergrund der langjährigen Defizite Italiens und der Ursachen für die wirtschaftliche Stagnation des Landes seit Mitte der 1990er Jahre bewertet werden. Dementsprechend verfolgt dieser Beitrag ein doppeltes Ziel. In einem ersten Schritt sollen alternative Erklärungsansätze für den wirtschaftlichen Niedergang Italiens diskutiert werden. Daran anknüpfend werden dann kurz die drei Haupterklärungsfaktoren erörtert, die aus meiner Sicht das Wirtschaftswachstum und die Entwicklung Italiens behindern. In einem zweiten Schritt werde ich einen Überblick über den PNRR geben. Darauf aufbauend wird sodann erläutert, inwiefern die geplanten Investitionen und Reformen darauf ausgerichtet sind, die strukturellen Defizite der italienischen Volkswirtschaft zu beheben, um zu mehr Wachstum zurückzukehren und gleichzeitig einen größeren sozialen Zusammenhalt zu gewährleisten.

Es wird argumentiert, dass – entgegen der weit verbreiteten Annahme – die Haupthindernisse für Wachstum in Italien nicht auf angebliche Marktverkrustungen und übermäßige öffentliche Ausgaben zurückzuführen sind, sondern vielmehr in der Unfähigkeit des öffentlichen Sektors begründet liegen, die notwendigen Voraussetzungen für Wirtschaftswachstum in der heutigen globalisierten wissensbasierten Wirtschaftswelt zu gewährleisten. Im weiteren Verlauf dieses Beitrags werde ich mich speziell auf drei Faktoren konzentrieren: auf Verwaltungskapazitäten sowie auf Staatsausgaben für *weiche* und *harte* Investitionen. Dabei werde ich aufzeigen, wie der PNRR diese Schwächen beheben will.

2 European Commission: Italy's recovery and resilience plan, https://ec.europa.eu/info/business-economy-euro/recovery-coronavirus/recovery-and-resilience-facility/italys-recovery-and-resilience-plan_en

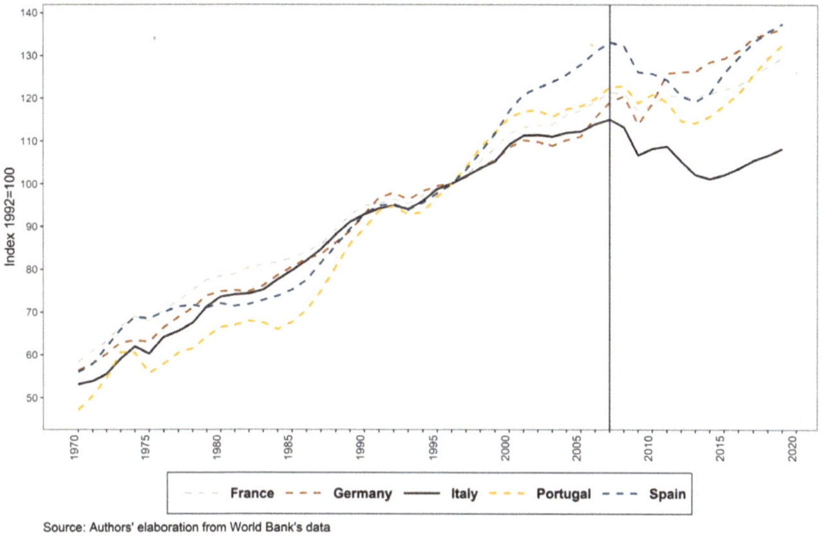

Abbildung 1: Konstantes Pro-Kopf-BIP in ausgewählten europäischen Ländern, Jahreswerte (1970–2020), Index 1992=100.

2. Alternative Erklärungsansätze für den wirtschaftlichen Niedergang Italiens

Das Wirtschaftswachstum Italiens ist seit den 1990er Jahren eher schwach ausgefallen. Dies kam etwas unerwartet, da Italien in den drei Jahrzehnten zuvor, von 1961 bis 1990, besser abgeschnitten hatte als Deutschland, Frankreich, das Vereinigte Königreich und der Durchschnitt der EU-15. Doch seit Anfang der 1990er Jahre ist die totale Faktorproduktivität erst abgeflacht und hat dann abgenommen, was zu einem Rückgang der Pro-Kopf-Produktion führte (Bugamelli et al. 2018). In den sieben Jahren vor der Finanzkrise war das durchschnittliche jährliche Wachstum in Italien vernachlässigbar (Simoni 2020). Mitte der 2010er Jahre lag das reale Pro-Kopf-BIP auf dem Niveau von Mitte der 1990er Jahre (Abbildung 1). Zwischen 1992 und 2020 war Italien aus der Spitzengruppe der europäischen Länder, die in der Nachkriegszeit am stärksten gewachsen waren, in die Rolle des Schlusslichtes mit der schwächsten Wirtschaftsleistung abgerutscht (Abbildung 1). Natürlich verbergen sich hinter den aggregierten Landeszahlen nicht nur historische Unterschiede in der Wirtschaftsleistung zwischen dem Norden (Felice 2007) und dem Süden, sondern auch zwischen großen und mittleren Unternehmen (Brusco und Paba 1997).

Vereinfachend ausgedrückt, werden gemeinhin drei Haupterklärungsansätze für den wirtschaftlichen Niedergang Italiens angeführt. Ein erster Ansatz führt den wirtschaftlichen Abschwung des Landes auf den Prozess der europäischen Währungsintegration zurück (Baccaro und D'Antoni 2020, Scharpf 2016). Ein zweites Argument, das vor allem in Wirtschaftskommentaren zu finden ist, führt die schwache Leistung Italiens auf den Schuldenüberhang und die Verschwendungssucht der italienischen Regierungen zurück. Ein drittes, lange Zeit vorherrschendes Argument konzentriert sich hingegen auf die institutionellen Rigiditäten der italienischen Volkswirtschaft (Ciocca 2003).

Gemäß des ersten Ansatzes wurde Italien durch die Einführung einer gemeinsamen Währung, die auf dem Modell eines harten Währungsregimes in Verbindung mit strengen fiskalischen Beschränkungen für die öffentlichen Haushalte der nationalen Regierungen basierte, benachteiligt. Da die italienischen Regierungen traditionell durch verschiedene Formen der Industriepolitik (wie Verstaatlichungen) in die Wirtschaft eingegriffen hatten (Federico und Foreman-Peck 1999, Molina und Rhodes 2006, Shonfield 1965), hat die vom europäischen Regulierungsstaat (Majone 1997) aufoktroyierte Privatisierung von Staatsbetrieben und die Liberalisierung der nationalen Volkswirtschaften Länder wie Italien, die sich für ihr Wirtschaftswachstum überproportional auf die staatliche Koordinierung verlassen haben, übermäßig stark benachteiligt (Baccaro und D'Antoni 2020). Außerdem verhinderte die Einführung des Euro Währungsabwertungen, auf die Italien in den 1980er Jahren häufig zurückgegriffen hatte, um die expansive Haushalts- und Lohnpolitik im eigenen Land zu kompensieren, wodurch das Land in ein institutionelles Umfeld mit geringem Wachstum gezwungen wurde (Scharpf 2016). Wie dem auch sei, diese Darstellungen übertreiben, was die Strenge der europäischen Wirtschaftsgovernance betrifft, und übersehen dabei, dass Länder wie Spanien, Portugal und Frankreich trotz einer ähnlichen Geschichte hinsichtlich Währungsanpassungen und aktiver staatlicher Eingriffe in die Wirtschaft ein ähnliches Wachstumstempo wie Deutschland erreicht haben, wohingegen Italien heute der größte Nachzügler in Europa ist (Abbildung 1).

Das zweite Argument stützt sich auf die durch die Harvard-Ökonomen Reinhart und Rogoff bekannt gewordene Erkenntnis, dass eine steigende Staatsverschuldung zu einem langsameren Wirtschaftswachstum führt und negative Wachstumsraten zeitigt, wenn die Schuldenquote 90 % des BIP übersteigt (Reinhart und Rogoff 2010). Dies liegt daran, dass öffentliche Ausgaben private Investitionen verdrängen, zu höheren Steuern und insgesamt zu einem Klima größerer Unsicherheit in einer Volkswirtschaft führen können (Checherita-Westphal und Rother 2012). Es ist daher üblich,

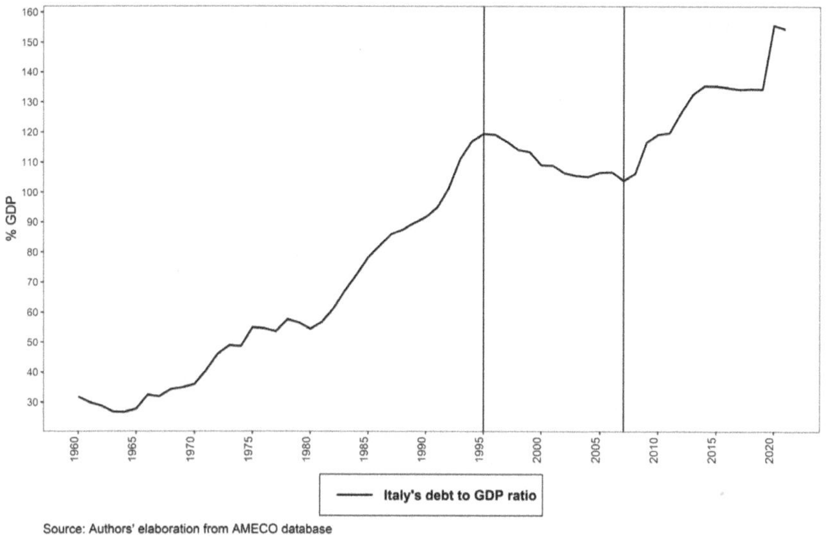

Abbildung 2: Bruttostaatsverschuldung in Prozent des BIP, Italien (1960–2021)

das schwache Wachstum Italiens auf die Verschwendungssucht der Regierungen zurückzuführen. Solche Erklärungen sind jedoch in mehrfacher Hinsicht problematisch. Erstens ist die negative Beziehung zwischen Staatsverschuldung und Wirtschaftswachstum theoretisch nicht geklärt und empirisch umstritten (Herndon et al. 2014). Vor allem aber ist das Argument der Verschwendungssucht im Falle Italiens sachlich falsch. Es stimmt zwar, dass die italienische Staatsverschuldung hoch ist – derzeit liegt sie bei über 150 % des BIP –, der größte Teil der Schuldenakkumulation fand allerdings in den 1980er Jahren statt, als die Schuldenschwelle von 90 % im Verhältnis zum BIP überschritten wurde, und dies obwohl das Wirtschaftswachstum hoch und anhaltend war. In den 2000er Jahren ging die Staatsverschuldung trotz des schleppenden Wachstums kontinuierlich um rund 20 % des BIP zurück. Nach der Finanzkrise und im Zuge der jüngsten COVID-19-Pandemie ist die Staatsverschuldung aus Gründen, die nichts mit Verschwendung zu tun haben, wieder angestiegen (Abbildung 2).

Betrachtet man die Entwicklung der öffentlichen Ausgaben in den zwanzig Jahren vor der Pandemiekrise, so hat Italien de facto fast jedes Jahr einen Primärüberschuss erzielt (Abbildung 3). Ein Vergleich der Primärsalden europäischer Regierungen zeigt, dass Italien durchweg sparsamer war als die sparsamsten Länder in Europa (wie Österreich, Deutsch-

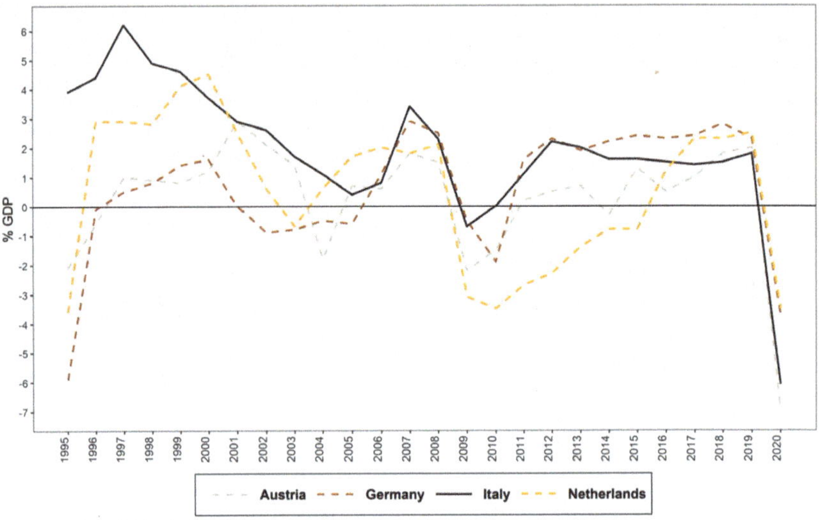

Source: Authors' elaboration from AMECO Database

Abbildung 3: Primärsaldo des Staates in Prozent des BIP, ausgewählte europäische Länder (1995–2020)

land oder die Niederlande). Mit anderen Worten: Die italienischen Regierungen haben weder zu viel Geld ausgegeben, noch die Staatsverschuldung rücksichtslos erhöht.

Ein dritter Ansatz konzentriert sich auf den Produktivitätsrückgang in Italien, der durch die angeblich übermäßig regulierte und starre Wirtschaft des Landes verursacht wird, welche die Allokationseffizienz, den Unternehmergeist und Innovationen behindert. So wurde in den letzten 30 Jahren behauptet, Italien brauche Strukturreformen, die als Shortcut für eine weitreichende Liberalisierung, Privatisierung, den Abbau des Wohlfahrtsstaates und ganz allgemein einen Rückbau des Staates zugunsten freierer und effizienterer Märkte stehen. In einem Kontext, der durch strenge Ausgabenzwänge und ganz allgemein durch ein Misstrauen gegenüber staatlichen Eingriffen in Märkte gekennzeichnet war, war dies ein Standardrezept der Politik, mit dem versucht wurde, die Produktivität durch strukturelle Eingriffe auf der Angebotsseite zu steigern (OECD 1994, IMF 2001). Angetrieben von der Notwendigkeit, die italienische Wirtschaft zu modernisieren, haben verschiedene Regierungen – insbesondere Ende der 1990er und Mitte der 2010er Jahre – allerdings bereits zahlreiche angebotsseitige Reformen durchgeführt, die im Großen und Ganzen auf die Liberalisierung der Produkt- und Arbeitsmärkte und damit auf die Steigerung der Produktivität abzielten.

Was den Arbeitsmarkt betrifft, so hat Italien umfangreiche Reformen durchgeführt, die die Marktkräfte stärken sollten und zur Entstehung eines hochgradig dualisierten Arbeitsmarkts geführt haben (Simoni und Vlandas 2020). In diesem Kontext sind der Schutz und die Sozialleistungen für Arbeitnehmer je nach Art ihres Arbeitsvertrags sehr unterschiedlich, wobei Zeit- oder Teilzeitbeschäftigte deutlich weniger geschützt sind als Arbeitnehmer mit einem sogenannten „regulären" Vertrag. Italien befindet sich eindeutig in einer Reihe mit anderen „dualisierten" Arbeitsmarktwirtschaften wie Deutschland oder Frankreich (Palier und Thelen 2010). Insgesamt gesehen zeichnet sich Italien jedoch *nicht* durch einen übermäßig stark regulierten Arbeitsmarkt aus. Der von der OECD erhobene Index der Beschäftigungsschutzgesetze (Employment protection legislation-Index, EPL-Index) zeigt einen stetigen Trend zunehmender Arbeitsmarktliberalisierung seit Mitte der 1980er Jahre. Für Zeitarbeitskräfte erreichte der EPL-Index 2018 einen Wert von 1,63 und lag damit unter dem OECD-Durchschnitt. Für reguläre Arbeitskräfte lag er bei 2,47 und damit höher als der OECD-Durchschnitt (2,05), aber niedriger als in Deutschland (2,60) und Frankreich (2,56). Der EPL-Gesamtindex, der Indikatoren für reguläre und befristete Beschäftigungsverhältnisse kombiniert (Abbildung 4 oben), zeigt, dass der italienische Arbeitsmarkt zu den flexibelsten in Europa gehört.

Wie der Produktmarktregulierungsindex zeigt (Abbildung 4 unten), ist Italiens Wirtschaft heute insgesamt liberalisierter als früher und weist ein ähnliches Niveau wie die anderen europäischen Länder auf, die Italien überholt haben. Die Indikatoren „messen die regulatorischen Hindernisse für den Marktzugang von Unternehmen und den Wettbewerb in einem breiten Spektrum von zentralen Politikbereichen".[3] Der Gesamtwert für Italien liegt bei 1,32, was einem etwas höheren Liberalisierungswert als dem Frankreichs entspricht (1,57) und etwas unter dem Deutschlands (1,08) liegt, aber immer noch liberaler ist als der OECD-Durchschnittswert von 1,43. Die einzige Komponente dieses Indikators, bei der Italien eindeutig mehr Rigiditäten aufweist als der Durchschnitt, betrifft Hindernisse im Dienstleistungssektor (3,70 im Vergleich zu 2,12 im OECD-Schnitt).

Alles in allem scheinen diese Erklärungen also nicht in der Lage zu sein, die wirtschaftliche Stagnation Italiens vollständig zu erklären.

3 OECD, Indicators of Product Market Regulation, https://www.oecd.org/economy/reform/indicators-of-product-market-regulation/, eigene Übersetzung.

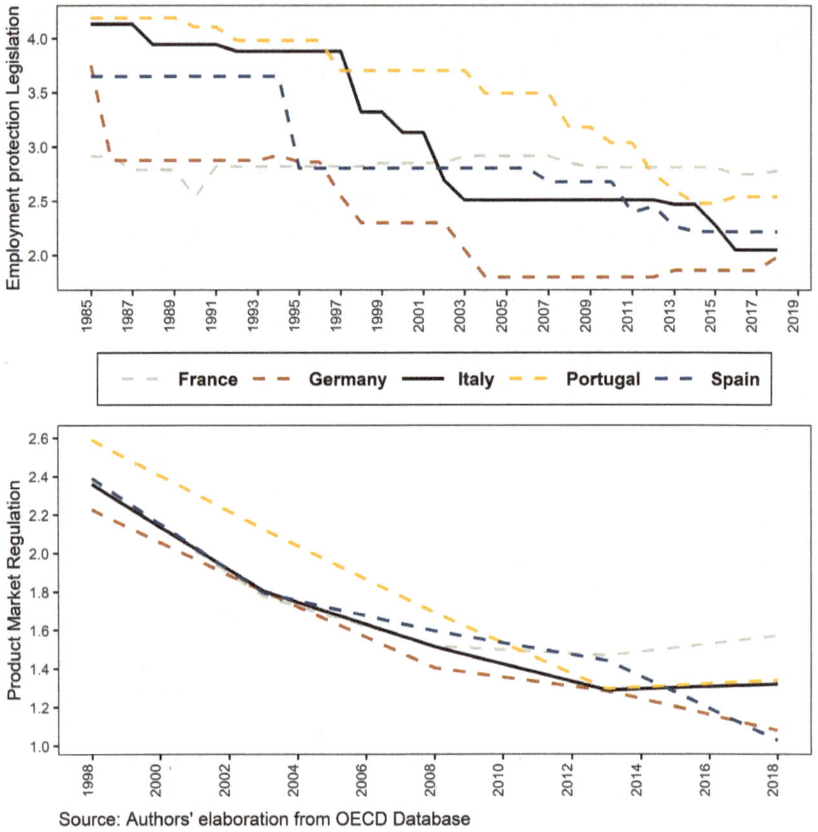

Abbildung 4: Strenge der Beschäftigungsschutzgesetze und Produktmarktregulierung in ausgewählten europäischen Ländern (1995–2020). Der angegebene Index der Beschäftigungsschutzgesetze (EPL) ist der Durchschnitt der EPL für reguläre und befristete Verträge.

3. Die Unfähigkeit des italienischen Staates, Wachstum zu ermöglichen

Ich argumentiere hier, dass Italiens Wachstum durch drei Hauptmängel des öffentlichen Sektors im weiteren Sinne gebremst wird. In der Tat unterstützt der Staat das Wirtschaftswachstum und schafft die Voraussetzungen für die Ansiedlung und positive Entwicklung privater Marktakteure, indem er unter anderem: (1) grundlegende öffentliche Dienstleistungen bereitstellt, die ein ordnungsgemäßes Funktionieren der Märkte und einen reibungslosen Ablauf wirtschaftlicher Interaktionen ermöglichen (z.B. justizielle Dienstleistungen, die die Rechtsstaatlichkeit gewährleisten, oder eine effiziente und einfache öffentliche Verwaltung); (2) *weiche* Investitionen tätigt, das heißt soziale Investitionen in das Humankapital, die die Produktivität und die Innovationsfähigkeit künftiger Arbeitnehmer erhöhen, oder Kinderbetreuungsdienste, die die Ausweitung der Erwerbsbevölkerung durch die Mobilisierung von Frauen für den Arbeitsmarkt ermöglichen (Hemerijck 2017); (3) *harte* öffentliche Investitionen in Infrastrukturen realisiert (Streeck und Mertens 2011). Bei all diesen drei Aspekten hat der italienische Staat in den letzten dreißig Jahren große Defizite aufgewiesen. Diese haben die italienische Volkswirtschaft in einer zunehmend globalen Wirtschaft und einer sich schnell verändernden Welt, in der private Unternehmen effiziente Voraussetzungen benötigen, um im globalen Wettbewerb bestehen zu können, zurückgeworfen.

Als erstes ist das italienische Rechtssystem zu nennen, bei dem es sich den Berechnungen einer vergleichenden Studie des Europarats zufolge um eines der langsamsten in Europa handelt.[4] Im Durchschnitt dauert es in Italien 514 Tage, bis ein Rechtsstreit im Bereich des Handelsrechts entschieden wird – einer der schlechtesten Werte im europäischen Vergleich. Ebenso waren 2016 in Italien 4,1 zivil- und handelsrechtliche Verfahren pro 100 Einwohner anhängig, verglichen mit 2,4 in Frankreich und 0,9 in Deutschland. Dies ist mit einer allgemeinen Schwäche der öffentlichen Verwaltung verbunden und in gewisser Weise auch Teil davon. Die Fortschritte bei der Digitalisierung öffentlicher Dienstleistungen, die in den letzten Jahren in vielen europäischen Ländern gemacht wurden, haben in Italien nicht im gleichen Tempo stattgefunden. Dies betrifft die Breitbandkapazitäten ebenso wie all die Dienstleistungen für Familien und Unternehmen, die für die Förderung von Investitionen und Innovationen notwendig sind.

Die Daten zur Beschäftigung belegen den Mangel an Investitionen in den öffentlichen Dienst: Das Durchschnittsalter der Beschäftigten in der öffentlichen Verwaltung liegt bei 50 Jahren, über 16 % sind älter als 60 Jahre. Nur 7 % der Beschäftigten haben in den letzten 10 Jahren eine Weiterbildung im IT-Bereich erhalten. Im gleichen Zeitraum haben sich die jährlichen Ausgaben für Fortbildungen halbiert. Die langsame Fluktuation hat dazu geführt, dass Italien weniger Mitarbeiter im öffentlichen Dienst hat als der OECD-Durchschnitt (13,4 % im Vergleich zu 17,7 % der Gesamtbeschäftigten). Das Generations- und Qualifikationsgefälle wirkt sich unmit-

4 Council of Europe (2020): Evaluation of judicial systems, https://www.coe.int/en/web/cepej/cepej-work/evaluation-of-judicial-systems

telbar auf die Verwaltungskapazitäten und die Fähigkeit aus, moderne Dienstleistungen für Familien und Unternehmen anzubieten. Dies hat aufgrund der schwachen Innovationskapazität eine verstärkende Wirkung auf den Produktivitätsrückgang.

In Bezug auf soziale Investitionen ist Italien im europäischen Vergleich ein deutlicher Nachzügler. Aktive arbeitsmarktpolitische Maßnahmen, frühkindliche Bildungs- und Betreuungsangebote sowie sozialpolitische Maßnahmen zur Unterstützung der Arbeitsmarktbeteiligung von Eltern sind nach wie vor unterfinanziert, unterentwickelt, teuer in der Nutzung und fragmentiert in der Bereitstellung (vgl. Jessoula et al. 2015). Somit sind die italienischen Sozialausgaben nach wie vor stark auf den passiven Sozialschutz ausgerichtet, während eine konsequente Ausrichtung auf soziale Investitionen und beschäftigungsfördernde Maßnahmen wie familien- und frauenfreundliche Maßnahmen noch aussteht (Ranci Ortigosa und Kazepov 2017).

Am wichtigsten ist jedoch, dass Italiens Ausgaben für öffentliche Investitionen im Vergleich zu anderen europäischen Ländern niedrig waren und in den letzten zehn Jahren infolge der Sparmaßnahmen eingebrochen sind (Abbildung 5). Italien muss heute dringend die Investitionen in die öffentliche Infrastruktur wieder ankurbeln, insbesondere um die strukturellen Ungleichgewichte bei der Verfügbarkeit öffentlicher Güter zwischen dem hochentwickelten Norden und den rückständigen Regionen im Süden des Landes zu beseitigen.

Zusammenfassend lässt sich sagen, dass Italiens Wachstumsschwäche zu einem großen Teil auf die Unfähigkeit des Staates zurückzuführen ist, die Märkte durch eine effektive und effiziente öffentliche Verwaltung zu unterstützen, und die öffentlichen Ausgaben für weiche und harte Investitionen aufrechtzuerhalten. Wie wir sehen werden, sieht Italiens PNRR Investitionen und Reformen vor, die darauf abzielen, strukturelle Schwächen in all diesen drei Dimensionen zu beheben.

4. Vom Hemmschuh zum Asset: Wie der Recovery Fund den italienischen öffentlichen Sektor erneuern und den Staat modernisieren soll

Der italienische PNRR wurde der Europäischen Kommission im April 2021 vorgelegt und enthält eine Reihe von Reformvorschlägen, die in drei Gruppen unterteilt sind: horizontale, ermöglichende und sektorale Reformen. Anstatt dieser Liste zu folgen, möchte ich sie vor dem Hintergrund der vorangegangenen Analyse einordnen und analysieren und mich deshalb auf die drei genannten Bereiche konzentrieren. Interessant ist, dass

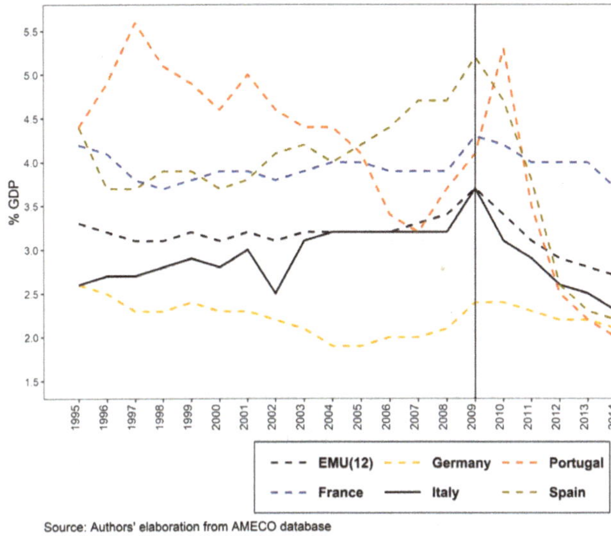

Abbildung 5: Staatliche Ausgaben für Bruttoanlageinvestitionen in ausgewählten europäischen Ländern (1995–2020)

die italienische Regierung diese Reformen immer noch ganz allgemein als „Strukturreformen" bezeichnet und damit den ursprünglichen Begriffskern von „strukturell" wieder aufgreift, der auf eine dauerhafte Veränderung der Mechanismen abzielt, auf denen wichtige Institutionen beruhen. Diese sehen jedoch ganz anders aus als im Jargon der „Strukturreformen", der einfach nur einen Rückzug des Staates impliziert. Im Gegenteil dazu umfasst der Großteil der Reformen Instrumente, die die Effizienz des Staates und die Reichweite des öffentlichen Sektors auf vielfältige Weise erhöhen.

4.1 Reformen zur Stärkung der Verwaltungskapazitäten

Die erste Säule der Reformbemühungen konzentriert sich auf eine Generalüberholung der öffentlichen Verwaltung Italiens, um deren Funktionsweise und Effizienz zu verbessern. Nach Jahren der Haushaltskürzungen zielen die im PNRR vorgeschlagenen Reformen nun darauf ab, die italienische Bürokratie in vier Dimensionen zu verbessern. Erstens sollen die Einstellungsverfahren modernisiert und verstärkt auf die unterschiedlichen Bedürfnisse der verschiedenen Bereiche der öffentlichen Verwaltung zugeschnitten werden. Dies wird dazu beitragen, das Durchschnittsalter zu senken, die Kompetenzen zu erweitern und das Dienstleistungsangebot an die Anforderungen einer modernen und wettbewerbsfähigen Wirtschaft anzupassen. Zweitens sollen die Verfahren und die Funktionsweise der italienischen Bürokratie gestrafft und vereinfacht werden. Drittens wird ein besonderes Augenmerk auf die Qualifikationen gelegt. Die Maßnahmen beinhalten mehr Weiterbildungsmöglichkeiten für öffentliche Bedienstete sowie stärker leistungsorientierte Karrierewege. Viertens wird die Digitalisierung durch die Schaffung eines speziellen Clusters von Fachkräften sowie Investitionen in Back- und Front-Office-Funktionen stark vorangetrieben.

Die zweite Säule der PNRR-Reformen konzentriert sich auf das Justizsystem, und zwar vor allem auf den Zeitplan und die Geschwindigkeit von Prozessen und Verfahren. Dabei handelt es sich um ein seit langem bestehendes Problem in Italien, das sich nicht nur auf die Justiz selbst auswirkt. Da Unsicherheiten in Bezug auf die Rechtsstaatlichkeit ausländische und inländische Investitionen abschrecken, behindert es auch die Wirtschaft. Die Effizienz des Justizwesens ist in den verschiedenen Landesteilen sehr unterschiedlich ausgeprägt und hängt weitgehend von den lokalen und regionalen Verwaltungskapazitäten der Justizsysteme ab. Ministerpräsident Mario Draghi hat sich zum Ziel gesetzt, die durchschnittliche Dauer von Gerichtsverfahren sowohl in Zivil- als auch in Strafverfahren um die Hälfte zu verkürzen.

Bei der dritten Säule handelt es sich um Vereinfachung und Stärkung des Wettbewerbs. Wie die OECD-Metriken zeigen, besteht in mehreren Wirtschaftssektoren immer noch eine Reihe von Schwachstellen, vor allem im Zusammenhang mit vergleichsweise geschlossenen Berufen im Dienstleistungssektor. Es ist jedoch unwahrscheinlich, dass Liberalisierungen in diesem Bereich große makroökonomische Auswirkungen haben werden, da die italienischen Waren- und Dienstleistungsmärkte bereits sehr wettbewerbsfähig sind. Gleichzeitig können einfachere Rechtsvorschriften in diesen Sektoren jedoch die Interaktionen zwischen dem öffentlichen und dem privaten Sektor erleichtern, was Investitionen vereinfachen kann.

Solche Vereinfachungen betreffen auch die Regeln für die Genehmigung von Investitionen, die von den lokalen und nationalen Regierungen erlassen werden. Sie sind äußerst wichtig, wenn es darum geht, sicherzustellen, dass Investitionsentscheidungen privater Akteure in einem klaren und vorhersehbaren Rahmen getroffen werden können. Darüber hinaus sollen sie auch die Kapazitäten der Bürokratie bei der Planung und Durchführung öffentlicher Investitionen erhöhen. In der Tat ist der Rückgang der öffentlichen Investitionen, der eine zentrale Rolle bei der Erklärung des langsamen Wachstums in Italien spielt, nicht nur auf die begrenzten fiskalischen Kapazitäten zurückzuführen. Vielmehr ist es oft so, dass öffentliche Investitionen aufgrund der extremen Komplexität der Vorschriften und der mangelnden Bereitschaft der zuständigen Personen, Projekte mit großer Reichweite ohne klare Verwaltungsverfahren abzusegnen, nur zögerlich realisiert wurden.

4.2 Ausgaben für wachstumsfördernde öffentliche Investitionen

Die Unfähigkeit der italienischen Wirtschaft, zu einem angemessenen Wirtschaftswachstum zurückzukehren, ist auf ein mangelndes Wachstum der totalen Faktorproduktivität zurückzuführen. Es ist daher notwendig, die Innovationskapazität des Landes zu stärken. Dies ist auch eine Voraussetzung für eine wirksame Umsetzung der sechs wichtigsten Investitions- und Ausgabenmaßnahmen, die im PNRR vorgesehen sind. Mindestens vier der sechs Missionen, die den Investitionsteil des italienischen Plans strukturieren, beziehen sich direkt auf die Ursachen der niedrigen Produktivität und des Produktivitätsbedarfs.

Die erste Mission konzentriert sich auf die Digitalisierung, auf die Innovationskapazität, auf die Wettbewerbsfähigkeit, aber auch auf die beiden Schlüsselsektoren Kultur und Tourismus. Italien gehört zu der Gruppe der europäischen Länder, die in Bezug auf den Breitbandzugang weit hinter Deutschland und Frankreich zurückliegen. Im Jahr 2020 hatte Italien nur 30,2 Breitbandanschlüsse pro 100 Einwohner, verglichen mit 42,4 in Deutschland und 44,1 in Frankreich (Weltbank-Datenbank). Im europäischen Maßstab haben nur Österreich, Litauen, Lettland und Polen weniger Breitbandanschlüsse als Italien.[5] Das Hauptziel ist die vollständige Versorgung aller Teile der italienischen Halbinsel mit ultraschnellen Breitbandanschlüssen. Dies geht mit anderen spezifischen Investitionen in die Stärkung der Innovationskraft, den Aufbau von Kapazitäten und die Steigerung der Wettbewerbsfähigkeit einher.

Die zweite große Aufgabe ist die so genannte Grüne Revolution oder ökologische Wende. Dabei handelt es sich um einen breit angelegten Plan für große Investitionen, die darauf abzielen, die Kapazitäten für die Abfallbewirtschaftung zu erhöhen, die Erzeugung erneuerbarer Energien zu ver-

5 OECD, Fixed broadband subscriptions, https://data.oecd.org/broadband/fixed-broadband-subscriptions.htm

bessern und die Energieeffizienz im bestehenden Immobilienbestand zu fördern – insbesondere bei öffentlichen, aber auch bei privaten Gebäuden.

Bei der dritten Aufgabe geht es um die harte Infrastruktur, insbesondere um das Eisenbahnnetz und andere Mobilitätsnetze. Dieser Teil des Investitionsplans konzentriert sich besonders stark auf den Süden des Landes, der über eine weniger gut ausgestattete Infrastruktur verfügt, deren Stärkung Voraussetzung für die Ansiedlung und Entwicklung eines gesunden Privatsektors ist.

4.3 Öffentliche Ausgaben für soziale Investitionen

Die vierte Mission betrifft die weiche Infrastruktur, also Bildung und Forschung, aber auch die Kinderbetreuungspolitik. Eine Schlüsselmaßnahme betrifft die Notwendigkeit, die Kapazitäten des italienischen Kinderbetreuungssystems deutlich zu erhöhen. Am anderen Ende des Spektrums zielt der Plan darauf ab, auf der Grundlage der bestehenden Stärken der italienischen Forschungslandschaft wichtige Zentren für Forschung und Innovation zu identifizieren und aufzubauen.

Das Hauptziel dabei ist, die Verflechtungen zwischen Forschung und Industrie zu verbessern, was eine Schwachstelle der italienischen Wirtschaft darstellt. Beispielsweise zeigen aktuelle Daten aus dem Bereich der Biowissenschaften, dass Umfang und Qualität der von italienischen und französischen Wissenschaftlern betriebenen Forschung ähnlich sind. Deutschland hat einen etwas höheren Output, aber es ist auch ein größeres Land. Gleichzeitig ist der italienische Output in Form von Patentanmeldungen viel geringer: 4.600 im Vergleich zu 10.554 in Frankreich und 25.954 in Deutschland, wie aus den Zahlen des Europäischen Patentamts hervorgeht. In Italien ist die Verflechtung zwischen Forschung und Industrie extrem schwach, was ein weiteres Schlüsselelement bei der Erklärung der schwachen Fähigkeit zu Produktivitätssteigerungen darstellt. Viele der Investitionen im Rahmen der vierten Mission zielen darauf ab, die Beziehung zwischen der Forschung und ihrem Ertrag für die Industrie zu stärken.

Bei der fünften und sechsten Mission geht es weniger um Produktivitätswachstum als vielmehr um Inklusion und sozialen Zusammenhalt. Die fünfte Mission beinhaltet Investitionen in aktive Arbeitsmarktpolitik und größeren sozialen Schutz, um die Dualisierung des italienischen Arbeitsmarktes zu verringern. Die sechste Mission betrifft das Gesundheitssystem und zielt darauf ab, die Verbreitung von lokalen Gesundheitsdienstleistern zu verbessern und die zusätzlichen Maßnahmen, die zur Bewältigung der Folgen des Covid-19-Ausbruchs erforderlich sind, zu realisieren.

5. Abschließende Bemerkungen

Abschließend möchte ich noch einige Überlegungen zu den Auswirkungen der Pandemie auf die europäischen Haushaltsvorschriften anstellen.

In Italien, wie auch in Frankreich und anderen EU-Ländern, glaubt niemand wirklich, dass wir nach der Covid-Krise zu den alten Haushaltsregeln zurückkehren können. Die Qualität der öffentlichen Finanzen zu überprüfen und einen anderen Ansatz für die gegenseitige Kontrolle und, damit verbunden, für die fiskalische Verantwortung zu wählen, ist sicherlich ein Schritt in die richtige Richtung. Darüber hinaus denke ich, dass eine Änderung der Regeln im Einklang steht mit dem, was wir im letzten Jahr gesehen haben, angesichts des großen Volumens an Gemeinschaftsmitteln, die die Europäische Kommission den Mitgliedsstaaten zur Verfügung stellt, was ein einzigartiges Ereignis in der Geschichte der EU ist.

Betrachtet man die Geschichte der Europäischen Union, so wird deutlich, dass diese stets von Krisen geprägt war, die zu großen Veränderungen führten, und diese Veränderungen waren immer von Dauer. Die EU reagierte auf Krisen mit neuen und „upgedateten" Formen der Integration. Seit Mitte der 1990er Jahre bedeuteten diese Veränderungen nicht immer mehr Supranationalismus oder Föderalismus. Auch in dieser neuen Phase, in der Europa ein so umfangreiches neues Programm für öffentliche Investitionen, Schulden und Reformen teilt, entstehen neue Rollen und Verantwortlichkeiten für die nationalen Institutionen. Es könnte sich um einen Schritt weg von einer Politik handeln, die darauf beruht, vermeintlich unreifen Ländern die „Hände zu binden", hin zu einer neuen Phase, die auf gemeinsamer Verantwortung beruht und eine Führungsrolle für die einzelnen Länder bei den Reform- und Investitionsplänen vorsieht. In dieser neuen Phase können die nationalen politischen Eliten nun die volle Verantwortung für die europäische, das heißt gemeinsame Politik übernehmen, anstatt sie als äußeren Zwang, als Chance oder als Last zu betrachten.

In diesem Zusammenhang sollten wir uns auf die Mehrjahreslogik jedes dieser nationalen Aufbaupläne konzentrieren. Die politische Logik kann den buchhalterischen Teil, der wichtig ist, nicht von der Substanz trennen, also von den Investitionen und Reformen, die tatsächlich geplant und durchgeführt werden. Ein verblüffender Aspekt der Staatsschuldenkrise war jedoch, dass sie eine Reihe von Ländern wie Irland oder Spanien traf, die bis zum Tag vor dem Ausbruch der Krise gesunde Bilanzen aufwiesen. Indem sich die EU nur auf Zahlen konzentrierte, übersah sie, was tatsächlich vor sich ging. Wenn wir uns wieder nur auf Zahlen konzentrieren, ohne die Qualität der öffentlichen Finanzen und die konsistente Umsetzung der verschiedenen nationalen Aufbaupläne zu prüfen, werden sich die Fehler wiederholen.

Mit NGEU hat jedes Land einen Vertrag unterzeichnet, in dem es mit allen anderen Ländern übereinkommt, dass die vereinbarten Geldbeträge in den nächsten Jahren wie abgemacht ausgegeben werden, flankiert von den Reformen, die jedes Land braucht, um sicherzustellen, dass die Investitionen wirksam sind. Das ist es, was wir brauchen, um zu Wachstum zurückzukehren und eine positive Wirkung für unsere Bilanzen zu erzielen. Die neue Phase hinsichtlich der Art und Weise, wie die europäischen politischen und sozialen Verhältnisse sind, muss mit einer neuen und differenzierteren Art von Regeln für den Umgang mit der Staatsverschuldung einhergehen. Auch wenn die Regeln dadurch etwas komplizierter werden, denke ich, dass wir damit umgehen können, nicht zuletzt, weil die zeitliche Kohärenz und die Qualität der öffentlichen Ausgaben leichter und transparenter gewährleistet werden oder, falls sie nicht gegeben ist, leichter sanktioniert werden können.

Übersetzung: Eileen Keller

Literatur

Baccaro, Lucio / D'Antoni, Massimo (2020): Has the "external constraint" contributed to Italy's stagnation? A critical event analysis. Max-Planck-Institut für Gesellschaftsforschung Discussion Paper 20/9, Köln.

Brusco, Sebastiano / Paba, Sergio (1997): Per una storia dei distretti industriali italiani dal secondo dopoguerra agli anni novanta. Dipartimento economica Marco Biagi Working Paper Series N°37.

Bugamelli, Matteo / Lotti, Francesca (eds.) / Amici, Monica / Ciapanna, Emanuela / Colonna, Fabrizio / D'Amuri, Francesco / Giacomelli, Silvia / Linarello, Andrea / Manaresi, Francesco / Palumbo, Giuliana / Scoccianti, Filippo / Sette, Enrico (2018): Productivity growth in Italy: a tale of a slow-motion change. Bank of Italy Occasional Paper N°422.

Checherita-Westphal, Christina / Rother, Philipp (2012): The impact of high government debt on economic growth and its channels: An empirical investigation for the euro area. European economic review 56 (7), S. 1392-1405.

Ciocca, Pierreluigi (2003): The Italian economy: a problem of growth, Vortrag anlässlich des 44. Treffens der Società italiana degli economisti, Salerno, 25 October 2003, https://www.bancaditalia.it/pubblicazioni/interventi-direttorio/int-dir-2003/en_ciocca_25_10_03.pdf?language_id=1

Federico, Giovanni / Foreman-Peck, James (1999): European industrial policy: the twentieth-century experience, Oxford: Oxford University Press.

Felice, Emanuele (2007): Divari regionali e intervento pubblico: per una rilettura dello sviluppo in Italia. Bologna: il Mulino.

Hemerijck, Anton (2017): The uses of social investment, Oxford: Oxford University Press.

Herndon, Thomas / Ash, Michael / Pollin, Robert (2014): Does high public debt consistently stifle economic growth? A critique of Reinhart and Rogoff, in: Cambridge journal of economics, 38 (2), S. 257-279.

IMF (2001): Unemployment and Labor Market Institutions: Why Reforms Pay Off. World Economic Outlook. Washington D.C.: International Monetary Fund.

Jessoula, Matteo / Pavolini, Emmanuele / Strati, Filippo (2015): Thematic Report on Social Investment Italy. European Social Policy Network, http://www.srseuropa.eu/publications/IT_ESPN_Soc%20Invest.pdf

Majone, Giandomenico (1997): From the positive to the regulatory state: causes and consequences of changes in the mode of governance, in: Journal of public policy, 17 (2), S. 139-167.

Molina, Oscar / Rhodes, Martin (2006): Mixed Market Economies. European Politics and Society, in: Newsletter of the European Politics & Society Section of the American Political Science Association 5 (1).

OECD (1994): The OECD Jobs Study. Facts, Analysis, Strategies. Paris: OECD.

Palier, Bruno / Thelen, Kathleen (2010): Institutionalizing dualism: Complementarities and change in France and Germany, in: Politics & Society, 38 (1), S. 119-148.

Ranci Ortigosa, Costanzo / Kazepov, Yuri (2017): Why No Social Investment in Italy: Timing, Austerity, and Macro-Level Matthew Effects, Oxford: Oxford University Press.

Reinhart, Carmen / Rogoff, Kenneth S. (2010): Growth in a Time of Debt, in: American economic review 100 (2), S. 573-578.

Scharpf, Fritz W. (2016): Forced Structural Convergence in the Eurozone – Or a Differentiated European Monetary Community. Max-Planck-Institut für Gesellschaftsforschung Discussion Paper 16/15, Köln.

Shonfield, Andrew (1965): Modern capitalism. The changing balance of public and private power, London, New York, Toronto: Oxford University Press for the Royal Institute of International Affairs.

Simoni, Marco (2020): Institutional roots of economic decline: lessons from Italy, in: Italian Political Science Review / Rivista Italiana di Scienza Politica 50 (3), S. 382-397.

Simoni, Marco / Vlandas, Tim (2020): Labour market liberalization and the rise of dualism in Europe as the interplay between governments, trade unions and the economy, in: Social Policy & Administration 55 (4), S. 637-658.

Stiglitz, Joseph E. (2016): The euro: How a common currency threatens the future of Europe, London: WW Norton & Company.

Streeck, Wolfgang / Mertens, Daniel (2011): Fiscal austerity and public investment: Is the possible the enemy of the necessary? Max-Planck-Institut für Gesellschaftsforschung Discussion Paper 11/12, Köln.

Der Autor

Marco Simoni ist Präsident der Fondazione Human Technopole, einem italienischen Forschungsinstitut für Biowissenschaften und Honorarprofessor an der Luiss-Universität in Rom. Von 2014 bis 2018 war er als Berater der italienischen Premierminister in Fragen der internationalen Wirtschaftsbeziehungen und der Industriepolitik tätig.
Kontakt: presidenza@fht.org

Frankreich: Die Resilienz der Unternehmen stärken

Natacha Valla

Zusammenfassung: Der vorliegende Beitrag befasst sich mit den Auswirkungen der Coronakrise in Frankreich. Er nimmt dabei vor allem die Auswirkungen auf die Unternehmen in den Blick. Diskutiert werden der Zusammenhang zwischen Krise, Produktivität und Wettbewerbsfähigkeit sowie mögliche Ausstiegsszenarien aus den staatlichen Hilfen nach der Krise. Außerdem werden Auswirkungen auf unternehmerische Organisationsformen sowie schulische und berufliche Qualifikationen angesprochen. Der Beitrag schließt mit einigen Überlegungen zur Staatsverschuldung. Angesichts der Entwicklungen der vergangenen Jahre plädiert er für eine Reform der europäischen Verschuldungsregeln.

Stichworte: Frankreich, Stützungsmaßnahmen, Unternehmensinsolvenzen, Bildungslücken, Staatsverschuldung, Haushaltsregeln

Résumé : Le présent article analyse les conséquences de la crise de Covid-19 en France mettant l'accent sur l'impact sur les entreprises. Il discute le lien entre crise, productivité et compétitivité ainsi que des scénarios de sortie de crise possibles face aux aides. Les effets sur les formes d'organisation des entreprises ainsi que sur les qualifications scolaires et professionnelles sont également abordés. L'article termine par quelques réflexions sur la dette publique. Face aux évolutions de ces dernières années, il plaide pour une réforme des règles européennes en matière d'endettement.

Mots-clés : France, mesures de soutien, faillites d'entreprises, défis pour l'éducation, dette publique, règles budgétaires

Die Ähnlichkeiten zwischen Italien und Frankreich sind frappierend, was die Herausforderungen in Bezug auf Produktivität, Effizienz und Ineffizienz öffentlicher Investitionen betrifft. Dieser Beitrag befasst sich vor allem mit Fragen, die den Wettbewerb im Zusammenhang mit dem Konjunkturprogramm *France Relance* betreffen, das Frankreich im September 2020 beschlossen hat. Es konkretisiert den Ansatz, der während der Pandemie verfolgt wurde, der aber auch für die Jahre nach der Krise maßgeblich sein wird. Die im Rahmen des Konjunkturprogramms für den Unternehmenssektor bereitgestellten Mittel sind erheblich.

Im Anschluss an einen Überblick über die Formen staatlicher Unterstützung für den Unternehmenssektor werden die drei Hauptthemen dieses Beitrags behandelt. Zunächst ist dies der Zusammenhang zwischen der Krise und der Entwicklung von Produktivität und Wettbewerbsfähigkeit, wobei hervorzuheben ist, dass wir die tatsächlichen Auswirkungen möglicherweise noch gar nicht klar erkennen können. In diesem Teil werden wir uns mit der Frage der Unternehmenspleiten auseinandersetzen und deren Bedeutung erläutern. Das zweite Thema befasst sich mit den beruflichen Qualifikationen und der Wettbewerbsfähigkeit. Das sind ebenfalls

Bereiche, in denen wir Ähnlichkeiten zwischen Frankreich und Italien feststellen. Das dritte Thema schließlich betrifft die Tragfähigkeit der Schulden und enthält einige Überlegungen zu den diesbezüglich zu treffenden Maßnahmen. Die Schlussfolgerung wird sich mit der Wettbewerbsfähigkeit Frankreichs im Kontext der Europäischen Union befassen. Auch hier ist eine Betrachtungsweise, die Deutschland, Frankreich und Italien gemeinsam in den Blick nimmt, relevant. Das gilt aber auch allgemeiner im Kontext der Globalisierung sowie der damit verbundenen Veränderungen und der Identifizierung von Schwachstellen.

1. Maßnahmen zur Unterstützung der Unternehmen

In Frankreich wurden, wie in anderen Ländern auch, mehrere Maßnahmen ergriffen, um die Unternehmen angesichts der Krise zu unterstützen. Besonders wichtig war hier das Kurzarbeitergeld, um Effekte auf die Beschäftigung abzumildern. Im Rahmen dieser Maßnahme ersetzte der Staat in Frankreich, wie in vielen anderen europäischen Ländern auch, den Unternehmen für die Zeit der Kurzarbeit einen Teil der Kosten des Entgelts für die Beschäftigten. In Frankreich konnte diese Unterstützung mehr als das Vierfache des Mindestlohns betragen, das heißt maximal 4.608 Euro. Im Jahr 2020 belief sich die Gesamtsumme auf mehr als 20 Milliarden Euro (siehe auch Cœuré et al. 2021).

Eine zweite wichtige Maßnahme bestand darin, einen Solidaritätsfonds (*Fonds de solidarité pour les entreprises, indépendants, entrepreneurs*) für Unternehmen einzurichten. Dieser Fonds war ursprünglich für sehr kleine Strukturen in ganz spezifischen Sektoren gedacht. Er wurde dann auf weitere Bereiche ausgedehnt, blieb aber immer noch stark auf die schwächsten und anfälligsten Sektoren ausgerichtet. Der Umfang der Zuwendungen wurde aufgestockt, sodass die Unternehmen bis zu 200.000 Euro pro Monat erhalten konnten. Die genaue Höhe richtete sich danach, was sie produziert hatten und wie groß ihr Wirtschaftszweig ist. Es handelt sich also um eine durchaus beträchtliche Unterstützung.

Die dritte wichtige Komponente des Konjunkturpakets in diesem Bereich war die Stundung von Steuern und Sozialversicherungsbeiträgen, die sich im Jahr 2020 auf mehr als 10 Milliarden Euro belief. Diese Maßnahmen zielten darauf ab, die Unternehmen wie den industriellen Sektor insgesamt zu schützen, aber auch die Wirtschaft in ihrer Gesamtheit zu stabilisieren. Dadurch wurden starke Einbrüche bei der Beschäftigung vermieden.

2. Der Zusammenhang zwischen der Krise, der Produktivität und der Wettbewerbsfähigkeit

Während des ersten Lockdowns, als die Krise ihren Höhepunkt erreichte, ging die Wirtschaftstätigkeit in Frankreich weitaus stärker zurück als die Beschäftigung. Dies war zum Teil auf die Maßnahmen des französischen Staates zurückzuführen. Sie zielten zwar auf die Beschäftigung ab, trugen aber auch zur Stabilisierung des Produktionssystems bei und ermöglichten es den Arbeitgebern, ihre Arbeitskräfte zu halten, was einen starken Rückgang der Arbeitsproduktivität erwarten lassen würde. Doch paradoxerweise waren die Sektoren, die am stärksten von der Krise betroffen waren, auch diejenigen, in denen die Produktivität am niedrigsten war. Und so ist diese insgesamt trotz der Pandemie gestiegen (siehe auch Aussilloux et al. 2021).

Diese Entwicklung der Produktivität ist demnach nicht so offensichtlich, sondern das Ergebnis eines merkwürdigen Kompositionseffekts, bei dem die gesamtwirtschaftliche Produktivität insgesamt zunahm, weil die Krise ausgerechnet die Sektoren mit der niedrigsten Produktivität am stärksten betraf. Die Zahlen zur Produktivität müssen deshalb differenziert und sehr genau analysiert werden, um langfristige Auswirkungen der Krise auf unproduktive Tätigkeiten nicht falsch einzuschätzen. Durch die staatliche Unterstützung konnte Beschäftigung erhalten werden, was gut ist. Andere staatliche Programme, insbesondere finanzielle Unterstützungsprogramme, haben den Unternehmen geholfen, Konkursszenarien zu vermeiden, obwohl dies nicht bedeutet, dass es während der Krise keine Konkurse gab: Wenn man im Frühjahr 2021 durch die Innenstädte ging, sah man in Paris wie auch andernorts viele geschlossene Geschäfte in sehr zentraler Lage. Insgesamt sind die Insolvenzen gemäß den Daten für das Jahr 2020 um 30 bis 40 % gegenüber dem Vorjahr zurückgegangen (Insee 2021), bei den kleinen und mittleren Unternehmen (KMU) fiel die Quote etwas geringer aus.

Dieser Umstand ist keineswegs unerheblich, da die Fördermaßnahmen zurückgezahlt werden müssen. Der Zeitpunkt hierfür wird kommen, hängt aber von der Entwicklung der gesundheitlichen Situation sowie der politischen und wirtschaftlichen Lage in Europa ab. Man wird dieser Frage also sehr bald mit präzisen Antworten begegnen müssen. Und deshalb ist es wichtig, sich dem Thema der Insolvenzen mit genügend Vorlauf und Weitsicht zu widmen und über geeignete Strategien nachzudenken, sollte sich das Problem zuspitzen. Denn gleichzeitig bleibt das Problem der Tragfähigkeit der öffentlichen Schulden bestehen. Wie Italien weist auch Frankreich einen hohen Schuldenstand auf, was sich auf die künftige

Entwicklung der Wettbewerbsfähigkeit in der Privatwirtschaft, aber auch im öffentlichen Sektor auswirken wird.

In Frankreich wird den Diskussionen in Deutschland hinsichtlich des Zeitpunkts einer möglichen Rückkehr zu den europäischen Fiskalregeln besondere Aufmerksamkeit geschenkt. Das vorherrschende Gefühl ist, dass diese Debatten auf der anderen Seite des Rheins relativ schnell beginnen werden, und das wahrscheinlich auch aus guten Gründen. Aber auch in diesem Zusammenhang ist zu bedenken, dass das aktuelle Niveau an Konkursen und Insolvenzen nicht viel über den grundsätzlichen wirtschaftlichen Zustand der Unternehmen im Lande aussagt. Was wir wissen, ist, dass eine Zahlungsunfähigkeit von zwei Aspekten abhängt.

Der erste hat damit zu tun, ob es sich um ein „gutes" Unternehmen handelt oder nicht. Dies hängt von vielen Faktoren ab, unter anderem von der Produktivität. Je weniger produktiv ein Unternehmen ist, desto schwieriger ist es, einen wirtschaftlichen Schock zu verkraften. Ein zweiter Faktor, von dem die Widerstandsfähigkeit gegenüber wirtschaftlichen Schocks abhängt, ist die Höhe der Verschuldung. Hier besteht ein Zusammenhang zwischen der Höhe der Verschuldung des Unternehmenssektors und seiner impliziten Anfälligkeit. Dies gilt umso mehr, als die Staatsverschuldung in Frankreich hoch ist – und über Jahre weiter gestiegen ist, vor allem im Vergleich zu anderen Ländern der Eurozone. Gleichzeitig hat Frankreich ein starkes Wachstum bei der Kreditvergabe an den privaten Sektor erlebt, insbesondere in der Realwirtschaft. Die private Verschuldung beläuft sich in Frankreich mittlerweile auf 130 % des BIP (Banque de France 2021). Diese Zunahme der privaten Verschuldung muss folglich berücksichtigt werden, denn wenn die staatlichen Unterstützungsmaßnahmen aufgehoben werden, könnte dies verheerende Folgen haben, sollte die Übergangsphase nicht wohlüberlegt gestaltet sein.

Durch die Mechanismen, die zum Schutz der Wirtschaftstätigkeit im Zusammenhang mit der Pandemie eingeführt wurden, ist der Staat in Frankreich zu einem nicht zu vernachlässigenden Gläubiger von Unternehmen außerhalb des Finanzsektors geworden: Mit anderen Worten, die Höhe der von ihm garantierten Kredite und Verpflichtungen wird den Staat als Gläubiger vor die Alternative stellen, ob er seine eingesetzten Mittel wirklich wieder zurückerhalten möchte, oder ob er andere Lösungen finden will.

Bevor es dazu kommt, besteht die Gefahr, dass es nach diesem Übergang zu einer Rückkehr in eine winterschlafähnliche Ära, auch Hibernation genannt, kommt, die von verhaltener ökonomischer Aktivität geprägt ist. Das größte Risiko besteht dabei darin, Bedingungen zu schaffen, unter denen Unternehmenskonkurse, die eigentlich hätten eintreten müssen, nicht stattfinden. Dies würde zu einer Fehlallokation von Kapital führen und letzteres von wachstumsfördernden Investitionen ablenken, was sich nachteilig auf das Potenzial- und Realwachstum auswirken würde. In Italien ist die Situation ähnlich.

Wir sollten deshalb in Bereichen, in denen die Rentabilität nicht gegeben ist, realistisch sein, und unproduktive Sektoren und „Zombie"-Unternehmen nicht übermäßig schützen. Gleichzeitig müssen wir aber auch dafür sorgen, dass die Wertschöpfungsketten nicht beeinträchtigt werden und dass solvente Unternehmen in der Übergangsphase, die durch die Banken getragen sein wird, nicht aus Liquiditätsgründen Bankrott gehen. Parallel zur öffentlichen Unterstützung durch den Staat müssen nämlich auch die geldpolitischen Bedingungen gegeben sein, die eine leichte Außenfinanzierung ermöglichen. Dies betrifft neben dem niedrigen Zinsniveau auch die Programme zum Ankauf oder zumindest zum Halten von Unternehmensschuldtiteln durch die EZB.

Zu den Auswirkungen der Unternehmensverschuldung auf die Zahlungsunfähigkeit gibt es eine Reihe von Untersuchungen, darunter eine Studie des *Conseil National de Productivité* (Aussilloux et al. 2021). Demnach könnte die Zahl der Zusammenbrüche nach der Krise angesichts des Produktivitätsniveaus der Unternehmen und der Schuldenanhäufung vor allem in den am stärksten betroffenen Sektoren um 25 % ansteigen. Der Nachholeffekt darf folglich nicht unterschätzt werden (siehe auch Cros et al. 2020).

3. Ausstiegsstrategien

Welche Lösungen können wir also ins Auge fassen? Frankreich braucht eine Ausstiegsstrategie. Diese wiederum hängt stark von der Strategie ab, die der Staat heute als Schuldner verfolgt, um zu sehen, was wir tun, wenn wir aus dieser Krise herauskommen. Der hohe Schuldenstand ist dabei ernst zu nehmen, und es ist sicherzustellen, dass der Staat als Gläubiger einen reibungslosen Zugang zu Finanzmitteln behält.

Eine originelle Lösung für das Problem der privaten Verschuldung könnte jedoch darin bestehen, die Schulden von in Schwierigkeiten geratenen Unternehmen gegenüber dem Staat in eine staatliche Beteiligung umzuwandeln. Diese würden damit gewissermaßen zu „Kapital". Die Frage, inwiefern dies als stille Verstaatlichung empfunden werden könnte, ist jedoch heikel.

Auch wenn die Analyse der Situation eher pessimistisch ausfällt, so sind doch einige positive Überraschungen bei der Entwicklung der Produktivität vorstellbar. In Frankreich ist es zum Beispiel sehr schwierig, die bleibenden Auswirkungen des Arbeitens von Zuhause auf die Produktivität und die Organisationsformen beim Arbeitsverhalten zu beurteilen. Obwohl viele Autoren skeptisch zu sein scheinen, finden andere diese Entwicklung sehr positiv. Die neuen Möglichkeiten müssen in stabile Strukturen umgewandelt werden, um die Produktivität der französischen Wirtschaft insgesamt zu steigern. Mit der Anpassung der Arbeitsprozesse geht ein technischer Wandel einher, der neue Möglichkeiten eröffnet. Es ist deshalb wichtig, sich damit ernsthaft zu befassen und sich um weiterführende gesetzliche Vorgaben zu bemühen, mit deren Hilfe Unternehmen und Arbeitnehmer ermutigt werden, die beste Form der Arbeitsorganisation zu finden.

4. Die Auswirkungen der Krise auf das Qualifikationsniveau der Beschäftigten

Für Frankreich fiel die Krise in eine ungünstige Zeit, was die Entwicklung der Kompetenzen der Arbeitnehmer betrifft, und sie hat diesen Trend noch verstärkt. Die Pandemie ist ein schwerer Schlag für das Land, vor allem für junge Menschen. Die Krise hat eine Schneise mit Verlusten beim Humankapital hinterlassen. Dies gilt vor allem für Bildungslücken, die bei Schülern aus Haushalten mit niedrigem Einkommen entstanden sind. Gleichzeitig hat sich die Lücke in Frankreich im Jahr 2021 nicht vergrößert, da die Schulen seit Beginn des Schuljahres 2020/21 geöffnet geblieben sind. Diese Entscheidung hatte im letzten Sommer eine sehr hitzige politische Debatte ausgelöst, als die Lehren aus der ersten, sehr strengen Lockdownphase gezogen wurden, während der die Schulen ab März 2020 geschlossen waren. Diese Schulschließungen führten zu sozialen Problemen, Ungleichheiten und Schwierigkeiten bei der Integration durch Bildung. Entgegen den Empfehlungen, die sich auf die Gesundheitslage stützten, wurden die französischen Schulen im September 2020 wieder geöffnet, um diesen Problemen zu begegnen. Diese Entscheidung wird zweifellos langfristig sichtbare Auswirkungen haben.

Die zweite Auswirkung der Krise ist, dass der Einstieg junger Menschen in den Arbeitsmarkt immer komplizierter geworden ist. Für junge Menschen in Ausbildung und Studium ist es nicht nur jeden Tag aufs Neue schwierig, ein normales Alltagsleben zu führen, ohne in Seminarräumen und Hörsälen zu sitzen, ohne sich zu treffen; darüber hinaus ist es für sie sehr schwierig, eine Lehrstelle zu bekommen, ein Praktikum zu absolvieren und ihren ersten Job nach dem Abschluss zu finden.

Außerdem brach die Krise in einem Moment herein, in dem das Qualifikationsniveau der Jugendlichen und Kinder in Frankreich bereits gesunken war. Dies wird durch die OECD- und PISA-Studien und -Ranglisten belegt. Obwohl Frankreich bei der Lesekompetenz sowie in den Bereichen Mathematik und Naturwissenschaften knapp über dem OECD-Durchschnitt liegt, ist das sozioökonomische Gefälle bei den Schülerinnen und Schülern viel größer als beim Durchschnitt (OECD 2019). Dies ist auch der Grund, warum Frankreich in anderen Studien zu diesem Thema – wie der *Trends in International Mathematics and Science*-Studie, die die Schüler auf andere Weise bewertet deutlich schlechter abschneidet (Mullis et al. 2020). Wir starten also von einem relativ schwachen Ausgangspunkt im Vergleich zur Vergangenheit und zu unseren Mitbewerbern, der von den Folgen der Covid-Krise überlagert wurde. Bildung muss daher eine Priorität der öffentlichen Hand sein. Dies gilt nicht nur im Rahmen des Corona-Wiederaufbauplans, sondern auch mit Blick auf Überlegungen zu längerfristigen Investitionen.

5. Auswirkungen der Krise auf den Staatshaushalt

In der gegenwärtigen Wirtschaftslage könnte man eine Kreditaufnahme aufgrund der negativen Zinsen sogar als Investition bezeichnen. Es ist sehr vernünftig, dies im Auge zu behalten, auch wenn es unterschiedliche Auffassungen zur Frage des Umgangs mit den öffentlichen Finanzen geben mag. Die Diskussionen in Frankreich drehten sich in letzter Zeit weniger um die Frage, wie die Mittel zur Belebung der Konjunktur ausgegeben werden sollen, als vielmehr darum, wie man nach der Krise über die Haushaltsregeln denkt.

In Frankreich haben sich die Diskussionen vor allem mit der Tatsache beschäftigt, dass wir nicht zu den früheren Regeln zurückkehren werden. Im Wesentlichen geht es darum, dass wir uns vielleicht von den heute angewandten Maßstäben, die auf dem Verhältnis zwischen Schulden und BIP beruhen, verabschieden sollten, da Schulden ein Bestand sind, während das BIP im Fluss ist. Diese Auffassung ist in vielerlei Hinsicht problematisch, da sie die Stabilität dieses Verhältnisses nicht berücksichtigt. Der Zähler dieses Verhältnisses ist ein Bestand und der Nenner ein Fluss, was die Interpretation erschwert. Die Diskussion sollte sich also eher in Richtung eines Konsenses dahingehend bewegen, dass wir neue strenge Regeln auf der Grundlage der Ausgaben oder des Haushaltssaldos haben könnten.

Meines Erachtens greift es zu kurz, die derzeitige Debatte auf eine einfache Lockerung der Vorschriften zu reduzieren. Dies könnte die Gelegenheit sein, etwas sehr Grundlegendes in der Art und Weise zu ändern, wie man in Frankreich die öffentlichen Finanzen verwaltet, indem man die Trägheit in bestimmten Bereichen der öffentlichen Ausgaben in den Blick nimmt und die Qualität der öffentlichen Finanzen insgesamt überprüft. Eine europaweite Diskussion könnte dieser Frage noch mehr Tiefgang verleihen.

Möglicherweise wäre dies die Gelegenheit, einen Rahmen zu entwickeln, an den sich die Franzosen wirklich halten und der das Land dazu verpflichten könnte, sich im Hinblick auf langfristige Belange, öffentliche Finanzen und Nachhaltigkeit verantwortungsvoll zu verhalten. Denn auch wenn die Ausgaben anders hätten verteilt werden können, so war in der Tat die öffentliche Unterstützung in dieser Pandemie mehr als notwendig. Wir können die Art und Weise, wie das Geld ausgegeben wurde, kritisieren, aber wir müssen auch anerkennen, dass diese Unterstützung erforderlich war. Gleichzeitig ist es sicherlich geboten, die Öffentlichkeit darüber aufzuklären, was eine hohe Staatsverschuldung bedeutet, vor allem für die Stabilität, auch wenn letztere aus zwei Gründen derzeit nicht in Frage steht.

Zum einen sind die Finanzierungsbedingungen mit sehr niedrigen Zinssätzen und dem Rückgang aller Arten von Risikoprämien, den wir bei verschiedenen Zinskurven sehen können, sehr günstig, zum anderen ist die Nachfrage sehr stark. Über die Zentralbanken hinaus gibt es auch private Investoren, die in europäische Staatsanleihen investieren wollen. Die Märkte sind liquide und so ist die Verschuldung nach wie vor stabil (siehe auch Commission pour l'avenir des finances publiques 2021).

Gleichzeitig ist die Ausgangslage durch einen hohen Schuldenstand gekennzeichnet, und wenn ein negatives Ereignis eintreten sollte, kann die Situation sehr kompliziert werden. Denkbar sind etwa ein niedriges Wachstum des BIP, inflationäre Tendenzen, ein Rückgang der Investitionen oder Probleme bei der Verteilung der öffentlichen Ausgaben. Hinzu kommt auch noch die Aussicht auf eine Normalisierung der Geldpolitik – und das nicht nur in Bezug auf die Zinssätze, sondern auch in Bezug auf die Anleihenkäufe. Unglücklicherweise hat sich das Bewusstsein darüber in Frankreich noch nicht durchgesetzt, obwohl es an der Zeit wäre: An der Zeit zu verstehen, dass wir kollektiv ein gewisses Maß an Verantwortung übernehmen müssen – und davon sind wir noch weit entfernt. Es ist zu hoffen, dass diese „Mündigkeit" auf politischer Ebene gefördert wird, um den Franzosen dabei zu helfen, kollektiv zu verstehen, was es bedeutet, innenpolitisch Haushaltsbeschränkungen zu unterliegen.

6. Schlussfolgerung: Frankreichs Wettbewerbsfähigkeit in einer globalen Welt

Wir wissen, dass Frankreich bei den Importen stark geographisch abhängig ist, etwa bei chemischen Erzeugnissen, Lebensmitteln, Verkehrsmitteln und Metallen. Das gilt in erheblichem Maße für Produkte, die aus Deutschland, seinem wichtigsten Handelspartner, eingeführt werden. Darüber hinaus ist Frankreich von China und anderen EU-Ländern wie Italien, Spanien und Belgien abhängig. Fast 60 % der französischen Einfuhren entfallen auf die Europäische Union. Es ist möglich, ganz spezifische Waren und Sektoren zu identifizieren, in denen Frankreich in hohem Maße abhängig ist. Die Herausforderung besteht nun darin, zu verstehen, wie diese externe Verwundbarkeit in Europa kollektiv betrachtet werden kann und ob wir sie auf kooperative Weise angehen können.

Die Widerstandsfähigkeit der Unternehmen in Europa hängt von der Gesundheit der Wirtschaft, ihres Reichtums an Arbeitsplätzen und ihren künftigen Wachstumsaussichten ab. Mehr denn je wurden wirtschaftspolitische Interventionen, insbesondere die Geld- und Haushaltpolitik, bei der Bewältigung der COVID-Krise zu einem entscheidenden Faktor, durch den eine massive Zerstörung der Wirtschaftstätigkeit und des Wohlstands vermieden worden ist. Jetzt wird es aber notwendig sein, Weitblick und Reaktionsfähigkeit zu zeigen, um die richtigen wirtschaftlichen und finanziellen Anreize wiederherzustellen, damit die Wirtschaftstätigkeit ihre volle Autonomie zurückgewinnen kann.

Übersetzung: Eileen Keller und Dominik Grillmayer

Literatur

Aussilloux, Vincent / Mavridis, Dimitris / Baïz, Adam / Garrigue, Matthieu (2021): Les effets de la crise Covid-19 sur la productivité et la compétitivité. Deuxième rapport du Conseil national de productivité, Paris: France Stratégie. https://www.strategie.gouv.fr/sites/strategie.gouv.fr/files/atoms/files/cnp-2021-deuxieme-rapport-janvier.pdf

Banque de France (2021): Endettement des agents non financiers – Comparaisons internationales T1 2021, https://www.banque-france.fr/sites/default/files/medias/documents/fr_si_endet_comparaisons_internationales_2021t1_0.pdf

Cœuré, Benoît et al. (2021): Comité de suivi et d'évaluation des mesures de soutien financier aux entreprises confrontées à l'épidémie de covid-19. Rapport d'étape d'avril 2021, https://www.strategie.gouv.fr/sites/strategie.gouv.fr/files/atoms/files/fs-2021-rapport-etape-coeure-avril_0.pdf

Commission pour l'avenir des finances publiques (2021): Nos finances publiques post-Covid-19: pour de nouvelles règles du jeu. Rapport, https://www.gouvernement.fr/sites/default/files/document/document/2021/03/rapport_-_commission_sur_la venir_des_finances_publiques.pdf

Cros, Mathieu / Épaulard, Anne / Martin, Philippe (2020): Les défaillances d'entreprises dans la crise Covid-19: zombification ou mise en hibernation? Paris, Conseil d'Analyse Economique, Focus N°051-2020, https://www.cae-eco.fr/static files/pdf/cae-focus051v2.pdf

Insee (2021): Défaillances d'entreprises. Données mensuelles de 2000 à 2021, https://www.insee.fr/fr/statistiques/2015359

Mullis, Ina / Martin, Michael / Foy, Pierre / Kelly, Dana / Fishbein, Bethany (2020): TIMSS 2019. International results in mathematics and science, International Association for the Evaluation of Educational Achievement, https://timss2019.org/reports/wp-content/themes/timssandpirls/download-center/TIMSS-2019-International-Results-in-Mathematics-and-Science.pdf

OECD (2019), PISA 2018 Results: Country Note – France, Paris, https://www.oecd.org/pisa/publications/PISA2018_CN_FRA.pdf

Die Autorin

Natacha Valla ist Dekanin an der Sciences Po School of Management and Innovation in Paris. In früheren beruflichen Stationen war sie unter anderem als stellvertretende Generaldirektorin für Geldpolitik bei der Europäischen Zentralbank und als Chefökonomin bei Goldman Sachs tätig. Kontakt: natacha.valla@sciencespo.fr

Zu einer neuen Balance von Markt und Staat

Christoph M. Schmidt und Torsten Schmidt

Zusammenfassung: Der vorliegende Beitrag untersucht die Auswirkungen der Corona-Pandemie in Deutschland. Er nimmt deren Auswirkungen auf die Unternehmen und Haushalte sowie die ergriffenen wirtschaftspolitischen Maßnahmen in den Blick. Ein besonderes Augenmerk gilt auch der Entwicklung und der Tragfähigkeit der Staatsverschuldung. Angesichts der in der Pandemie gestiegenen Staatsquote plädiert der Beitrag für eine neue Balance von Markt und Staat, die marktwirtschaftlichen Lenkungsmechanismen nach der Pandemie wieder einen größeren Platz einräumt. In diesem Zusammenhang wird auch für eine Beibehaltung der bisherigen europäischen Verschuldungsregeln plädiert.

Stichworte: Deutschland, Staatsverschuldung, Krisenbekämpfung, Marktkräfte, Wirtschaftspolitik, Strukturwandel

Résumé : Cette contribution examine l'impact de la pandémie du Covid en Allemagne. Elle étudie ses effets sur les entreprises et les ménages ainsi que les mesures de politique économique prises. Une attention particulière est accordée à l'évolution et à la viabilité de la dette publique. Compte tenu de l'augmentation de la part de l'État pendant la pandémie, l'article plaide pour un nouvel équilibre entre le marché et l'État afin de redonner une plus grande place aux mécanismes de pilotage de marché une fois la pandémie terminée. Dans ce contexte, les auteurs défendent le maintien des règles européennes actuelles en matière de gestion de la dette publique.

Mots-clés : Allemagne, dette publique, gestion de crise, forces du marché, politique économique, changement structurel

1. Einleitung

Die deutsche Wirtschaft erholt sich von einem der schwersten Einbrüche der Wirtschaftsaktivität in der Nachkriegszeit. Im Zuge der Rückführung der Infektionsschutzmaßnahmen seit dem Sommer 2020 ist die Produktion zwar wieder kräftig gestiegen, von ihrem Vorkrisenniveau ist sie aber auch nach mehr als einem Jahr noch ein gutes Stück entfernt. Das Risiko, dass die deutsche Wirtschaft nachhaltig Schaden nimmt, ist zudem noch immer nicht völlig gebannt. Selbst wenn eine Insolvenzwelle vermieden werden kann, hat sich die finanzielle Lage vieler Unternehmen deutlich verschlechtert, sodass notwendige Investitionen unterbleiben oder aufgeschoben werden müssen.

In der Pandemie hat der Staat in vielfältiger Weise stützend in die Wirtschaft eingegriffen. Schritthaltend damit ist die Verschuldung der öffentlichen Haushalte stark gestiegen. Aufgrund der Vorgaben des Maastricht-Vertrages und der Schuldenbremse muss nun der Schuldenstand in den kommenden Jahren zurückgeführt werden. Die Schuldenbremse sieht dafür sogar die Erstellung eines verbindlichen Tilgungsplans vor. Dadurch werden die Spielräume der öffentlichen Haushalte in den kommenden Jahren spürbar eingeschränkt. Da viele EU-Mitgliedstaaten in derselben Lage sind, wird auf europäischer Ebene gefordert, die Regeln des Maastricht-Vertrages zu reformieren und sie, so das Argument, an die zukünftigen Herausforderungen durch den Klimawandel und die Digitalisierung anzupassen. Dies würde auf nichts anderes als eine Aufweichung der Schuldenregeln und damit auf eine Ausweitung der öffentlichen Verschuldung hinauslaufen.

Vor diesem Hintergrund gehen wir im Folgenden der Frage nach, wie die Wirtschaftspolitik diese Herausforderungen in den kommenden Jahren angehen könnte, ohne ausschließlich auf schuldenfinanzierte öffentliche Ausgaben zurückzugreifen. Dabei geht es zunächst vor allem darum, dass die Unternehmen möglichst unbeschadet aus der Krise herauskommen. Darüber hinaus müssen sie in der Lage sein, sich dem internationalen Wettbewerb zu stellen und auf neue Anforderungen, wie sie sich aus den nationalen Klimazielen und der Digitalisierung ergeben, zu reagieren. Viele dieser Herausforderungen sind nicht neu. Bereits vor dem Ausbruch der Corona-Pandemie wurden in Deutschland, wie auch in vielen anderen Ländern, von Seiten der Wirtschaftspolitik und der Unternehmen Maßnahmen zur Transformation der Wirtschaft ergriffen. So hat die Bundesregierung im Jahr 2019 ein Klimaschutzprogramm vorgestellt, mit dem die Klimaschutzziele bis zum Jahr 2030 erreicht werden sollen. Einzelne Maßnahmen wie die steuerliche Förderung der energetischen Gebäudesanierung wurden bereits umgesetzt. Allerdings muss nach der Krise überprüft werden, ob die Ziele und die Maßnahmen neu ausgerichtet werden müssen.

Bei dieser Überprüfung der Wirtschaftspolitik ist auch darauf zu achten, die Balance zwischen Markt und Staat neu zu bestimmen. Denn die massiven staatlichen Hilfen während der Corona-Pandemie gehen mit einem deutlichen Anstieg der Staatsquote einher. Nicht zuletzt aufgrund des demografischen Wandels wird aber eine dauerhafte Übertragung neuer Aufgaben und weiterer Ressourcen an den öffentlichen Sektor nicht nachhaltig gestaltet werden können. Darüber hinaus würde sie die marktwirtschaftlichen Mechanismen verzerren, von denen dringend benötigte Signal- und Lenkungswirkungen ausgehen. In Hinblick auf diese Funktionen sind die Maßnahmen der vergangenen Monate zu überprüfen und gegebenenfalls anzupassen.

Die folgenden Abschnitte zeichnen zunächst die wirtschaftliche Entwicklung in Deutschland während der Corona-Krise nach, um anschließend die wesentlichen wirtschaftspolitischen Maßnahmen und deren Auswirkungen auf die Privatwirtschaft und die öffentlichen Haushalte darzustellen und darauf aufbauend die wirtschaftspolitischen Herausforderungen für die Zukunft zu beschreiben und notwendige Handlungsbedarfe zu benennen sowie abschließend Schlussfolgerungen abzuleiten.

2. Corona-Krise belastet den Unternehmenssektor vorübergehend stark

Die Corona-Krise hat die deutsche Wirtschaft hart getroffen. Dabei wurden die Unternehmen in Deutschland über zwei Kanäle belastet. Erstens ließ die Ausbreitung der Pandemie in Deutschland Infektionsschutzmaßnahmen notwendig werden, die das wirtschaftliche und soziale Leben stark einschränkten. Viele Geschäfte, Gaststätten, Hotels usw. mussten schließen, so dass die Umsätze wegbrachen. Da sich das Corona-Virus weltweit ausbreitete, wurden in vielen Ländern fast zeitgleich Infektionsschutzmaßnahmen verhängt. Da die deutsche Wirtschaft und insbesondere das verarbeitende Gewerbe auf Rohstoffe und Vorprodukte aus dem Ausland angewiesen sind, und viele Produkte ins Ausland liefern, wurde durch diese Maßnahmen zweitens der internationale Warenaustausch erheblich gestört, so dass die Produktion eingeschränkt werden musste.

In der ersten Phase wirkte die Pandemie über beide Kanäle, so dass es im Frühjahr 2020 zu einem Rückgang der Wirtschaftsleistung um 10 % gegenüber dem Vorquartal kam. Durch den konsequenten Shutdown gelang es in relativ kurzer Zeit, die Infektionszahlen im Frühjahr deutlich zu senken und über den Sommer niedrig zu halten. Dies ermöglichte es vielen Unternehmen vor allem im Handel und bei den kontaktintensiven Dienstleistungen, ihre Tätigkeit wieder aufzunehmen. Im Zuge dessen kam es im Sommer zu einer kräftigen Erholung der Wirtschaftsaktivität.

Allerdings zeigten sich bereits in dieser Phase deutliche Unterschiede in den verschiedenen Wirtschaftszweigen, die bis jetzt nicht völlig überwunden sind. Dienstleitungsbereiche wie der Tourismus waren weiterhin stark in ihren Aktivitäten eingeschränkt, genauso wie viele Kulturschaffende und Freiberufler. Andere Dienstleistungen wie die Immobilienwirtschaft und die Finanzdienstleistungen sind von den Maßnahmen hingegen kaum noch betroffen. Auch im verarbeitenden Gewerbe zeigen sich deutliche Unterschiede. Viele exportorientierte Unternehmen erhalten direkt oder indirekt Auftrieb von der schnellen wirtschaftlichen Erholung größerer Teile der Weltwirtschaft. Andere Unternehmen bekommen hingegen zu spüren, dass internationale Lieferketten nach einer Unterbrechung nicht ohne Friktionen wieder aufgenommen werden können.

Im Zuge der zunehmenden Verfügbarkeit von Impfstoffen hatte im Frühjahr des Jahres 2021 die – hoffentlich – letzte Phase dieser Pandemie begonnen. Durch die sinkenden Infektionszahlen konnten die Beschränkungen des wirtschaftlichen und sozialen Lebens nach und nach wieder weitgehend aufgehoben werden, so dass nun viele Dienstleistungen wieder möglich sind. Aufgrund der steigenden Infektionszahlen im Herbst 2021 wurden die Infektionsschutzmaßnahmen jedoch in mehreren Schritten wieder verschärft. Davon sind erneut vor allem die kontaktintensiven Dienstleistungen betroffen, die sich bisher kaum von den vorherigen Schließungen erholen konnten. Im Unterschied dazu wurden in dieser Phase viele Unternehmen des verarbeitenden Gewerbes von der fortschreitenden weltwirtschaftlichen Erholung weiterhin begünstigt.

Insgesamt zeigt sich, dass die Betroffenheit der Unternehmen von den Folgen der Pandemie sehr unterschiedlich ist. Einzelne Bereiche, vor allem solche des Handels, haben sogar erhebliche Umsatzsteigerungen zu verzeichnen. Anderen war fast während der gesamten Pandemie die Ausübung ihrer Geschäftstätigkeit unmöglich. Ohne staatliche Unterstützungszahlungen wären viele dieser Unternehmen zur Aufgabe gezwungen gewesen. Trotzdem sind die finanziellen Rücklagen bei vielen Unternehmen aufgebraucht. Für diese Unternehmen dürften die Folgen der Pandemie noch einige Zeit zu spüren sein, da es in vielen Bereichen zu keinen Nachholeffekten bei der Nachfrage gekommen ist.

Um die finanziellen Unterstützungen den betroffenen Unternehmen schnell zukommen zu lassen, wurde auf eine intensive Prüfung der Betroffenheit durch die Corona-Pandemie verzichtet. Daher dürften auch Unternehmen, die ohne Corona-Pandemie insolvent geworden wären, Hilfen erhalten und ihre Geschäftstätigkeit fortgeführt haben. Gleichzeitig wurde die Pflicht zur Anmeldung einer Insolvenz ausgesetzt. Dies dürfte eine Erklärung dafür sein, dass die Zahl der Unternehmensinsolvenzen sogar während der Corona-Pandemie zurückgegangen ist. Auch derzeit ist noch keine Umkehr dieser Entwicklung abzusehen. Allerdings ist bei einer Erholung aus der Krise mit einem Anstieg der Zahl der Insolvenzen zu rechnen. Dies war auch in den vergangenen Rezessionen zu beobachten. Diese Entwicklung nach der Krise sollte nicht ausgeglichen werden, da es sonst zu einer Fehlallokation von Ressourcen kommt, die mit Wohlfahrtsverlusten einhergeht.

Trotz dieser schweren Belastung der privaten Unternehmen dürften die gesamtwirtschaftlichen Schäden durch die Corona-Pandemie in Deutschland insbesondere im Vergleich zu früheren Krisen relativ gering sein (Projektgruppe Gemeinschaftsdiagnose 2021). Um diese Verluste zu quantifizieren, kann man Schätzungen des Produktionspotenzials heranziehen, also desjenigen Wertes von Gütern und Dienstleistungen, die bei Normalauslastung der Produktionskapazitäten in einem Jahr produziert werden können. Vergleicht man die Potenzialschätzung vom Frühjahr 2021 mit der vom Herbst 2019, kann der damit erfasste Unterschied als Maß des gesamtwirtschaftlichen Schadens interpretiert werden. Die Projektgruppe Gemeinschaftsdiagnose (2021) schätzt das Produktionspotenzial für die Jahre 2020 bis 2024 im Durchschnitt um 1,1 % niedriger ein als im Jahr 2019. Um diese Größenordnung einordnen zu können, bietet sich ein Vergleich mit der Finanzkrise der Jahre 2008/2009 an. Damals wurde das Produktionspotenzial um 3 % nach unten revidiert.

Durch die Konservierung der bestehenden Wirtschaftsstrukturen könnte der bereits vor der Corona-Krise in Gang gekommene wirtschaftliche Strukturwandel insgesamt verlangsamt worden sein. Dennoch haben einige Unternehmen dabei zum Teil deutliche Fortschritte erzielt. Dies ist besonders im Automobilsektor sichtbar, wo nun alle Hersteller die Produktion von Elektrofahrzeugen aufgenommen haben und diese Aktivitäten weiter ausbauen. Auch die Digitalisierung ist während der Corona-Krise vorangeschritten. Die Notwendigkeit zur Arbeit im Homeoffice könnte hier völlig neue Entwicklungen initiiert oder zumindest bestehende verstärkt haben. Im Zuge des Abklingens der Pandemie dürfte dieser Strukturwandel wieder deutlicher sichtbar werden.

3. Wirtschaftspolitik stabilisiert den Unternehmenssektor

Zur Abmilderung der wirtschaftlichen Folgen der Corona-Pandemie und der dadurch erforderlichen Infektionsschutzmaßnahmen haben die Bundesregierung sowie die Landesregierungen mit mehreren Maßnahmenpaketen finanzielle Unterstützung für die privaten Unternehmen und Haushalte bereitgestellt. So wurden im Zuge des Shutdowns im April 2020 umfangreiche Soforthilfen für Unternehmen und Selbständige bereitgestellt, um dessen unmittelbare Folgen abzumildern. Allein der Bund hat von den bis Ende Mai 2020 gestellten Anträgen knapp 1,8 Mio. bewilligt und im Zuge dessen 13,5 Mrd. Euro ausgezahlt. Im Anschluss daran wurden Überbrückungshilfen in insgesamt drei Phasen gewährt, von denen bisher insgesamt rund 4,5 Mrd. Euro abgeflossen sind. Zusätzlich wurden sogenannte November- und Dezemberhilfen mit einem Volumen von 7 Mrd. Euro ausgezahlt. Insgesamt wurden bis Herbst 2021 etwa 25 Mrd. Euro überwiesen.

Im Juni 2020 wurde ein Konjunkturprogramm auf den Weg gebracht, das bis zum Jahr 2024 ausgelegt ist und ein Volumen von knapp 160 Mrd.

Euro aufweist (Projektgruppe Gemeinschaftsdiagnose 2020; SVR 2020). Das Programm ist in ein Konjunktur- und Krisenbewältigungspaket und ein Zukunftspaket gegliedert. Bereits diese Unterteilung verdeutlicht, dass die Zielrichtung nicht allein die Abmilderung der wirtschaftlichen Folgen der Corona-Pandemie ist. Vielmehr sollen die Maßnahmen andere politische Ziele, wie den Klimaschutz und die Digitalisierung, mit in den Blick nehmen. Diese gleichzeitige Ausrichtung der Maßnahmen auf zwei Ziele birgt die Gefahr von Ineffizienzen in sich, da sie nicht völlig deckungsgleich sind. Auf der anderen Seite wird so allerdings sichergestellt, dass wichtige gesellschaftliche Ziele auch während der Pandemie nicht vollständig aus den Augen verloren werden.

Eine Reihe von Maßnahmen des Programms sollte durch die Unterstützung der privaten Haushalte die gesamtwirtschaftliche Nachfrage stabilisieren. So wurde der Mehrwertsteuersatz für die zweite Jahreshälfte 2020 gesenkt, der reguläre Satz um 3 %-Punkte und der ermäßigte Satz um 2 %-Punkte. Zudem wurde ein Kinderbonus von 300 Euro je kindergeldberechtigtem Kind gewährt. Zusätzlich sollen bereits kurzfristig Investitionen gefördert und durch verbesserte Abschreibungsbedingungen und Subventionen private Investitionen begünstigt werden. Zudem werden die Kommunen durch eine stärkere Beteiligung an den Kosten der Unterbringung für langzeitarbeitslose, erwerbsfähige Personen und deren Haushaltsangehörige entlastet, um Spielräume für öffentliche Investitionen zu wahren (Schmidt et al. 2020).

Investive Maßnahmen sind größtenteils im Zukunftspaket gebündelt, das 52 Mrd. Euro umfasst und für eine Laufzeit von vier Jahren vorgesehen ist. Darin enthalten sind Subventionen und Investitionen für die Förderung neuer Antriebstechniken, um die Klimaziele zu erreichen. Zudem werden Mittel für die Digitalisierung z.B. des Schulbetriebs bereitgestellt. Um die Umsetzung des Konjunkturprogramms über die vorgesehene Laufzeit zu gewährleisten, wurden unter anderem der Energie- und Klimafonds und der Fonds für Ganztagschulen für die folgenden fünf Jahre um insgesamt 24 Mrd. Euro aufgestockt. Durch diese Aufstockung von Sondervermögen werden zukünftige Handlungsspielräume der Bundesregierung eingeschränkt, da in Zukunft die Abflüsse die zulässige Nettokreditaufnahme verringern (Projektgruppe Gemeinschaftsdiagnose 2020).

Insgesamt dürften die staatlichen Maßnahmen den Rückgang der Wirtschaftsaktivität abgeschwächt haben. Vor allem aber trugen die direkten Finanzhilfen für die Unternehmen wesentlich dazu bei, dass sich die Wirtschaftsaktivität nach der Lockerung der Infektionsschutzmaßnahmen schnell wieder erholen konnte. Nach diesem massiven Eingriff des Staates in den Unternehmenssektor muss dieser seine Aktivitäten in diesem

Bereich nun wieder einschränken (Leopoldina 2021). Dies geschieht zwar durch das Auslaufen der Corona-Hilfen und der Maßnahmen des Konjunkturpaketes automatisch, allerdings dürfen nun mit Verweis auf den wirtschaftlichen Strukturwandel nicht erneut Subventionen eingeführt und das staatliche Aktivitätsniveau wieder angehoben werden.

4. Kräftiger Anstieg der Staatsaktivität in der Krise

Durch die immensen Ausgaben des Bundes zur Abmilderung der wirtschaftlichen Folgen der Corona-Pandemie hat sich die Verschuldung insbesondere des Bundes, aber auch diejenige der Länder, kräftig erhöht. Nachdem der Bund bis zum Jahr 2019 mehrmals ohne neue Kredite ausgekommen war, betrug die Nettoneuverschuldung im Jahr 2020 130 Mrd. Euro, und für das Jahr 2021 sind nochmals 240 Mrd. Euro vorgesehen. Doch selbst im Jahr 2022, wenn die akuten wirtschaftlichen Belastungen der Pandemie abgeklungen sein dürften, hat der Bund in seinem Finanzplan nochmals eine Nettokreditaufnahme von knapp 100 Mrd. Euro eingeplant. Erst ab dem Jahr 2023 ist eine deutliche Rückführung der Neuverschuldung vorgesehen (BMF 2021). Dieser Anstieg der Neuverschuldung ist enorm und deutlich höher als während der Finanzkrise. In den Jahren 2009 und 2010 betrug die Nettokreditaufnahme 34 bzw. 44 Mrd. Euro.

Für die zukünftigen Handlungsspielräume der Finanzpolitik und die Konsolidierungserfordernisse ist das Ausmaß der Nettoneuverschuldung wenig aussagekräftig (Schmidt und Schmidt 2021). Auch deshalb zielt das Maastricht-Kriterium stattdessen auf die Schuldenstandsquote ab, das dabei eine maximale gesamtstaatliche Verschuldung von 60 % in Relation zum Bruttoinlandsprodukt vorsieht. Allerdings wird dieser Wert durch den kräftigen Anstieg der Neuverschuldung inzwischen verfehlt. Im Jahr 2020 stieg die Schuldenstandsquote auf 69,7 %, und für 2021 rechnet das Bundesfinanzministerium (BMF 2021) mit einem Wert von 74,5 %. Danach dürfte der Schuldenstand aber wieder sinken (Abbildung 1).

Vergleicht man diese Entwicklung mit der Finanzkrise 2008/2009, stellt sich der gegenwärtige Anstieg weit weniger dramatisch dar. Damals stieg die Schuldenstandsquote im Zuge der Krise auf knapp über 80 % in Relation zum Bruttoinlandsprodukt. Dem entsprechend war auch der Konsolidierungsbedarf mit Blick auf das Maastricht-Kriterium deutlich größer. Die Rückführung der Verschuldung wurde danach durch das wirtschaftliche Umfeld begünstigt. So waren die Zuwachsraten des Bruttoinlandsprodukts in dieser Phase deutlich höher als in den Jahren zuvor, so dass auch die Steuereinnahmen kräftig stiegen. Zudem sanken die Renditen auf

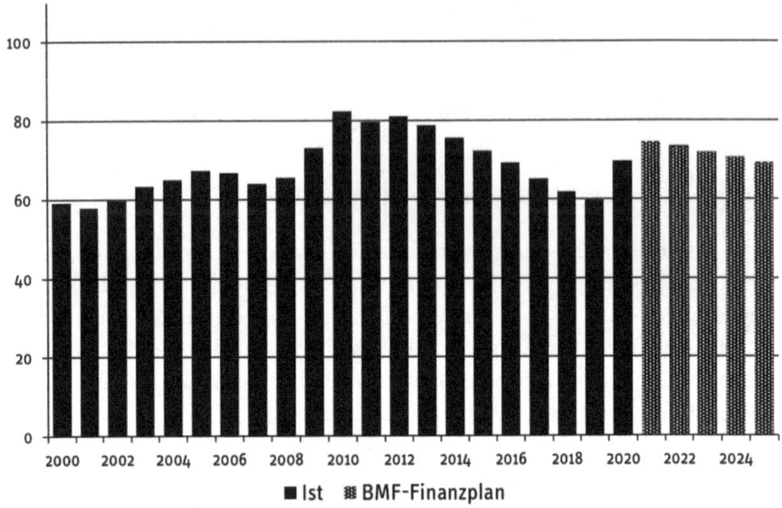

Abbildung 1: Gesamtstaatliche Schuldenstandsquote: Schuldenstand in Relation zum BIP in Prozent (Quelle: BMF)

Staatsanleihen im Zuge der Euro-Schuldenkrise und erreichten zeitweilig negative Werte. Dadurch sank die Zinsbelastung der öffentlichen Haushalte deutlich.

Die Erfahrungen aus der Finanzkrise sprechen auch gegen die Befürchtung, dass die Konsolidierung der öffentlichen Haushalte notwendigerweise mit einer deutlichen Einschränkung der öffentlichen Investitionen einhergehen muss. Zwar ist die Investitionsquote des Staates in den Jahren 2012 bis 2014 leicht zurückgegangen, in den Folgejahren ist sie aber wieder zum Teil deutlich gestiegen. Die gegenwärtige Finanzplanung des Bundes (BMF 2021) sieht vor, dass die öffentlichen Investitionen mit etwa 50 Mrd. Euro pro Jahr weitgehend konstant gehalten werden, obwohl die Schuldenstandsquote bereits wieder sinkt. Dies impliziert bei einem steigenden Bruttoinlandsprodukt, dass die Investitionsquote wie in der Phase nach der Finanzkrise leicht sinken wird. Dabei ist zu berücksichtigen, dass – wie bereits dargestellt – ein Teil der öffentlichen Investitionen des Konjunkturprogramms des vergangenen Jahres festgeschrieben ist.

Mit Blick auf die zukünftigen Herausforderungen für die deutsche Wirtschaft und die Frage, wie diese Aufgaben angegangen werden sollten, ist nicht unbedeutend, dass die Staatsquote durch die Corona-Maßnahmen im Jahr 2020 auf über 50 % gestiegen ist. Auch in den beiden Folgejahren dürfte sie nicht zurückgegangen sein. Damit ist sie deutlich höher als während der Finanzkrise. Zwar ist durch das Auslaufen der Corona-Maßnahmen mit einem Rückgang der Staatsquote zu rechnen, da sie aber bereits seit 2015 kontinuierlich gestiegen ist, sollte auch die Verteilung der Ressourcen zwischen dem privaten und dem öffentlichen Sektor überprüft und auf die Strategie zur Gestaltung des wirtschaftlichen Wandels abgestimmt werden.

5. Handlungsfähigkeit von Bund und Ländern stärken

Zum Ende der Corona-Pandemie muss die Wirtschaftspolitik, die in den vergangenen Monaten völlig zu Recht auf die Krisenbewältigung ausgerichtet war, neu formuliert werden. Dabei treten wieder große langfristige Herausforderungen wie die Klimapolitik und die Digitalisierung in den Vordergrund. Gleichzeitig erfordern die Schuldenbremse und das europäische Regelwerk, dass die öffentlichen Haushalte konsolidiert werden. Dies ist auch ein Gebot der Konjunkturpolitik, da Spielräume geschaffen werden müssen, um bei zukünftigen Krisen erneut entschieden reagieren zu können. Dazu muss die Schuldenstandsquote wieder deutlich gesenkt werden.

In ihrer Stellungnahme zu den wirtschaftlichen Konsequenzen der Corona-Pandemie hat die Nationale Akademie der Wissenschaften Leopoldina (2021) exemplarisch verschiedene Szenarien für die Entwicklung der Schuldenquote berechnet, die von unterschiedlichen Annahmen über das zukünftige Wirtschaftswachstum, der Realzinsen und des Primärüberschusses bestimmt werden. Dabei zeigt sich, dass bei niedrigen Realzinsen – wie sie derzeit in Deutschland herrschen – keine großen Konsolidierungsanstrengungen notwendig sind, um den Schuldenstand wieder unter die im Maastricht-Vertrag vereinbarte Obergrenze von 60 % in Relation zum Bruttoinlandsprodukt zu bringen.

Damit dies gelingt, ist es nicht einmal notwendig, dass die Realzinsen über längere Zeit negativ bleiben. Selbst bei einem Realzinsniveau von etwas über null ist der Konsolidierungsbedarf immer noch relativ gering. Solch ein Szenario ist gar nicht so unwahrscheinlich. Zwar dürfte die Europäische Zentralbank ihre extrem lockere Geldpolitik nach und nach zurückfahren, um ihr geldpolitisches Ziel nicht aus den Augen zu verlieren. Dementsprechend dürften auch die Renditen am Kapitalmarkt wieder steigen. Dieser Prozess wird aber aller Voraussicht nach einige Zeit in Anspruch nehmen. Zudem ist die Geldpolitik nur einer von mehreren

Faktoren, die die Entwicklung der Realzinsen bestimmen, und er dürfte vor allem transitorisch sein. Längerfristig haben Faktoren, die mit dem Wirtschaftswachstum verbunden sind, ebenfalls einen erheblichen Einfluss auf die Realzinsentwicklung.

Für die zukünftige wirtschaftliche Entwicklung ist dabei die demografische Entwicklung als einer dieser langfristigen Einflussfaktoren von besonderem Interesse. So kommen empirische Studien (Föllmi et al. 2021) zu dem Ergebnis, dass ein beachtlicher Teil des Rückgangs der Realzinsen auf die Alterung der Bevölkerung zurückgeführt werden kann. Anscheinend geht die Zunahme der Altersgruppe der 40- bis 64-Jährigen mit sinkenden Realzinsen einher. Allerdings deuten Prognosen der demografischen Entwicklung darauf hin, dass diese Altersgruppe in Zukunft nicht mehr im gleichen Maße zunehmen wird wie in den vergangenen Jahren. Dies spricht dafür, dass der Abwärtsdruck auf die Realzinsen in den kommenden Jahren nachlässt. Wenngleich noch andere Faktoren einen Einfluss auf die zukünftige Zinsentwicklung haben, spricht der recht starke Zusammenhang der Zinsen mit der Demografie dafür, dass das zukünftige Realzinsniveau für eine Konsolidierung der öffentlichen Haushalte immer noch recht günstig bleibt.

Allerdings sind von der Demografie auch Effekte auf das längerfristige Wirtschaftswachstum zu erwarten. So legen die Bevölkerungsprojektionen des Statistischen Bundesamtes nahe, dass die Erwerbsbevölkerung bereits ab dem Jahr 2023 zurückgeht. Diese Entwicklung dürfte sich in den darauffolgenden Jahren zunächst weiter verstärken. Dies hat zur Folge, dass das langfristige Wirtschaftswachstum, das durch das Potenzialwachstum berechnet wird, schwächer wird. In den Mittelfristprognosen des Wirtschaftsforschungsinstitutes RWI (Barabas et al. 2021) zeigt sich jedenfalls eine Abschwächung der Potenzialwachstumsrate von 1,1 % im Jahr 2021 auf 0,7 % im Jahr 2024.

Vergleicht man dies mit den Raten nach der Finanzkrise, zeigt sich ein deutlicher Unterschied. Nach aktuellem Stand betrug die Wachstumsrate des Produktionspotenzials im Jahr 2009 ebenfalls 1,1 %. In den Folgejahren beschleunigte sich das Potenzialwachstum allerdings auf 1,5 % im Jahr 2013 und blieb dann noch einige Jahre in dieser Größenordnung. Diese Verstärkung des Wirtschaftswachstums hat die Konsolidierung der öffentlichen Haushalte in dieser Phase ebenfalls begünstigt, da höheres Wachstum zu stärkeren Steuereinnahmen und geringeren Ausgaben für Sozialleistungen führt.

Insgesamt spricht einiges dafür, dass eine Konsolidierung der öffentlichen Haushalte in den kommenden Jahren gelingen kann, ohne dass gravierende Ausgabenkürzungen oder Einnahmenerhöhungen notwendig sind. Insbesondere sollte es möglich sein, die für eine Transformation der Wirtschaft notwendigen öffentlichen Investitionen durchführen zu können.

6. Marktkräfte stärken

Die Konsolidierung der öffentlichen Haushalte wird leichter gelingen, wenn sich das Wirtschaftswachstum in den kommenden Jahren nicht deutlich verlangsamt. Der wirtschaftliche Strukturwandel dürfte ebenfalls leichter zu vollziehen sein, wenn es Wirtschaftsbereiche gibt, die Arbeitsplätze schaffen, und Menschen, die ihren Arbeitsplatz verloren haben, eine neue Perspektive geben. Dabei kommt der zukünftigen Produktivitätsentwicklung eine wichtige Rolle zu, da insbesondere das Arbeitskräftepotenzial, das ebenfalls eine wichtige Wachstumsquelle darstellt, in den kommenden Jahren zurückgehen wird. Aus diesem Grund werden bereits seit einigen Jahren Ansatzpunkte zur Erhöhung der allgemeinen Faktorproduktivität diskutiert (SVR 2019).

Wichtige Einflussfaktoren der gesamtwirtschaftlichen Produktivität sind die Forschungs- und Entwicklungsaktivitäten (FuE-Aktivitäten), wobei angewandte Forschungsaktivitäten einen zeitlich klarer synchronisierten Bezug zur Produktivität aufweisen als die Grundlagenforschung (Jäger et al. 2016). Bereits in den vergangenen Jahren wurden die Ausgaben für FuE-Aktivitäten in Deutschland deutlich gesteigert. Zwar wurde das in der Lissabon-Strategie festgelegte Ziel, die Ausgaben für FuE bis 2010 auf 3 % des Bruttoinlandsprodukts zu steigern, erst mit sieben Jahren Verspätung erreicht, doch im Jahr 2019 wurden knapp 3,2 % des Bruttoinlandsprodukts für FuE-Aktivitäten ausgegeben, womit Deutschland in diesem Bereich zur internationalen Spitzengruppe gehört (EFI 2021).

Angesichts der gesellschaftlichen und wirtschaftlichen Herausforderungen müssen die FuE-Aktivitäten auf einem hohen Niveau gehalten werden. Dabei sind die Maßnahmen in diesem Bereich stärker als bisher auf die Ziele der Nachhaltigkeit und der Digitalisierung auszurichten. Da angesichts der budgetären Beschränkungen der öffentlichen Haushalte kaum Spielräume für weitere Ausgabensteigerungen bestehen, müssen die Mittel notfalls aus anderen Bereichen umgeschichtet werden. Zudem kann versucht werden, die angewandte Forschung von Unternehmen zu stärken. Dabei kommt Startups eine zentrale Bedeutung zu: Gerade den Neugründungen muss eine Chance gegeben werden, gut durch die Corona-Krise zu kommen, da die Erfahrungen aus der Finanzkrise 2008 zeigen, dass insbesondere die Hightech-Startups in schweren Krisen gefährdet sind (acatech

2020). Hier spielt die Bereitstellung von Wagniskapital von privaten Investoren eine wichtige Rolle. Bei diesem Thema schneidet Deutschland im internationalen Vergleich nach wie vor schlecht ab (EFI 2021), so dass hier Potenziale gehoben werden können (Achleitner et al. 2019).

Um die anstehenden gesellschaftlichen Herausforderungen, insbesondere diejenige der Hinwendung zur Nachhaltigkeit, in ausreichendem Maße bei den Innovationsaktivitäten zu berücksichtigen, schlägt unter anderem die Expertenkommission Forschung und Entwicklung der Bundesregierung (EFI 2021) vor, auf Marktkräfte zu setzen. Dazu gehört beispielsweise, dass bei der Entwicklung alternativer Antriebstechnologien keine Technologie von staatlicher Seite vorgegeben, sondern auf die kreativen Kräfte der privaten Akteure gesetzt wird. In denjenigen Fällen, in denen staatliche Eingriffe notwendig sind, um FuE-Aktivitäten zu initiieren, sollten sie möglichst bald wieder zurückgenommen werden.

Zudem sollte bei der Innovationsförderung berücksichtigt werden, dass viele Neuerungen im Mittelstand entwickelt werden (Bardt et al. 2020). Während der Corona-Pandemie dürften vor allem Investitionen, die mit einer hohen Unsicherheit verbunden sind, zurückgefahren worden sein, wodurch vor allem besonders innovative Investitionen unterbleiben. Da der Mittelstand auch in dem derzeit stattfindenden wirtschaftlichen Strukturwandel eine wichtige Rolle spielt, sollte die Wirtschaftspolitik dafür sorgen, dass in den mittelständischen Unternehmen FuE-Aktivitäten nicht aufgrund der Corona-Krise für längere Zeit ausgesetzt werden müssen.

Die Ausbildung der Beschäftigten wird ebenfalls als ein zentraler Ansatzpunkt für die Steigerung der Produktivität angesehen. Hier schafft die Pandemie einen besonderen Handlungsbedarf, da die Infektionsschutzmaßnahmen die Ausbildung an Schulen und Hochschulen, aber auch in den Betrieben, erschwert hat. Dies wurde auf dem Ausbildungsmarkt sichtbar, da während der Pandemie deutlich weniger Ausbildungsplätze besetzt wurden als in normalen Zeiten. Die Erhöhung der Bildungsausgaben ist als allein eingesetztes Instrument nicht geeignet, um die Produktivität zu erhöhen. Vielmehr müssen Fähigkeiten und Kenntnisse gesteigert werden, die im Arbeitsprozess angewendet werden können. Hier können von staatlicher Seite Anreize geschaffen werden, um sich stärker als bisher den veränderten Anforderungen durch die Digitalisierung zu stellen. Allerdings kommt in diesem Bereich weiterhin den Unternehmen eine tragende Rolle zu, um die Aus- und Weiterbildung auf die spezifischen Bedarfe auszurichten (EFI 2021).

Darüber hinaus gilt es, dem sich demografisch bedingt verstärkenden Fachkräftemangel zu begegnen. Bereits in der gegenwärtigen Phase, in der die wirtschaftlichen Folgen der Corona-Pandemie bei weitem noch nicht überwunden sind, wird der Mangel an Fachkräften wieder von vielen Unternehmen als ein Hemmnis der Wirtschaftsaktivität genannt. Auch in diesem Bereich kann eine gezielte Aus- und Fortbildung zur Verbesserung der Situation beitragen. Angesichts der sich abzeichnenden Abnahme der Erwerbsbevölkerung dürfte dies jedoch bei weitem nicht ausreichen. Hier könnte vielmehr eine gezielte Anwerbung von Fachkräften im Ausland einen weiteren Beitrag leisten.

Zur Erhöhung der Produktivität und zur Förderung des wirtschaftlichen Strukturwandels sollte zudem wieder stärker auf Marktmechanismen gesetzt werden. Unter der zweifellos wichtigen Voraussetzung, dass die Rahmenbedingungen die richtigen Anreize setzen, ist es ein zentrales Kennzeichen von Marktwirtschaften, dass Unternehmen eine Vielzahl innovativer Ideen und Lösungen entwickeln. Dies geschieht oft im Kleinen, kann bei größeren Innovationen aber auch zu einem Wandel der Wirtschaftsstruktur führen. Zu diesem Prozess gehört, dass neue innovative und dadurch produktivere Unternehmen in den Markt eintreten und weniger produktive Unternehmen den Markt verlassen. Dies spricht stark dafür, nach dem Abklingen der Pandemie die staatlichen Eingriffe in den Unternehmenssektor zu reduzieren. Angesichts der angespannten finanziellen Lage vieler Unternehmen ist es allerdings notwendig, diesen Prozess in maßvollen Schritten zu vollziehen.

Marktmechanismen können auch stärker für den wirtschaftlichen Strukturwandel zur Erreichung der Klimaziele eingesetzt werden. Staatliche Vorgaben zur Förderung der Elektromobilität nicht nur in Deutschland haben sicherlich die Einführung neuer Modelle auch von deutschen Unternehmen beschleunigt. Ein weiterer Schritt wäre es, durch eine umfassende CO_2-Bepreisung marktwirtschaftliche Mechanismen wirken zu lassen (Schmidt 2021). Da die Kosten der CO_2-Vermeidung nicht öffentlich bekannt sind, sollten Preissignale genutzt werden, um die Handlungen der relevanten Akteure zu koordinieren und den CO_2-Ausstoß zu senken.

7. Schlussfolgerungen

Im Zuge der Corona-Krise wurden durch massive staatliche Eingriffe sowie finanzielle Hilfen für private Unternehmen und Haushalte deutlich stärkere wirtschaftliche Verluste verhindert. Im Zuge der nun notwendigen Konsolidierung der öffentlichen Haushalte müssen staatliche Aktivitäten wieder zurückgenommen werden. Dies ist notwendig, um bei zukünftigen Konjunktureinbrüchen oder Wirtschaftskrisen genügend Spielraum zu haben, um darauf angemessen reagieren zu können. Zudem kann so die durch den demografischen Wandel gefährdete Tragfähigkeit der öffentlichen Finanzen sichergestellt werden.

Dadurch, dass die Schuldenbremse erneut in Kraft gesetzt wird, lässt sich die Rückführung der Schuldenstandsquote gewährleisten. Bereits nach ihrer Einführung im Jahr 2011 ist die Schuldenstandsquote in Deutschland über einen längeren Zeitraum zurückgegangen, nachdem sie zuvor über Jahrzehnte im Trend gestiegen war. Dies stützt das polit-ökonomische Argument, dass Fiskalregeln wie die Schuldenbremse oder die Maastricht-Kriterien notwendig sind, um eine Rückführung der öffentlichen Verschuldung politisch umzusetzen (Feld et al. 2019).

Die aktuelle Diskussion um die Zukunft der Maastricht-Regeln auf europäischer Ebene und auch die Diskussion um die Reform oder Abschaffung der Schuldenbremse sind ein beredter Beleg für die politischen Widerstände gegen eine Konsolidierung. Dazu passt auch der empirische Befund, dass in vielen Ländern die Schulden, die während einer Rezession entstehen, in der anschließenden konjunkturellen Erholung nur zum Teil wieder abgebaut werden (Hercowitz und Strawczynski 2004). Dieser „Ratchet-Effekt", der zu einem trendmäßigen Anstieg der öffentlichen Verschuldung beiträgt, wird durch die Schuldenbremse vermieden.

Dabei steht außer Frage, dass die Handlungsspielräume der öffentlichen Haushalte in den kommenden Jahren eingeschränkt sein werden. Um die Herausforderungen des Klimawandels, der Digitalisierung und der Alterung der Gesellschaft zu meistern, sollten daher wieder stärker Marktlösungen in Betracht gezogen werden. Insbesondere sollten Neugründungen erleichtert und FuE-Aktivitäten gefördert werden. Diese FuE-Aktivitäten sollten konsequent auf die Bewältigung der großen Herausforderungen durch den Klimawandel und die Digitalisierung ausgerichtet werden. Dabei sollten eine Festlegung auf bestimmte technische Lösungen durch die Politik vermieden und ihre Wahl möglichst weitgehend den Marktkräften überlassen werden.

Zudem kann durch eine Förderung der Zuwanderung der sich verstärkende Fachkräftemangel in Deutschland abgemildert werden. Zugleich müssen die Arbeitskräfte auf die neuen Anforderungen durch den technologischen Wandel, insbesondere der Digitalisierung, vorbereitet werden. Um zu gewährleisten, dass die Aus- und Weiterbildung die erforderlichen Inhalte vermittelt, kommt den Unternehmen eine zentrale Rolle zu.

Die Rückführung der öffentlichen Ausgaben ist eine notwendige Reaktion auf die Ausgabensteigerungen während der Krise. Sie ist gleichzeitig eine Vorbereitung auf die nächste große Krise. Wie notwendig dies ist, ist eine der zentralen Lehren der Konsolidierungsphase nach der Finanzkrise. Gleichzeitig besteht kein Grund davon auszugehen, dass wir die Herausforderungen der kommenden Jahre nicht werden meistern können. Vielmehr kann die Förderung von Marktkräften Innovationen fördern und den wirtschaftlichen Strukturwandel beschleunigen. Dazu müssen allerdings die richtigen Rahmenbedingungen gesetzt werden. Dies erfordert eine Neubestimmung des Verhältnisses von Markt und Staat, die auf die aktuellen Herausforderungen abgestimmt ist.

Literatur

acatech (Hrsg.) (2020): Corona-Krise: Volkswirtschaft am Laufen halten, Grundversorgung sichern, Innovationsfähigkeit erhalten. acatech Impuls, 27. März 2020.

Achleitner, Ann-Kristin / Braun, Reiner / Behrens, Jan Henning / Lange, Thomas (2019): Innovationskraft in Deutschland verbessern: Ökosystem für Wachstumsfinanzierung stärken. acatech Studie.

Barabas, György / Jessen, Robin / Kirsch, Florian / Schacht, Philip / Schmidt, Torsten (2021): Projektion der Wirtschaftsentwicklung bis 2025: Geringe mittelfristige Effekte der Corona-Pandemie. RWI Konjunkturberichte 72 (2): 35–48.

Bardt, Hubertus / Hüther, Michael / Schmidt, Christoph M. / Schmidt, Torsten (2020): Mit neuem Wachstum aus der Krise: Überlegungen zu einer Modernisierungsstrategie für Nordrhein-Westfalen. IW-Policy Paper #11.

BMF – Bundesministerium der Finanzen (2021): Finanzbericht 2022. Berlin.

EFI – Expertenkommission Forschung und Innovation (2021): Gutachten zu Forschung, Innovation und technologischer Leistungsfähigkeit Deutschlands 2021, Berlin: EFI.

Feld, Lars P. / Reuter, Wolf Heinrich / Yeter, Mustafa (2019): Öffentliche Investitionen: Die Schuldenbremse ist nicht das Problem. Perspektiven der Wirtschaftspolitik 20 (4): 292–303.

Föllmi, Reto / Isaak, Niklas / Jäger, Philipp / Schmidt, Torsten / Seiler, Pascal (2021): Ursachen und Wirkungen der Tiefzinsphase – Eine empirische Analyse mit Mikro- und Makrodaten. Grundlagen für die Wirtschaftspolitik Nr. 26. Staatssekretariat für Wirtschaft SECO, Bern, Schweiz.

Hercowitz, Zvi / Strawczynski, Michel (2004): Cyclical Ratcheting in Government Spending: Evidence from the OECD. The Review of Economics and Statistics 86 (1): 353–61.

Jäger, Philipp / Rujin, Svetlana / Schmidt, Torsten / Föllmi, Reto (2016): Tiefere Investitionen dämpfen Produktivität. Die Volkswirtschaft 1-2: 23–27.

Leopoldina – Nationale Akademie der Wissenschaften Leopoldina (2021): Ökonomische Konsequenzen der Coronavirus-Pandemie – Diagnosen und Handlungsoptionen. Halle (Saale).

Projektgruppe Gemeinschaftsdiagnose (2020): Erholung verliert an Fahrt – Wirtschaft und Politik weiter im Zeichen der Pandemie. Kiel, https://gemeinschaftsdiagnose.de/wp-content/uploads/2020/11/GD_H20_Langfassung_online.pdf

Projektgruppe Gemeinschaftsdiagnose (2021): Pandemie verzögert Aufschwung – Demografie bremst Wachstum. Essen, https://gemeinschaftsdiagnose.de/wp-content/uploads/2021/04/GD_F21_Langfassung_online.pdf

Schmidt, Torsten / Barabas, György / Blagov, Boris / Isaak, Niklas / Jäger, Philipp / Micheli, Martin / Schacht, Philip / Weyerstraß, Klaus (2020): Corona-Krise belastet die konjunkturelle Erholung in Deutschland. RWI Konjunkturberichte 71 (2): 5–34.

Schmidt, Christoph M. (2021): Die Soziale Marktwirtschaft nach der Corona-Krise: Fit für den Systemwettbewerb im 21. Jahrhundert. List-Forum 47: 83–96.

Schmidt, Christoph M. / Schmidt, Torsten (2021): Nach der Krise ist vor der Krise – für eine rasche Konsolidierung der öffentlichen Haushalte. Zeitschrift für Wirtschaftspolitik 70 (1): 51–59.

SVR – Sachverständigenrat zur Begutachtung der gesamtwirtschaftlichen Entwicklung (2020): Sondergutachten 2020: Die gesamtwirtschaftliche Lage angesichts der Corona-Pandemie. Wiesbaden.

SVR – Sachverständigenrat zur Begutachtung der gesamtwirtschaftlichen Entwicklung (2019): Produktivität: Wachstumsbedingungen verbessern. Nationaler Produktivitätsbericht 2019. Wiesbaden.

Die Autoren

Christoph M. Schmidt ist Präsident des RWI – Leibniz-Institut für Wirtschaftsforschung und Inhaber des Lehrstuhls für Wirtschaftspolitik und Angewandte Ökonometrie an der Ruhr-Universität Bochum. Von 2009 bis 2020 war Schmidt Mitglied, von 2013 bis 2020 Vorsitzender des Sachverständigenrates zur Begutachtung der gesamtwirtschaftlichen Entwicklung. Seit 2019 ist er Mitglied, seit 2020 Ko-Vorsitzender des Deutsch-Französischen Rates der Wirtschaftsexperten. Kontakt: praesident@rwi-essen.de

Torsten Schmidt ist Leiter des Kompetenzbereichs „Wachstum, Konjunktur, Öffentliche Finanzen“ am RWI und apl. Professor für empirische Makroökonomik an der Ruhr-Universität Bochum. Zu seinen Forschungsinteressen zählen die nationale und internationale Konjunktur, die Analyse der mittelfristigen gesamtwirtschaftlichen Entwicklung sowie der ökonomischen Effekte des demografischen Wandels.
Kontakt: torsten.schmidt@rwi-essen.de.

Rome isn't changed in a day – eine nüchterne Bestandsaufnahme italienischer Politik und ihrer Herausforderungen

Jan Labitzke und Alexander Grasse

Zusammenfassung: Der folgende Beitrag gibt einen Überblick über Stärken Italiens, wichtige Erfolge der vergangenen Jahre, aber auch bestehende Herausforderungen und dringend zu bewältigende Probleme. Er analysiert die italienische Haushaltspolitik ebenso wie die Reformbemühungen der letzten Jahre. Zur besseren Einordnung der „italienischen Verhältnisse" folgt eine vergleichende Analyse wichtiger sozioökonomischer Entwicklungen. Neben Italien nimmt diese die Situation in Frankreich und Deutschland in den Bereichen Investitionen, Forschung und Entwicklung, Arbeitsmarkt und soziale Schieflagen in den Blick.

Stichworte: Italien, Reformen, sozioökonomische Entwicklung, Nord-Süd-Gefälle, Arbeitsmarkt

Résumé : Le présent article donne un aperçu des atouts de l'Italie, des principales réussites de ces dernières années, mais aussi des défis existants et des problèmes à surmonter d'urgence. Il analyse la politique budgétaire italienne ainsi que les efforts de réforme des dernières années. Pour mieux situer la « situation italienne », il procède à une analyse comparative des principales évolutions socio-économiques. Outre l'Italie, l'étude se penche, dans une approche comparée, sur la situation de la France et de l'Allemagne en matière d'investissements, de recherche et de développement, de marché du travail et de déséquilibres sociaux.

Mots-clés : Italie, réformes, développement socio-économique, disparités Nord-Sud, marché du travail

Die Mittel aus dem europäischen Wiederaufbauplan NextGenerationEU und die damit verbundenen Investitionen sind eine beispiellose Chance zur Modernisierung Italiens und zur Überwindung wirtschaftlicher Schwächen und sozialer Schieflagen. Mit Mario Draghi führt zudem ein Ministerpräsident das Land, der fraglos ebenso großes Vertrauen wie Reformeifer besitzt und sich dabei in beiden Parlamentskammern auf breite Mehrheiten stützen kann.

Doch auch Draghi kann die Erkenntnis von Max Weber (1964), dass Politik „ein starkes langsames Bohren von harten Brettern mit Leidenschaft und Augenmaß zugleich" bedeutet, nicht außer Kraft setzen – bei aller Reformleidenschaft, die er an den Tag legt. Auch unter Draghi bestehen Pfadabhängigkeiten – im Negativen wie im Positiven. Denn anders als einige Schlagzeilen der vergangenen Jahre suggerieren, kann die Regierung Draghi durchaus auf Erhaltenes und schon in den letzten Jahren Erreichtes aufbauen – sei es die weiterhin große industrielle Basis der italienischen Volkswirtschaft, seien es von den Vorgängerregierungen umgesetzte Reformen oder bereits in Gang gesetzte positive Entwicklungen in Politikfeldern, die nun einen Schwerpunkt des NextGenerationEU-Programms bilden. Gleichzeitig steht das Land vor ganz erheblichen Herausforderungen. Diese betreffen den Arbeitsmarkt ebenso wie die Innovationskraft des Landes, die Nord-Süd-Disparitäten und die Bekämpfung von Armut.

Italien wird folglich nicht schlagartig „in a day" vom Kopf auf die Füße gestellt. Einerseits gibt es in vielen Politikbereichen schon seit Längerem Reformbewegungen, andererseits wird es zum Überwinden struktureller Probleme einen langen Atem brauchen.

Der vorliegende Beitrag gibt eine Übersicht der Stärken Italiens, zu Fortschrittender vergangenen Jahre, aber auch bestehenden Herausforderungen und dringend zu bewältigenden Problemen. Die genannten Bereiche haben dabei einen illustrativen, aber bei Weitem nicht abschließenden Charakter. Zur besseren Einordnung der „italienischen Verhältnisse" in den vorliegenden Kontext beleuchten die sozioökonomischen Analysen in vergleichender Perspektive auch die jeweilige Situation in Frankreich und Deutschland im Rahmen der Europäischen Union.

1. Stärken Italiens und Erfolge der vergangenen Jahre

1.1 Zweitgrößter Industriestandort in der EU

Mit 21,51 % ist Italien eines der Länder der Europäischen Union mit den größten Industrieanteilen am Bruttoinlandsprodukt. In Deutschland beträgt der Anteil zwar 26,19 %, in Frankreich jedoch lediglich 16,29 % (Weltbank 2021). Gemessen an der absoluten Leistung ist Italiens industrieller Sektor weiterhin der zweitgrößte der Europäischen Union (Eurostat 2021a). Zwar litt auch die italienische Industrie unter dem coronabedingten Konjunktureinbruch, sie erholte sich aber wieder relativ schnell, sodass die Produktion im April 2021 bereits wieder ihr Ausgangsniveau vor der Pandemie erreichte (Istat 2021). Italien verfügt also mit seinem Industriesektor über eine breite realwirtschaftliche Basis für seine volkswirtschaftliche Entwicklung und mithin zukünftige Staatseinnahmen, wiewohl die italienische Industrie schon seit jeher immer wieder Umbrüche verkraften muss und vor immensen Herausforderungen steht (Bellini 2018; Capussela 2018; Gallino 2003). Dabei kommt Italien schon wegen der Größe seines zweiten Sektors eine besondere Bedeutung für die Politik der Europäischen Union zu, welche in der Industrie weiterhin einen bestimmenden Faktor für die Entwicklung, Beschäftigung und den Wohlstand der Union sieht (Europäische Kommission 2020). Die Sicherung der industriellen Basis der europäischen Wirtschaft kann folglich nur mit Italien gelingen. Dabei steht das Land hinsichtlich Digitalisierung und ökologischer Transformation vor ähnlichen Aufgaben wie das Industrieland Deutschland. Daher verwundert es zumindest, dass der ehemalige deutsche Wirtschaftsminister Peter Altmaier zwar mit seinem französischen Amtskollegen Bruno Le Maire ein gemeinsames Positionspapier zur europäischen Industriestrategie vorgelegt hat, welches im Frühjahr 2021 sogar noch ein Update erfuhr (BMWi 2021a), der deutschen Regierung hingegen eine vergleichbare Abstimmung (oder gar eine trilaterale Kooperation) mit dem zweitgrößten Industrieland Italien offensichtlich verzichtbar erschien.

1.2 Italien als Nettozahler der EU und die Haushaltsfrage

Gemäß einer Anfang 2021 erschienenen Erhebung im Auftrag der Friedrich-Ebert-Stiftung in Rom (Braun et al. 2021: 12) sind sich 95 % der deutschen Bevölkerung nicht bewusst, dass Italien bis zum Jahr 2020 Nettozahler der Europäischen Union war, also mehr zum europäischen Haushalt beitrug, als es aus den verschiedenen Fördertöpfen zurückbekam. Dies ist umso bemerkenswerter, als Italien nicht erst gestern, sondern bereits ab dem Jahr 2001 zum Nettozahler avancierte und zwischen 2001 und 2018 gemessen am Bruttonationaleinkommen insgesamt neun Jahre lang einen größeren Nettobeitrag leistete als Frankreich (Abbildung 1). Selbst in den Jahren der Finanz-, Wirtschafts- und der sogenannten Eurokrise wurde Italien nie zum Nettoempfänger. Das Land nahm auch zu keinem Zeitpunkt Hilfen aus den verschiedenen Euro-Rettungsfonds in Anspruch, sondern leistete – ganz im Gegenteil – einen erheblichen Beitrag zur Unterstützung der Eurostaaten Griechenland, Irland, Portugal und Spanien sowie Zypern. Erst seit dem im Juli 2021 erfolgten Auszahlungsbeginn der Mittel aus dem Wiederaufbauprogramm NextGenerationEU, von dem Italien (als besonders stark von der Corona-Krise betroffenes Land) in großem Maße profitiert, bekommt Italien mehr Mittel aus Brüssel, als es in den europäischen Haushalt einzahlt.

Hinsichtlich der Haushaltsdebatten ist hinzuzufügen, dass Italien das sogenannte „Maastricht-Kriterium" einer Neuverschuldung von jährlich maximal 3 % des Bruttoinlandsprodukts ab 2012, anders als Frankreich, bis zum Beginn der Corona-Krise stets eingehalten hat. Aufgrund der jedoch durch den Fiskalvertrag auferlegten Pflicht zur Rückführung des Schuldenstandes rückte Italien gleichwohl regelmäßig in den Fokus der Europäischen Kommission, wobei das Land aufgrund des Zwangs zur Austerität zunehmend unter einem massiven Investitionsstau auf allen Zukunftsfel-

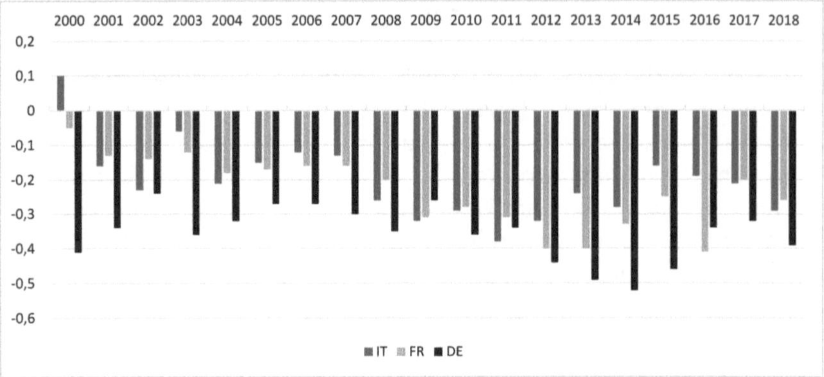

Abbildung 1: Operative Haushaltssalden: Italien, Frankreich und Deutschland im Vergleich (Quelle: Europäische Kommission 2019)

dern litt. Italien lebt, anders als häufig dargestellt, schon seit zweieinhalb Jahrzehnten nicht mehr „über seine Verhältnisse". Seit Beginn der sogenannten Zweiten Republik im Jahr 1994 weist Italiens Staatshaushalt (anders als in vielen anderen Ländern Europas), induziert durch die für eine Eurozonen-Mitgliedschaft notwendige Reduzierung der Staatsausgaben, einen überdurchschnittlich hohen positiven Primärsaldo auf, was häufig übersehen wird. „Nur Finnland, Belgien und Luxemburg erreichten seit Gründung der Eurozone im Mittel höhere Primärüberschüsse" (Ehmer 2018).

1.3 Reformanstrengungen vorheriger Regierungen

Nicht erst seit der Regierungsübernahme von Mario Draghi im Februar 2021 bestehen in Italien ernsthafte Reformanstrengungen. Insbesondere unter den Regierungen Mario Montis (2011–2013) und Matteo Renzis (2014–2016) gab es einschneidende Reformen, etwa auf dem Arbeitsmarkt, mit massiven Einschnitten beim Kündigungsschutz (Labitzke 2018). Auch wurde mit der Rentenreform unter Monti bereits 2011 beschlossen, das Renteneintrittsalter schrittweise bis 2019 auf 67 Jahre zu erhöhen und es in Abhängigkeit von der Lebenserwartung weiter ansteigen zu lassen.[1] Damit

1 Auch die bestehenden Ausnahmen für langjährige Versicherte plant die Regierung Draghi nun sukzessive abzubauen.

ist in Italien die Regelaltersgrenze bereits auf einem Niveau angelangt, das im deutschen Rentensystem erst ab 2029 vollständig gelten wird – folglich zehn Jahre später als in Italien. Matteo Renzi als Regierungschef gerierte sich gar als „Verschrotter" und trat ebenfalls an, Italien grundlegend zu reformieren – vom Schulwesen und der öffentlichen Verwaltung einschließlich Korruptionsbekämpfung (Carloni 2018), über die Arbeitsmarkt- und Rentenpolitik, bis hin zu einer umfänglichen Verfassungsreform. Selbst wenn Renzi nicht alle Reformen gelangen, war seine Regierungszeit doch tatsächlich eine des Aufbruchs (vgl. ausführlich Grasse et al. 2018). Und auch unter Draghis direktem Vorgänger, Giuseppe Conte, wurden wichtige Reformen umgesetzt. So wurde in Italien ein – wenn auch zeitlich begrenztes – Grundsicherungssystem für Arbeitslose eingeführt (Reddito di cittadinanza), um zumindest einige der sozialen Folgen der Langzeit- und Massenarbeitslosigkeit abzufedern.

Zudem wurden lange Zeit für unmöglich gehaltene institutionelle Reformen realisiert: Während sich in Deutschland im Oktober 2021 der größte Bundestag der Geschichte konstituierte, weil sich die Fraktionen in der letzten Legislaturperiode auf keine grundlegende Wahlrechtsreform einigen konnten, haben in Italien beide Parlamentskammern schon 2019 ihre deutliche Verkleinerung um jeweils rund ein Drittel beschlossen. Diese Entscheidung wurde anschließend in einem im Herbst 2020 durchgeführten Referendum von der Bevölkerung bestätigt. Somit wird die italienische Abgeordnetenkammer ab der nächsten Wahl 230 und der Senat 115 Parlamentarier weniger umfassen.

Anerkennung verdienen auch die Leistungen Italiens bei der Bekämpfung der Corona-Pandemie und ihrer wirtschaftlichen und sozialen Folgen. Dabei waren beziehungsweise sind die nationalen Kraftanstrengungen wesentlich größer als jene Deutschlands. So wendete Italien für pandemiebedingte Ausgaben in den Jahren 2020/2021 Mittel in Höhe von 48,7 % seines Bruttoinlandsprodukts auf, während die Ausgaben Deutschlands „lediglich" 40 % der eigenen Wirtschaftsleistung betrugen (BMWi 2021b: 13). Das gilt auch für die tatsächlich in Anspruch genommenen und nicht allein für die bewilligten Mittel: „Angesichts des stärkeren wirtschaftlichen Einbruches fallen diese in Frankreich und Italien gemessen an der Wirtschaftsleistung höher aus – gut 14 % und 13 % im Vergleich zu gut 8 % in Deutschland. In Frankreich und Italien wurden also im Verhältnis zur Wirtschaftsleistung mehr Mittel tatsächlich abgerufen als dies in Deutschland der Fall war" (Keller 2021: 13).

Ein Gutteil der Entscheidungen geht auf die Regierung Conte II zurück. Giuseppe Conte erwarb sich als Ministerpräsident durch sein Management der akuten Corona-Pandemie nach der ersten Welle nicht nur in Italien selbst einige Anerkennung, er setzte sich als Anwalt der besonders betroffenen Staaten Südeuropas auch erfolgreich für die Verabschiedung des europäischen Wiederaufbauprogramms ein, wobei sein Engagement auf dem Sondergipfel des Europäischen Rats im Juli 2020 gegen die Forderungen nördlicher Mitgliedstaaten nach strenger Konditionalität und reiner Kreditvergabe besonders in Erinnerung geblieben ist (Pisani-Ferry 2020).

1.4 Erfolge beim Erreichen der Klimaschutzziele

In der Klimapolitik steht Italien ebenfalls insgesamt besser da, als es oft den Anschein hat. Laut der bereits zitierten Umfrage im Auftrag der Friedrich-Ebert-Stiftung in Rom gehen 80 % der Deutschen davon aus, dass Italien seine Ziele bei der Umstellung seiner Energieversorgung auf erneuerbare Quellen verfehlt habe. Dies deckt sich zwar annähernd mit der Selbsteinschätzung der italienischen Befragten, die zu 74 % von einer Verfehlung der energiepolitischen Ziele ausgingen (Braun et al. 2021: 8). Tatsächlich aber hat Italien die gesteckten Ziele sogar übertroffen – und dies ohne eine relevante grüne Partei im politischen System. So bezog Italien im Jahr 2018 schon 38,7 % seines Strombedarfs aus regenerativen Quellen, während sich der Anteil in Deutschland auf 29,2 % belief, und auch der Pro-Kopf-Ausstoß von Kohlendioxid lag in Italien deutlich unter dem deutschen (WEF 2020). Dabei muss auch beachtet werden, dass Italien bereits nach der Havarie des Kernreaktors in Tschernobyl (1986) seinen Atomausstieg beschlossen hatte und seit 1990 keinen Atomstrom mehr produziert.

Bezogen auf den Bruttoendenergieverbrauch bezog Italien im Jahr 2019 insgesamt 18,2 % aus erneuerbaren Energien, während der Anteil in Deutschland 17,4 % und in Frankreich 17,2 % betrug. Zwar sank der Kohlendioxidausstoß in Italien im Vergleich zum Referenzjahr 1990 lediglich um knapp 18 % (und damit fast so stark wie in Frankreich), während er in Deutschland um gut 23 % sank. Allerdings ist der besonders große Rückgang in Deutschland (wie auch in vielen mittel- und osteuropäischen Ländern) auf den Niedergang der Industrie im ehemaligen Ostblock zurückzuführen (Destatis / Eurostat 2021). Italien steht dabei genau wie Deutschland vor der Herausforderung, seine Energieversorgung als starkes Industrieland ohne den Rückgriff auf Kernenergie zu dekarbonisieren.

2. Italiens ökonomische und soziale Dauerbaustellen

So wichtig es ist, sich anhand von Beispielen wie den oben ausgeführten zu vergegenwärtigen, dass Italien durchaus zu Reformen fähig ist und in einigen Politikbereichen sogar beispielhaft vorangeht (auch wenn diese Erfolge hierzulande publizistisch kaum durchdringen), so notwendig ist es, die großen Herausforderungen anzuerkennen, vor denen das Land auch unter der Regierung Draghi weiterhin steht. Herkules hatte bekanntlich zwölf Aufgaben zu erfüllen und stieg letztendlich in den Olymp auf. Mario Draghi hat jedoch weit mehr als zwölf Aufgaben zu bewältigen und einige davon sind sicherlich herkulischen Ausmaßes. Doch Draghi – soweit bekannt – ist nicht halb göttlicher Abstammung, sondern ein Mensch, der sich in der italienischen Politik mit ihren Diadochenkämpfen und Pfadabhängigkeiten mit rein irdischen Mitteln bewähren muss. Das europäische Wiederaufbauprogramm NextGenerationEU stellt dabei sicherlich eine große, womöglich einmalige Chance dar, denn die zugesagten Hilfen übersteigen gar die im Rahmen des Marshallplans nach dem Zweiten Weltkrieg geleisteten Zahlungen (Pisani-Ferry 2020).

Gleichwohl sind die Problemfelder zahlreich und die meisten davon nicht neu. Prominent genannt werden stets Steuerhinterziehung, Korruption, überbordende Bürokratie, überfordertes und langsames Justizwesen, das Nord-Süd-Gefälle, aber auch der demografische Wandel und schließlich die öffentliche Verschuldung (Cottarelli 2018). Das italienische Bankenwesen gilt ebenfalls weiterhin als Risikofaktor.[2] Dabei sind die Pandemiefolgen in Italien allgegenwärtig. Auch wenn das Wirtschaftswachstum im Jahr 2021 6,5 % betrug und Italien nach Frankreich (+7 %) das höchste Wachstum in der Eurozone erreichte (Rai News, 29.1.2022), lag die Wirtschaftsleistung zum Jahresende 2021 noch unter dem Niveau des Jahres 2019[3], schließlich war das Bruttoinlandsprodukt 2020 um 8,9 % eingebrochen – auch aufgrund der besonders harten Lockdowns in Italien. Insofern hängt das jetzige relativ hohe Wachstum auch mit dem starken ökonomischen Einbruch zuvor zusammen, oder um es mit den Worten Thomas

2 So liegt „die Eigenkapitalquote italienischer Banken noch immer unter dem EU-Schnitt. Auch der Anteil ausfallgefährdeter Kredite ist zwar deutlich zurückgegangen, liegt aber noch immer mehr als doppelt so hoch wie der EU-Schnitt. Derzeit sind noch 158 Mrd. Euro an Krediten mit Moratorien belegt, Kreditgarantien für KMUs belaufen sich auf über 155 Mrd. Angesichts langer Laufzeiten und Garantien von bis zu 100 % bestehen Zombierisiken (also die Gefahr, marode Unternehmen künstlich am Leben zu erhalten) und der Bankensektor wird de facto fiskalisch stabilisiert“ (Keller 2021: 14).

3 Die Europäische Kommission (2021) rechnet damit, dass die italienische Volkswirtschaft etwa Mitte 2022 ihr Vor-Corona-Niveau erreichen wird.

Frickes (2021) zusammenzufassen: „Wer tiefer fällt, holt stärker auf". Während aber die Konjunktur in Italien zumindest wieder klar nach oben zeigt, müssen für andere Politikfelder noch nachhaltige Lösungen gefunden werden, von denen im Folgenden einige beispielhaft erörtert werden sollen.

2.1 Investitionsstau bei Infrastruktur sowie Forschung und Entwicklung

Nach Berechnungen des Global Infrastructure Hub der G20-Staaten benötigt Italien zwischen 2016 und 2040 Investitionen von 1,6 Billionen US-Dollar, um die Ziele der Vereinten Nationen für nachhaltige Entwicklung zu erreichen. Davon seien jährlich im Durchschnitt 19,6 Milliarden in die Schieneninfrastruktur[4], 15,0 Milliarden im Bereich der Elektrizität, 12,3 Milliarden für Straßen, 8,1 Milliarden für Telekommunikation, 4,6 Milliarden für Häfen, 3,5 Milliarden für Wasserversorgung und 1,1 Milliarden für Flughäfen zu investieren (GIHUB 2017), in Summe also 64,2 Milliarden pro Jahr. Tatsächlich aber gingen die jährlichen Ausgaben für öffentliche Investitionen in Italien nach Berechnungen des italienischen Zentralverbands der Aktiengesellschaften Assonime lange Zeit zurück, nämlich um 27 %, von ursprünglich 47 auf 34 Milliarden Euro zwischen 2007 und 2018 (Assonime 2019: 9). Auch im europäischen Vergleich ist der Anteil der öffentlichen Investitionen in Italien sehr niedrig: Lag die italienische Investitionsquote 2005 noch in etwa auf der Höhe der französischen, so war vor allem seit der Finanzkrise ein deutlicher Rückgang zu erkennen. Erst seit 2018 ist eine Trendumkehr zu verzeichnen, sodass die italienische Investitionsquote in etwa gleichauf mit der (ebenfalls sehr niedrigen) deutschen Quote liegt (Abbildung 2). Dadurch hat sich in den letzten gut zehn Jahren ein massiver Investitionsstau entwickelt.

Dabei hat vor allem die anhaltende Wirtschaftskrise zum Rückgang der öffentlichen und privaten Investitionen geführt. Das Problem ist allerdings komplexer. Seit dem Jahr 2016 wurden für die Sanierung der öffentlichen Infrastruktur durchaus wieder vermehrt Mittel in den Haushalt eingestellt, diese aber lange Zeit kaum beziehungsweise verspätet abgerufen. So führt die Assonime-Studie für die mangelnden Investitionen denn auch die verspätete Begleichung von Forderungen der Unternehmen durch die öffent-

---

4 Der Anteil des Güterverkehrs auf der Schiene und den Wasserstraßen liegt in Italien bei lediglich 11,9 %, hingegen in Deutschland bei 26,6 % und im Durchschnitt der Europäischen Union bei 23,7 % (Destatis / Eurostat 2021).

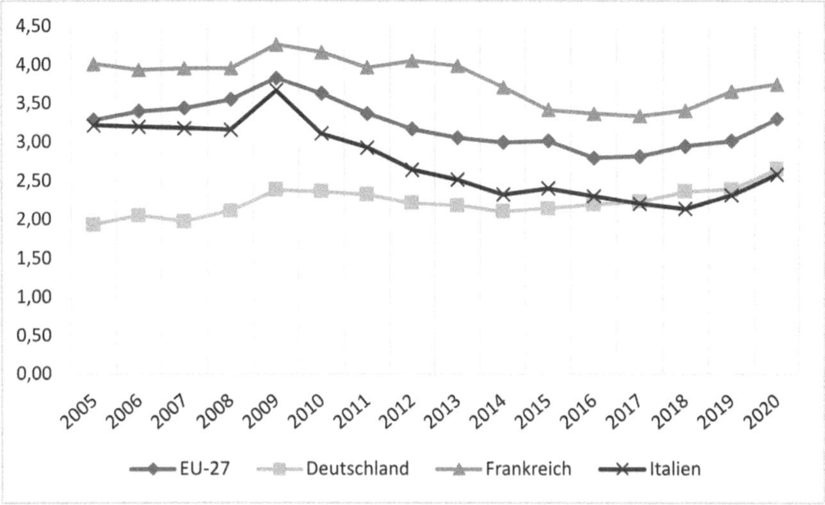

Abbildung 2: Anteil der staatlichen Investitionen am Bruttoinlandsprodukt zu Marktpreisen (Quelle: Eurostat 2021b)

liche Hand, die große Kluft zwischen bereitgestellten und verausgabten Mitteln sowie die lange Dauer bei der Realisierung von Infrastrukturprojekten (im Schnitt 2,6 Jahre für Projekte mit einem Volumen bis 100.000 Euro und 15,7 Jahre für Projekte oberhalb eines Volumens von 100 Millionen Euro) an (Assonime 2019: 12ff.). Um folglich die nötigen Investitionen zur Modernisierung der italienischen Infrastruktur zu realisieren und die damit verbundenen Wachstumseffekte zu generieren, sind nicht nur dauerhaft mehr Ressourcen nötig, sondern auch ein Ausbau der Planungskapazitäten in der öffentlichen Verwaltung. Genau diese jedoch wurde infolge der Sparpolitik jahrelang verkleinert.

Die italienischen Ausgaben für Forschung und Entwicklung sind im europäischen Vergleich ebenfalls sehr gering. Zwar stiegen die Bruttoausgaben zwischen 2005 und 2019 von 1,04 auf 1,47 % des Bruttoinlandsprodukts. Damit liegt Italien jedoch nicht nur deutlich unter dem europäischen 3 %-Ziel, sondern auch hinter dem Durchschnitt der Europäischen Union (2,23 % in 2019) sowie den entsprechenden Ausgaben Frankreichs (2,19 %) und Deutschlands (3,17 %) zurück (Abbildung 3). In absoluten Zahlen bedeutet dies, dass in Deutschland im Jahr 2019 insgesamt 1.325 Euro pro Person für Forschung und Entwicklung ausgegeben wurden, in Frankreich 795 Euro, im europäischen Schnitt 698 Euro, in Italien aber lediglich 439 Euro (Eurostat 2021c).

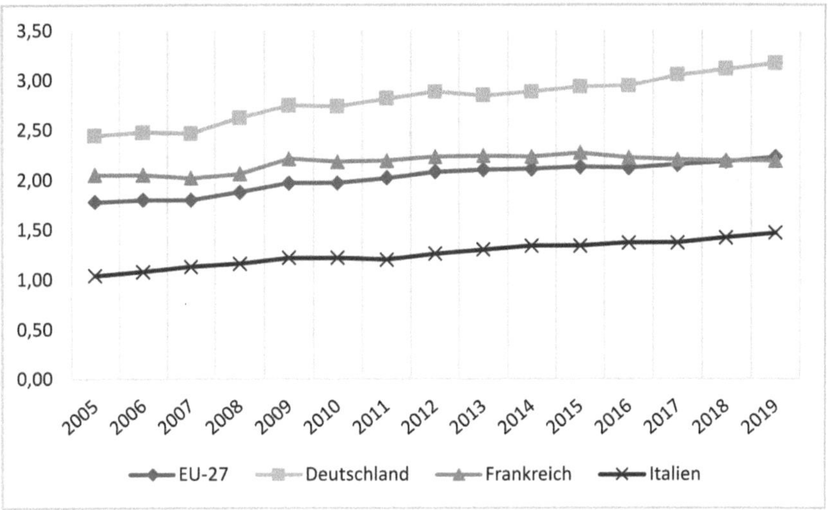

Abbildung 3: Bruttoausgaben für Forschung und Entwicklung in Prozent des Bruttoinlandsprodukts (Quelle: Eurostat 2021c)

Dabei wären Investitionen in die Infrastruktur sowie in Forschung und Entwicklung nicht nur notwendig, um das Wirtschaftswachstum allgemein anzuregen, sondern auch und gerade um die Produktivität in Italien wieder zu erhöhen, schließlich hat sich die italienische Produktivitätsentwicklung in den vergangenen Jahren von den Zuwächsen in der übrigen Europäischen Union und insbesondere auch denjenigen Frankreichs und Deutschlands abgekoppelt. Während die reale Produktivität pro erwerbstätige Person in der gesamten Union seit 2010 um 7,0 %, in Frankreich um 6,4 % und in Deutschland noch um 5,7 % zugenommen hat, ist sie in Italien um 2 % gesunken (Abbildung 4).

2.2 *Arbeitslosigkeit und Unterbeschäftigung – vor allem bei Jugendlichen und Frauen*

Italien leidet seit dem Ausbruch der sogenannten Eurokrise und dem nachfolgenden Austeritätsprogramm der Regierung Monti an einer Arbeitslosenquote, die deutlich über dem europäischen Mittel liegt. Auch wenn diese seit ihrem Höhepunkt im Jahr 2014 von 12,7 auf 9,2 % im Jahr 2020 sank und durch massive Arbeitsmarktinterventionen der Regierung Conte II (insbesondere durch die Ausweitung des Kurzarbeitergelds und

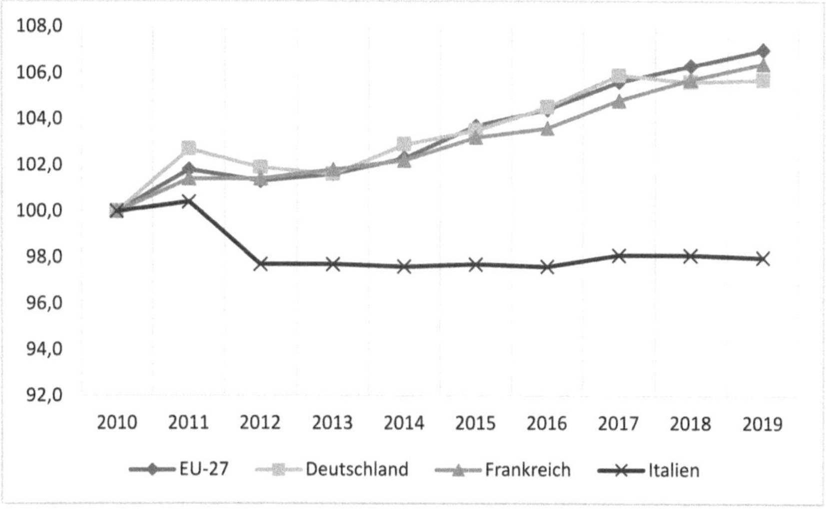

Abbildung 4: Reale Arbeitsproduktivität pro erwerbstätige Person (2010=100) (Quelle: Eurostat 2021d)

ein temporäres Kündigungsverbot) der Anstieg der offiziellen Quote in der Corona-Pandemie verhindert werden konnte, so fällt sie doch weiterhin gut zwei Prozentpunkte höher aus als im EU-Durchschnitt (Abbildung 5).

Noch gravierender ist die Beschäftigungssituation der Jugendlichen in Italien, deren Arbeitslosenquote im Jahresschnitt 2020 mit 29,4 % sogar noch einmal deutlich über der ebenfalls hohen Jugendarbeitslosenquote Frankreichs lag und fast dreimal so hoch wie die Arbeitslosigkeit in Italien insgesamt oder die Jugendarbeitslosenquote in Deutschland ausfiel (Abbildung 6).

Spiegelbildlich verhält sich die Erwerbstätigenquote der Jugendlichen, die in Deutschland 2020 knapp 50 % betrug, in Italien jedoch im selben Jahr nur 16,8 % erreichte, während die Quoten Frankreichs (28,9 %) und der gesamten Europäischen Union (31,5 %) zwischen diesen beiden Extremen lagen (Abbildung 7).

Die niedrige Erwerbstätigenquote unter den Jugendlichen ist umso bedenklicher, als viele der nicht erwerbstätigen Jugendlichen auch keine Schule beziehungsweise Universität besuchen oder Ausbildung durchlaufen. Dies zeigt der Anteil der NEETs (Not in Employment, Education or Training), der in Italien fast ein Viertel aller Jugendlichen (23,3 % in 2020) ausmacht, während er in Frankreich und der Europäischen Union unter 15 %, in Deutschland sogar unter 10 % liegt (Abbildung 8).

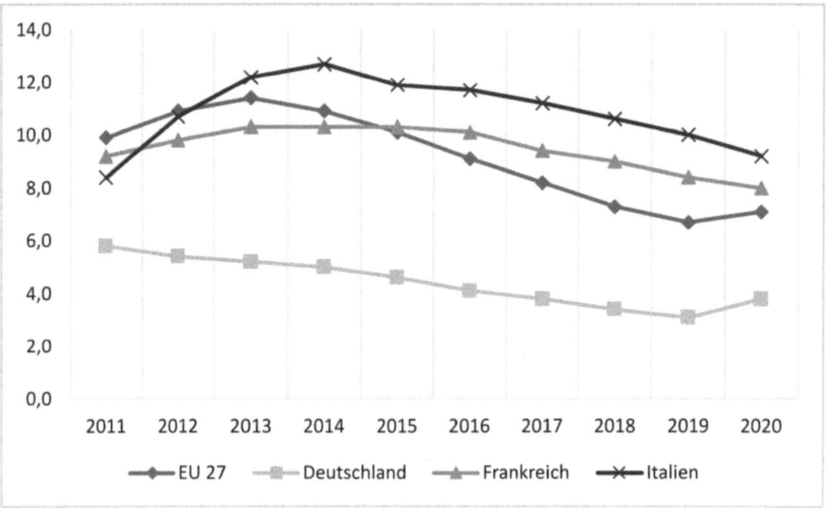

Abbildung 5: Entwicklung der Arbeitslosenquote (Quelle: Eurostat 2021e)

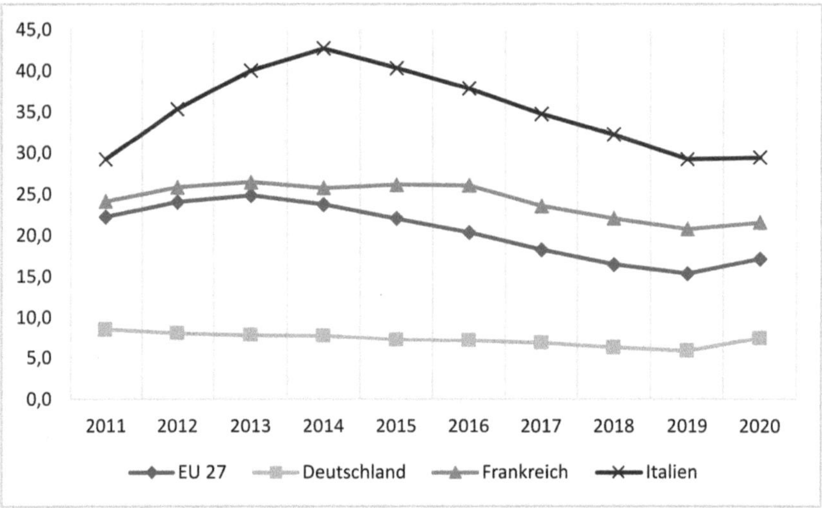

Abbildung 6: Jugendarbeitslosenquote (15–24 Jahre) (Quelle: Eurostat 2021f)

Neben den Jugendlichen gehen in Italien auch verhältnismäßig wenige Frauen einer offiziellen Beschäftigung nach. Im Jahr 2020 rutschte die italienische Frauenerwerbsquote wieder unter die 50 %-Marke (Abbildung 9).

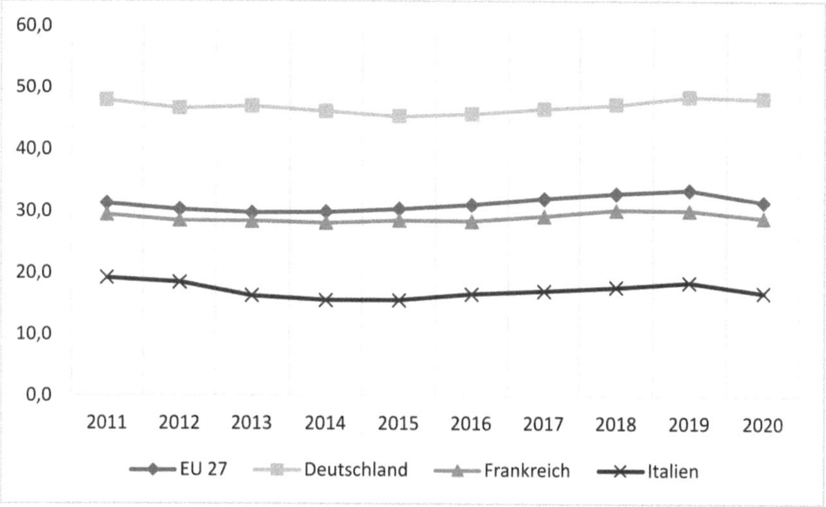

Abbildung 7: Erwerbstätigenquote der Jugendlichen (15–24 Jahre) (Quelle: Eurostat 2021f)

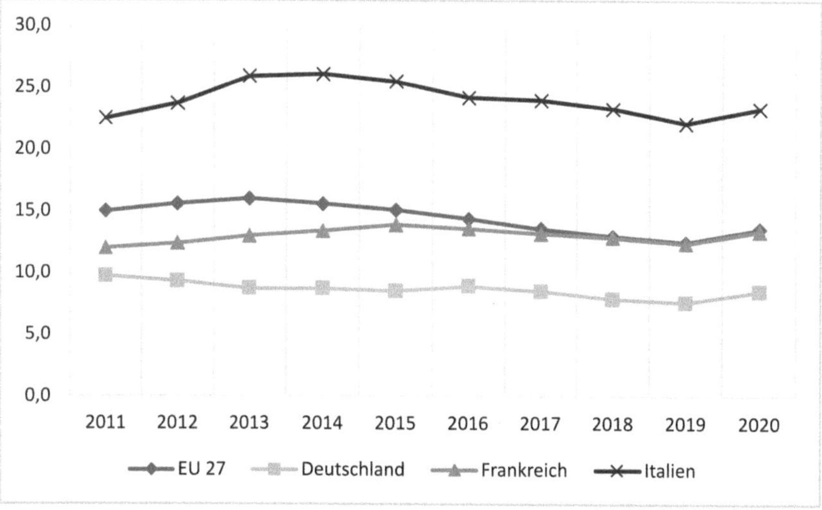

Abbildung 8: NEETs-Quote (Quelle: Eurostat 2021g)

Mehr als die Hälfte der Frauen im erwerbsfähigen Alter erhält somit kein Arbeitseinkommen.

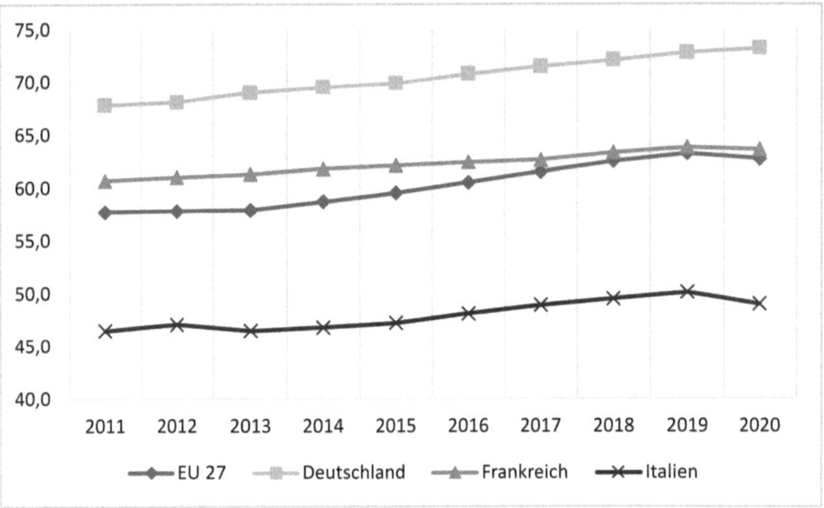

Abbildung 9: Frauenerwerbsquote (Quelle: Eurostat 2021e)

Die massiv unterbeschäftigten (und in Teilen in die Schattenwirtschaft abwandernden) Jugendlichen und Frauen bilden ein brachliegendes Potential der italienischen Volkswirtschaft. Die Erwerbsquoten dieser Bevölkerungsgruppen zu erhöhen, könnte aber auch einen wichtigen Beitrag zur Bekämpfung der Einkommensarmut in Italien leisten (vgl. 2.4).

2.3 Nord-Süd-Disparitäten

Italien ist seit seiner Nationalstaatsbildung bekanntermaßen von einem großen Nord-Süd-Gegensatz geprägt. In den Dekaden nach dem Zweiten Weltkrieg schwankte zwar das Ausmaß der Disparitäten, aber die großen Unterschiede blieben trotz gewisser Aufholprozesse des Mezzogiorno in den 1960er- und 1970er-Jahren im Grundsatz bestehen. Mit der Finanz- und Wirtschaftskrise ab 2008 und der nachfolgenden Austeritätspolitik ist die Kluft jedoch gewachsen (Viesti 2018). Das beträchtliche sozioökonomische Gefälle lässt sich etwa an der unterschiedlichen Wirtschaftskraft und den Arbeitslosenquoten der italienischen Makroregionen ablesen. Sie verdeutlichen zudem, dass nationale Durchschnittswerte in Italien oft kein allgemeingültiges Bild der Lage im Land zeichnen. So betrug 2019 das italienische Bruttoinlandsprodukt im Gesamtdurchschnitt 95 % der Pro-Kopf-Wirtschaftsleistung der Europäischen Union. Dabei lagen jedoch die

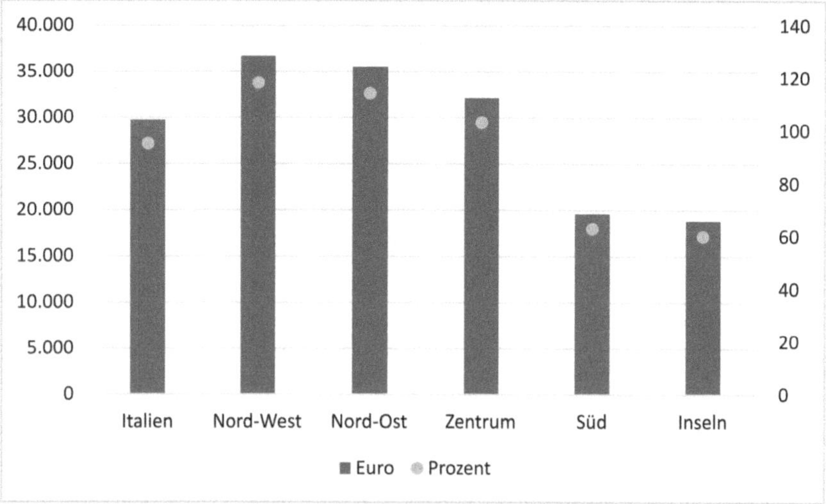

Abbildung 10: Bruttoinlandsprodukt pro Kopf in Euro (linke Achse) und Bruttoinlandsprodukt pro Kopf in Prozent des EU-27-Durchschnitts (rechte Achse) 2019 (Quelle: Eurostat 2021h)

nordwestlichen und nordöstlichen Regionen mit 118 und 114 % deutlich über dem europäischen Schnitt, während die südlichen Regionen und die großen italienischen Inseln mit 63 und 60 % nicht nur tief unter dem Unions-Mittelwert, sondern auch ganze Größenordnungen unter dem norditalienischen Niveau lagen.[5] Dies lässt sich auch in absoluten Zahlen illustrieren: Mit 19.600 Euro, die 2019 in den süditalienischen Regionen pro Person erwirtschaftet wurden, ist die dortige Wirtschaftsleistung nur gut halb so hoch wie im Nordwesten, Ähnliches gilt für die Insel-Regionen (Abbildung 10).

Die deutlich geringere Wirtschaftsstärke des Südens schlägt direkt auf den Arbeitsmarkt durch: Auf den Inseln (16,4 %) und in Süditalien (15,6 %) ist der Anteil der Arbeitslosen fast dreimal so hoch wie im Nordosten (5,6 %). Auch die insgesamt sehr hohe Jugendarbeitslosigkeit ist im Süden und auf den Inseln, wo mit 41,9 und 46,7 % fast die Hälfte der dem

5 Dabei gibt es im Übrigen auch „den" Süden immer weniger, da die sozioökonomischen wie auch die politischen Realitäten auch innerhalb des Mezzogiorno regional und lokal ganz erheblich differieren (vgl. Gelli / Grasse 2011).

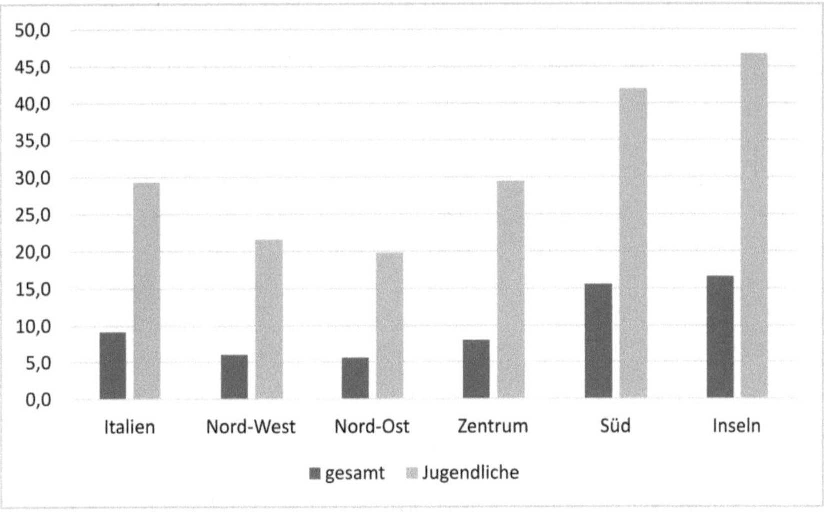

Abbildung 11: Arbeitslosenquote: Jugendliche (15–24 Jahre) und Gesamtbevölkerung 2020 (Quelle: Eurostat 2021i)

Arbeitsmarkt zur Verfügung stehenden Jugendlichen ohne Erwerbstätigkeit ist, ein besonders drängendes Problem (Abbildung 11).

Niedrige Wirtschaftsleistung und Erwerbstätigkeit wirken sich zudem negativ auf die Finanzkraft der Regionen und Kommunen im Süden aus. Diese ist wiederum ein Hauptgrund für die dort mangelhaft ausgebaute Infrastruktur. Gleichzeitig ist die marode Infrastruktur aber eines der großen Entwicklungshemmnisse im Süden, was – ähnlich einem Teufelskreis beziehungsweise einem zirkulär-kumulativen Prozess im Sinne Myrdals (1957) – wiederum zu niedrigen Einkommen führt. So stellte eine Studie von Deloitte und der Universität LUISS fest, dass „ein Drittel der stärkeren Einkommensungleichheit der südlichen Provinzen im Vergleich zu denen im Zentrum und Norden auf die geringere Ausstattung mit Infrastruktur der ersten gegenüber den zweiten zurückzuführen“[6] ist (Deloitte / LUISS 2018: 35).

6 Übersetzung aus dem Italienischen durch die Verfasser.

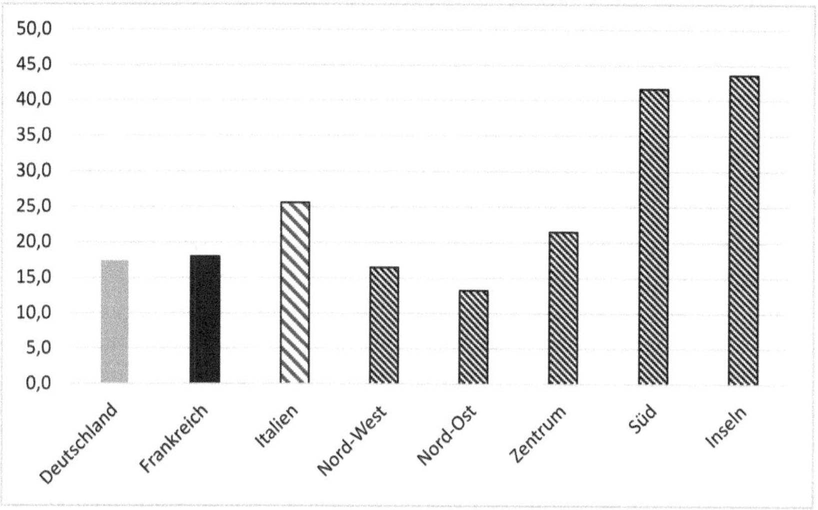

Abbildung 12: Anteil der von Armut oder sozialer Ausgrenzung bedrohten Personen an der Gesamtbevölkerung in Prozent (2019) (Quelle: Eurostat 2021j)

2.4 Problematische Armutsentwicklung

Anhaltende Wachstumsschwäche und Massenarbeitslosigkeit seit der Finanz- und Wirtschaftskrise vor knapp 15 Jahren haben auch dazu geführt, dass sich die Armut in Italien verfestigt hat und ein wesentlich größeres Problem darstellt als in Deutschland oder Frankreich. So war in Italien schon vor dem Ausbruch der Corona-Krise über ein Viertel der Menschen (25,6 %) von Armut oder sozialer Ausgrenzung bedroht (im Süden und auf den Inseln über 40 %), während die Anteile in Deutschland 17,4 % und in Frankreich 17,9 % betrugen (Abbildung 12).

Vor diesem Hintergrund ist ein Blick auf den Anteil der unter erheblicher materieller Deprivation[7] leidenden Menschen aufschlussreich, der hinsichtlich der Armut die großen Unterschiede zwischen Italien, Frankreich und Deutschland besonders augenfällig werden lässt. So lag dieser Anteil im Jahr 2019 in Italien bei 7,4 % und damit deutlich über den Quo-

7 Dieser Indikator erfasst Menschen, die für mindestens vier der folgenden Ausgaben nicht aufkommen können: „Hypotheken- oder Mietschulden oder Rechnungen für Versorgungsleistungen; angemessene Beheizung der Wohnung; unerwartete Ausgaben; regelmäßige fleisch- oder eiweißhaltige Mahlzeiten; Urlaubsreisen; Fernseher; Waschmaschine; Auto; Telefon" (Eurostat 2021l).

ten Frankreichs (4,7 %) und Deutschlands (2,6 %). In Süditalien und auf den italienischen Inseln fiel die Quote mit 12,7 beziehungsweise 15,4 % wiederum besonders hoch aus (Eurostat 2021k).

2.5 Staatsverschuldung

Italiens Staatsverschuldung ist schon lange hoch. Während diese aber vor allem eine Altlast der Ausgabenpolitik der Ersten Republik (1948–1993) darstellt[8] und sich seit der Euro-Einführung 1999 zunächst sogar langsam nach unten bewegte, bis an die 100 %-Marke heran, ließen erst die Finanz- und Wirtschaftskrise ab 2008, deutlicher noch die sogenannte Eurokrise ab 2011 und vor allem schließlich die Corona-Krise ab 2020 die Schuldenquote erneut kräftig ansteigen. Allein zwischen 2019 und 2020 stieg der Schuldenstand von 134,3 auf 155,6 % des Bruttoinlandsprodukts (Abbildung 13). Die Neuverschuldung erreichte 2020 mit 9,6 % eine Höhe, wie sie seit Ende der 1980er-Jahre nicht mehr verzeichnet worden war (Abbildung 14). Dieses Verschuldungsniveau erklärt das massive Interesse Italiens an europäischen Mitteln zur Überwindung der Pandemiefolgen.

Anders als zu den Hochzeiten der sogenannten Eurokrise führte dieser massive Schuldenanstieg diesmal allerdings nicht zu Turbulenzen an den Finanzmärkten und Vertrauensverlusten in die italienischen Staatsanleihen. Waren damals die Zinsen für langfristige Anleihen des italienischen Staats noch auf über 7 % angestiegen, so lagen sie im Jahresdurchschnitt 2020 bei lediglich 1,17 % (Eurostat 2021m). Der Rückgang der Zinsen für italienische Anleihen ist dabei ursächlich auf das im Jahr 2012 gegebene „Whatever it takes“-Versprechen Draghis als damaligem Chef der Europäischen Zentralbank und das entsprechende Programm zum Ankauf von Staatsanleihen durch die Europäische Zentralbank zurückzuführen. Dies bedeutet jedoch umgekehrt, dass die Schuldentragfähigkeit des italieni-

---

8 Bis zum Jahr 1980 lag Italiens Staatsverschuldung noch bei 56,1 % des Bruttoinlandsprodukts und damit klar unter dem späteren Maastricht-Kriterium von 60 %. Danach fielen die Ausgaben über Jahre hinweg jedoch deutlich höher aus, als es die Einnahmen eigentlich erlaubt hätten. Ursachen waren Wachstumsschwäche, steigende Arbeitslosigkeit und der Ausbau des öffentlichen Sektors, zunehmende Korruption und eine großzügige Verteilungspolitik zur Akkommodation parteipolitischer und gesellschaftlicher Konflikte, aber auch eine zweistellige Inflationsrate sowie der Wegfall der Ankaufpflicht von nicht am Markt platzierten staatlichen Anleihen seitens der italienischen Notenbank. Die Finanzierung der Schulden Italiens an den internationalen Finanzmärkten wurde besonders kostspielig, nachdem mit Beginn der Ära Reagan seitens der USA abrupt eine Hochzinsphase eingeläutet worden war (Grasse und Labitzke 2018: 100).

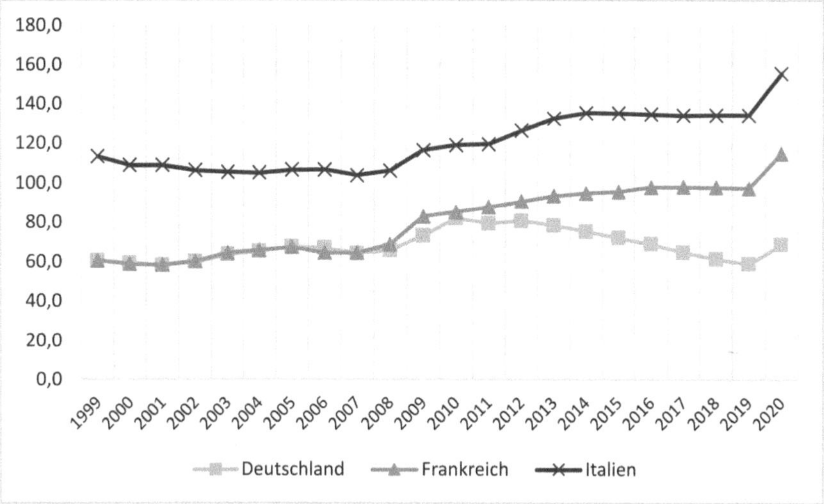

Abbildung 13: Bruttoschuldenstand als Prozentsatz des Bruttoinlandsprodukts (Quelle: Eurostat 2021n)

schen Staatshaushalts entscheidend von der Politik der Europäischen Zentralbank abhängig ist. Sollte diese angesichts steigender Inflationsraten ihre bisherige Zinspolitik revidieren oder den Ankauf von Staatsanleihen einstellen, könnte Italien bei der Refinanzierung seines Staatshaushaltes schnell wieder in unruhiges Fahrwasser geraten.

Ein Blick auf die Neuverschuldungsquoten seit der Euro-Einführung zeigt jedoch, dass der Anstieg des italienischen Schuldenstands keiner exzessiven Ausgabenpolitik geschuldet ist. Seit 2006 und bis zum ersten Corona-Jahr 2020 lag die Netto-Neuverschuldung Italiens (gemessen am Bruttoinlandsprodukt) stets niedriger als diejenige Frankreichs und Anfang des Jahrtausends auch einige Jahre lang unter der deutschen Neuverschuldung. Zudem hielt Italien zwischen 2012 und 2019 stets das Maastricht-Kriterium von maximal 3 % jährlicher Neuverschuldung ein, während Frankreichs Neuverschuldung bis 2017 durchgängig und dann erneut im Jahr 2019 über dieser Schwelle lag (Abbildung 14).

Der massive Anstieg der Schuldenstandsquote Italiens ist zu einem großen Teil den wirtschaftlichen Einbrüchen geschuldet, die das Bruttoinlandsprodukt – zu denen der Schuldenstand in Relation gesetzt wird – nach unten gedrückt haben. Für die Schuldentragfähigkeit Italiens ist es daher besonders wichtig, mit NextGenerationEU Impulse für Produktivitätszuwächse und Wirtschaftswachstum insgesamt zu setzen, sodass

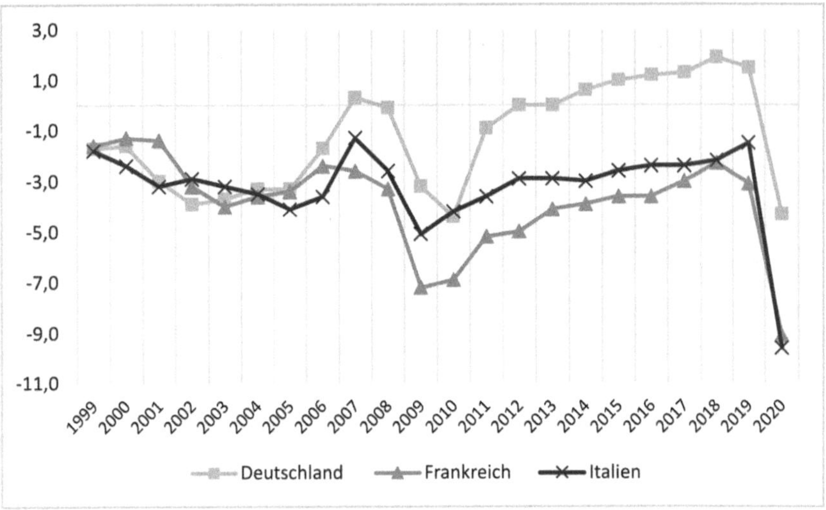

Abbildung 14: Jährliche Nettoneuverschuldung/-überschüsse als Prozentsatz des Bruttoinlandsprodukts (Quelle: Eurostat 2021n)

sich nicht nur das Bruttoinlandsprodukt als Referenzgröße für die Schuldenquote positiv entwickelt, sondern auch die Ausgaben für die automatischen Stabilisatoren (etwa Arbeitslosengeld und Reddito di cittadinanza) sinken und sich die staatliche Einnahmenseite verbessert.

2.6 Ausstehende Reformen der Verfassung und des Wahlrechts

Das politische System Italiens ist auf nationaler Ebene bekanntermaßen vom sogenannten „perfekten" beziehungsweise „paritätischen Bikameralismus" geprägt: Abgeordnetenhaus und Senat besitzen die gleichen Rechte. Alle Gesetzesvorhaben müssen beide Kammern passieren, um in Kraft treten zu können – auch die Haushaltsgesetze. Ebenso ist die Regierung vom Vertrauen beider Kammern abhängig. Allerdings werden die Kammern zwar am gleichen Tag, aber nach verschiedenen Wahlrechtsgrundsätzen gewählt, wodurch unterschiedliche Mehrheitsverhältnisse zustande kommen können. Was im Sinne von „checks and balances" einerseits positiv bewertet werden kann, kann andererseits zu Blockadesituationen oder instabilen Mehrheiten führen.

Der letzte Versuch, den perfekten Bikameralismus zu beenden, scheiterte im Jahr 2016, als die italienische Wahlbevölkerung die von der Regierung Renzi ausgearbeitete Verfassungsreform, welche unter anderem die Kompetenzen des Senats erheblich reduziert, zugleich aber die dezentralen Gebietskörperschaften dort stärker als bisher repräsentiert hätte, in einem Referendum ablehnte (Vandelli 2018). Auch das historische Zentrum-Peripherie-Problem (Grasse und Gelli 2012) blieb damit weiterhin ungelöst. Die bereits erwähnte, 2020 beschlossene Verkleinerung des italienischen Parlaments ging ebenfalls nicht mit einer Differenzierung der Zuständigkeiten zwischen beiden Kammern einher. Angesichts zahlreicher Kompetenzkonflikte, die das italienische Verfassungsgericht seit vielen Jahren unter der Last der Verfahren ächzen lässt, bedarf es deshalb unverändert einer Reform des Senats im Sinne eines Umbaus zu einer Kammer der Regionen, sodass erste und zweite Kammer einerseits differenzierte Legislativkompetenzen haben und andererseits Konflikte zwischen den Ebenen parlamentarisch, das heißt politisch verarbeitet werden können. Trotz aller seit 1992 unternommenen Bemühungen ist daran noch jede Regierung gescheitert. Das Handeln von Staat, Regionen und lokalen Gebietskörperschaften muss jedoch dringend besser koordiniert werden, denn nachdem die ab Mitte der 1990er-Jahre forcierte Aufwertung der Regionen (Grasse 2005), welche mit der Reform des Titels V der Verfassung im Jahr 2001 ihren Höhepunkt fand, seit der Finanz- und Wirtschaftskrise 2008/2009 durch gezielte Rezentralisierungspolitiken immer mehr konterkariert wurde, blieben nicht nur alte Probleme ungelöst, sondern es entstanden zahlreiche neue Friktionen (Istituzioni del Federalismo 2021). „In Italien konnte bislang kein Gleichgewicht zwischen den Einheit bzw. Einheitlichkeit stiftenden Instanzen auf der einen und den tatsächlich vorhandenen Erfordernissen subnational differenzierter, vielfältiger Politik auf der anderen Seite hergestellt werden" (Vandelli 2018: 75). Die Corona-Pandemie hat die Dringlichkeit einer Neuordnung des Kompetenzgefüges nochmals deutlich vor Augen geführt, denn in Italien gab es wiederholt heftige politische Auseinandersetzungen und Abstimmungsschwierigkeiten zwischen den für das Gesundheitswesen zuständigen Regionen und dem Zentralstaat in Rom. Dass sich die Regierung Draghi der komplexen Großbaustelle einer Verfassungsreform annehmen wird, ist allerdings bisher nicht erkennbar.

Noch dringlicher ist die abermalige Reform des Wahlrechts. Während das Wahlrecht bis zum Ende der Ersten Republik (1993), das heißt über mehr als vier Dekaden hinweg, weitgehend unverändert blieb, befindet sich Italien seit Beginn der Zweiten Republik im Jahr 1994 (Grasse 2021) noch immer auf der Suche nach einem Wahlrecht, das sowohl Repräsentativität als auch Stabilität gewährleistet (vgl. näher Höhne 2012), wobei in der politischen Praxis die jeweils aktuellen Mehrheitsparteien dabei stets auf ihren eigenen Vorteil bedacht waren beziehungsweise sind. Nachdem das Wahlrecht zu Anfang im Wesentlichen majoritären Logiken folgte, ohne auf proportionale Elemente zu verzichten, gewann nach und nach das der politischen Kultur des Landes stärker affine Proporzsystem an Bedeutung zurück. Zurzeit ist das fünfte Wahlsystem seit 1993 – teils auf parlamentarischem Weg erlassen, teils vom italienischen Verfassungsgericht wegen Unvereinbarkeit des vorherigen Wahlrechts mit der Verfassung vorgegeben – in Kraft (Bolgherini 2018). Da jedoch zum einen auch das jüngste, bei den Parlamentswahlen 2018 angewandte Wahlgesetz keine klaren Mehrheiten hervorbrachte und unverändert Mängel hinsichtlich der Repräsentativität bestehen, zum anderen inzwischen die Verkleinerung beider Parlamentskammern beschlossen wurde und mithin ein Neuzuschnitt der Wahlkreise nötig ist, muss das Wahlrecht vor den nächsten nationalen Wahlen zwingend ein weiteres Mal reformiert werden. Im Moment zeichnet sich allerdings weder im Abgeordnetenhaus noch im Senat eine klare Präferenz für eine Lösung ab (Ronda 2021), da Draghi zwar offiziell von einer großen Mehrheit unterstützt wird, jedoch gerade in den Fragen, in denen die Parteien unterschiedliche Interessen verfolgen, einen mehrheitsfähigen Kompromiss austarieren muss.

2.7 Migrationspolitik

Innen- wie europapolitisch problematisch ist weiterhin auch das Migrationsproblem: Die Zahl an Migranten, die über das Mittelmeer nach Italien gelangen, hat zuletzt wieder zugenommen. Während im ersten Halbjahr 2020 nur 6.949 Ankünfte registriert worden waren, waren es im ersten Halbjahr 2021 bereits 20.532 (UNHCR 2021a). Zwar lag die Zahl der über den Seeweg nach Italien Geflüchteten im Jahr 2020 mit 34.154 Personen (955 Personen starben auf der Flucht oder werden vermisst) deutlich niedriger als 2016, als 181.436 Migranten an den Küsten Italiens ankamen (UNHCR 2021b). Dennoch spitzte sich etwa im Juli 2020 die Situation in Sizilien beziehungsweise der Insel Lampedusa zu, als teilweise stündlich ein Boot mit Geflüchteten an Land ging. Zur Infektionskontrolle sollten alle Ankömmlinge unter Corona-Quarantäne gestellt werden, was sich jedoch in den überfüllten Flüchtlingslagern schwierig gestaltete und zu Ausbrüchen von Menschen aus der Quarantäne führte. Im August 2020 erließ der sizilianische Regionalpräsident Nello Musumeci ein Dekret zur Schließung aller Flüchtlingslager. Das Dekret wurde zwar kurz darauf von einem Gericht wegen Kompetenzüberschreitungen der Region aufgehoben (Il fatto quotidiano, 27.8.2020), es zeigt aber, welch großes innen- und außenpolitisches Konfliktpotential die Migrationsfrage weiterhin birgt. Einerseits wurde unter der Regierung Conte II das vom ehemaligen Innenminister Matteo Salvini vorangetriebene, äußerst rigide Migrationsgesetz reformiert (Geldbußen für Nicht-Regierungs-Organisationen, die Flüchtlinge aus Seenot retten und nach Italien bringen, wurden deutlich reduziert, die Rechte von Schutzsuchenden wurden wieder verbessert) (Der Spiegel, 6.10.2020) und auch die Anklage gegen die deutsche Kapitänin der „Seawatch 3", Carola Rackete, wurde eingestellt. Andererseits existieren Berichte, wonach italienische Behörden Notrufe von Flüchtlingsbooten ignorieren und Schiffe von Nicht-Regierungs-Organisationen festsetzen beziehungsweise beschlagnahmen (Zinitti 2020; von Mallinckrodt 2021).

Durch Abkommen mit Drittstaaten soll die Zahl der ankommenden Migranten nun reduziert werden. So sprachen sich bei Mario Draghis Antrittsbesuch in Berlin im Juni 2021 er und Angela Merkel für eine Überarbeitung des Flüchtlingsabkommens mit der Türkei aus (RND, 21.6.2021). Die Europäische Kommission beteiligt sich an Italiens Bemühungen für Abkommen mit Libyen und Tunesien und fordert parallel eine freiwillige Umverteilung von Flüchtlingen innerhalb der Europäischen Union (d'Argenio 2021). Während der seinerzeitige deutsche Außenminister Heiko Maas bei einem Besuch in Rom zusagte, dass Deutschland Migranten aus Italien aufnehmen werde und auch andere Mitgliedstaaten dazu aufforderte, lehnte etwa die österreichische Regierung dies ab (Schiltz 2021; Rai News, 21.5.2021).

Auch die italienisch-französischen Beziehungen werden durch den Umgang mit Migranten weiterhin strapaziert. So zählte das Migrations-Forschungszentrum IDOS allein in den neun Monaten von Juli 2020 bis April 2021 an der italienisch-französischen Grenze rund 33.000 Zurückweisungen von Migranten durch die französische Polizei (IDOS 2021). Es harren etwa in der ligurischen Grenzstadt Ventimiglia zum südfranzösischen Menton viele Migranten in prekären Verhältnissen aus, um auf teils riskanten Wegen den Grenzübertritt nach Frankreich zu schaffen. Human Rights Watch (2021) berichtet über rechtswidrige sogenannte Push-Backs von monatlich dutzenden unbegleiteten Minderjährigen sowie Familien mit Kindern durch die französische Grenzpolizei. Die weiterhin ungelöste Situation im Grenzgebiet führte bereits mehrmals zu diplomatischen Eklats, etwa auf dem Höhepunkt der Migrationsbewegungen 2015 oder im Jahr 2018, als französische Grenzbeamte bei der Personenkontrolle eines Migranten italienisches Gebiet betraten (Frankfurter Allgemeine Zeitung, 1.4.2018).

3. Schlussfolgerungen

Die Regierung Draghi bietet die Chance, weitere wichtige Reformen umzusetzen sowie mit Hilfe der Mittel aus dem Wiederaufbaufonds das Land nachhaltig zu verändern und auf einen Pfad von Wachstum und Beschäftigung zurückzuführen. Allerdings sollte auch diese Regierung nicht mit Erwartungen aus dem In- und Ausland überfrachtet werden, die sie in ihrer verbleibenden Amtszeit nicht wird erfüllen können.

Allein die Aufgaben für 2022 sind immens. Mit der Omikron-Welle wurde Italien Ende 2021 erneut voll von der Corona-Pandemie erfasst, und der wirtschaftliche Aufschwung wird von rasant steigenden Energiepreisen und mithin wachsender Inflation bedroht. Die Banca d'Italia hat ihre Wachstumsprognose für 2022 bereits von 4 % auf 3,8 % gesenkt (Banca d'Italia 2022). Für 2023 werden nurmehr 2,5 % und für 2024 noch lediglich 1,7 % Wachstum erwartet. Auch geht der nationale Wiederaufbauplan (Piano Nazionale di Ripresa e Resilienza) in diesem Jahr erst wirklich in seine operative Phase. Im Laufe des Jahres 2022 müssen zudem weitere 102 Ziele erreicht werden (darunter auch die schwierige Reform öffentlicher Ausschreibungen), um den Löwenanteil der Mittel aus NextGenerationEU abrufen zu können. Zudem müssen zahlreiche Maßnahmen aus 2021, bei denen lediglich der Rahmen abgesteckt wurde (legge delega), durch entsprechende Ausführungsbestimmungen konkretisiert und umgesetzt werden. Eine weitere riesige Aufgabe besteht darin, die bereits verfügbaren Mittel (gerade im Süden des Landes, wo es in den öffentlichen Verwaltungen an Personal fehlt) auch tatsächlich fristgerecht mittels passender Projekte einzusetzen.

Selbst wenn die laufende Legislaturperiode erst mit den Neuwahlen im Frühjahr 2023 regulär enden sollte, wonach es zurzeit aussieht, bleibt der Regierung nur noch ein gutes Jahr Zeit für das Gros ihrer Vorhaben. Realistischerweise wird der verbleibende Zeitraum noch deutlich kürzer sein, weil die derzeit im Parlament die Regierung tragenden Parteien schon Monate vor dem Wahltermin vom Kooperations- in den Wahlkampfmodus wechseln werden. Zudem bleibt abzuwarten, wie sich die Zerwürfnisse, die im Zuge der Wahl des Staatspräsidenten im Januar 2022 innerhalb und zwischen den Parteien der Koalition (so man denn wirklich noch von einer solchen sprechen kann) offen zutage getreten sind, auf die weitere Regierungsarbeit auswirken werden.

Ohnedies sind einige der geschilderten Herausforderungen Italiens so persistent, dass auch im Falle einer Regierung Draghi, die tatsächlich bis zum Ende der Legislaturperiode im Amt bleibt, bestenfalls eine Trendumkehr zu erreichen sein wird, keinesfalls aber eine vollständige Beseitigung der Problemlagen. Das gilt nicht zuletzt für das seit der Gründung des italienischen Nationalstaats in mannigfaltiger Weise bestehende Nord-Süd-Gefälle. Auch die Jugendarbeitslosigkeit war in Italien schon vor der Krise 2007 „traditionell" hoch, da sie nicht nur konjunkturelle, sondern viele strukturelle Ursachen hat, die unter anderem im Schul- und Ausbildungssystem sowie der Wirtschaftsstruktur begründet liegen (Glassmann 2018). Ähnliches gilt für die niedrige Frauenerwerbsquote, welche nicht nur auf mangelnde Kinderbetreuungsinfrastruktur, sondern auch auf tradierte Rollenbilder und das italienische Sozialmodell zurückgeht. All dies sind Politikfelder mit großer Pfadabhängigkeit, die zudem Fragen der politischen Kultur tangieren und mithin nur graduell reformiert werden können, also eine langfristige Aufgabe bleiben.

In anderen Politikfeldern hat Italien aber seine grundsätzliche Reformfähigkeit demonstriert und schickt sich an, in Teilen sogar eine Vorreiterrolle in der Europäischen Union einzunehmen. Beides – Reformerfolge wie weiterhin bestehende Reformnotwendigkeiten – macht Italien zu einem Land, bei dem es sich lohnt, näher hinzuschauen. Dabei sollten politische Beobachter weder schwarzsehen noch durch eine rosarote Brille schauen, sondern sich um einen differenzierten, die italienischen Realitäten in all ihrer Komplexität erfassenden Blick bemühen.

Literatur

Assonime (Hrsg.) (2019): Politica delle infrastrutture e degli investimenti: come migliorare il contesto italiano, http://www.assonime.it/_layouts/15/Assonime.CustomAction/GetPdfToUrl.aspx?PathPdf=http%3a//www.assonime.it/Stampa/Documents/rapporto%20assonime.pdf

Banca d'Italia (2022): Proiezioni macroeconomiche per l'Italia – gennaio 2022, https://www.bancaditalia.it/pubblicazioni/proiezioni-macroeconomiche/2022/estratto-boleco-1-2022.pdf

Bellini, Nicola (2018): Industry Modernisation and Beyond. Vision and Pragmatism in Italian Industrial Policy, in: Grasse, Alexander / Grimm, Markus / Labitzke, Jan (Hrsg.): Italien zwischen Krise und Aufbruch. Reformen und Reformversuche der Regierung Renzi, Wiesbaden: Springer VS, S. 297-312.

BMWi / Bundesministerium für Wirtschaft und Energie (2021a): Deutschland und Frankreich: Gemeinsam für eine neue und innovative europäische Industriestrategie, https://www.bmwi.de/Redaktion/DE/Pressemitteilungen/2021/02/20210216-deutschland-und-frankreich-gemeinsam-fuer-eine-neue-und-innovative-europaeische-industriestrategie.html

BMWi / Bundesministerium für Wirtschaft und Energie (2021b): Jahreswirtschaftsbericht 2021, Januar, https://www.bmwi.de/Redaktion/DE/Publikationen/Wirtschaft/jahreswirtschaftsbericht-2021.pdf?__blob=publicationFile&v=6

Bolgherini, Silvia (2018): Politische und institutionelle Entwicklungen auf zentralstaatlicher Ebene. Das Gespenst eines neuerlichen Umbruchs, in: Grasse, Alexander / Grimm, Markus / Labitzke, Jan (Hrsg.): Italien zwischen Krise und Aufbruch. Reformen und Reformversuche der Regierung Renzi, Wiesbaden: Springer VS, S. 31-58.

Braun, Michael / Malter, Frederic / Mörschel, Tobias (2021): Fragile Freundschaft. Eine Meinungsumfrage zu den deutsch-italienischen Beziehungen, Rom: Friedrich-Ebert-Stiftung Italien, https://italia.fes.de/fragile-freundschaft

Capussela, Andrea Lorenzo (2018): The Political economy of Italy's Decline, Oxford: Oxford University Press.

Carloni, Enrico (2018): Italian Anti-Corruption and Transparency Policies. Trends and Tools in Combating Administrative Corruption, in: Grasse, Alexander / Grimm, Markus / Labitzke, Jan (Hrsg.): Italien zwischen Krise und Aufbruch. Reformen und Reformversuche der Regierung Renzi, Wiesbaden: Springer VS, S. 365-386.

Cottarelli, Carlo (2018): I sette peccati capitali dell'economia italiana, Milano: Feltrinelli.

d'Argenio, Alberto (2021): Wir brauchen ein Netz von Staaten, das Italien freiwillig Flüchtlinge abnimmt, in: WELT, 20.5.2021, https://www.welt.de/politik/ausland/plus231257397/EU-Kommissarin-skizziert-Fluechtlingsdeals-mit-Libyen-und-Tunesien.html

Deloitte / LUISS (2018): Gli investimenti in infrastrutture. Relazione con la distribuzione del reddito e attese di remunerazione finanziaria degli investitori, https://economiaefinanza.luiss.it/sites/ef/files/180116_Report-infrastrutture_lq.pdf

Der Spiegel (6.10.2020): Regierung entschärft Salvinis Antimigrationsgesetze, https://www.spiegel.de/ausland/italien-unter-matteo-salvini-eingefuehrte-migrationsgesetze-werden-abgeschwaecht-a-24181e94-d12b-46fb-8d94-76d079d2200c

Destatis / Eurostat (2021): Europäischer Green Deal: Klimaneutralität bis 2050, https://www.destatis.de/Europa/DE/Thema/GreenDeal/GreenDeal.html

Ehmer, Philipp (2018): Schuldentragfähigkeit Italien: stabil, aber mit höherem Wachstum noch zu verbessern, KfW Research / Fokus Volkswirtschaft, Nr. 198, 1. März 2018.

Europäische Kommission (2021): Autumn 2021 Economic forecast for Italy, https://ec.europa.eu/economy_finance/forecasts/2021/autumn/ecfin_forecast_autumn_2021_it_en.pdf

Europäische Kommission (2020): Eine neue Industriestrategie für Europa, COM(2020) 102 final, https://ec.europa.eu/info/sites/default/files/communication-eu-industrial-strategy-march-2020_de.pdf

Europäische Kommission (2019): Operating budgetary balance, https://ec.europa.eu/info/publications/operating-budgetary-balance-gni_de

Eurostat

(2021a): VGR Aggregate nach Industrie (ohne Baugewerbe, Bruttowertschöpfung) [nama_10_A64], Database, https://ec.europa.eu/eurostat/data/database

(2021b): Schlüsselindikatoren [nasa_10_ki], Database, https://ec.europa.eu/eurostat/data/database

(2021c): Bruttoausgaben für FuE nach Leistungssektor [rd_e_gerdtot], Database, https://ec.europa.eu/eurostat/data/database

(2021d): Arbeitsproduktivität und Lohnstückkosten [nama_10_lp_ulc], Database, https://ec.europa.eu/eurostat/data/database

(2021e): Arbeitslosendaten nach Geschlecht und Alter – jährliche Daten [une_rt_a], Database, https://ec.europa.eu/eurostat/data/database

(2021f): Beschäftigte und Erwerbspersonen nach Alter und Geschlecht – jährliche Daten [lfsi_emp_a], Database, https://ec.europa.eu/eurostat/data/database

(2021g): Nichterwerbstätige Jugendliche, die weder an Bildung noch an Weiterbildung teilnehmen (NEET), nach Geschlecht und Alter – jährliche Daten [lfsi_neet_a], Database, https://ec.europa.eu/eurostat/data/database

(2021h): Bruttoinlandsprodukt zu laufenden Marktpreisen nach NUTS-2-Regionen [nama_10r_2gdp], Database, https://ec.europa.eu/eurostat/data/database

(2021i): Arbeitslosenquoten nach Geschlecht, Alter, Bildungsabschluss und NUTS-2-Regionen (Prozent) [lfst_r_lfu3rt], Database, https://ec.europa.eu/eurostat/data/database

(2021j): Von Armut oder sozialer Ausgrenzung bedrohte Bevölkerung nach NUTS-Regionen [ilc_peps11], Database, https://ec.europa.eu/eurostat/data/database

(2021k): Rate der erheblichen materiellen Deprivation nach NUTS-Regionen [ilc_mddd21], Database, https://ec.europa.eu/eurostat/data/database

(2021l): Glossary: Material deprivation, https://ec.europa.eu/eurostat/statistics-explained/index.php?title=Glossary:Material_deprivation/de

(2021m): EMU convergence criterion series – annual data [irt_lt_mcby_a]/monthly data [irt_lt_mcby_m]/daly data [irt_lt_mcby_d], Database, https://ec.europa.eu/eurostat/data/database

(2021n): Defizit / Überschuss, Schuldenstand des Staates und damit zusammenhängende Daten [gov_10dd_edpt1], Database, https://ec.europa.eu/eurostat/data/database

Frankfurter Allgemeine Zeitung (1.4.2018): Streit zwischen Paris und Rom um Polizeieinsatz, https://www.faz.net/aktuell/politik/ausland/diplomatischer-eklat-streit-zwischen-paris-und-rom-um-polizeieinsatz-15522146.html

Fricke, Thomas (2021): Post-Corona-Boom: Das Märchen vom italienischen Wirtschaftswunder, in: Der Spiegel, 20.8.2021, https://www.spiegel.de/wirtschaft/soziales/post-corona-boom-riskantes-maerchen-vom-italienischen-wunder-kolumne-a-493422a8-7b6b-463e-a481-8705406177cd

Gallino, Luciano (2003): La scomparsa dell'Italia industriale, Torino: Einaudi.

Gelli, Francesca / Grasse, Alexander (2011): A country on a knife-edge: Italy and its territorial differences, PIFO / Politische Italienforschung, Occasional Papers, N°11, https://www.uni-giessen.de/fbz/fb03/institutefb03/ifp/pifo/publikationen/pifo-occasional-papers-bilder-dateien/a-country-on-a-knife-edge-italy-and-its-territorial-differences

GIHUB (2017): Country Profile Italy, https://cdn.gihub.org/outlook/live/countrypages/GIH_Outlook+Flyer_Italy.pdf

Glassmann, Ulrich (2018): Eine verlorene Generation? Ursachen der Jugendarbeitslosigkeit in Italien, in: Grasse, Alexander / Grimm, Markus / Labitzke, Jan (Hrsg.): Italien zwischen Krise und Aufbruch. Reformen und Reformversuche der Regierung Renzi, Wiesbaden: Springer VS, S. 343-363.

Grasse, Alexander (2021): Die Seconda Repubblica, in: Lobin, Antje / Meineke, Eva-Tabea (Hrsg.): Handbuch Italienisch, Sprache – Literatur – Kultur, Berlin: Erich Schmidt Verlag, S. 505-517.

Grasse, Alexander (2005): Modernisierungsfaktor Region. Subnationale Politik und Föderalisierung in Italien, Wiesbaden: Verlag für Sozialwissenschaften.

Grasse, Alexander / Gelli, Francesca (2012): Zentralismus – regionale Autonomie – Föderalismus. Italiens Dauerproblem der Vermittlung zwischen Zentrum und Peripherie, in: Rörig, Karoline / Glassmann, Ulrich / Köppl, Stefan (Hrsg.): Länderbericht Italien, Bonn: Bundeszentrale für politische Bildung, S. 186-214.

Grasse, Alexander / Labitzke, Jan (2018): Aus Krisen geboren – die neue italienische Regierung aus Lega und MoVimento 5 Stelle und die Folgen für Europa, in: integration, 2/2018, S. 97-127.

Grasse, Alexander / Grimm, Markus / Labitzke, Jan (Hrsg.) (2018): Italien zwischen Krise und Aufbruch. Reformen und Reformversuche der Regierung Renzi, Wiesbaden: Springer VS.

Höhne, Roland (2012): Zwischen Repräsentativität und Stabilität: Wahlsystem und Wahlrechtsreform in Italien, in: Zeitschrift für Politik, Vol. 59, N°2, S. 217-243.

Human Rights Watch (2021): France: Police Expelling Migrant Children, 5.5.2021, https://www.hrw.org/news/2021/05/05/france-police-expelling-migrant-children

IDOS (2021): Dossier Statistico Immigrazione 2021, https://www.dossierimmigrazione.it/prodotto/dossier-statistico-immigrazione-2021/

Il fatto quotidiano (27.8.2020): Tar dà ragione al governo, sospesa l'ordinanza di Musumeci che voleva cacciare i migranti, https://www.ilfattoquotidiano.it/2020/08/27/il-tar-sospende-lordinanza-di-musumeci-che-prevedeva-la-chiusura-di-hotspot-e-centri-per-migranti/5912645/

Istat (2021): Statistiche flash (10.6.2021), Produzione industriale Aprile 2021, https://www.istat.it/it/files//2021/06/Produzione-industriale_aprile2021.pdf

Istituzioni del Federalismo (2021): A vent'anni dalla riforma del titolo V: un bilancio sulle autonomie territoriali dopo le stagioni della crisi, N°1/2021.

Keller, Eileen (2021): Europa in der Corona-Krise. Wirtschaftliche Folgen und Perspektiven für Italien, Frankreich und Deutschland, Vigoni Papers, 5/2021, Loveno di Menaggio: Villa Vigoni Editore, https://www.villavigoni.eu/wp-content/uploads/2021/06/Vigoni-Papers-5_2021_Keller.pdf

Labitzke, Jan (2018): JobsAct all'italiana. Die Arbeitsmarktreformen der Regierung Renzi, in: Grasse, Alexander / Grimm, Markus / Labitzke, Jan (Hrsg.): Italien zwischen Krise und Aufbruch. Reformen und Reformversuche der Regierung Renzi, Wiesbaden: Springer VS, S. 313-341.

Myrdal, Gunnar (1957): Economic Theory and Under-developed Regions, London: Gerald Duckworth & Co.

Pisani-Ferry, Jean (2020): Europe's recovery gamble, Brüssel, 25.9.2020, https://www.bruegel. org/2020/09/europes-recovery-gamble/

Rai News (29.1.2022): Brunetta: Pil al 6,5 % nel 2021, "un anno da vero e proprio boom economico", https://www.rainews.it/articoli/2022/01/brunetta-pil-al-65-nel-2021-un-anno-da-vero-e-proprio-boom-economico-bb260ec9-624d-4936-b4c8-34bc1003d14c.html

Rai News (12.5.2021): Migranti, Maas: Bisogna partecipare alla ricollocazione, lo facciano tutti i paesi dell'Ue, https://www.rainews.it/dl/rainews/articoli/migrandi-maas-maio-parteciperemo-ricollocazione-paesi-ue-c9a252d5-e3c6-4001-abb9-c179c433ba60.html

RND – Redaktionsnetzwerk Deutschland (21.6.2021): Merkel und Draghi fordern rasche Verhandlungen mit Türkei über Flüchtlinge, https://www.rnd.de/politik/merkel-und-draghi-fordern-rasche-verhandlungen-mit-tuerkei-ueber-fluechtlinge-QMUQ6Z5BOMRPS6BLLIGI6R7TAY.html

Ronda, Serenella (2021): Quali sono le varie ipotesi per la prossima legge elettorale, in: Agenzia Italia, 28.10.2021, https://www.agi.it/politica/news/2021-10-28/legge-elettorale-ipotesi-in-campo-14364580/

Schiltz, Christoph B. (2021): Österreich widerspricht Brüssel – EU-Länder sollten Italien keine Flüchtlinge abnehmen, in: WELT, 12.5.2021, https://www.welt.de/politik/ausland/article231073771/Oesterreich-widerspricht-Kommission-EU-Laender-sollten-Italien-keine-Fluechtlinge-abnehmen.html

UNHCR (2021a): Italy: Sea arrivals dashboard June 2021, https://data2.unhcr.org/en/documents/download/87808

UNHCR (2021b): Operational Data Portal, https://data2.unhcr.org/en/situations/mediterranean/location/5205#_ga=2.79662486.302219623.1626499970-900533041.1626499970

Vandelli, Luciano (2018): Der Senat und die Regionen in der gescheiterten Verfassungsreform 2016. Italien auf der Suche nach neuen Gleichgewichten, in: Grasse, Alexander / Grimm, Markus / Labitzke, Jan (Hrsg.): Italien zwischen Krise und Aufbruch. Reformen und Reformversuche der Regierung Renzi, Wiesbaden: Springer VS, S. 59-84.

Viesti, Gianfranco (2018): Der Süden Italiens in Zeiten der Austerität. Disparitäten und regionale Entwicklungspolitik, in: Grasse, Alexander / Grimm, Markus / Labitzke, Jan (Hrsg.): Italien zwischen Krise und Aufbruch. Reformen und Reformversuche der Regierung Renzi, Wiesbaden: Springer VS, S. 231-262.

von Mallinckrodt, Marie (2021): Regierung Draghi: Italiens harter Kurs gegen Seenotretter, in: Tagesschau.de, https://www.tagesschau.de/ausland/europa/italien-seenotrettung-101.html

Weber, Max (1964): Politik als Beruf, Vierte Auflage, Berlin: Duncker und Humblot.

WEF / World Economic Forum (2020): Energy Transition Index: 1.2.3: CO2 emissions per capita (tonnes), https://reports.weforum.org/fostering-effective-energy-transition-2020/energy-transition-index/energy-transition-index-ranking/#series=CO2CAPITA; 2.6.2: Share of electricity from renewable generation, https://reports.weforum.org/fostering-effective-energy-transition-2020/energy-transition-index/energy-transition-index-ranking/#series=RESELEC

Weltbank (2021): Europäische Union. Anteile der Wirtschaftssektoren am Bruttoinlandsprodukt (BIP) der Mitgliedstaaten im Jahr 2020, in: Statista, https://de-statista-com.ezproxy.uni-giessen.de/statistik/daten/studie/249080/umfrage/anteile-der-wirtschaftssektoren-am-bruttoinlandsprodukt-bip-der-eu-laender/

Zinitti, Alessandra (2020): Ecco come Italia e Malta ignorano gli sos dei migranti e li lasciano in mani libiche, in: La Repubblica, 27.7.2020, https://www.repubblica.it/cronaca/2020/07/27/news/ecco_come_italia_e_malta_ignorano_gli_sos_dei_migranti_e_li_lasciano_in_mani_libiche-301069905/

Die Autoren

Jan Labitzke war bis Dezember 2021 promovierter wissenschaftlicher Mitarbeiter am Institut für Politikwissenschaft der Justus-Liebig-Universität Gießen. Zu den weiteren Themenschwerpunkten des Italienexperten zählen unter anderem Demokratie- und Governancetheorien, die Mehrebenen- und Föderalismusforschung sowie die Sozial- und Wirtschaftspolitik. Kontakt: jan.labitzke@sowi.uni-giessen.de

Alexander Grasse ist Professor für Politik und Wirtschaft im Mehrebenensystem an der Justus-Liebig-Universität Gießen und Leiter des 2008 zur Intensivierung der deutsch-italienischen Zusammenarbeit gegründeten Forschungsnetzwerkes PIFO (Politische Italienforschung).
Kontakt: alexander.m.grasse@sowi.uni-giessen.de

Deutsch-französischer Bilateralismus und die Entstehung von „NextGenerationEU“

Lucas Schramm und Ulrich Krotz

Zusammenfassung: Der vorliegende Beitrag analysiert die Rolle Deutschlands und Frankreichs bei der Vorbereitung, Erarbeitung und Durchsetzung des EU-Corona-Finanzpakets. Er zeigt, wie beide Länder ausgehend von unterschiedlichen Ausgangspunkten ihre Positionen abstimmten und einen gemeinsamen Vorschlag für einen europäischen Wiederaufbaufonds unterbreiteten, um diesen dann in der EU anschlussfähig zu machen und schließlich umzusetzen. Die empirischen Untersuchungen unseres Beitrages bringen dabei drei zentrale Führungsleistungen des deutsch-französischen Duos zum Vorschein: Agenda setting, die Bildung von Kompromissen und das Schmieden von Koalitionen.

Stichworte: Deutschland, Frankreich, eingebetteter Bilateralismus, NextGenerationEU, Kompromissfindung

Résumé : Cet article analyse le rôle de l'Allemagne et de la France dans la préparation, l'élaboration et l'application du paquet financier pour surmonter la crise du Covid-19 dans l'Union européenne. Il montre comment les deux pays, partant de points de départ différents, ont fait converger leurs positions et soumis une proposition commune pour un fonds européen de reconstruction, avant de la faire accepter par l'UE et de la mettre en œuvre. Les analyses empiriques de notre contribution mettent en évidence trois succès majeurs du duo franco-allemand : la mise en place d'un agenda, la recherche de compromis et la formation de coalitions.

Mots-clés : Allemagne, France, bilatéralisme intégré, NextGenerationEU, recherche de compromis

1. Einleitung

Die Corona-Pandemie ist die jüngste in einer Reihe von Krisen, denen sich die Europäische Union (EU) im vergangenen Jahrzehnt gegenübergesehen hat. Die Pandemie betraf gleichzeitig mehrere EU-Politikfelder (*policies*) und schließlich die Union als politische Einheit (*polity*): Die zügige, umfassende und zum Teil unkoordinierte Schließung nationaler Grenzen zur Eindämmung des Virus sowie die national und zum Teil regional verhängten „Lockdowns“ führten zu einer faktischen Aussetzung der Personenfreizügigkeit im eigentlich „grenzenlosen“ Schengen-Gebiet. Die finanziellen Schäden der gesellschaftlichen Einschränkungen und betrieblichen Schließungen sowie die sich abzeichnenden Zahlungsschwierigkeiten mehrerer Mitgliedstaaten bedrohten die Stabilität der europäischen Wirtschafts- und Währungsunion (Eurozone). Der Zusammenbruch von Lieferketten und ganzer Unternehmen gefährdete den freien und fairen Wettbewerb im europäischen Binnenmarkt. Hinzu kamen Fragen nach dem politischen Zusammenhalt der Union und ihrer Fähigkeit zum gemeinsamen Handeln angesichts dieser gewaltigen Herausforderungen.

Da Infektionsschutz und öffentliche Gesundheit weitgehend Sache der Mitgliedstaaten sind und die EU selbst hier über wenige Kompetenzen verfügt, folgten die Maßnahmen in den ersten Wochen der Pandemie weitgehend nationalen Imperativen, nicht zuletzt wie stark der Virus im jeweils eigenen Land wütete und wie groß die verfügbaren finanziellen Ressourcen zu dessen Eindämmung waren. Angesichts der Schwere der Pandemie und ihrer zu erwartenden Dauer und Auswirkungen aber wurde schnell klar, dass europäische Antworten nötig sein würden. Als zentraler (Streit-)Punkt stellte sich die finanzielle Lastenverteilung zur Bekämpfung der Pandemie und für die anschließende wirtschaftliche Erholung heraus. Mit ihrer Einigung vom Juli 2020 auf ein umfassendes Finanzpaket ist es den 27 nationalen Staats- und Regierungschefs gelungen, eine europäische Antwort auf die Corona-Krise zu geben. Der Wiederaufbauplan „NextGenerationEU" sieht gemeinsame Anleihen in Höhe von 750 Milliarden Euro (zu Preisen von 2018) und deren Verteilung in Form von Zuschüssen und günstigen Krediten vor, wobei die am stärksten getroffenen Mitgliedstaaten und/oder die Mitgliedstaaten, deren Wohlstandsniveau unter dem EU-Durchschnitt liegt, am stärksten profitieren.

„NextGenerationEU" markiert ein doppeltes Novum in der europäischen Fiskalpolitik: Zum einen ist es der Europäischen Kommission zum ersten Mal gestattet, in derart großem Umfang Geld an den Kapitalmärkten aufzunehmen. Zum anderen kommt es, in den Worten von Frankreichs Staatspräsident Emmanuel Macron, erstmalig zu „echten finanziellen Transfers" zwischen den Mitgliedstaaten (Bundeskanzlerin 2020d). Zusammen mit dem nächsten europäischen Mehrjährigen Finanzrahmen, der ebenfalls im Juli 2020 beschlossen wurde, stellt „NextGenerationEU" das größte Finanzpaket in der Geschichte der Union dar. Die Einigung auf selbiges im Kreis von 27 Mitgliedstaaten – in weniger als vier Monaten nach Beginn der großflächigen Verbreitung des Coronavirus in Europa – ist bemerkenswert, schließlich hatte zunächst angesichts von national motivierten Maßnahmen und der sehr unterschiedlichen Positionen zu gemeinsamen Schulden wenig auf einen solchen Schritt hingedeutet.

Der vorliegende Beitrag analysiert die Rolle Deutschlands und Frankreichs bei der Vorbereitung, Erarbeitung und Durchsetzung des historischen EU-Corona-Finanzpakets. Er zeigt, wie beide Länder – ausgehend von unterschiedlichen Interpretationen der Krise und unterschiedlichen Positionen zu gemeinsamen Schulden – zunächst ihre Positionen abstimmten und einen gemeinsamen Vorschlag für einen europäischen Wiederaufbaufonds unterbreiteten, um diesen dann in der EU anschlussfähig zu machen und schließlich umzusetzen. Der Beitrag rekonstruiert in erster Linie die politischen Entwicklungen zwischen März und Juli 2020 auf nationaler, bilateraler und europäischer Ebene und ordnet diese in aktuelle akademische und politische Diskussionen ein. Er beruht auf zahlreichen Primär- und Sekundärquellen, darunter Experteninterviews mit deutschen und französischen Entscheidungsträgern sowie Beamten der Europäischen Kommission. Die empirischen Untersuchungen unseres Beitrages bringen drei zentrale Führungsleistungen des deutsch-französischen Duos zum Vorschein: Erstens setzte die bilaterale Initiative für einen Wiederaufbaufonds die *politische Agenda* und strukturierte die Debatten und Verhandlungen der kommenden Wochen. Zweitens ermöglichte die *Bildung von Kompromissen*, zunächst auf bilateraler und später auf europäischer Ebene, das Zustandekommen der Initiative selbst und deren Anschlussfähigkeit in der EU. Und drittens sicherte das *Schmieden von Koalitionen* – wenn nötig mittels differenzierter Integration – die endgültige Einigung auf das komplexe Verhandlungspaket.[1]

2. Nationale Krisenreaktionen und europäisches Patt

Als Pandemie und externer Schock betraf das Coronavirus alle EU-Mitgliedstaaten und war für nationale Regierungen wie für individuelle Unternehmen und Bürger unmittelbar erfahrbar. Dennoch zeichnete sich schnell ab, dass die Mitgliedstaaten unterschiedlich stark getroffen waren und in ungleichem Maße auf die Pandemie und deren Auswirkungen würden reagieren können. Die Länder des Südens, darunter vor allem Italien und Spanien, waren früh und hinsichtlich der Infektions- und Todeszahlen besonders schwer getroffen. Hinzu kam, dass diese Länder aufgrund hoher öffentlicher Schuldenstände und eines geringen Wirtschaftswachstums in den Jahren zuvor die Auswirkungen der Pandemie – darunter erhöhte Staatsausgaben für den Gesundheitssektor, die Schließung ganzer Wirtschaftszweige wie des Tourismus und steigende Arbeitslosigkeit – allein nicht würden stemmen können. Die Länder des Nordens hingegen, die finanziell in einer besseren Lage und anfangs weniger stark von der Pandemie getroffen waren, verfügten über einen deutlich größeren finanziellen Spielraum.

1 Dieser Beitrag fußt auf Ausführungen und Erkenntnissen in Krotz und Schramm (2021b). Zur Rolle und zum möglichen Einschluss Deutschlands und Frankreichs in der EU post-Brexit, siehe auch Krotz und Schramm (2021a).

Diese grobe geographische Konstellation – medial oftmals überzeichnet und dramatisierend dargestellt – spiegelte sich Ende März 2020 auf europäischer Ebene wider, wo die „Südländer" gemeinsame EU-Anleihen für die Eindämmung und Bekämpfung der Pandemie forderten, während die „Nordländer" um Deutschland gemeinsame fiskalische Maßnahmen ablehnten und Kredite aus dem Europäischen Stabilitätsmechanismus (ESM) befürworteten. Die Diskussionen gewannen weiter an Dynamik, als sich Frankreich am 25. März einem Aufruf acht weiterer Mitgliedstaaten anschloss und sich für die Einführung von „Corona Bonds" aussprach. Deutschland hingegen lehnte derartige neue Instrumente wie gemeinsame Anleihen mit gemeinschaftlicher Haftung strikt ab. Während sich Deutschland und Frankreich selbst mit scheinbar unvereinbaren Positionen gegenüberstanden und dabei auch noch ganze „Lager" von Mitgliedstaaten repräsentierten, lag eine gemeinsame europäische Antwort auf die Corona-Krise zunächst außer Reichweite.

Die deutsche und die französische Regierung hatten zudem mediale Kritik und den Unmut einzelner Regierungen auf sich gezogen, als sie Mitte März den Export medizinischer Produkte wie Masken und Schutzkleidung auch an europäische Nachbarländer zeitweise verboten hatten (Braw 2020). Zum in der europäischen Öffentlichkeit weitverbreiteten Eindruck einer führungslosen EU und unterschiedlichen deutschen und französischen Prioritäten trug ebenso bei, dass Präsident Macron angesichts der ausbleibenden europäischen finanziellen Maßnahmen vor einem Zusammenbruch der Union warnte (Financial Times 2020c), während Bundeskanzlerin Angela Merkel von der Pandemie als größter Herausforderung in der Geschichte der Bundesrepublik Deutschland sprach, die europäische Dimension jedoch zunächst nicht betonte (Bundeskanzlerin 2020a).

Angesichts der Einführung nationaler Grenzkontrollen in nicht weniger als 17 Schengen-Staaten, steigender Zinszahlungen für besonders stark von der Pandemie getroffene Staaten und des Zusammenbruchs von Lieferketten und Arbeitsmigration warnten zahlreiche Politiker vor einer Gefahr für den Zusammenhalt und die Zukunft der EU. Auf europäischer Ebene allerdings herrschte Anfang April noch Uneinigkeit über das angemessene Vorgehen, vor allem in finanziellen Angelegenheiten. Einen Tiefpunkt erreichten die oft emotional geführten Debatten, als der niederländische Finanzminister Nachforschungen seitens der EU-Institutionen forderte, warum einige Mitgliedstaaten derart stark von der Pandemie getroffen seien und kaum finanzielle Mittel für deren Eindämmung zur Verfügung hätten, woraufhin der portugiesische Premierminister diese Äußerungen als „abscheulich" kritisierte und einen Mangel an Empathie und europäischer Solidarität reklamierte.

3. Bilaterale Abstimmungen im Schatten der Pandemie

Im Lichte der sich verschärfenden Pandemie – im April bereits war Europa bei den Neuinfektionen der am stärksten getroffene Kontinent – und der festgefahrenen Diskussionen auf EU-Ebene begannen Deutschland und Frankreich, Kompromissmöglichkeiten und politischen Spielraum für europäische Maßnahmen auszuloten. Beide Staaten profitierten dabei von einem dichten Netz an bilateralen politischen und administrativen Kontakten, das in den internationalen Beziehungen einmalig und in multilaterale EU-Kontexte eingebettet ist (Krotz und Schild 2013; Krotz 2014). Ein Spitzenbeamter des Elysée-Palasts bestätigte, dass nahezu jeder höhere Funktionär eines französischen Ministeriums einen entsprechenden Ansprechpartner und „Gegenpart" (*homologue*) auf deutscher Seite habe. Unterdessen nannte ein Spitzenbeamter des Kanzleramts die politisch-administrativen Beziehungen beider Länder „qualitativ einzigartig", so dass für Deutschland der erste, „natürliche" Ansprechpartner in europäischen Fragen stets Frankreich sei.

Ein erstes Resultat der intensivierten deutsch-französischen Konsultationen zeigte sich Anfang April, als sich die Finanzminister der Eurostaaten (Eurogruppe) auf ein erstes Corona-Hilfspaket einigten. Dieses sah zum einen als unmittelbare Krisenreaktion zinsgünstige Kredite und Garantien für Arbeitnehmer, Unternehmen und gesundheitsbezogene Staatsausgaben vor, erwähnte zum anderen aber auch den Bedarf für ein umfassenderes und längerfristig angelegtes europäisches Instrument zum wirtschaftlichen Wiederaufbau nach der Pandemie (Eurogroup 2020). Laut politischen Beobachtern und unmittelbar Beteiligten war die Rolle der deutschen und französischen Finanzminister entscheidend: Olaf Scholz und Bruno Le Maire hatten gemeinsam eine Mittlerposition eingenommen zwischen weiterreichenden, vor allem italienischen Forderungen nach Corona Bonds und den zurückhaltenden Positionen einiger Nordstaaten, die Krediten nur unter strikten Auflagen hatten zustimmen wollen. Nach der Einigung auf das Eurogruppen-Paket verkündete die *Financial Times* am 13. April, die Corona-Pandemie habe die anfangs wenig sichtbaren deutsch-französischen Beziehungen wiederbelebt (Financial Times 2020b).

Angesichts der Schwere der Pandemie und ihrer Auswirkungen war für die meisten politisch Verantwortlichen klar, dass das Eurogruppen-Paket nur eine erste Maßnahme sein konnte, um die unmittelbaren finanziellen

Schäden abzufedern. Darüber hinaus aber würde es ein umfassenderes und längerfristig angelegtes Instrument zur wirtschaftlichen Erholung in Europa brauchen. Mehrere Entwicklungen ließen diese Erkenntnis reifen: Berechnungen im April deuteten an, dass die Pandemie zum stärksten Wirtschaftseinbruch in der Geschichte der EU führen und dieser damit größer ausfallen würde als während der globalen Finanzkrise im Jahr 2008. Ende März waren die Zinsen etwa für italienische Staatsanleihen auf das Dreifache des Niveaus deutscher Staatsanleihen gestiegen. Zu hohe Refinanzierungskosten und ein mögliches Ausscheiden Italiens, der drittgrößten Volkswirtschaft Europas, hätten das Ende der Eurozone insgesamt bedeuten können. Aufgrund der unterschiedlichen Ressourcen einzelner Mitgliedstaaten für die Unterstützung ihrer notleidenden Unternehmen beanstandete die Europäische Kommission ungleiche Wettbewerbsbedingungen im Binnenmarkt. Stark vernetzte Zulieferfirmen warnten zudem angesichts der vielen lokalen „Lockdowns“ und des Abrisses von Lieferketten vor einem Zusammenbruch von Teilen der deutschen Wirtschaft.

Die Pandemie entwickelte sich somit spätestens ab Mitte April zu einer Krise, die mehrere Politikfelder umfasste und die EU insgesamt zu gefährden drohte. Dazu trug auch bei, dass es sich beim Coronavirus eindeutig nicht um eine von einzelnen Mitgliedstaaten verursachte oder zumindest verstärkte Krise handelte, wie dies bei der Finanz- und Eurozonenkrise und bedingt auch bei der Flüchtlingskrise der Fall gewesen war. Vielmehr lag nach einhelliger Meinung ein externer Schock und in erster Linie eine Krise der öffentlichen Gesundheit vor, für die niemand verantwortlich zu machen sei und die daher eine gemeinsame europäische Antwort verdiente. Diese Wahrnehmung und Interpretationen lassen sich besonders gut anhand der politischen Rhetorik in Deutschland nachzeichnen (Schramm 2021): Im März noch auf die Auswirkungen der Pandemie für die nationale Ebene fokussiert, sprach Kanzlerin Merkel Mitte April von der größten Bewährungsprobe in der Geschichte der EU. Am 23. April sagte sie im Deutschen Bundestag, dass Deutschland im Namen der europäischen Solidarität nun bereit sei, deutlich höhere Beiträge für das EU-Budget zu leisten. Zu dieser Zeit äußerte sie auch erstmalig die Möglichkeit gemeinsamer Anleihen zur Bekämpfung der Pandemie mittels eines „europäischen Wiederaufbauprogramms“ (Bundeskanzlerin 2020b).

Form und Umfang eines solchen Programms aber waren auf europäischer Ebene weiterhin umstritten. Der französische Finanzminister Le Maire hatte sich bereits Anfang April für einen eigenständigen und zeitlich befristeten Fonds zur gemeinsamen Ausgabe von Staatsanleihen ausgesprochen (Financial Times 2020a). Für die Bundesregierung aber reichte der Le Maire-Plan zu sehr an Corona Bonds heran, welche sie aufgrund der gesamtschuldnerischen Haftung und unsicheren rechtlichen Grundlage weiterhin ablehnte. Am entschiedensten warb weiterhin Italien für Corona Bonds. Die Präsidentin der Europäischen Kommission, Ursula von der Leyen, hingegen hatte sich erstmals Ende März für einen europäischen „Marshall Plan“ in Verbindung mit dem nächsten Mehrjährigen EU-Finanzrahmen ausgesprochen, welcher bis spätestens Ende 2020 verabschiedet sein musste. Spanien derweil schlug Mitte April einen 1,5 Billionen Euro umfassenden Corona-Wiederaufbaubonds vor, finanziert durch EU-Schulden. Gemeinsame Schulden, ebenso wie ein derartiger Umfang für ein Aufbauinstrument, aber stießen in mehreren Nordstaaten auf Ablehnung. Vor allem Österreich und die Niederlande sprachen sich für deutlich kleinere Summen aus, die zudem ausschließlich in Form von Krediten zu vergeben seien.

Angesichts dieser Vielzahl an scheinbar unvereinbaren Vorschlägen ergriffen Deutschland und Frankreich am 18. Mai die Initiative, indem sie einen europäischen Wiederaufbaufonds im Umfang von 500 Milliarden Euro vorschlugen. Dieser sollte an den nächsten siebenjährigen EU-Finanzrahmen gekoppelt und damit zeitlich befristet sein und ausschließlich Zuschüsse an die am stärksten getroffenen Regionen und Wirtschaftssektoren verteilen (Bundeskanzlerin 2020c). Der deutsch-französische Vorschlag war in den Wochen zuvor auf höchster politischer Ebene und im kleinen Kreis vorbereitet worden, so dass selbst Beamte in den jeweiligen Finanzministerien von dessen Zeitpunkt und Inhalt überrascht wurden. Noch in den Tagen unmittelbar vor der Verkündigung durch Macron und Merkel hatten Spitzenbeamte im Elysée und im Kanzleramt den Entwurf mehrmals hin- und hergeschickt, um letzte Abstimmungen vorzunehmen. Der finale Text war in mehrfacher Hinsicht ein Kompromiss, bei dem beide Länder Zugeständnisse machten und von ursprünglich eigenen Positionen abwichen (siehe auch Seidendorf 2020): Deutschland stimmte erstmals gemeinsamen EU-Anleihen in einem derartigen Umfang und deren Verteilung in Form von Zuschüssen zu. Frankreich seinerseits akzeptierte die zeitliche Befristung und die Kopplung des Aufbauinstruments an den regulären EU-Haushalt, was eine gesamtschuldnerische Haftung (formell) ausschließt und die vom Europäischen Semester her bekannte supranationale Aufsicht und wirtschaftliche Konditionalität bei der Verwendung der Gelder mit sich bringt.

Deutschland und Frankreich hatten sich somit von ihrem jeweiligen Lager vermeintlich gleich gesinnter Mitgliedstaaten entfernt: Während Frankreich bereits seit Anfang April öffentlich nicht mehr die Einführung von Corona Bonds gefordert hatte und damit nicht mehr zum „Südlager“ um Italien, Spanien, Griechenland und Portugal zählte, warb Deutschland nun explizit für gemeinsame Schulden und finanzielle Transfers zwischen den Mitgliedstaaten und unterschied sich darin vom „Nordlager“ aus Dänemark, Finnland, Österreich, Schweden und den Niederlanden. Das gemeinsame, übergeordnete Ziel eines Vorschlags für einen Wiederaufbaufonds, der dann auf größerer EU-Ebene anschlussfähig sein würde, zeigt, wie die Positionen des jeweils anderen Partners in dieser bilateralen Sonderbeziehung die eigenen, nationalen Positionen beeinflussen und modifizieren können. Aus zwei rein nationalen Positionen wurde eine gemeinsame deutsch-französische Position, die Struktur und Orientierung bringen sollte in die zahlreichen, parallel kursierenden Vorschläge für ein Aufbauinstrument, und die das politisch Machbare in der EU umreißen wollte.

Aus integrationstheoretischer Perspektive illustriert und bestätigt diese Episode den Einfluss und die Auswirkung des „eingebetteten Bilateralismus“ auf die Bildung nationaler und europäischer politischer Präferenzen. Die bestehenden deutsch-französischen Kooperationsstrukturen sowie die engen persönlichen Beziehungen zwischen Merkel und Macron waren entscheidend, dass sich beide Länder vergleichsweise schnell auf eine (zunächst bilaterale) Kompromisslösung einigen konnten. Dies ist ein wichtiger, jedoch oft vernachlässigter Punkt in der europäischen Integrationsliteratur. Die meisten Studien fokussieren wahlweise auf die Bildung rein nationaler Präferenzen oder auf das Aushandeln gemeinsamer Präferenzen im Kreis der EU-27. Dem ersten Literaturstrang entsprechend folgt die nationale Präferenzbildung entweder wichtigen heimischen Wirtschaftsinteressen (Moravcsik 1998) oder wahltaktischen Erwägungen wie dem aktuellen Stimmungsbild in der Bevölkerung (Degner und Leuffen 2020). Die in der nationalen Arena geformten Präferenzen bestimmen dann das Agieren der jeweiligen Regierung auf europäischer Ebene, welche versucht, die Präferenzen bestmöglich zu verwirklichen. Der zweite Literaturstrang weist dieses Zwei-Stufen-Modell zurück und argumentiert stattdessen, dass nationale Präferenzbildung und europäisches Verhandeln gleichzeitig verlaufen (Bickerton et al. 2015; Csehi und Puetter 2021). Gesamteuropäische Präferenzen sind demnach das Resultat von Beratung und Aushandlung unter Beteiligung aller Mitgliedstaaten.

Das Agieren Deutschlands und Frankreichs in der Corona-Pandemie und ihre gemeinsame Initiative für einen europäischen Wiederaufbaufonds verweisen jedoch auf andere Dynamiken. In der Tat sind nationale Präferenzbildung und europäisches Verhandeln nicht strikt voneinander zu trennen (Crespy und Schramm 2021). Jedoch spielte die bilaterale Ebene eine vorgelagerte und daher zunächst wichtigere Rolle als die breitere europäische Ebene. Die eigenen Positionen und finanzpolitischen Traditionen beider Länder, die Positionen des jeweils Anderen und seine „roten Linien“ im Bereich der EU-Fiskalpolitik sowie das übergeordnete Ziel einer europäischen finanziellen Antwort auf die Pandemie haben zu einer *gemeinsamen* deutsch-französischen Position bei der Frage nach einem europäischen Wiederaufbauinstrument geführt. Dieser Einfluss der bilateralen Ebene ist zum einen nur vor dem Hintergrund der politisch und symbolisch wichtigen, historisch begründeten und stark institutionalisierten deutsch-französischen Beziehung innerhalb der EU zu erklären (Krotz und Schild 2018; Krotz und Schramm 2021a,b), liegt zum anderen aber auch im gemeinsamen politischen und wirtschaftlichen Gewicht beider Länder begründet: Ohne eine vorhergegangene deutsch-französische Verständigung wäre ein europäischer Aufbaufonds nicht denkbar gewesen. In diesem Sinne war eine deutsch-französische Einigung eine notwendige, wenn auch nicht hinreichende Bedingung für eine gesamteuropäische Einigung.

4. Ein Corona-Finanzpaket für die EU-27

Mit ihrer bilateralen Initiative trugen Deutschland und Frankreich zu einer positiven Dynamik bei und gaben dem folgenden „offiziellen“ Vorschlag der Europäischen Kommission für ein europäisches Corona-Wiederaufbauinstrument politisches Gewicht. Die Kommission war am 23. April vom Europäischen Rat beauftragt worden, Möglichkeiten für ein solches Instrument auszuloten und konkrete Vorschläge zu unterbreiten. Ursprünglich war ein solcher Vorschlag für die erste Mai-Hälfte geplant gewesen, musste nach Auskunft von Kommissionsbeamten aber mehrfach verschoben werden, zum Teil wegen noch ausstehender Detailfragen, maßgeblich aber, weil der politische Dialog mit einigen Mitgliedstaaten noch fortgeführt werden musste und die Widerstände gegen Teile des Vorschlags minimiert werden sollten. Am 27. Mai schließlich präsentierte die Kommission ihren Vorschlag für einen europäischen Wiederaufbauplan, den sie „NextGenerationEU“ nannte und der 750 Milliarden Euro umfassen sollte (Europäische Kommission 2020). Zu den 500 Milliarden Euro an direkten Zuschüssen aus der deutsch-französischen Initiative fügte die Kommission weitere 250 Milliarden Euro an Krediten hinzu. Auch sonst folgte der Kommissionsvorschlag im Wesentlichen der deutsch-französischen Initiative, indem auch er eine enge Kopplung des Aufbauplans an den nächsten EU-Finanzrahmen und Transferzahlungen an die besonders getroffenen Regionen vorsah.

Der Kommissionsvorschlag trat auf den – erwartbaren – Widerstand einzelner Gruppen von Mitgliedstaaten. Unmittelbar nach dessen Präsentation sprachen sich die nun als „Frugale Vier" bezeichneten Länder Dänemark, Österreich, Schweden und die Niederlande gegen eine gemeinsame Kreditaufnahme und ausschließlich für Kredite anstelle von Zuschüssen aus. Die besonders stark getroffenen Staaten des Südens hingegen warnten davor, den vorgeschlagenen Umfang des Aufbauplans zu reduzieren und forderten den Großteil des Geldes für sich. Schließlich kündigte eine Reihe mittel- und osteuropäischer Staaten, darunter vor allem Polen und Ungarn, Opposition gegen eine geplante Konditionalitätsklausel an, die die Auszahlung der Corona-Gelder an die Einhaltung rechtsstaatlicher Prinzipien knüpfte. Bei den nun beginnenden Verhandlungen auf europäischer Ebene standen sich somit drei mehr oder weniger kohärente Gruppen von Mitgliedstaaten gegenüber, die Teile des Verhandlungspakets ablehnen, ändern oder unbedingt beibehalten wollten. Zu dieser Komplexität kam hinzu, dass die einzelnen Bestandteile des Pakets – Wiederaufbaufonds, Mehrjähriger Finanzrahmen, Konditionalitätsklausel – große Mehrheiten und zum Teil Einstimmigkeit im Europäischen Rat erforderten.

Deutschland und Frankreich hingegen standen im Zentrum dieser konfligierenden Konstellation von Akteuren und Interessen. Sie unterstützten das Kommissionspaket, das in wesentlichen Punkten auf ihrer eigenen Initiative beruhte, waren aber zu einzelnen Zugeständnissen und Kompromissen bereit, um den erforderlichen Konsens herzustellen. In den Wochen vor der entscheidenden Sitzung des Europäischen Rats Mitte Juli trafen Macron und Merkel sowohl bilateral als auch mit einzelnen Regierungschefs zusammen, die für eine Einigung als besonders wichtig galten. Als amtierende Vorsitzende im Rat der EU im zweiten Halbjahr 2020 führte Merkel darüber hinaus intensive Gespräche mit den Präsidenten des Europäischen Rats, der Kommission und des Europäischen Parlaments. Beim Europäischen Rat vom 17. bis 21. Juli – dem zweitlängsten in der EU-Geschichte – einigten sich die 27 Staats- und Regierungschefs auf den nächsten siebenjährigen EU-Finanzrahmen in Verbindung mit einem europäischen Corona-Wiederaufbauplan im Gesamtumfang von 1,824 Billionen Euro (Europäischer Rat 2020).

Im Vergleich zum ursprünglichen Kommissionsvorschlag erzielten die verschiedenen Staatengruppen einzelne Zugeständnisse. So konnten die „Frugalen" ihre nationalen Rabatte auf Zahlungen zum EU-Budget erhöhen und das Verhältnis von Zuschüssen und Krediten im Wiederaufbauplan auf 390 zu 360 Milliarden Euro verringern, während Polen und Ungarn sich erfolgreich einer automatischen Verbindung von Corona-Geldern und Prinzipien des Rechtsstaats widersetzten. In Umfang und Finanzierung aber blieb der von der Kommission vorgeschlagene und von Deutschland und Frankreich unterstütze Aufbaufonds bestehen. Dieser sieht somit, wie von Macron betont, erstmals EU-Schulden in großem Umfang und „echte Transferzahlungen“ zwischen Mitgliedstaaten vor. Von manchen Beobachtern und Beteiligten als Europas „Hamilton-Moment“ bezeichnet – in Anspielung auf Alexander Hamilton, den ersten Finanzminister der Vereinigten Staaten von Amerika, der Schuldtitel seitens der neuen Bundesregierung ausgab –, markiert der Corona-Wiederaufbauplan zweifelsfrei eine Zäsur in der bisherigen EU-Fiskalpolitik (Die Zeit 2020). Da stark steigende nationale Beiträge zu den kommenden EU-Haushalten unwahrscheinlich und massive Kürzungen im EU-Budget politisch kaum zu realisieren sind, müssen die nun aufgenommenen Schulden durch neue EU-Eigenmittel (sprich Steuern) gegenfinanziert werden. Die Mitgliedstaaten werden daher politisch und finanziell zukünftig noch enger aneinandergebunden sein.

Deutschland und Frankreich haben mit ihrer Initiative vom 18. Mai den Weg bereitet für die europäische Einigung auf einen Corona-Wiederaufbauplan. Neben der Themensetzung (agenda setting) und der Findung von Kompromissen sowohl auf bilateraler als auch europäischer Ebene lässt sich auch ein Beispiel für Koalitionsbildung feststellen. In den Monaten nach der Einigung des Europäischen Rats hatten das Europäische Parlament und der Rat der EU über die konkreten gesetzgeberischen Details des Aufbauplans verhandelt und eine erneute Verschärfung der Konditionalitätsklausel mit Verbindung zum Rechtsstaatsprinzip beschlossen. Als Polen und Ungarn daraufhin Anfang Dezember 2020 damit drohten, das gesamte Verhandlungspaket doch noch scheitern zu lassen, signalisierten Deutschland und Frankreich, notfalls auf intergouvernementaler Basis und im Rahmen von 25 Mitgliedstaaten den Aufbauplan einzuführen. Ein solches Szenario hat einen Präzedenzfall aus der Zeit der Eurozonenkrise, als Deutschland und Frankreich – damals gegen den Widerstand des Vereinigten Königreichs und der Tschechischen Republik – den von ihnen angestoßenen Fiskalpakt in einer „Koalition der Willigen“ einführten. Koalitionsbildung meint in diesem Zusammenhang somit die Bereitschaft, über In- bzw. Exklusion einzelner Mitgliedstaaten inhaltliche Fortschritte zu erzielen und Blockadehaltungen zu umgehen. Letztlich nahmen Polen und Ungarn angesichts der Aussicht auf eine differenzierte oder exklusive Integration von einem Veto gegen den Corona-Wiederaufbauplan Abstand.

Zur Zeit des Verfassens dieses Beitrags (Oktober 2021) hat die Europäische Kommission die ersten Corona-Anleihen an den Kapitelmärkten ausgegeben. Fast alle EU-Mitgliedstaaten haben ihre nationalen Aufbaupläne mit den jeweiligen Ausgabenprioritäten vorgelegt, die von Kommission und Rat der EU genehmigt werden müssen. In einem symbolischen Akt haben Deutschland und Frankreich Ende April 2021 – aufgrund erneut steigender Corona-Zahlen virtuell und räumlich voneinander getrennt – ihre nationalen Aufbaupläne gemeinsam präsentiert (Euractiv 2021). Auffallend ist, dass beide Partner, in weit größerem Maße als andere Mitgliedstaaten, darin bilaterale und grenzüberschreitende Projekte aufgenommen haben, etwa in den Bereichen Infrastruktur und Digitalisierung. Somit hat sich gewissermaßen für Deutschland und Frankreich nach knapp einem Jahr ein Kreis geschlossen, von der gemeinsamen Initiative für einen europäischen Wiederaufbaufonds hin zur gemeinsamen Präsentation ihrer nationalen Aufbaupläne mit grenzüberschreitenden Projekten.

5. Fazit und Ausblick

Beim EU-Krisenmanagement der Corona-Pandemie haben Deutschland und Frankreich eine prominente und entscheidende Rolle gespielt. Dieser Beitrag hat drei konkrete Formen deutsch-französischer Führungsleistungen in und für die EU dokumentiert: Mit ihrer bilateralen Initiative für einen europäischen Wiederaufbaufonds haben beide Länder maßgeblich die *Agenda* gesetzt, die politischen Diskussionen geordnet und die anschließenden Verhandlungen in der Runde der EU-27 vorstrukturiert. Die Initiative wurde zum einen durch bilaterale *Kompromisse* überhaupt erst möglich, zum anderen wurde sie durch einzelne Kompromisse mit verschiedenen Gruppen von Mitgliedstaaten auf die europäische Ebene „hochgeladen". Mit der Aussicht auf eine „Koalition der Willigen" wurde die Initiative schließlich im Kreis der EU-27 und unter Beteiligung der supranationalen EU-Institutionen umgesetzt.

Entgegen immer wieder zu vernehmender Verlautbarungen einer stockenden Zusammenarbeit und eines schwindenden Einflusses sah die Corona-Krise damit ein Comeback des deutsch-französischen Duos in der EU. Faktoren, die die Initiative für einen Aufbauplan und deren Umsetzung in Rekordzeit begünstigten, umfassen die Natur der Krise als externes, unverschuldetes Ereignis und als allgemeiner Schock, der alle Mitgliedstaaten betraf und für Unternehmen und Bürger unmittelbar erfahrbar war. Darin unterscheidet sich die Corona-Pandemie von den anderen großen EU-Krisen des vergangenen Jahrzehnts: Die Eurozonenkrise sah angesichts eines oftmals zögerlichen und selbstzufriedenen, weil kaum (unmittelbar) getroffenen Deutschlands nur sporadische und späte deutsch-französische Führungsleistungen. Die Flüchtlingskrise wiederum hat vor dem Hintergrund unilateraler, zum Teil nicht abgestimmter deutscher Handlungen und einer halbherzigen Unterstützung Frankreichs (das selbst weniger stark getroffen war) die Grenzen deutsch-französischer Führungsmöglichkeiten offenbart. Das Aufkommen deutsch-französischer Führung und deren Einfluss in der EU erscheinen daher kontextspezifisch und als eine Funktion vom Grad der Betroffenheit und der zugrundeliegenden Interdependenz, sowohl von Deutschland-Frankreich als auch von der EU: Je stärker Deutschland und Frankreich selbst von einer Krise getroffen, je mehr Mitgliedstaaten insgesamt getroffen und je höher die Kosten im Falle einer ausbleibenden europäischen Antwort auf die Krise sind, desto höher ist die Wahrscheinlichkeit für das Aufkommen deutsch-französischer Führung und ihres Einflusses in der EU.

Als externer Schock, der mehrere Politikfelder (Personenfreizügigkeit, Binnenmarkt, Eurozone) gleichzeitig berührte, die konsumorientierte französische wie die exportorientierte deutsche Wirtschaft erfasste und die zahlreichen wirtschaftlichen und finanziellen Abhängigkeiten in der EU offenbarte, erfüllte die Corona-Krise diese Kriterien in besonderem Maße. Zugleich zeigen die Entschiedenheit und die Schnelle des deutsch-französischen Handelns in der Pandemie, das Handeln des Duos in den vergangenen Jahren insgesamt sowie die Ausführungen in den Experteninterviews aber auch ein gestiegenes Bewusstsein der Verantwortung seitens deutscher und französischer Entscheidungsträger für eine EU in der Dauerkrise und in einer zunehmend volatilen internationalen Ordnung. Bereits im Zuge des Brexit und des Ausscheidens des Vereinigten Königreichs aus der EU spielten Deutschland und Frankreich eine wichtige Rolle und hatten entscheidenden Anteil am Zusammenhalt der nun EU-27 (Krotz und Schramm 2021a, Krotz und Schild 2018). Der Brexit gilt beiden Ländern als Warnung, dass die europäische Integration kein unumkehrbarer Prozess ist und immer wieder der Stabilisierung und neuer Impulse bedarf. In den Gesprächen mit deutschen und französischen Entscheidungsträgern und Spitzenbeamten waren daher mehrfach das Argument und die Sorge zu hören, dass die Corona-Pandemie die eine Krise zu viel für die EU sein könnte.

Deutschland und Frankreich sind sich gerade in Krisenzeiten ihrer besonderen Verantwortung für den Zusammenhalt und die Zukunft der EU bewusst. Zugleich aber sind tiefergehende Unterschiede zwischen beiden Ländern in einzelnen Politikfeldern und mit Blick auf längerfristige EU-Ziele unübersehbar: Im Bereich der Finanzpolitik etwa wurden nicht zuletzt aufgrund unterschiedlicher deutscher und französischer Vorstellungen und Prioritäten nur sehr mühsam Fortschritte bei der Banken- und Kapitalmarktunion erzielt, die die Eurozone aber wohl auch in Zukunft nicht vollends krisenfest machen. In der Asyl- und Migrationspolitik droht der jüngste Reformansatz der Kommission vom September 2020 bereits zu verpuffen; gelegentliche deutsch-französische Ankündigungen einer Überarbeitung des Gemeinsamen Europäischen Asylsystems, der schnelleren und gerechteren Verteilung Asylsuchender innerhalb der EU sowie womöglich einer Neugründung des Schengen-Regimes mit einem effektiveren Schutz der Außengrenzen wurden bisher nicht ausreichend mit Leben gefüllt. Auch im Bereich der Sicherheits- und Verteidigungspolitik bestehen weiterhin beträchtliche Unterschiede zwischen Deutschland und Frankreich, was bewaffnete Auslandseinsätze, das Verhältnis zu den USA und der NATO sowie eine gemeinsame europäische Rüstungspolitik angeht. Für Deutschland und Frankreich, wie für die EU insgesamt, wird es in der Zeit nach Corona darum gehen, aus dem scheinbar permanenten Krisenmodus herauszutreten und grundlegende Weichenstellungen für die Zukunft der EU in wichtigen Politikfeldern zu treffen.

Literatur

Bickerton, Christopher J. / Hodson, Dermot / Puetter, Uwe (Hrsg.) (2015): New Intergovernmentalism: States and Supranational Actors in the Post-Maastricht Era: Oxford: Oxford University Press.

Braw, Elizabeth (2020): The EU Is Abandoning Italy in Its Hour of Need. Foreign Policy, 14. März.

Bundeskanzlerin (2020a): Fernsehansprache von Bundeskanzlerin Angela Merkel, 18. März.

Bundeskanzlerin (2020b): Regierungserklärung von Bundeskanzlerin Merkel, 23. April.

Bundeskanzlerin (2020c): Deutsch-französische Initiative zur wirtschaftlichen Erholung Europas nach der Coronakrise, 18. Mai.

Bundeskanzlerin (2020d): Pressekonferenz von Bundeskanzlerin Merkel und Präsident Macron am 21. Juli 2020.

Crespy, Amandine / Schramm, Lucas (2021): Breaking the Budgetary Taboo: German Preference Formation in the EU's Response to the Covid-19 Crisis. In: German Politics, https://www.tandfonline.com/doi/full/10.1080/09644008.2021.2020253

Csehi, Robert / Puetter, Uwe (2021): Who determined what governments really wanted? Preference formation and the euro crisis. In: West European Politics, Vol. 44, N°3, S. 463-484.

Degner, Hanno / Leuffen, Dirk (2020): Crises and Responsiveness: Analysing German Preference Formation during the Eurozone Crisis. In: Political Studies Review, Vol. 18, N°4, S. 491-506.

Die Zeit (2020): Olaf Scholz: „Jemand muss vorangehen“, 19. Mai.

Euractiv (2021): France and Germany unveil green recovery plans, 27. April.

Eurogroup (2020): Report on the comprehensive economic policy response to the COVID-19 pandemic, 9. April.

Europäische Kommission (2020): Die Stunde Europas: Schäden beheben und Perspektiven für die nächste Generation eröffnen, 27. Mai.

Europäischer Rat (2020): Schlussfolgerungen des Europäischen Rates, 17.-21. Juli.

Financial Times (2020a): France proposes EU coronavirus rescue fund, 1. April.

Financial Times (2020b): Coronavirus crisis revives Franco-German relations, 13. April.

Financial Times (2020c): FT Interview: Emmanuel Macron says it is time to think the unthinkable, 16. April.

Krotz, Ulrich (2014): Three Eras and Possible Futures: A Long-Term View on the Franco-German Relationship a Century after the First World War. In: International Affairs, Vol. 90, N°2, S. 337-350.

Krotz, Ulrich / Schild, Joachim (2013): Shaping Europe: France, Germany, and Embedded Bilateralism from the Elysée Treaty to Twenty-First Century Politics. Oxford: Oxford University Press.

Krotz, Ulrich / Schild, Joachim (2018): Back to the Future? Franco-German Bilateralism in Europe's post-Brexit Union. In: Journal of European Public Policy, Vol. 25, N°8, S. 1174-1193.

Krotz, Ulrich / Schramm, Lucas (2021a): An Old Couple in a New Setting: Franco-German Leadership in the Post-Brexit EU. In: Politics and Governance, Vol. 9, N°1, S. 48-58.

Krotz, Ulrich / Schramm, Lucas (2021b): Embedded Bilateralism, Integration Theory, and European Crisis Politics: France, Germany, and the Birth of the EU Corona Recovery Fund. In: Journal of Common Market Studies, https://doi.org/10.1111/jcms.13251

Moravcsik, Andrew (1998): The Choice for Europe: Social Purpose and State Power from Messina to Maastricht. Ithaca: Cornell University Press.

Schramm, Lucas (2021): Economic ideas, party politics, or material interests? Explaining Germany's support for the EU corona recovery plan. In: Journal of European Public Policy, https://www.tandfonline.com/doi/full/10.1080/13501763.2021.1985592

Seidendorf, Stefan (2020): L'Allemagne, à l'heure de la solidarité européenne? In: Confrontations Europe, La Reve, N°128, S. 32-33.

Die Autoren

Lucas Schramm ist Doktorand am Europäischen Hochschulinstitut in Fiesole, Italien. In seiner Dissertation analysiert er vergangene und neue Krisen der europäischen Integration. Kontakt: lucas.schramm@eui.eu

Ulrich Krotz ist Professor für Internationale Politik und Inhaber des Alfred Grosser Lehrstuhls an Sciences Po Paris. Er promovierte an der Cornell University und lehrte unter anderem am Europäischen Hochschulinstitut und der Oxford University. Kontakt: ulrich.krotz@EUI.eu

Die Geldpolitik der EZB in der Corona-Krise: Ein Ersatz für einen fehlenden politischen Konsens?

Charlotte Bellon und Christina Rüther

Zusammenfassung: Dieser Beitrag befasst sich mit der sich verändernden Rolle der EZB und ihrer Geldpolitik seit ihrer Gründung. Es wird argumentiert, dass politische Neutralität die Grundlage für die soziale Akzeptanz des EZB-Handelns bildet. Darauf aufbauend wird dargestellt, dass trotz der relativen Wirksamkeit der Geldpolitik in den jüngsten Krisen die gesellschaftliche Unterstützung für die EZB auf einem niedrigen Niveau verharrt. Die seit 2015 geänderte kommunikative Strategie zeigt die gewachsene Sensibilität der Zentralbanker für eine bessere Legitimation ihres Handelns, wirft aber auch grundsätzlichere Fragen nach einer Präzisierung des der EZB übertragenen Mandats auf.

Stichworte: Europäische Zentralbank, EZB, Geldpolitik, fiskalische Dominanz, Preisstabilität, soziale Akzeptanz

Résumé : Cet article s'intéresse à l'évolution du rôle de la BCE et de sa politique monétaire depuis sa création. Il défend la thèse que la neutralité politique constitue la base de l'acceptation sociale des actions de la BCE. A partir de cette hypothèse, l'article montre que, malgré l'efficacité relative de la politique monétaire dans les crises récentes, le soutien sociétal dont bénéficie la BCE reste faible. Dans ce contexte, le changement de stratégie de communication depuis 2015 montre une sensibilité accrue des banquiers centraux à la nécessité de légitimer leurs actions, mais il soulève aussi la nécessité de préciser le mandat confié à la BCE.

Mots-clés : Banque centrale européenne, BCE, politique monétaire, dominance budgétaire, stabilité des prix, acceptation sociale

Les attentes excessives projetées sur les banques centrales sont souvent le miroir de la faiblesse du politique (*Cœuré 2019*)

Emmanuel Macron appellierte 2017, den „europäischen Bürgerkrieg" der Haushalts-, Finanz- und Politikdebatten zu überwinden und machte in seiner Sorbonne-Rede den Ausbau der „Wirtschafts-,Industrie- und Währungsmacht" (Macron 2017) zu einem von sechs Schlüsseln zur Erreichung europäischer Souveränität. Die Corona-Krise hat diesem Vorhaben Vorschub geleistet. Im Vergleich zur globalen Finanz- und Wirtschaftskrise ab 2007/2008 ist die Zäsur in der Entwicklung der europäischen Volkswirtschaften stärker (vgl. Keller 2021: 1) und die erstmalige Bereitschaft zur gemeinsamen Schuldenaufnahme auf Ebene der Europäischen Union (EU) kann als wichtigster Integrationsschritt seit Einführung des Euros betrachtet werden (vgl. Beaune 2020: 9). Im Juli 2020 vereinbarten die Staats- und Regierungschefs einen Wiederaufbaufonds, der in den mehrjährigen Finanzrahmen und damit in den regulären Haushalt der EU integriert wurde. Die politischen Akteure haben im Sinne Macrons die wirtschafts- und finanzpolitische Handlungsfähigkeit der EU ausgebaut und die Reaktion auf die Krise nicht allein technokratischen Akteuren wie der Europäischen Zentralbank (EZB) überlassen. Mit dem Wiederaufbaufonds kann die Europäische Kommission erstmals im Namen der EU Schulden aufnehmen (vgl. Gnath et al. 2021: 295).

Bis 2020 waren die Appelle an die Notwendigkeit einer vertieften wirtschaftlichen Integration weitgehend verhallt. Die wachsende Bedeutung der EZB in der institutionellen Architektur der Wirtschafts- und Währungsunion (WWU) war eine pragmatische Antwort auf diese fehlende Vertiefung. Die EZB agierte in einem politischen und institutionellen Vakuum, „das durch den Unwillen zu tiefgreifenden institutionellen Reformen entstand" (Gnath et al. 2021: 293) und wurde selbst zum Gegenstand der politischen Auseinandersetzung. Mit der Einigung auf einen umfassenden, schuldenfinanzierten Wiederaufbaufonds haben die Staats- und Regierungschefs möglicherweise begonnen, das politische und institutionelle Vakuum der WWU zu füllen. Doch Zweifel bleiben. Der Paradigmenwechsel ist begrenzt, da die gemeinsame Schuldenaufnahme zeitlich befristet und die weitere Entwicklung ungewiss ist.

Zahlreiche Arbeiten haben sich vor diesem Hintergrund in den vergangenen Jahren mit der zunehmenden Politisierung der Entscheidungen der EZB und ihrer schwachen demokratischen Legitimation in der Eurokrise beschäftigt (z.B. Hettinger 2019; Högenauer und Howarth 2016; Schmidt 2020; Tesche 2018). Fraglich bleibt, ob die Corona-Krise den problematischen Zusammenhang von Politisierung und Legitimation abgeschwächt oder verstärkt hat. Zur Beantwortung dieser Frage werden politik- und wirtschaftswissenschaftliche Ansätze zusammengeführt. Die Analyse zeigt, dass die haushaltspolitische Reaktion in der Corona-Krise die Neutralität der Geldpolitik weiter in Frage gestellt und ihre Politisierung befördert hat. Sie hat die Grenze zwischen einer auf Preisstabilität ausgerichteten, neutralen Geldpolitik und einer antizyklischen Haushaltspolitik aufgeweicht. In der Folge haben politische Verteilungskonflikte zugenommen und die Ziele der Geldpolitik bzw. deren Hierarchisierung sind in den Fokus gerückt.

In diesem Beitrag wird zunächst die wachsende Bedeutung der EZB seit ihrer Gründung im Jahr 1998 herausgearbeitet, wobei ein Schwerpunkt auf dem Vergleich der Rolle der EZB in der Wirtschafts- und Finanz- sowie in der Corona-Krise liegt. In einem zweiten Schritt wird argumentiert, dass die politische Neutralität der EZB eine Grundlage für die Delegation der Geldpolitik und damit für die Legitimität ihres Handelns bildet. Es wird gezeigt, warum die Geldpolitik dem politischen Prozess entzogen wurde und auf welcher Grundlage ein technokratischer Akteur agiert und kontrolliert wird. In einem dritten Punkt wird dargestellt, dass trotz der relativen Wirksamkeit der Geldpolitik in den Krisen die gesellschaftliche Unterstützung für die EZB-Politik auf einem niedrigen Niveau verharrt. Die seit 2015 geänderte kommunikative Strategie der EZB hat diese mangelnde Zustimmung zwar nicht nachhaltig verändert, aber zeigt die gewachsene Sensibilität der Zentralbanker für eine bessere Legitimation ihres Handelns gegenüber den Bürgerinnen und Bürgern sowie den Parlamenten.

Abschließend wird erörtert, dass die Legitimität des Handelns der EZB auf drei Kriterien beruht: den Erfordernissen einer diskursiven Rechenschaftspflicht auf der Grundlage von Transparenz und Nachvollziehbarkeit, einer effektiven Kontrolle durch das Europäische Parlament und auf Zielen, die klar definiert und überprüfbar sein müssen (vgl. Lastra et al. 2020: 70). Entscheidend ist dabei die Frage, wer diese Ziele definiert bzw. definieren sollte: die EZB im Rahmen ihrer Unabhängigkeit oder die politischen Akteure, die für diese Ziele und mögliche Verteilungskonflikte die politische Verantwortung tragen.

1. Von der Wirtschafts- und Finanz- zur Corona-Krise: Welche Rolle für die EZB?

Seit ihrer Gründung befindet sich die EZB in einer paradoxen Situation, da ihr eine gemeinsame Geldpolitik für einen heterogenen Wirtschaftsraum anvertraut wurde. Die Geldpolitik soll effizient sein, aber muss in einem nicht optimalen Währungsraum durchgeführt werden.[1] Dabei steht die EZB vor dem Problem, eine gemeinsame Geldpolitik mit einer dezentralisierten Haushaltspolitik verknüpfen zu müssen und Probleme von Moral Hazard oder Trittbrettfahrern zu vermeiden.

Diese Anfälligkeit der Eurozone ist umfassend dokumentiert (vgl. Sénégas 2010). Hier steht die institutionelle Antwort der EZB in den zwei Krisen im Vordergrund: Angesichts der Abwesenheit fiskalischer Transfers hat die EZB schrittweise ihre Handlungsbereiche erweitert, um die Bedingungen für eine optimale Entwicklung der Eurozone – unter anderem durch die Mobilität des Kapitals oder die Intensivierung der Handelsbe-

---

1 In einer optimalen Währungszone (OWZ) stellen feste Wechselkurse (oder eine gemeinsame Währung) einen optimalen Rahmen für makroökonomische Anpassungen dar. Gemäß Mundells Analyse (1961) zeichnet sich eine OWZ durch die Mobilität der Produktionsfaktoren, eine starke Handelsintegration und homogene Präferenzen in ihrem Inneren aus.

ziehungen innerhalb des Währungsraums – zu schaffen. Durch die neue Komplementarität zwischen Haushalts- und Geldpolitik scheint die europäische Antwort auf die Corona-Krise diese Tendenz zu stoppen. Sie wirft aber auch die Frage auf, ob es gelingt, die Unabhängigkeit der Geldpolitik angesichts des Risikos einer fiskalischen Dominanz aufrechtzuerhalten.

1.1 Die schrittweise Ausweitung der Interventionsbereiche der EZB und die Besonderheiten der Reaktion auf die Pandemie

Die zunehmende Bedeutung der EZB und ihrer Geldpolitik für die wirtschaftliche Regulierung der WWU lässt sich schematisch in vier Perioden unterteilen. Die erste Phase der Anfänge der EZB zwischen 1999 und 2003 zeichnet sich dadurch aus, dass die Zentralbank versucht hat, ihre Legitimität durch eine restriktivere Geldpolitik als nötig zu festigen. Diese Politik beruhte auf einer relativ stabilen Beziehung zwischen Geldbasis und Geldschöpfung (Diouf und Pépin 2010). Darüber hinaus hat die EZB die Haushaltsdefizite der Mitgliedstaaten aufmerksam verfolgt und beispielsweise die Überschreitung der Konvergenzkriterien durch Deutschland und Frankreich im Jahr 2003 stark kritisiert (Fontan 2021). Doch auch wenn die EZB notwendigerweise mit den nationalen Regierungen interagiert, ist keine Seite in der Lage, echten Druck auf die jeweils andere auszuüben.

Eine zweite Periode beginnt 2003 mit der Überarbeitung der geldpolitischen Strategie der EZB (ECB 2003). Die EZB erkannte zwar weiterhin die Bedeutung des monetären Targetings an, setzte sich nun aber ein Inflationsziel von „unter, aber nahe 2 Prozent". Darüber hinaus erweiterte sie die für die Geldpolitik relevanten Indikatoren über monetäre Variablen hinaus. Durch die zusätzliche makroökonomische Analyse integrierte sie weitere Bereiche, die sich auf die Inflationsziele auswirken können. Schließlich bemühte sich die EZB auch, die Möglichkeit eines autonomen Wechselkursziels zu „neutralisieren", indem sie dessen Unterordnung unter das Inflationsziel verteidigte. Tatsächlich teilen sich der Ecofin-Rat und die EZB gemäß Artikel 111 des damaligen Vertrags zur Gründung der Europäischen Gemeinschaft jedoch die Zuständigkeit für die Wechselkurspolitik. Formal wäre es also möglich gewesen, dass der Rat ein Wechselkursziel unabhängig von dem Ziel der Preisstabilität verfolgt.[2] De facto

---

2 Die Entwicklung des Wechselkurses wirkt sich in der Tat auf das Inflationsniveau aus. Eine Abwertung des Wechselkurses führt zu einem Anstieg der importierten Inflation, während umgekehrt eine Aufwertung der Währung billigere Importe ermöglicht, was eine Verlangsamung des Preisanstiegs

hat die EZB die Wechselkurspolitik allein auf das Europäische System der Zentralbanken (ESZB) übertragen, indem sie dem Inflationsziel ganz klar den Vorrang vor dem Wechselkursziel einräumte. Dieser „Hold-up" (Creel et al. 2007) wird durch den Satz des Zentralbankpräsidenten Jean-Claude Trichet nach der Ernennung von Jean-Claude Juncker zum Vorsitzenden der Eurogruppe symbolisiert: „Ich habe es oft genug gesagt und wiederholt: ich bin M. Euro" (Creel et al. 2007: 18). Schließlich sprach sich die EZB offen für Strukturreformen in den Mitgliedsländern aus, die den Arbeitsmarkt ebenso wie die Rentensysteme oder die Gesundheitspolitik betroffen haben (Fontan 2021). So machte sie beispielsweise deutlich, dass sie die Reform des Stabilitäts- und Wachstumspakts (SWP) von 2005 ablehnte.

Die dritte Periode beginnt mit der Wirtschafts- und Finanzkrise, die einen echten Bruch darstellt, indem sie die Zentralbank nicht mehr nur zur Hüterin der Preisstabilität, sondern auch zur „Kreditgeberin in letzter Instanz" machte. Es sei jedoch daran erinnert, dass das Eurosystem seit seiner Gründung das Ziel hatte, die europäische Finanzintegration zu fördern (Pollin 2010). In diesem Rahmen beteiligte sich die EZB an der Schaffung regulatorischer Rahmenbedingungen zur Förderung der Finanzintegration, der Koordinierung der Zahlungssysteme sowie der Entwicklung der Finanzmärkte. Doch durch Mario Draghis berühmtes „whatever-it-takes" in seiner Rede vom 26. Juli 2012 wurde die EZB vor dem Hintergrund des von der EU und den nationalen Regierungen hinterlassenen politischen und institutionellen Vakuums zu einem politischen Akteur, der nicht mehr nur einer Effizienzlogik folgte, sondern nun auch die durch seine Politik erzeugten Umverteilungseffekte einbeziehen musste (Verdun 2017: 215). Mit der Finanzkrise wurde die Überwachung der Finanzstabilität zu einem eigenständigen Ziel. Diese „makroprudenzielle Wende" (Dostie und Paquin 2021) ist nicht spezifisch für die EZB, wirft aber speziell in Europa die Frage nach der Notwendigkeit einer neuen Governance der Zentralbanken auf (Blot 2018).

Die Hierarchisierung der Ziele der EZB kann in der Tat problematisch erscheinen, sobald man sich nicht mehr in einer Situation der „göttlichen Übereinstimmung" [divine coincidence] befindet, in der die verschiedenen Ziele miteinander kompatibel sind (Blanchard und Gali 2005). Darüber

begünstigt. Daher kann eine autonome Wechselkurspolitik mit einem Wechselkursziel, das zum Beispiel darauf abzielt, die internationale Rolle des Euro zu stärken oder seine Wettbewerbsfähigkeit zu erhöhen, Auswirkungen auf die Preise haben. Laut Henning (2006) ist Artikel 111 hinsichtlich der Möglichkeit einer vom Ziel der Preisstabilität unabhängigen Wechselkurspolitik nicht eindeutig.

hinaus muss sich die EZB nun in den Rahmen des neuen Europäischen Finanzaufsichtssystems (ESFS) aus nationaler Regulierung und einem neuen Europäischen Ausschuss für Systemrisiken (ESRB) einfügen, was die Sichtbarkeit der EZB als einzige zuständige Behörde für Finanzstabilität und Geldpolitik verändert. Und schließlich setzt sich die EZB durch ihre Beteiligung an der Troika der Kritik aus, ihr Mandat zu überschreiten und einen Pro-Finanz-Bias zu haben (Fontan 2021).

Die letzte Periode wird mit der Corona-Krise eingeleitet. Am 12. März 2020 kündigte die EZB an, zusätzliche langfristige Refinanzierungsgeschäfte (LTRO, *Long Term Refinancing Operations*) durchzuführen, und lockerte die Bedingungen für die gezielten längerfristigen Refinanzierungsgeschäfte (TLTRO, *Targeted Longer-Term Refinancing Operations*), die es ihr ermöglichten, den Banken Kredite mit längeren Laufzeiten als im Rahmen der LTRO zu gewähren. Am 18. März 2020 startete sie ihr neues Pandemie-Notfallankaufprogramm (PEPP, *Pandemic Emergency Purchase Programme*), am 30. April 2020 lockerte sie die Bedingungen für die langfristige Finanzierung der Banken mit dem PELTRO (*Pandemic Emergency Longer-Term Refinancing Operations*), indem sie unter anderem die Anforderungen an die erforderlichen Wertpapiere für die Inanspruchnahme dieser Finanzierung absenkte. Die EZB griff also wie schon 2015 erneut auf unkonventionelle Instrumente zurück, um dem Risiko deflationärer Tendenzen zu begegnen.

Dennoch weist ihre Reaktion im Vergleich zur Finanzkrise einige Besonderheiten auf. Am offensichtlichsten ist die Schnelligkeit ihrer Reaktion, denn bereits am Abend des 18. März 2020 startete die EZB ihr neues Kaufprogramm. Darüber hinaus ist auffällig, dass (bislang) keine neuen Ad-hoc-Strukturen oder Vorschriften verabschiedet wurden.[3] Schließlich wurde das Pandemie-Notfallankaufprogramm PEPP im Dezember 2020 auf 1.850 Milliarden aufgestockt, zusätzlich zu den im Rahmen des Staatsanleihekaufprogramms PSPP (*Public Sector Purchase Programme*) durchgeführten Ankäufen. Diese Maßnahmen führten zu einer beispiellosen Ausweitung der EZB-Bilanz, die Mitte April 2021 55 Prozent des europäischen Bruttoinlandsprodukts (BIP) ausmachten gegenüber 40 Prozent, die mit den Maßnahmen des Anleihekaufprogramms APP (*Asset Purchase Programme*) zwischen 2015 und 2018 erreicht wurden. Im Vergleich dazu repräsen-

3 Im Gegensatz zur Krise von 2008, die zur Einrichtung der EFSF (Europäische Finanzstabilisierungsfazilität) und später des ESM sowie zu neuen Solvabilitätsvorschriften (MIFID 2, CRD IV usw.) geführt hat.

tierte die Bilanz der amerikanischen Federal Reserve (Fed) im April 2021 nur 35 Prozent des amerikanischen BIP (Blot 2021).

Bemerkenswert ist auch, dass das PEPP die Kapitalregel aufhebt, die für das PSPP galt.[4] Damit wurde das PEPP auf den Finanzierungsbedarf der von der Krise am stärksten betroffenen Staaten zugeschnitten und ermöglicht eine differenzierte Behandlung von Staat zu Staat. Zuvor war die Geldpolitik auf die durchschnittliche Preisstabilität ausgerichtet, ohne die heterogene Situation der Staaten zu berücksichtigen. Dies rechtfertigte die Durchführung von Strukturpolitiken, um die Homogenität der Eurozone zu erhöhen. In diesem Sinne kann das neue Kaufprogramm als ein weiterer Schritt in Richtung einer zunehmenden Autonomisierung der EZB bei der Festlegung ihrer Ziele erscheinen. Diese hätte sich demnach allmählich von der Rolle der „Hüterin der Preisstabilität" hin zur „Kreditgeberin in letzter Instanz" im Zuge der Finanzkrise und heute zur „Marktmacherin in letzter Instanz" entwickelt (Cœuré 2020). Damit untergräbt die Zentralbank jedoch die Grundlagen ihrer Unabhängigkeit, indem sie sich dem Risiko fiskalischer Dominanz aussetzt, das heißt der Unterwerfung der geldpolitischen Ziele unter die Rettung von Staaten im Falle einer drohenden Zahlungsunfähigkeit.[5]

1.2 *Von der „fiskalischen Dominanz" zur Frage der Priorisierung der von der EZB verfolgten sekundären Ziele*

Wohingegen nach der Finanzkrise mit der Implementierung der Kapitalmarkt- und der Bankenunion eine marktbasierte Lösung bevorzugt wurde, mischt die Corona-Krise die Karten neu, indem sie die Möglichkeit einer gemeinsamen fiskalpolitischen Antwort eröffnet hat, die zudem direkt auf EU-Ebene erfolgt und die geldpolitischen Stimuli der EZB unterstützt. Neu ist also nicht nur ein Ankaufprogramm, das auf den Finanzierungs-

---

4 Auch wenn das Gesamtvolumen vom EZB-Rat angekündigt wurde (zunächst 750 Milliarden, dann 1.350 Milliarden im Juni und schließlich 1.850 Milliarden im Dezember), so ist die Höhe der PEPP-Käufe nicht im Voraus festgelegt und wird je nach Bedarf angepasst. Die Verteilung der Käufe erfolgt also nicht nach dem Anteil der einzelnen Länder am Kapital der EZB. Laut Blot (2021) ähnelt dieses Programm daher eher dem 2010 eingeführten Securities Market Programm (SMP), mit dem Ländern mit Refinanzierungsschwierigkeiten geholfen werden sollte. Im Gegensatz zum SMP ist die Anzahl der Länder, die Zugang zum PEPP haben, jedoch nicht begrenzt und das Kaufvolumen ist deutlich größer.

5 Diese fiskalische Dominanz ist umso wahrscheinlicher, als der Ausstieg aus der quantitativen Lockerung das Risiko von Zinserhöhungen und damit eines Anleihenkrachs birgt, von dem hoch verschuldete Staaten erfasst werden könnten, was die Refinanzierung ihrer Schulden unmöglich machen würde. In dieser Situation wird die EZB zur Gefangenen der ergriffenen Lockerungsmaßnahmen.

bedarf einzelner Staaten abgestimmt ist, sondern auch die haushaltspolitische Reaktion auf nationaler wie auf europäischer Ebene. Dadurch wird die Grenze zwischen einer auf Preisstabilität ausgerichteten Geldpolitik und einer antizyklischen Politik aufgeweicht: Zielt die Politik der EZB auf eine Ankurbelung des Wachstums oder auf Preisstabilität ab? Unterstützt sie die Haushaltspolitik oder folgt sie ihrer eigenen Entscheidungslogik?

Diese Fragen werden in der ökonomischen Literatur weitgehend unter dem Gesichtspunkt der fiskalischen Dominanz behandelt (Schnabel 2020b). Die neue Verknüpfung von Geld- und Haushaltspolitik wirft jedoch auch eine politische Frage auf: Wer bestimmt die Rangfolge der sekundären Ziele der EZB (Lastra et al. 2020)? Und inwieweit kann die EZB die wirtschaftlichen Ziele der EU unterstützen, ohne die Preisstabilität zu gefährden?

In diesem Zusammenhang wirkte das Urteil des deutschen Bundesverfassungsgerichts vom 5. Mai 2020 zum PSPP wie ein „Donnerschlag“ (Capitant 2020). Das deutsche Gericht kommt zu dem Schluss, dass der Europäische Gerichtshof (EuGH) die Verhältnismäßigkeit der Maßnahmen der EZB im Rahmen ihres Programms zum Wertpapierankauf nicht ausreichend beurteilt habe (Claeys 2020; Ziller 2020) und dass seine Entscheidung „nicht nachvollziehbar“ sei (BVerfG 2020 § 162). Das Karlsruher Gericht ist der Ansicht, dass die Entscheidung des EuGH eine Klarstellung der EZB innerhalb von drei Monaten erforderlich mache, in der letztere zeigt, dass sie den Grundsatz der Verhältnismäßigkeit (§ 119 und § 176) angesichts der Auswirkungen auf „Sparer und Versicherungsnehmer“ sowie auf „wirtschaftlich an sich nicht mehr lebensfähige Unternehmen“ (Bundesverfassungsgericht 2020 § 173-174) beachtet hat.

Abgesehen von den Fragen, die sich mit diesem Urteil bezüglich des Zusammenspiels von nationaler und europäischer Ebene (Martucci 2020) sowie des wachsenden politischen Protests, dem sich die EZB gegenübersieht, stellen, wirft die Entscheidung der deutschen Richter Fragen hinsichtlich der Verbindung auf, die zwischen dem primären Ziel der EZB (Preisstabilität) und ihren sekundären Zielen bestehen (Claeys 2020). Paradoxerweise scheint das Karlsruher Gericht diese Hierarchie umzukehren, indem es die Interessen der Sparer an die erste Stelle und / oder zumindest auf die gleiche Ebene wie die Preisstabilität setzt. Diese Sichtweise ist umso überraschender, als die Wahrung dieser Interessen im Vertrag über die Arbeitsweise der Europäischen Union (AEUV) mit keinem Wort erwähnt wird und nicht einmal ein sekundäres Ziel der europäischen Geldpolitik darstellt (Claeys 2020: 8). Ein solcher Ansatz der Verhältnismäßigkeit beruht auf einer deutschen Auslegung, die nicht der Rechtsprechungspraxis des EuGH oder anderer Mitgliedstaaten entspricht (Germain 2020:

251-252). Diese Auffassung von Verhältnismäßigkeit würde voraussetzen, dass die EZB immer zwischen möglicherweise gegensätzlichen Zielen abwägen muss, was der Vertrag gerade dadurch verhindern will, dass er klarstellt, dass die EZB sich nur insoweit um die Folgen ihrer Geldpolitik kümmern muss, als diese Auswirkungen auf die Preisstabilität haben. Der Vorrang eines Ziels vor den anderen ist nämlich nicht nur ein Garant für die Unabhängigkeit der EZB, da sie sich nicht um die Folgen ihrer Politik (insbesondere in Bezug auf die Umverteilung) kümmern muss, sondern auch für die Demokratie, da eine unabhängige, nicht gewählte Institution nicht selbst über die Rangfolge ihrer Ziele entscheiden kann, ohne Gefahr zu laufen, die freie demokratische Entscheidungsfindung über die Ausrichtung öffentlicher Politiken (und insbesondere der Haushaltspolitik) zu beeinträchtigen (Ziller 2020: 7).

Dieses Problem gewinnt umso mehr an Bedeutung, als selbst das primäre Ziel der Preisstabilität ausreichend unscharf zu sein scheint, um der Zentralbank einen großen Interpretationsspielraum zu lassen, wie die neue geldpolitische Strategie der EZB vom Juli 2021 zeigt. So gab die EZB nach Abschluss des im Januar 2020 (also vor der Corona-Krise) eingeleiteten Prozesses zur Überprüfung ihrer geldpolitischen Strategie im Juli 2021 bekannt, dass sie nunmehr mittelfristig ein Inflationsziel von 2 Prozent verfolge (und nicht mehr von „unter, aber nahe 2 Prozent"). Während die 2003 verabschiedete Definition der Preisstabilität Grund zur Annahme gab, dass die EZB einen desinflationären Bias habe, betont die aktuelle Sichtweise sehr deutlich, dass Preisstabilität sowohl nach oben als auch nach unten zu verstehen ist. Bei der Vorstellung der neuen Strategie unterstrich der EZB-Rat, dass die Institution vorübergehend Abweichungen von diesem Ziel akzeptieren könne, solange diese nicht die mittelfristige Ausrichtung in Frage stellen. Auch definierte die EZB ihren Zwei-Säulen-Ansatz (monetäre und makroökonomische Analyse) neu, indem sie beschloss, ihn nicht mehr aufzuteilen, sondern die verschiedenen Elemente für die Festlegung der Richtung ihrer Geldpolitik gemeinsam zu analysieren. Und schließlich startete die EZB einen Aktionsplan, um den Klimawandel besser in ihre geldpolitische Strategie einzubeziehen und diese mit den Initiativen der EU in diesem Bereich zu verknüpfen. Diese Änderungen in Verbindung mit der Verabschiedung eines nunmehr symmetrischen Inflationsziels können den Eindruck verstärken, dass die Abneigung der Zentralbank gegen die Inflation abgenommen hat und die Abwägung zwischen primärem Ziel und sekundären Zielen weniger eindeutig der Preisstabilität den Vorrang einräumt.

Bis zur Wirtschafts- und Finanzkrise waren diese Fragen zur Verbindung von Unabhängigkeit, Zielhierarchie und demokratischer Legitimität nur begrenzt sichtbar, da die wirtschaftliche Ausrichtung der EU überwiegend strukturell blieb und vor allem darauf abzielte, die mit der Währungsunion verbundenen Koordinierungs- und Trittbrettfahrer-Probleme zu begrenzen. Die politische Dimension der Reaktion auf die Corona-Krise verstärkt jedoch den Politisierungsprozess, mit dem sich die EZB konfrontiert sieht.

2. Politische Neutralität als Grundlage der sozialen Akzeptanz der EZB

Die zunehmende Ausweitung der Handlungsbereiche der EZB sowie die Besonderheit der Reaktion auf die Pandemie, die einen echten europäischen fiskalpolitischen Impuls mit einer auf die Bedürfnisse einzelner Staaten ausgerichteten Geldpolitik verbindet, leistet einer Infragestellung der demokratischen Legitimität der EZB Vorschub. Die EZB kann sich nicht mehr damit begnügen, ein technokratischer Akteur zu sein, dessen Legitimität auf einem begrenzten Mandat und einer Rhetorik der Neutralität beruht, wenn ihre Maßnahmen Umverteilungseffekte haben.

2.1 Die EZB als technokratischer Akteur mit geringen Rechenschaftspflichten

Technokratische Akteure zeichnen sich idealtypisch dadurch aus, dass sie regelgeleitet und effizient entscheiden. Anders als politische Akteure übernehmen sie keine politische Verantwortung, sondern folgen einem Ziel bzw. Mandat, das sie nicht immer wieder ergebnisoffen diskutieren. Diese Abkehr von politischen Verfahren unterstrich 1993 auch das Bundesverfassungsgericht, da „das Währungswesen dem Zugriff von Interessentengruppen und der an einer Wiederwahl interessierten politischen Mandatsträger“ entzogen werden sollte (Hettinger 2019: 45f.).

Die Ungewissheit über die Fähigkeiten oder die Neutralität der Regierenden ist ein zentrales Argument für die Delegation an einen technokratischen Akteur (vgl. Maskin und Tirole 2004; Alesina und Tabellini 2007). Darüber hinaus ist es auch wahrscheinlich, dass die Wählerinnen und Wähler nur schwer die richtige Entscheidung treffen können, weil sie die zur Bewertung der Geldpolitik erforderlichen Informationen kaum erhalten. Das gilt auch für die Parlamente. So hat die globale Finanzkrise gezeigt, „wie durchgängig die nationalen Parlamente darin überfordert waren, die schädlichen Auswirkungen (...) auch nur zu verstehen, geschweige denn zu regulieren oder zu kontrollieren“ (Willke 2016: 36). Delegation kann in diesem Sinne auch als eine Form der Weiterentwicklung der

Demokratie gesehen werden: Die Auslagerung politischer Kompetenzen an eine unabhängige Institution kann ein Gewinn sein, „weil Parlamente nun nicht mehr gezwungen sind, für sie unerfüllbare Aufgaben zu übernehmen." (Kneip und Merkel 2020: 45, vgl. auch Willke 2016: 38). Schließlich kann Delegation es auch ermöglichen, sich dauerhaft einem Ziel zu verpflichten, bei dem ein Kompromiss zwischen zwei Zielen (z.B. Inflation oder Arbeitslosigkeit) besteht und die Präferenzen der Wähler unsicher sind. Im Falle der EZB wurde das primäre Ziel der Preisstabilität festgelegt und die Diskussion um dieses Ziel dem politischen Prozess entzogen.

Die Delegation politischer Aufgaben an spezialisierte Institutionen ist per se weder neu noch ungewöhnlich (vgl. Willke 2016: 36). Der neue Intergouvernementalismus beobachtet seit dem Vertrag von Maastricht eine massive Zunahme der sogenannten „de novo bodies", für die die EZB ein klassisches Beispiel ist (vgl. Hodson und Peterson 2017: 11f.). Diese „von neuem" geschaffenen Institutionen sind im Gegensatz zu den traditionellen europäischen Institutionen von den Mitgliedstaaten eng mandatiert, nahezu auf die ganze EU verteilt und haben in der Regel eine intergouvernementale Struktur. So sind beispielsweise am EZB-Rat alle Nationalbankpräsidenten beteiligt. Die Schaffung dieser „de novo bodies" soll weniger Legitimationsprobleme hervorrufen als die Stärkung der supranationalen Institutionen.

Die EZB und ihr Handeln unterliegen dabei einer Rechenschaftspflicht, die einige Besonderheiten aufweist. Mit dem Vertrag von Lissabon ist die EZB ein offizielles Organ der EU geworden, das als unabhängiger und neutraler Akteur nicht auf die Zusammenarbeit mit anderen EU-Organen oder den Mitgliedstaaten angewiesen ist. Sie ist keine politische Institution, die einer demokratischen Kontrolle unterliegt (vgl. Hettinger 2019: 36, 44). Artikel 130 des Vertrags über die Arbeitsweise der Europäischen Union (AEUV) stellt zudem klar, dass kein EU-Organ der EZB Weisungen geben oder sie bei der „Wahrnehmung ihrer Aufgaben beeinflussen" darf.

Die Mitglieder des EZB-Direktoriums werden durch den Europäischen Rat ernannt. Das Europäische Parlament hat nur ein Anhörungsrecht und keine Möglichkeit der Abberufung oder Sanktionierung (vgl. Hettinger 2019: 44). Die Amtszeit der Mitglieder des Direktoriums beträgt einmalig acht Jahre, was ihre Unabhängigkeit stärkt (vgl. Hodson 2017: 230). Die Öffentlichkeit und die Mitglieder des Europäischen Parlaments als ihre gewählten Vertreter sollen das Handeln der EZB überwachen und überprüfen, ob dieses dem ursprünglichen Ziel der Delegation entspricht (vgl. Hettinger 2019: 43). Laut Artikel 284 AEUV muss die EZB dem Europäischen Parlament, dem Rat und der Kommission einen Jahresbericht vorlegen. Vierteljährlich findet darüber hinaus im Ausschuss für Wirtschaft und Währung (ECON) des Europäischen Parlaments eine Anhörung mit dem Präsidenten oder dem Vizepräsidenten der EZB statt, der so genannte monetäre Dialog, der eine Form der „discursive accountability" (Schmidt 2020: 153) darstellt.

Grundsätzlich gilt, dass im Bereich der Geldpolitik „eine gewisse Intransparenz" (Hettinger 2019: 82) für nötig gehalten wird. Jeder Unionsbürger hat laut Artikel 15 AEUV das Recht auf Zugang zu Dokumenten der EU-Organe. Der dritte Absatz beschränkt dieses Recht im Falle der EZB allerdings auf ihre Verwaltungsaufgaben, wobei fraglich bleibt, was genau mit diesen Aufgaben gemeint ist (vgl. Bundestag 2012). Nach Einschätzung Hettingers verweigert die EZB regelmäßig die Einsicht in interne Dokumente oder reagiert erst auf öffentlichen Druck (vgl. Hettinger 2019: 82).

Aus demokratietheoretischer Sicht sind zwei Kriterien bei der Delegation und ihrer Kontrolle zentral: Es darf keine Verselbständigung des Akteurs geben und die Rücknahme der Delegation muss möglich sein (vgl. Beck und Kneip 2020: 159). Die Rücknahme der Delegation an die EZB ist auf der Basis einer Vertragsänderung möglich, aber mit der hohen Hürde der Einstimmigkeit aller Mitgliedstaaten verbunden, was die EZB zu einer der unabhängigsten Zentralbanken der Welt macht (vgl. Lastra et al. 2020: 71). Die Frage nach der Verselbständigung wird kontrovers in der Wissenschaft, im öffentlichen Diskurs und im Kontext juristischer Auseinandersetzungen über so genannte „ultra-vires-Akte" diskutiert (vgl. hierzu ausführlich Calliess 2021; Capitant 2020; Fontan und Howarth 2021). Letztlich sind es vor allem private Kläger und damit die Gerichte, die dem Handeln der EZB eine wirksame Schranke setzen (vgl. Hettinger 2019: 206).

Im Gegensatz zu den Gerichten haben in der Wirtschafts- und Finanzsowie in der Corona-Krise weder die (schwach ausgeprägte) parlamentarische Dimension der „accountability" noch die intergouvernementale Struktur der EZB die Verselbständigung der EZB aufgehalten. Die EZB gab in der Wirtschafts- und Finanzkrise vor, den ökonomischen Regeln zu folgen, die sie jedoch selbst neu interpretiert hatte (vgl. Schmidt 2020: 150). Mario Draghi unterstrich 2015, dass die EZB eine regelbasierte und keine politische Institution sei (vgl. Hettinger 2019: 80). Als Teil der Troika betonte sie ihren „unparteiischen Sachverstand" und spielte damit die politische Dimension ihrer Empfehlung herunter (vgl. Tesche 2018: 450f., Schmidt 2020: 165). Die Verschiebung einer Sachfrage „von nationalstaatlich-parlamentarischen Entscheidungen hin zu exekutiv getriebenen technokratischen Verfahren" (Kneip und Merkel 2020: 40) hat damit neue Legitimationsprobleme hervorgerufen.

Die politischen Akteure haben selbst dazu beigetragen, indem sie die EZB zu einer „Allzweckwaffe" (Gnath et al. 2021: 298) gemacht haben. In pragmatischer Art und Weise billigte zum Beispiel die deutsche Regierung trotz starker öffentlicher Kritik ihre unkonventionellen geldpolitischen Maßnahmen. Die einflussreichen politischen Akteure waren in engem Kontakt mit EZB-Präsident Mario Draghi, der im Gegensatz zu seinen Vorgängern die Akzeptanz seiner Maßnahmen absichern wollte (vgl. Schmidt 2020: 150). Auch in der Corona-Krise vertraute die deutsche Regierung auf die EZB, die im Zweifel die Hauptlast der Krisenbekämpfung schultern sollte (Gnath et al. 2021: 295).

Begriffe wie „failing forward" (vgl. Jones et al. 2021) oder „Ausnahmeföderalismus" (vgl. Enderlein und Guttenberg 2020) beschreiben derartige Formen des politischen Handelns, die die Legitimations- und Akzeptanzprobleme noch verstärken. Anstelle von grundlegenden Reformen der europäischen Politik werden kurzfristige, provisorische Lösungen intergouvernemental ausgehandelt, die am Ende unzureichend bleiben und neue Krisen hervorrufen. Der Begriff des „Ausnahmeföderalismus" unterstreicht den zeitlich und inhaltlich begrenzten Charakter der supranationalen Maßnahmen zur Krisenbekämpfung. Der „constraining dissensus" (vgl. Hooghe und Marks 2009), das heißt die immer kritischer werdende öffentliche Meinung, erklärt zu einem Teil das Zögern der politischen Akteure.

2.2 *Neutralität und Unabhängigkeit als Grundlage der Legitimität der EZB*

Die zwei hier behandelten Krisen haben gezeigt, dass die Möglichkeiten bzw. der (gemeinsame) Wille zur effektiven Kontrolle des Handelns der EZB begrenzt bleiben, selbst wenn die demokratietheoretischen Grundlagen der Delegation in Gefahr sind. In diesem Kontext wird immer wieder auf das Modell der unabhängigen Zentralbank verwiesen, das sich innerhalb der Wirtschaftswissenschaften im Anschluss an konträr geführte Debatten um Vor- und Nachteile diskretionärer versus regelorientierter Geldpolitik durchgesetzt hat. Mit diesem Modell wird die Unabhängigkeit der Zentralbank zur Voraussetzung der Glaubwürdigkeit geldpolitischen Handelns (vgl. vertiefend Le Heron 2015). Die Unabhängigkeit ermöglicht es, die Inflationserwartungen der Wirtschaftsakteure (Finanzmärkte, Investoren, Haushalte) zu steuern, indem sie die Glaubwürdigkeit der Institution bei der Inflationsbekämpfung stärkt und dieser so eine größere

Wirksamkeit verleiht (Kydland und Prescott 1977). Diese Glaubwürdigkeit hängt jedoch von der gesellschaftlichen Akzeptanz des Ziels der Preisstabilität ab.

Die Wirtschaftswissenschaften beschäftigen sich kaum mit dieser Problematik.[6] Selbst wenn man Ansätze betrachtet, die im Dialog mit den Politikwissenschaften stehen, befassen sich die Fragestellungen eher mit der Verbindung zwischen den beiden Formen demokratischer Legitimität: der politischen durch Wahlen und die Übernahme von Verantwortung sowie der wirtschaftlichen durch Regeln und Effizienz. Die zunehmende Diskrepanz zwischen beiden wird in diesem Zusammenhang als Zeichen der Schwächung der Demokratie analysiert (Scharpf 1997).

Hier sollen im Gegensatz dazu die Grundlagen der gesellschaftlichen Akzeptanz sowie die Fähigkeit der EZB, diese zu erzeugen, diskutiert werden. Der ökonomische Ansatz, der auf dem selbstreferentiellen Charakter des Geldes beruht (Aglietta und Orléan 2002), kann einen Beitrag zur Klärung dieser Problematik leisten. Diesem Ansatz zufolge ist die Quelle des Geldwerts nicht außerhalb der Währung zu suchen wie beispielsweise in ihrem Arbeitswert, ihrem Nutzen oder in Gold, sondern in dem Vertrauen, dass das Geld in seine eigene Fähigkeit erzeugt, von allen akzeptiert zu werden. Geld hat nur deshalb einen Wert, weil die gesamte Gemeinschaft der Tauschenden es als ultimatives Regelungsmittel akzeptiert, weshalb es als „selbstreferentiell" bezeichnet werden kann (Orléan 2017: 11).

Damit diese Selbstreferentialität funktionieren kann, muss die Geldordnung eine Art „Mythologie" (Aglietta und Orléan 2002: 183) erzeugen, das heißt sie muss sichtbar machen, was dem Geld seinen Wert verleiht. Zunächst war dies Gold oder Silber. Heute hat der Geldwert jedoch keine konkrete Grundlage mehr, sondern ankert nur noch im Prinzip der Geldwertstabilität, das heißt einer Stabilisierung des Preisanstiegs. Die Geldordnung muss vor diesem Hintergrund in der Lage sein, eine starke soziale Akzeptanz für das Ziel der Preisstabilität zu schaffen. Dies setzt wiederum voraus, dass das Ziel nicht mehr Gegenstand politischer Diskussionen ist (Wieviel Preisstabilität? Muss das Preisniveau nicht manchmal geändert werden, um bestimmte Gruppen zu begünstigen, die als „nützlicher" oder „legitimer" angesehen werden?). Wie Fèvre (2017) zeigt, setzt diese Entpolitisierung des Ziels der Preisstabilität die Neutralisierung von

6 Eine Ausnahme stellen die Arbeiten von Aglietta und Orléan (2002) zu den drei Formen der Legitimität von Geldordnungen dar. Methodische, hierarchische und ethische Legitimation ermöglichen es einer Geldordnung, das Vertrauen in den (Wert des) Geldes aufrechtzuerhalten und mögliche Konflikte im Zusammenhang mit seiner Aneignung zu regulieren.

Verteilungseffekten voraus, die möglicherweise durch die Geldpolitik erzeugt werden, um zu verhindern, dass diese im Dienste von Partikularinteressen steht (zugunsten von Gläubigern versus Schuldnern, des Staates versus privaten Akteuren usw.).[7] Das Festhalten an der Unabhängigkeit der EZB beruht somit auf einer vom Ordoliberalismus geerbten demokratischen Vision, wonach das Geld vor privater oder öffentlicher Aneignung geschützt werden muss, um die demokratische Ordnung zu wahren und die Möglichkeiten zu begrenzen, dass Interessengruppen ihre Entscheidungen durchsetzen. Deshalb setzt die Legitimität der Zentralbank einen Entpolitisierungsprozess der geldpolitischen Maßnahmen voraus, der als ein Prozess der Neutralisierung ihrer potenziellen Auswirkungen verstanden wird. Diese Neutralisierung findet auf drei Ebenen statt:

- Die Ebene der politischen Neutralität: Die Geldpolitik wird ausschließlich von Erwägungen des öffentlichen Interesses bestimmt. Dementsprechend dürfen geldpolitische Entscheidungen nicht in den Dienst parteipolitischer Interessen gestellt werden. Die Währungsinstitution muss vor etwaigen politischen Druck geschützt werden können. Dies geschieht durch die Unabhängigkeit ihre Mitglieder via Ernennung und Mandat. Es bedeutet aber auch, dass die Geldpolitik nicht der Haushaltspolitik unterworfen werden darf, insbesondere nicht dem Risiko einer fiskalischen Dominanz, die sie dazu zwingen würde, defizitären Staaten zu helfen und Staatsschulden zu monetarisieren.
- Die Ebene der Neutralität der Währung: Die Währung (und ihr Wert) haben langfristig keinen Einfluss auf die realen Variablen. Eine auf Preisstabilität ausgerichtete Politik ist deshalb neutral im Hinblick auf das langfristige Wachstum.
- Die Ebene der Finanz- oder Marktneutralität: Die Geldpolitik darf keine Umverteilungseffekte erzeugen, indem sie die relativen Preise von Vermögenswerten verändert und Vermögenseffekte erzeugt (Bindseil und Papadia 2006; Chailloux et al. 2008). Nur die Märkte sind in der Lage, das Risiko richtig einzuschätzen und die Preise von Vermögenswerten entsprechend ihrer relativen Risiken festzulegen.

7 Wir können hier nicht auf die verschiedenen politischen Konzepte eingehen, die der EZB und dem Euro zugrunde liegen. An dieser Stelle sei lediglich angemerkt, dass das Modell der EZB in der ordoliberalen Tradition der Bundesbank verankert ist. Die Ordoliberalen sind sich nicht einig, was die Unabhängigkeit der Zentralbank angeht (Common 2003). Sie stimmen jedoch darin überein, dass das Geld den sozialen Kräfteverhältnissen entzogen werden muss, indem es zu einem „neutralen" Instrument für den Austausch gemacht wird. Das heißt, dass seine Funktion lediglich darin besteht, den Handel zu erleichtern, nicht aber darin, die durch die wirtschaftliche Produktion geschaffenen Wohlstandsverhältnisse zu verändern.

Diese drei Formen der Neutralität sind für die Legitimität des Handelns der EZB von zentraler Bedeutung, da sie es ermöglichen, die beiden oben genannten Legitimitätsquellen – (schwache) demokratische Legitimität (über Rechenschaftspflichten) und wirtschaftliche Legitimität (über Effizienz) – miteinander zu verknüpfen, indem sie die (politische, wirtschaftliche und finanzielle) Neutralität zu einer Bedingung für die soziale Akzeptanz des Handelns der Zentralbank machen.[8] Unabhängigkeit und Neutralität verstärken sich somit gegenseitig, wobei letztere die erstere rechtfertigt, indem sie aus der unabhängigen Behörde eine a-politische Instanz macht, deren Aufgabe es ist, das mit den wirtschaftlichen Abwägungen verbundene Konfliktpotenzial zu entschärfen (Fabre 2015) und das Ziel der Preisstabilität aus Kämpfen um seine Definition und seinen Platz im Verhältnis zu anderen staatlichen Zielen rauszuhalten. In diesem Sinne beruht die demokratische Legitimität der EZB auf einer institutionellen Architektur, die es dem Handeln der EZB ermöglicht, als neutral zu erscheinen.

3. Die (a)politische Zentralbank in der Kritik: Zwischen schwindendem öffentlichen Vertrauen und mehr Dialog

Die Legitimität der EZB bezieht sich somit sowohl auf die institutionellen Voraussetzungen und die Rechtmäßigkeit ihres Handelns als auch auf die individuelle Bereitschaft der Bürgerinnen und Bürger, die EZB und ihr Handeln zu akzeptieren, auch „wenn dies eigenen Interessen zeitweise entgegenläuft" (Rauh 2015). Im Hinblick auf die soziale Akzeptanz steht die EZB vor der Herausforderung, dass sie in der Eurozone nicht ausreichend gesellschaftlich und politisch eingebettet ist (vgl. Hodson 2017: 230). Während die Beständigkeit einer Währung im nationalen Kontext in der Regel als selbstverständlich angesehen wird, muss die EZB dazu beitragen, einen politischen Zusammenhalt der Mitglieder der Eurozone zu fördern (vgl. Bergbauer et al. 2020: 1181). Als supranationale Zentralbank von 19 Nationalstaaten muss sie an unterschiedliche Öffentlichkeiten mit unterschiedlichen Legitimitätserwartungen kommunizieren, ohne dabei zu neuen Fragmentierungen beizutragen (vgl. Moschella et al. 2020: 404).

---

8 In dieser Hinsicht ist der Vergleich mit der Schweizer Zentralbank interessant, da diese, wie die EZB, eine starke Unabhängigkeit genießt und geringen Accountability-Anforderungen unterliegt. Die schwache Ausprägung letzterer wird jedoch durch einen starken Konsens in der Bevölkerung hinsichtlich des Erfolgs der Geldpolitik und den sehr guten Ruf der Schweizer Zentralbank ausgeglichen. Zu diesem Punkt: Wyplosz (2020).

Vor diesem Hintergrund ist es für die EZB besorgniserregend, dass die europäische Bevölkerung ihr in den letzten zehn Jahren mehrheitlich das Vertrauen entzogen hat (vgl. Bergbauer et al. 2020). Das ist erstaunlich, da das Handeln der EZB aus wirtschaftlicher Sicht gut begründet ist. Die EZB hat in der Corona-Krise zumindest kurzfristig drei Ziele erreicht: Sie hat eine Fragmentierung des Euroraums vermieden, indem sie ein angemessenes Finanzierungsniveau für den gesamten Euroraum sichergestellt hat; sie hat die Märkte stabilisiert, indem sie die Transmissionsmechanismen der Geldpolitik gesichert hat und schließlich hat sie die Stabilität des Bankensystems gewährleistet, indem sie den Liquiditätsbedarf gedeckt hat (Lane 2020). Auch wenn längerfristig das Risiko einer Rückkehr der Inflation auf einem hohen Niveau besteht, so scheinen viele Elemente sowohl kurz- als auch langfristig für die Wirksamkeit der Geldpolitik bei der Gewährleistung der Preisstabilität zu sprechen (Claeys 2020; Blot 2021).[9] Wie ist jedoch das mangelnde öffentliche Vertrauen in das Handeln der EZB zu erklären und wie hat die EZB darauf reagiert?

3.1 *Effiziente Maßnahmen, aber ohne gesellschaftlichen Konsens?*

Der französische Europastaatssekretär Clément Beaune ist überzeugt, dass die Erwartungen der Bürgerinnen und Bürger an die EU gestiegen sind. Sie kritisieren die EU in seinen Augen weniger wegen ihrer Einmischung in nationale Zuständigkeiten als vielmehr wegen ihrer Untätigkeit angesichts gemeinsamer Herausforderungen (vgl. Beaune 2020: 9). Das Eurobarometer zeigt in der Tat, dass das Vertrauen in die EU im Frühjahr 2021 auf das höchste Niveau seit 2008 angewachsen ist (49 Prozent). In 25 Mitgliedstaaten sieht eine Mehrheit der Umfrageteilnehmer die Europäische Union im Frühjahr 2021 positiv. Im Sommer 2020 waren es nur 13 Mitgliedsstaaten (vgl. Europäische Kommission 2021).

Im Hinblick auf die politischen Institutionen fällt ein Trend auf, der seit den 1990er Jahren in der Europäischen Union zu beobachten ist. Das Vertrauen in die nationalen Regierungen und Parlamente (36 bzw. 35 Prozent) sinkt, wohingegen nicht-majoritäre, technokratische Institutionen an Vertrauen gewinnen, da ihnen Sachverstand und Effizienz zugeschrieben werden (vgl. Europäische Kommission 2021, vgl. Stüwe 2018: 4f.). Die

9 Langfristig bleiben einige Zweifel, ob die Geldpolitik in einem Umfeld übermäßiger Liquidität versagen könnte. Zu diesem Punkt siehe Blanchard und Pisani-Ferry (2020).

EZB konnte jedoch von diesem Trend nicht profitieren. Ihr Image wandelte sich mit Ausbruch der Wirtschafts- und Finanzkrise.

Auswertungen des Eurobarometers haben gezeigt, dass sich die Zustimmung der Bürgerinnen und Bürger zum Euro und zur EZB erheblich auseinanderentwickelt hat. Eine Erklärung dafür ist, dass die Bürgerinnen und Bürger zwischen dem Euro als Symbol der wirtschaftlichen Integration einerseits sowie dem konkreten Handeln der Zentralbank, ihren wirtschaftlichen (Krisen-)Maßnahmen und deren Erfolg andererseits unterscheiden (vgl. Bergbauer et al. 2020: 1179). Seit 2008 ist das Vertrauen in die EZB markant gesunken, seit 2010 liegt das Nettovertrauen der EZB im negativen Bereich, das heißt mehr Befragte misstrauen der EZB als sie ihr vertrauen (vgl. Schnabel 2020). Vom Tiefpunkt im Jahr 2014 haben sich die Vertrauenswerte nur langsam erholt, was im Vergleich mit anderen EU-Institutionen auffällig ist (vgl. ECB 2021: 45).

Auch wenn die Geldpolitik der EZB gemessen an ihrem Ziel als effizient betrachtet werden kann, so wurde sie nicht als neutral wahrgenommen. Deutsche Kritiker haben die Sparer und Rentner als Verlierer der EZB-Politik gesehen (vgl. Stoiber et. al. 2020, vgl. Günaydin und Mertens 2020). Demzufolge würden die Südeuropäer auf Kosten der Sparer und Rentner im Norden begünstigt (vgl. Bergbauer et al 2020: 1181). Innerhalb der EU haben die Krisenmaßnahmen auch dazu geführt, dass populistische euroskeptische Parteien in Südeuropa im linken und in Nordeuropa im rechten politischen Lager gestärkt wurden (vgl. Börzel und Risse 2018: 84). EZB-Direktorin Isabel Schnabel kritisierte wiederholt die Berichterstattung der Medien. Aus ihrer Sicht beruhen viele Befürchtungen auf „Halbwahrheiten und falschen Narrativen“, die für den Zusammenhalt in Europa gefährlich werden könnten (vgl. Schnabel 2020a: 2). Der Unmut zeigt sich längst nicht mehr nur in Meinungsumfragen und Berichterstattung: Beim Umzug in das neue EZB-Gebäude 2015 kam es in Frankfurt zu heftigen Protesten und Auseinandersetzungen zwischen Kritikern und der Polizei (vgl. Hodson 2017: 228).

Demgegenüber wird der Euro positiv beurteilt: Im Frühjahr 2021 vertrauten 79 Prozent der Bürgerinnen und Bürger im Euroraum dem Euro. Dies ist der höchste Wert seit 2004 (vgl. Europäische Kommission 2021). Dieses Gesamtbild für den Euroraum kann jedoch national differenziert werden. Die Zustimmung zur Währungsunion hängt den empirischen Daten zufolge mit der wirtschaftlichen Entwicklung zusammen. Der wirtschaftliche Erfolg Deutschlands erklärt zum Beispiel die Zustimmung für den Euro, die 2019/20 sogar einen Höhepunkt erreichte (vgl. Schnabel 2020a: 4). In Frankreich ist die Unterstützung der WWU historisch gesehen verhaltener, aber stabiler (vgl. Bergbauer et al. 2020: 1187).

Frederik Beck und Sascha Kneip haben die Erwartungen der Bürgerinnen und Bürger an die politische Handlungsfähigkeit in der Wirtschafts- und Finanzpolitik in Deutschland untersucht. Ein zentrales Ergebnis: „Weder glauben die Bürgerinnen, selbst genügend Einfluss auf politische Entscheidungen nehmen zu können, noch, dass diese Entscheidungen von den richtigen Akteuren und zum Wohle der Allgemeinheit getroffen werden“ (Beck und Kneip 2020: 155). Beck und Kneip sehen damit in ihrer Studie auf allen drei Ebenen der politischen Legitimation tiefer liegende Probleme: beim Einfluss der Bürgerinnen und Bürger (dem Input), bei den maßgeblichen Akteuren (dem throughput) sowie der Gemeinwohlorientierung (dem Output).

3.2 Mehr parlamentarischer Austausch und Bürgernähe

Die EZB hat auf den wachsenden Vertrauensverlust reagiert. Um Vertrauen zurückzugewinnen, hat die EZB die „discursive accountability“ in zwei Richtungen verstärkt: in Richtung der Bürgerinnen und Bürger sowie der Parlamente. Es hat sich gezeigt, dass in der Wirtschafts- und Finanz- sowie in der Corona-Krise neben die konventionellen, formalen Rechenschaftspflichten weitere informale und unkonventionelle ad hoc Maßnahmen getreten sind (vgl. Tesche 2018: 447f.).

Im öffentlichen Raum sind grundsätzlich die EZB-Pressekonferenzen bedeutend, die alle sechs Wochen stattfinden. Seit Januar 2015 veröffentlicht die EZB zudem thematische Zusammenfassungen der nicht-öffentlichen Beratungen im EZB-Rat („monetary policy accounts“), die jedoch aus Gründen der Vertraulichkeit kein Protokoll darstellen, was immer wieder kritisiert wird (vgl. Kunstein 2020: 229, vgl. auch Lastra et al. 2020: 68). Die EZB-Präsidentin Christine Lagarde erklärte bei ihrem Amtsantritt, dass die EZB verständlicher werden solle. Sie folgte dem Vorbild der amerikanischen Notenbank und führte Bürgeranhörungen durch („ECB listens“), 2019 ging ein Podcast auf Sendung, 2020 ein Blog. Die EZB kommt schließlich in ihrer „Strategy Review“ 2021 zu dem Schluss, dass die EZB sich nicht allein auf instinktives oder generelles institutionelles Vertrauen verlassen, sondern vor allem „reflexives“ Vertrauen fördern sollte (ECB 2021: 46). Dieses reflexive Vertrauen baut auf Kenntnissen über die Institution, ihr Mandat und ihre Arbeit auf.

Dennoch bleiben die Gründe, die für eine zurückhaltende Kommunikation gesprochen haben, ebenso gültig. Zu viel Kommunikation kann die europäischen Bürgerinnen und Bürger verwirren und die unabhängige Entscheidungsfindung der EZB zum Gegenstand der politischen Auseinandersetzung machen (vgl. Moschella et al. 2020: 403). Auch weist EZB-Direktorin Isabel Schnabel auf den Zusammenhang zwischen den unkonventionellen Maßnahmen der EZB und dem gewachsenen Misstrauen hin, da die Funktionsweise der Maßnahmen komplex und nicht leicht zu verstehen sei (vgl. Schnabel 2020). Schließlich musste EZB-Präsidentin Lagarde erfahren, dass die Kommunikation an zwei unterschiedliche Adressaten – verständlich für die Öffentlichkeit und präzise für die Finanzmärkte – zu ungewollten Reaktionen der Finanzmärkte führen kann (vgl. Siedenbiedel 2020).

Die EZB verstärkte in den Krisen auch den parlamentarischen Austausch, der beiden Seiten Vorteile bietet: Die EZB kann ihr Streben nach Transparenz unterstreichen und in einen politischen Dialog treten, ohne ihre politische Unabhängigkeit (vor allem von den Staats- und Regierungschefs) zu verlieren. Das Europäische Parlament kontrolliert die EZB bzw. hat „a chance to (be seen to) hold the ECB to account“ (Hodson 2017: 230). Schließlich kann das Europäische Parlament nach einer Anhörung keine Sanktionen verhängen, sondern lediglich öffentlich Kritik üben (vgl. Hettinger 2019: 45).

Die Europaabgeordneten haben sich im Laufe der Wirtschafts- und Finanzkrise emanzipiert, die für sie – ebenso wie zum Beispiel für den Deutschen Bundestag – wie ein Katalysator wirkte (vgl. Beichelt 2015: 312f). So veränderte die Arbeit des Europäischen Parlaments an einem Bericht über die Troika-Aktivitäten der EZB die bis dato vorteilhaften engen Arbeitsbeziehungen mit der EZB und führte zu einem strukturellen Bruch (vgl. Tesche 2018: 453). Vor allem die Mitglieder des Ausschusses für Wirtschaft und Währung (ECON) nahmen ihre Kontrollaufgabe wahr, erhöhten die Anzahl der parlamentarischen Anfragen an den EZB-Präsidenten und bereiteten sich intensiv auf den monetären Dialog vor. Die Aufsichtsfunktion des Europäischen Parlaments wurde ferner mit neuen Aufgaben im Kontext des Einheitlichen Bankenaufsichtsmechanismus gestärkt (vgl. Tesche 2018: 454).

Trotz der intensiven und regelmäßigen Anhörungen blieb der Einfluss des Europäischen Parlaments sowohl in der Wirtschafts- und Finanz- als auch in der Corona-Krise begrenzt. In der Corona-Krise konnten die Anhörungen zwar per Videokonferenz stattfinden. Auch zeigte sich hier das große Informationsbedürfnis der Abgeordneten durch die steigende Anzahl der parlamentarischen Anfragen sowie durch einen intensiven Austausch mit der EZB, aber das Europäische Parlament war nicht Ort zentraler politischer Debatten (vgl. von Ondarza 2020: 5; vgl. EZB-Jahresbericht 2020).

Der damalige EZB-Präsident Mario Draghi suchte in der Wirtschafts- und Finanzkrise ab 2012 auch den Austausch mit den nationalen Parlamentariern in der EU. Vor dem Hintergrund der Finanzierung des Europäischen Stabilitätsmechanismus über die nationalen Haushalte wird verständlich, warum er erstmals 2012 vor dem deutschen Bundestag sprach und sich in den Folgejahren mit weiteren nationalen Parlamentariern in Spanien, Frankreich, Finnland, Italien oder Niederlande austauschte. EZB-Präsidentin Christine Lagarde trat in der Corona-Krise am 21. September 2020 vor die Deutsch-Französische Parlamentarische Versammlung (vgl. Bundestag 2020).

Vor der Wirtschafts- und Finanzkrise war der Austausch mit nationalen Parlamentariern mit dem Argument abgelehnt worden, dass der Ausschuss für Wirtschaft und Währung (ECON) des Europäischen Parlaments der einzige Ort der Kontrolle sei. Der Fünf-Präsidenten-Bericht „Die Wirtschafts- und Währungsunion vollenden“ (vgl. Juncker et al. 2015) sah 2015 allerdings nicht nur eine „Schlüsselrolle für das Europäische Parlament“ vor, sondern auch für die nationalen Parlamente. Auch die Einrichtung interparlamentarischer Konferenzen wie etwa die mit dem Fiskalvertrag von 2012 geschaffene „interparlamentarische Konferenz über Stabilität, wirtschaftspolitische Koordinierung und Steuerung in der EU“ bringt die Parlamente auf nationaler und europäischer Ebene zusammen. Der Ausbau der demokratischen Rechenschaftspflicht und Legitimität der WWU ist für die fünf Präsidenten ein zentraler Baustein. Deswegen hatte sich Draghi auch für die Beteiligung des Präsidenten des Europäischen Parlaments – in Gegensatz zum Vier-Präsidenten-Bericht von 2012 – eingesetzt (vgl. Verdun 2017: 216). Der Fünf-Präsidenten-Bericht wurde jedoch im Europäischen Rat „zur Kenntnis genommen“ und „verpuffte“ (Calliess 2019: 98).

Zusammenfassend lässt sich sagen, dass der Austausch mit nationalen Parlamenten sich nicht als weiterer Informationskanal etabliert hat, sondern „gelegentlich“ bleibt (vgl. EZB 2021; ECB 2021: 66). Die EZB kommt in ihrem Jahresbericht 2020 zu dem Schluss, dass „die EZB weiter den Dialog mit dem Europäischen Parlament und der Bevölkerung suchen muss“ (EZB Jahresbericht 2020). In der Corona-Krise setzte die EZB vermehrt auf die Ansprache der Bevölkerung und die Förderung des reflexiven Vertrauens.

4. Fazit

Die Ausführungen haben gezeigt, dass die Corona-Krise den problematischen Zusammenhang zwischen der Politisierung des Handelns der EZB und ihrer schwach ausgeprägten Rechenschaftspflicht noch verschärft hat. Grundsätzlich gibt es für die Delegation der Geldpolitik an eine unabhängige Zentralbank gute Gründe, aber die unzureichende Architektur der Eurozone sowie das unentschlossene politische Handeln seit der Wirtschafts- und Finanzkrise haben die EZB überzogenen Erwartungen ausgesetzt und dazu beigetragen, dass die Bürgerinnen und Bürger ihr das Vertrauen entzogen haben. Die EZB hat nicht nur ihre Handlungsbereiche zunehmend ausgedehnt, sondern in der Corona-Krise den haushaltspolitischen Impuls mit einer auf die Bedürfnisse der Staaten ausgerichteten Geldpolitik verbunden. Damit ist die Neutralität des Handelns der EZB, die hier als Grundlage für ihre soziale Akzeptanz betrachtet wird, weiter in Frage gestellt worden.

Eingangs wurden drei Kriterien vorgestellt, um die Legitimität des Handelns der EZB zu verbessern (vgl. Lastra et al. 2020: 69f.). Dabei beruhen die Kriterien der effektiven Kontrolle durch das Europäische Parlament (1.) sowie des transparenten und nachvollziehbaren Handelns der EZB (2.) de facto auf der zentralen Notwendigkeit, dass die Ziele der EZB (3.) klar definiert und überprüfbar sind. Letzteres steht in engem Zusammenhang mit der Debatte um die Neutralität und soziale Akzeptanz der EZB. Die Definition der Ziele der EZB sollte Aufgabe der politischen Akteure sein, die nicht neutral sind, aber dafür politische Verantwortung übernehmen. Abschließend werden alle drei Aspekte noch einmal kurz diskutiert.

Um erstens die Kontrolle des Europäischen Parlaments wirkungsvoller zu machen, könnte der monetäre Dialog mit dem EZB-Präsidenten intensiviert werden. Hierfür sollte das Parlament „auch die Verhältnismäßigkeit der von der EZB zur Erfüllung ihres Mandats eingesetzten Instrumente prüfen, um sicherzustellen, dass die EZB ihre vertraglich verankerten Kompetenzen nicht überschreitet“ (vgl. Lastra et al 2020: 68). Das Europäische Parlament sollte ferner auch in der Lage sein, Sanktionen auszusprechen. Transparency International schlägt ferner vor, die Bedingungen der „accountability“ von einer hochkarätig besetzten Kommission aus EU-Finanzministern, Europaabgeordneten sowie Vertreterinnen und Vertretern der Zivilgesellschaft prüfen zu lassen (vgl. Transparency International 2017: 7).

Zweitens bleibt die Transparenz des Handelns der EZB ebenso bedeutend. Transparenz bei der Entscheidungsfindung sowie eine bessere Begründung, warum Entscheidungen gemeinwohlorientiert sind, würden die Legitimation der EZB erhöhen (vgl. Beck und Kneip 2020: 177). In diesem Sinne tragen die verstärkten Bemühungen um einen Austausch mit den Bürgerinnen und Bürgern zu einer besseren Legitimität bei. Die „discursive accountability" und das reflexive Vertrauen werden dadurch gestärkt.

Drittens ist es entscheidend, dass die Grundlagen für eine effektive Kontrolle des Handelns der EZB geschaffen werden. Hierfür müssen die von der EZB verfolgten sekundären Ziele geklärt und untereinander priorisiert werden. Bis zur aktuellen Corona-Krise erschien die politische, monetäre und finanzielle Neutralität als eine mögliche institutionelle Antwort, die die Politisierungsprozesse um die Ziele der EZB einzugrenzen versuchte. Dies ist heute angesichts der vielfältigen Formen, die die Geldpolitik annimmt, kaum haltbar. Die Ausweitung der Handlungsbereiche der EZB und die Einbeziehung von immer weiteren sekundären Zielen bei der Verfolgung des primären Ziels zwingt dazu, die technokratische Legitimation, die auf einem nicht zur Diskussion gestellten (und nicht diskutierbaren) Ziel beruht, zu überdenken. In dieser Hinsicht steht die EZB derzeit an einem Scheideweg: Sie kann sich entweder bemühen, die verschiedenen Bereiche ihres Handelns unter das alleinige Ziel der Preisstabilität zu subsumieren und dabei mit der Veränderung der Transmissionskanäle ihrer Geldpolitik argumentieren, oder aber den (restriktiven) Rahmen ihres Mandats verlassen, um andere (als ebenso wünschenswert erachtete) Ziele zu verfolgen, was eine Neudefinition der Architektur der WWU voraussetzen würde.

Ein Mittelweg würde darin bestehen, die demokratische Qualität der EZB zu verbessern, indem der Stellenwert der Geldpolitik im Verhältnis zu den anderen (sekundären) Zielen der Geldpolitik geklärt wird, ohne dabei das hierarchische Mandat der Institution in Frage zu stellen. Hierzu müssten die politischen Akteure, insbesondere das Europäische Parlament und die nationalen Parlamente, wieder einbezogen werden, um einer (notwendigerweise politischen) Entscheidung über diese Hierarchisierung Raum zu geben. Diese Klärung könnte die Erwartungen an die „Allzweckwaffe" Geldpolitik eindämmen und eine Stärkung der parlamentarischen Akteure ermöglichen, ohne dass das technokratische Mandat der EZB rund um die Preisstabilität neu definiert werden müsste.

Literatur

Aglietta, Michel / Orléan, André (2002): La monnaie entre confiance et violence. Paris: Odile Jacob.

Alesina, Alberto / Tabellini, Guido (2007): Bureaucrats or Politicians? Part I: A Single Policy Task, in: American Economic Review, Vol. 97, N°1, S. 169-179.

Beaune, Clément (2020): L'Europe, par delà le COVID-19, in: Politique étrangère, Vol. 85, N°3, automne 2020, S. 9-29.

Beck, Frederik / Kneip, Sascha (2020): Wirtschafts- und Finanzpolitik in Deutschland: Demokratische Legitimität und das Unbehagen an der Macht der Märkte, in: Kneip, Sascha / Merkel, Wolfgang / Weßels, Bernhard (Hrsg.): Legitimitätsprobleme. Zur Lage der Demokratie in Deutschland. Wiesbaden: Springer VS, S. 155-179.

Beichelt, Timm (2015): Deutschland und Europa: Die Europäisierung des politischen Systems. Wiesbaden: Springer VS.

Bergbauer, Stephanie / Hernborg, Nils / Jamet, Jean-François / Persson, Eric (2020): The reputation of the euro and the European Central Bank: interlinked or disconnected?, in: Journal of European Public Policy, Vol. 27, N°8, S. 1178-1194.

Bindseil, Ulrich / Papadia, Francesco (2006): Credit Risk Mitigation in Central Bank Operations and its Effects on Financial Markets: The Case of the Eurosystem. ECB Occasional Paper N°49, Available at SSRN: https://ssrn.com/abstract=807426

Blanchard, Olivier / Galí, Jordi (2005): Real Wage Rigidities and the New Keynesian Model. NBER Working Paper N°11806. http://www.nber.org/papers/w11806

Blanchard, Olivier / Pisani-Ferry, Jean (2020): Monetisation: do not panic, in: Bruegel Blog, 14.04., https://www.bruegel.org/2020/04/monetisation-do-not-panic/

Blot, Christophe (2018): Les banques centrales peuvent-elles encore être indépendantes ?, in: Revue française d'économie, Vol. XXXIII (2018/3), N°3, S. 127-164.

Blot, Christophe (2021): La politique monétaire de la BCE et la crise du Covid-19, in: Revue de l'OFCE, N°172, (2021/2), avril, S. 193-217. https://www.ofce.sciences-po.fr/pdf/revue/10-172OFCE.pdf

Börzel, Tanja / Risse, Thomas (2018): From the euro to the Schengen crises: European integration theories, politicization, and identity politics, in: Journal of European Public Policy, Vol. 25, N°1, S. 83-108.

Bundestag (2012): Zugang der Öffentlichkeit zu Dokumenten der Europäischen Zentralbank (EZB). https://www.bundestag.de/resource/blob/405612/577816d5b77608b4e68b3d72a5a12abb/WD-11-134-12-pdf-data.pdf

Bundestag (2020): EZB-Chefin Lagarde sieht Gefahren durch Corona-Krise noch nicht gebannt. https://www.bundestag.de/dokumente/textarchiv/2020/kw39-deutsch-franzoesische-pv-79078_8

Bundesverfassungsgericht (2020): Judgment of the Second Senate of 05 May 2020, 2 BvR 859/15, https://www.bverfg.de/e/rs20200505_2bvr085915en.html

Calliess, Christian (2019): Zukunftsszenarien und Reformoptionen für die Europäische Union: vom Weißbuch der Kommission zu einer flexibleren Arbeitsmethode, in: Integration, Vol. 42, N°2, S. 97–117.

Calliess, Christian (2021): Die Rolle des Grundgesetzes und des Bundesverfassungsgerichts, in: Böttger, Katrin / Jopp, Mathias (Hrsg.): Handbuch zur deutschen Europapolitik. Baden-Baden: Nomos, S. 169–194.

Capitant, David (2020): Das Urteil des Karlsruher Gerichts: Der Donnerschlag, der den Horizont verdunkelt? (L'arrêt de la Cour de Karlsruhe: un coup de tonnerre dans un ciel serein?) in: Notes de l'IFRI, Notes du Cerfa N°155, https://www.ifri.org/de/publications/notes-de-lifri/notes-cerfa/das-urteil-karlsruher-gerichts-der-donnerschlag-der-den

Chailloux, Alexandre / McCaughrin, Rebecca / Gray, Simon (2008): Central Bank Collateral Frameworks: Principles and Policies, IMF Working Paper 08/222. https://www.imf.org/-/media/Websites/IMF/imported-full-text-pdf/external/pubs/ft/wp/2008/_wp08222.ashx

Claeys, Grégory (2020): The European Central Bank in the COVID-19 crisis: whatever it takes, within its mandate, Bruegel Policy Contribution, N°9, May. https://www.bruegel.org/2020/05/the-european-central-bank-in-the-covid-19-crisis-whatever-it-takes-within-its-mandate/

Cœuré, Benoît (2019): „Il est normal que la Banque centrale européenne soit du côté de l'emploi", Entretien mené par Jean Quatremer, in: Libération, 16/12/2019: https://www.ecb.europa.eu/press/inter/date/2019/html/ecb.in191216_1~bb222205e4.en.html

Cœuré, Benoît (2020): Les banques centrales pendant et après la pandémie de Covid-19, in: Revue d'économie financière, Numéro 2020/3-4 (N°139-140), S. 269-280.

Commun, Patricia (2003): L'ordolibéralisme allemand. Aux sources de l'économie sociale de marché. Cergy-Pontoise: CIRAC.

Creel, Jérôme / Laurent, Éloi / Le Cacheux, Jacques (2007): La politique de change de la zone euro ou le hold-up tranquille de la BCE, in: Revue de l'OFCE, Vol. 1, N°100, S. 7-30.

Diouf, Ibrahima / Pépin, Dominique (2010): Duisenberg and Trichet: Measures of Their Degree of Conservatism, in: Recherches économiques de Louvain, Vol. 76, N°2, S. 145-162.

Dostie, Claude Jr / Paquin, Stéphane (2021): Le tournant macroprudentiel en Europe : un paradigme en chantier, in: Hassenteufel, Patrick (Hrsg.): Les Politiques publiques dans la crise. 2008 et ses suites. Paris: Presses de Sciences Po, S. 37-59.

Enderlein, Henrik / Guttenberg, Lucas (2020): Ausnahmeföderalismus als Dauerzustand, in: Wirtschaftsdienst, Vol. 100, N°6, S. 400-404.

Europäische Kommission (2021): Pressemitteilung Eurobarometer: Vertrauen in Europäische Union seit letztem Sommer gestiegen. https://ec.europa.eu/commission/presscorner/detail/de/ip_21_1867

ECB (2003): The outcome of the ECB's evaluation of its monetary policy strategy, in: Monthly Bulletin, June, S. 79-92. https://www.ecb.europa.eu/pub/pdf/mobu/mb200306en.pdf

ECB Occasional Paper Series (2021): Clear, consistent and engaging. ECB monetary policy communication in a changing world. ECB strategy review. N°274, https://www.ecb.europa.eu/pub/pdf/scpops/ecb.op274~9aca14e6f6.en.pdf?ce0c04327c439e3652c9b9b0cf1f37c9

EZB Jahresbericht (2020): https://www.ecb.europa.eu/pub/annual/html/ar2020~4960fb81ae.de.html#

EZB (2021): Rechenschaftspflicht. https://www.ecb.europa.eu/ecb/orga/accountability/html/index.de.html

Fabre, Alain (2015): Banque centrale européenne: d'une légitimité de crise à une crise de légitimité?, in: Regards sur l'économie allemande, N°116-117, S. 43-54.

Fèvre, Raphaël (2017): Le marché sans pouvoir: au cœur du discours ordolibéral, in: Revue d'économie politique, Vol.127, N°1, S. 119-151.

Friedman, Milton (1962): Capitalism and Freedom. Chicago, University of Chicago Press.

Fontan, Clément (2021): Deux poids, deux mesures? L'action de la BCE pendant la crise de la zone euro, in: Hassenteufel, Patrick / Saurugger, Sabine (Hrsg.): Les Politiques publiques dans la crise. 2008 et ses suites. Paris: Presses de Sciences Po, S. 89-110.

Fontan, Clément / Howarth, David (2021): The European Central Bank and the German Constitutional Court: Police Patrols and Fire Alarms, in: Politics and Governance, Vol. 9, N°2, S. 241–251. https://www.cogitatiopress.com/politicsandgovernance/article/view/3888/3888

Germain, Jérôme (2020): Droit constitutionnel et pandémie en Allemagne: la Constitution économique, les droits fondamentaux et les pouvoirs parlementaires à l'épreuve de la crise", in: Civitas Europa, Vol. 2020, N°44, S. 225-253.

Gnath, Katharina / Guttenberg, Lucas / Redeker, Nils (2021): Deutschland und die Stabilität der Wirtschafts- und Währungsunion, in: Böttger, Katrin / Jopp, Mathias (Hrsg.): Handbuch zur deutschen Europapolitik. Baden-Baden: Nomos, S. 287-300.

Günaydin, Kardelen / Mertens, Daniel (2020): Politisiertes Sparen und die Europäische Zentralbank. Zur politischen Ökonomie der geldpolitischen Debatte in Deutschland, in: Aus Politik und Zeitgeschichte, N° 48, https://www.bpb.de/apuz/schwarze-null-2020/319056/politisiertes-sparen-und-die-europaeische-zentralbank

Henning, C. Randall (2006): The External Policy of the Euro Area: Organizing for Foreign Exchange Intervention, IIE Working Paper, N°2006-4, https://ssrn.com/abstract=911322

Hettinger, Christoph (2019): Die Rechtskontrolle der Geldpolitik der Europäischen Zentralbank in der Eurokrise. Baden-Baden: Nomos.

Hodson, Dermot / Peterson, John (2017): Theorizing EU institutions: Why they matter for politics and international relations, in: Hodson, Dermot / Peterson, John (Hrsg.): The Institutions of the European Union. Oxford: Oxford University Press, S. 1-29.

Hodson, Dermot (2017): The European Central Bank: New Powers and new institutional theories, in: Hodson, Dermot / Peterson, John (Hrsg.): The Institutions of the European Union. Oxford: Oxford University Press, S. 213-235.

Högenauer, Anna-Lena / Howarth, David (2016): Unconventional Monetary Policies and the European Central Bank's problematic democratic legitimacy, in: Journal of Public Law, Vol. 17, N°2, S. 1-24.

Hooghe, Liesbet / Marks, Gary (2009): A Postfunctionalist Theory of European Integration: From Permissive Consensus to Constraining Dissensus, in: British Journal of Political Science, Vol. 39, N°1, S. 1-23.

Jones, Erik / Kelemen, R. Daniel / Meunier, Sophie (2021): Failing forward? Crises and patterns of European integration, in: Journal of public policy, Vol. 28, N°10, S. 1519-1536. https://doi.org/10.1080/13501763.2021.1954068

Juncker, Jean-Claude / Tusk, Donald / Dijsselbloem, Jeroen / Draghi, Mario / Schulz, Martin (2015): Die Wirtschafts- und Währungsunion Europas vollenden. https://www.ecb.europa.eu/pub/pdf/other/5presidentsreport.de.pdf

Keller, Eileen (2021): Europa in der Corona-Krise: Wirtschaftliche Folgen und Perspektiven für Italien, Frankreich und Deutschland. Vigoni Paper N°5, https://www.villavigoni.eu/publication/nr-5-2021-europa-in-der-corona-krise-wirtschaftliche-folgen-und-perspektiven-fuer-italien-frankreich-und-deutschland/?lang=de

Kneip, Sascha / Merkel, Wolfgang (2020): Demokratische Legitimität: Ein theoretisches Konzept in empirisch-analytischer Absicht, in: Kneip, Sascha / Merkel, Wolfgang / Weßels, Bernhard (Hrsg.): Legitimitätsprobleme. Wiesbaden: Springer VS, S. 25-55.

Kunstein, Tobias (2020): Europäische Zentralbank, in: Weidenfeld, Werner / Wessels, Wolfgang / Tekin, Funda (Hrsg.): Europa von A bis Z. Wiesbaden: Springer VS, S. 227-231.

Kydland, Finn E. / Prescott, Edward C. (1977): Rules Rather than Discretion: The Inconsistency of Optimal Plans, in: Journal of Political Economy, Vol. 85, N°3, S. 473–492.

Lane, Philip R. (2020): Monetary Policy in a Pandemic: Ensuring Favourable Financing Conditions. Speech by Philip R. Lane, Member of the Executive Board of the ECB, at the Economics Departement and IM-TCD, Trinity College Dublin, 26 Nov. https://www.ecb.europa.eu/press/key/date/2020/html/ecb.sp201126~c5c1036327.en.html

Lastra, Rosa M. / Wyplosz, Charles / Claeys, Grégory / Domínguez-Jiménez, Marta / Whelan, Karl (2020): Accountability Mechanisms of Major Central Banks and Possible Avenues to Improve the ECB's Accountability. Compilation of papers, requested by the European Parliament's committee on Economic and Monetary Affairs. https://www.europarl.europa.eu/RegData/etudes/STUD/2020/652748/IPOL_STU(2020)652748_EN.pdf

Le Heron, Edwin (2015): L'euro, une monnaie incomplète: retour sur les ambiguïtés du compromis historique, politique et idéologique lors de la création de la BCE, in: Économie et institutions, vol. 22,| https://doi.org/10.4000/ei.1024

Macron, Emmanuel (2017): Initiative für Europa – Rede von Staatspräsident Macron an der Sorbonne. Französische Botschaft: Frankreich-Info, https://de.ambafrance.org/Initiative-fur-Europa-Die-Rede-von-Staatsprasident-Macron-im-Wortlaut

Martucci, Francesco (2020): La BCE et la Cour constitutionnelle allemande : comprendre l'arrêt du 5 mai de la Cour constitutionnelle allemande, in: Le Club des juristes, https://blog.leclubdesjuristes.com/la-bce-et-la-cour-constitutionnelle-allemande-comprendre-larret-du-5-mai-de-la-cour-constitutionnelle-allemande/

Maskin, Eric / Tirole, Jean (2004): The Politician and the Judge: Accountability in Government, in: American Economic Review, Vol. 94, N°4, S. 1034-1054.

Moschella, Manuela / Pinto, Luca / Martocchia Diodati, Nicola (2020): Let's speak more? How the ECB responds to public contestation, in: Journal of European Public Policy, Vol. 27, N°3, S. 400-418.

Mundell, Robert A. (1961): A theory of optimum currency areas, in: The American economic review, Vol. 51, N°4, S. 657-665.

Ondarza, Nicolai von (2020): Das Europäische Parlament und die Corona-Pandemie, SWP Aktuell, N°77, https://www.swp-berlin.org/publications/products/aktuell/2020A77_europaeisches_parlament.pdf

Orléan, André (2017): Une conception matérialiste des prix ne suppose nullement d'adhérer à la théorie de la valeur travail, in: Économie et institutions, N°26, http://journals.openedition.org/ei/6092

Pollin, Jean-Paul (2010): L'Eurosystème et l'intégration financière européenne, in: Revue d'économie politique, Vol. 120, N°2, S. 303-334.

Rauh, Christian (2015): Legitimität und Politisierung globaler Steuerung, in: Informationen zur politischen Bildung, N° 325, S. 25-29, https://www.bpb.de/izpb/204681/legitimitaet-und-politisierung-globaler-steuerung

Scharpf, Fritz W. (1997): Economic integration, democracy and the welfare state, in: Journal of European Public Policy, Vol.4, N°1, S. 18-36: http://dx.doi.org/10.1080/135017697344217

Schmidt, Vivien A. (2020): Europe's crisis of legitimacy: governing by rules and ruling by numbers in the Eurozone. Oxford: Oxford University Press.

Schnabel, Isabel (2020): Die Bedeutung des Vertrauens für die Geldpolitik der EZB. Rede von Isabel Schnabel, Mitglied des Direktoriums der EZB, als Teil der Vortragsreihe „Havarie Europa. Zur Pathogenese europäischer Gegenwarten“ am Hamburger Institut für Sozialforschung, Frankfurt am Main, 16. Dezember 2020. https://www.ecb.europa.eu/press/key/date/2020/html/ecb.sp201216_1~9caf7588cd.de.html

Schnabel, Isabel (2020a): Narrative über die Geldpolitik der EZB – Wirklichkeit oder Fiktion? Vortrag am 11. Februar 2020, in: Juristische Studiengesellschaft Karlsruhe, Jahresband 2020, S. 1-26.

Schnabel, Isabel (2020b): The Shadow of Fiscal Dominance: Misconceptions, Perceptions and Perspectives. Speech at the Centre for European Reform and the Eurofi Financial Forum. Berlin, September 2020. https://www.ecb.europa.eu/press/key/date/2020/html/ecb.sp200911~ea32bd8bb3.en.html

Sénégas, Marc-Alexandre (2010): La théorie des zones monétaires optimales au regard de l'euro : Quels enseignements après dix années d'union économique et monétaire en Europe ?, in: Revue d'économie politique, Vol. 120, N°2, S. 379-419.

Siedenbiedel, Christian (2020): Die politische Notenbankerin, in: Frankfurter Allgemeine Zeitung, 31.10.2020.

Stoiber, Edmund / Steinbrück, Peer / Clement, Wolfgang / Oettinger, Günther / Sinn, Hans-Werner / Zeitler, Franz-Christoph / Faltlhauser, Kurt / Vitt, Marcus: Für eine neue Geldpolitik der EZB, in: Frankfurter Allgemeine Zeitung, 15.3.2020, S. 29.

Stüwe, Klaus (2018): Die verunsicherte Demokratie, Kirche und Gesellschaft, N°449, Köln: J.P. Bachem Medien.

Tesche, Tobias (2018): Instrumentalizing EMU's democratic deficit: the ECB's unconventional accountability measures during the eurozone crisis, in: Journal of European Integration, Vol. 41, N°4, S. 447-463.

Transparency international (2017): Two sides of the same coin? Independence and accountability of the European Central Bank. https://transparency.eu/wp-content/uploads/2017/03/TI-EU_ECB_Report_DIGITAL.pdf

Verdun, Amy (2017): Political leadership of the European Central Bank, in: Journal of European Integration, Vol. 39, N°2, S. 207-221.

Willke, Helmut (2016): Dezentrierte Demokratie. Prolegomena zur Revision politischer Steuerung. Berlin: Suhrkamp Verlag.

Wyplosz, Charles (2020): Independence with Weak Accountability: The Swiss Case, in: Accountability Mechanisms of Major Central Banks and Possible Avenues to Improve the ECB's Accountability, Compilation of papers, requested by the European Parliament's Committee on Economic and Monetary Affairs, S. 45-63 https://www.europarl.europa.eu/RegData/etudes/STUD/2020/652748/IPOL_STU(2020)652748_EN.pdf

Ziller, Jacques (2020): L'insoutenable pesanteur du juge constitutionnel allemand. A propos de l'arrêt de la deuxième chambre de la Cour constitutionnelle fédérale allemande du 5 mai 2020 concernant le programme PSPP de la Banque Centrale Européenne, Blogdroiteuropeen Working Paper 4/2020, Mai. https://wp.me/p6OBGR-3I9

Die Autoren

Charlotte Bellon ist Dozentin am Institut d'études politiques de Rennes (Sciences Po) und hat im Rahmen eines deutsch-französischen Verfahrens an der Europa-Universität Viadrina in Frankfurt (Oder) und an der Universität Paris VIII promoviert. Kontakt: charlotte.bellon@sciencespo-rennes.fr

Christina Rüther ist promovierte wissenschaftliche Mitarbeiterin am Lehrstuhl für Vergleichende Politikwissenschaft an der Katholischen Universität Eichstätt-Ingolstadt und Programmkoordinatorin für den Deutsch Französischen Studiengang Politikwissenschaft mit Sciences Po Rennes. Kontakt: christina.ruether@ku.de

From Zero to Hero? Italiens Rolle in der Europäischen Union und die Regierung Draghi

Alexander Grasse und Jan Labitzke

Zusammenfassung: Der vorliegende Beitrag unternimmt eine Einordnung der Entwicklung Italiens seit der Ernennung Mario Draghis Anfang 2021 zum Ministerpräsidenten. Ausgehend von der veränderten Wahrnehmung des Landes beschreibt er innenpolitische Entwicklungen und erste Ergebnisse der Regierung Draghi – insbesondere im Zusammenhang mit den europäischen Hilfen aus NextGenerationEU sowie begleitenden Reformmaßnahmen. Es folgen einige grundsätzliche Beobachtungen zum schwierigen deutsch-italienischen Verhältnis und eine Einschätzung des Potenzials der jüngsten Initiativen für eine verstärkte bi- und trilaterale Zusammenarbeit mit Deutschland und Frankreich.

Stichworte: Italien, Regierung Draghi, NextGenerationItalia, deutsch-italienische Beziehungen, bilaterale Zusammenarbeit

Résumé : Le présent article met en perspective l'évolution de l'Italie depuis la nomination de Mario Draghi au poste de Premier ministre début 2021. Partant du changement de perception du pays, il décrit les évolutions de la politique intérieure et les premiers résultats du gouvernement Draghi, notamment en ce qui concerne les aides européennes de NextGenerationEU ainsi que les mesures de réforme qui les accompagnent. Suivent quelques observations plus générales sur les relations difficiles entre l'Allemagne et l'Italie et une évaluation du potentiel des récentes initiatives pour une coopération bi- et trilatérale renforcée du côté italien avec l'Allemagne et la France.

Mots-clés : Italie, gouvernement Draghi, NextGenerationItalia, relations germano-italiennes, coopération bilatérale

Freudvoll
Und leidvoll,
Gedankenvoll sein,
Langen
Und Bangen
In schwebender Pein,
Himmelhoch jauchzend,
Zum Tode betrübt
(*Johann Wolfgang Goethe, Egmont*)

1. Ein kometenhafter Aufstieg nach Jahren immer neuer Krisen?

Die jüngste Geschichte Italiens ist eine fortwährende Erzählung von Krisen – und die Misere währt nun schon mindestens 15 Jahre, wobei sich die ökonomische Situation Italiens im Grunde bereits seit dem Beitritt zur Eurozone schwierig entwickelte. Die Folgen der Finanz- und anschließenden Wirtschaftskrise, die 2007 ihren Anfang nahmen, zehrten dann aber erheblich an der Substanz des Landes. Sie ließen die Wirtschaft in einem Maße einbrechen, dass das Bruttoinlandsprodukt noch im Jahr 2019 – kurz bevor Italien als erstes Land Europas in seinen nördlichen Regionen mit großen Covid-19-Infektionsclustern zu ringen begann – nicht wieder das Niveau von 2005 erreicht hatte. Spiegelbildlich zum Wirtschaftseinbruch schnellten die Arbeitslosenzahlen (insbesondere bei den Jugendlichen) in die Höhe, was nachhaltige soziale Probleme verursachte, insbesondere einen eklatanten Anstieg der Armut.[1] Die ökonomische Krise, die mit ihr verbundenen Einbrüche bei den Steuereinnahmen und die gleichzeitig notwendigen Ausgaben zur Stabilisierung des Finanz- und Wirtschaftssektors bedeuteten (nicht nur) in Italien einen rasanten Anstieg der Staatsschulden, woraufhin die Finanzmärkte, die zuvor mit staatlichen Mitteln stabilisiert worden waren, eben jenen Staaten ob ihrer Schuldenstände das Vertrauen entzogen, was wiederum zur sogenannten Eurokrise führte.

Zwar war Italien nie auf Mittel der sogenannten Euro-Rettungspakete angewiesen, sondern trug selbst noch einen erheblichen Teil zu deren Finanzierung bei. Doch war der Preis, den das Land für den Vertrauensverlust und den damit verbundenen rasanten Anstieg der Zinsforderungen auf seine Staatsanleihen zahlte, hoch. Italien, das als drittgrößte Volkswirtschaft der Eurozone im übrigen Europa zurecht ängstlich als „too big to fail“ beäugt wurde, unterzog sich nach dem erzwungenen Rücktritt Silvio Berlusconis als Ministerpräsident 2011 mit der Regierung Monti und dem Reformprogramm „Salva Italia“ (Rette Italien) zur Sicherung seiner Zahlungsfähigkeit einer finanziellen Rosskur, was jedoch nur dazu führte, dass die Konjunktur abermals einbrach und Arbeitslosigkeit und Armut erneut stiegen (Grasse 2012).

Erst die im Juli 2012 gemachte Ankündigung des damaligen Präsidenten der Europäischen Zentralbank, eines gewissen Mario Draghi, den Euro mit allen Mittel retten zu wollen, verschaffte Italien durch sinkende Risikoaufschläge die haushaltspolitisch notwendige Luft. Diese nutzten die Regierungen Renzi und Gentiloni dazu, Italien ab 2016 allmählich wieder auf einen fragilen Wachstumspfad zurückzuführen (Grasse et al. 2018) – ohne allerdings politische und gesellschaftliche Verwerfungen verhindern zu können, die Italien schließlich 2018 als erstem westeuropäischem Land eine populistische Regierung bescherten (Conte I). Jene Regierung ging

1 Die Quote der Menschen in absoluter Armut, die im Jahr 2005 noch 3,3 % betragen hatte, erhöhte sich bis zum Jahr 2019 auf 7,7 % und stieg mit der Pandemie im Jahr 2020 schließlich sogar auf 9,4 % an (Governo Italiano 2021a: 2).

dann auf Konfrontationskurs zur Europäischen Union – man denke nur an den eskalierten Streit um den Haushalt 2019 (Labitzke 2018).

Mitursächlich war neben den haushaltspolitischen Restriktionen der Umstand, dass Italien sich ab dem Jahr 2015 der Ankunft einer hohen Zahl von Flüchtlingen ausgesetzt sah, die über seine Küsten in die Europäische Union gelangen wollten – so sie denn die riskante Überfahrt in den Seelenverkäufern überlebten. Dabei erwarteten viele europäische Partner (zu) lange, dass Italien diese Herausforderung gemäß den Dublin-Regeln allein bewältigen würde (Grasse und Grimm 2019; Grasse und Labitzke 2018a/b). Migration wurde vor allem im nördlichen Teil der Europäischen Union zunächst eher als Versagen des italienischen Staates gesehen, denn als eine gesamteuropäisch zu bearbeitende Aufgabe.

Die Corona-Krise schickte dann ob der nötig gewordenen Lockdowns Italiens Wirtschaft erneut auf Talfahrt und brachte weiteres soziales Leid über das Land, just zu einem Zeitpunkt, als die Folgen der vorangegangenen Krisen noch immer spürbar waren. Das Bruttoinlandsprodukt brach 2020 im Vergleich zum Vorjahr um 8,9 % ein, allein die spanische Wirtschaftsleistung nahm innerhalb der Europäischen Union mit 10,8 % noch stärker ab.[2] Italien wurde mithin abermals zum größten Sorgenkind Europas. Die häufigen Regierungswechsel (zurzeit befindet sich die siebte Regierung nach dem Ende der Ära Berlusconi 2011 im Amt) nährten das (Vor-)Urteil von der politischen Instabilität und mithin Unzuverlässigkeit Italiens. Insbesondere die bereits genannte, überaus europakritische Regierung Conte I mit ihrer Koalition aus populistischer Fünf-Sterne-Bewegung (MoVimento 5 Stelle) und rechtsnationalistischer Lega verspielte international viel Vertrauen, obwohl sie nur ein gutes Jahr im Amt war. Neben berechtigter Kritik, etwa in humanitären Fragen der Migrationspolitik Italiens und aufgrund manch verbaler Entgleisung italienischer Spitzenpolitiker, kam es in Deutschland phasenweise jedoch zu einem regelrechten Italien-Bashing, das in Teilen nicht minder unsachlich, häufig undifferenziert und bisweilen herabwürdigend war.

Dabei fand der Abgesang Italiens auch in den Qualitätsmedien statt. Negative Schlagzeilen gab es jedenfalls zuhauf, darunter seien exemplarisch nur folgende genannt: „Italien zerstört sich selbst – und reißt Europa mit“/„La tragedia“ (Der Spiegel, 1.6.2018), „Sorgt Italien für die nächste Euro-Krise?“ (Scherff 2019 in der Frankfurter Allgemeinen Zeitung vom 9.6.2019), „Hinter Italiens Regierungskrise verbirgt sich ein kultureller

2 Zum Vergleich: Der Einbruch des Bruttoinlandsprodukts von 2019 auf 2020 betrug in der gesamten Europäischen Union 6,1 %, in Frankreich 8,1 % und in Deutschland 4,8 % (Eurostat 2021).

Niedergang" (Merten 2019 in der Neuen Zürcher Zeitung vom 17.8.2019). Tiefpunkt war sicherlich eine im Mai 2018 erschienene Kolumne auf Spiegel Online mit dem Titel „Die Schnorrer von Rom" (Fleischhauer 2018), welche sogar den italienischen Staatspräsidenten zur öffentlichen Stellungnahme im Fernsehen wie auch zur diplomatischen Intervention veranlasste.[3]

Nachdem die im September 2019 gebildete Koalitionsregierung (Conte II) aus Partito Democratico, MoVimento 5 Stelle und einigen kleineren Parteieneinen integrationsfreundlicheren Kurs eingeschlagen hatte, glätteten sich die Wogen, wobei die Zweifel an der Reformpolitik Italiens bestehen blieben. Schon als sich im Frühsommer 2020 der europäische Wiederaufbauplan abzuzeichnen begann, spiegelte sich die Skepsis gegenüber Italien sowohl in den deutschen Medien als auch im konservativ-liberalen Spektrum von Politik und Wirtschaftswissenschaften unmittelbar wider. Einige Wirtschaftsverbände meldeten sich ebenso ablehnend zu Wort, gerade Italien Finanzmittel zur Überwindung der Pandemiefolgen bereitzustellen, obendrein zu einem erheblichen Teil nicht in Form von Krediten, sondern als Zuschuss. „Bloß kein Geld für Italien!" lautete der Tenor (Der Spiegel, 24.3.2020), wobei es an Hinweisen auf die organisierte Kriminalität in Italien selten fehlte (IISG 2021a). Die massiven Anstrengungen der Regierung Conte II, mit nationalen Mitteln nicht nur die Pandemie selbst, sondern auch ihre wirtschaftlichen und sozialen Auswirkungen einzudämmen und dabei gleichzeitig die Modernisierung des Landes voranzutreiben (etwa mit Förderungen für energetische Sanierungen, Investitionen in Erdbebensicherheit, Installation von Photovoltaik oder Umstieg auf Elektromobilität, die gleichzeitig als Konjunkturstimulus dienten), wurden dabei in Deutschland kaum wahrgenommen oder gar gewürdigt.[4]

Anfang 2021 kam es zu neuerlichen Irritationen in der deutschen wie europäischen Politik und Öffentlichkeit, als inmitten der Verhandlungen mit der Europäischen Union über das aus NextGenerationEU zu finanzierende nationale Investitionsprogramm Italiens, scheinbar aus dem Nichts, eine quälend lange Regierungskrise entbrannte – ausgelöst durch den ehemaligen Ministerpräsidenten Renzi und seine Splitterpartei Italia Viva –, welche schließlich zum Rücktritt der Regierung Conte II führte. Italiens

3 Sergio Mattarella und der italienische Botschafter in Berlin, Pietro Benassi, verwahrten sich gegen entsprechende Verunglimpfungen der Italiener als ganze Nation in der deutschen Presse; vgl. auch Meiler (2018).

4 Für eine vergleichende Bestandsaufnahme der politischen Maßnahmen zur Bekämpfung der sozioökonomischen Folgen der Corona-Krise in Deutschland, Italien und Frankreich siehe ausführlich Keller (2021).

Niedergang, der 2008 seinen Anfang genommen hatte, schien vollendet, der „Fall Italien“ hoffnungslos und unverändert bedrohlich für die Europäische Union zu sein.

Dann plötzlich jedoch vollzog das Italienbild in der medialen Erzählung eine 180-Grad-Wendung. Nachdem bereits die Berichte aus Bergamo im Frühjahr 2020 die europäischen Nachbarn daran erinnert hatten, dass Italien unverschuldet in die neuerliche Krise geraten war und es sich bei der Corona-Pandemie um einen symmetrischen Schock handelt, der alle Mitgliedstaaten betrifft, erschien Italien nun in einem positiven Licht, und zwar so sehr, dass man sich noch immer die Augen reiben muss: Der „Problemfall Italien“, der allenfalls noch Reaktionen vom Kopfschütteln über Achselzucken bis hin zu süffisantem Lächeln hervorrief, wurde unversehens bestaunt und bisweilen sogar als Vorbild dargestellt. Im September 2021 titelte die Frankfurter Allgemeine Zeitung: „Anleger, schaut auf Italien!“. Darin lässt sich der Investmentbanker Florian Hense mit den Worten zitieren: „Die Voraussetzungen für eine Wende in Italien sind viel besser als in den vergangenen Jahrzehnten“ (Scherff 2021).[5] Unter dem Titel „Das große Comeback Italiens“ berichtete Die Welt im Oktober 2021 vom italienischen „Erholungskurs“, während Deutschland mit hoher Teuerungsrate und niedrigem Wirtschaftswachstum zu kämpfen hatte (Kirst 2021a). Auch das ZDF attestierte Italien eine fulminante Entwicklung „vom ‚kranken Mann Europas‘ zum Vorreiter“ (Pieper 2021). Selbst in der Corona-Politik wurde zuerst in den deutschen Medien diskutiert, ob der harte italienische Kurs, der unter anderem die 3G-Regelung zur Voraussetzung dafür machte, weiter seiner Arbeit nachgehen zu können, für Deutschland als Blaupause dienen könnte (Wermke 2021), bevor auch die deutsche Politik schließlich die 3G-Regel am Arbeitsplatz zur Pflicht machte. Und auch zum Umgang mit den steigenden Energiekosten hieß es auf einmal: „Italien handelt, Deutschland schaut zu“ (Kirst 2021b).

Als Wendepunkt in der Wahrnehmung Italiens muss der Regierungswechsel vom Ministerpräsidenten Giuseppe Conte zur (Quasi-)Allparteienregierung unter Mario Draghi angesehen werden. Angesichts drohender Neuwahlen in einer diffizilen Phase der Pandemie und laufender Verhandlungen mit der Europäischen Kommission über den italienischen Aufbauplan hatte Staatspräsident Sergio Mattarella als ultima ratio den ehemaligen Chef der Europäischen Zentralbank im Februar 2021 mit der Regierungsbildung beauftragt. Draghi vermochte es, innerhalb kürzester

---

5 Vgl. hierzu auch die Analysen des Osservatorio sullo stato dell'Informazione e della Communicazione Italo-Tedesca (IISG 2021a/b).

Zeit eine Art Regierung der nationalen Einheit, bestehend aus externen Fachleuten in der ersten und Vertretern nahezu aller relevanten Parteien (mit Ausnahme der in der Opposition verbliebenen Fratelli d'Italia) in der zweiten Reihe zu formen.[6] Der jetzige Ministerpräsident gilt als Fachmann für Wirtschaft und Finanzen, als auf europäischer Ebene exzellent vernetzt und verlässlicher Partner in der Europäischen Union. Ihm wurde sofort zugetraut, die Probleme Italiens anzupacken und das europäische Wiederaufbauprogramm NextGenerationEU dafür zu nutzen, tiefgreifende Reformen in Italien umzusetzen und nachhaltiges Wirtschafts- und Beschäftigungswachstum zu generieren. Regelmäßig wird er in der italienischen ebenso wie in der internationalen Presse als „Super-Mario“ bezeichnet.

Von „zum Tode betrübt“ zu „himmelhoch jauchzend“. From Zero to Hero. Solch radikale Stimmungsumschwünge in der Beurteilung der drittgrößten Volkswirtschaft der Europäischen Union mit knapp 60 Millionen Einwohnern mögen zurecht Skepsis auslösen. Und tatsächlich handelt es sich um Zerrbilder. Bei genauerer Betrachtung zeichnet sich – wenig überraschend – ein differenzierteres, vielfältigeres Bild: Weder war vor der Regierungsübernahme durch Draghi alles ausnahmslos schlecht, noch wird Draghi als Ministerpräsident innerhalb kürzester Zeit alle Probleme Italiens lösen können (siehe hierzu vertiefend Labitzke und Grasse in diesem Band). Der vorliegende Beitrag versucht eine erste Einordnung der Entwicklung Italiens seit der Amtsübernahme Mario Draghis. Dabei geht er auf innenpolitische Entwicklungen ebenso ein wie auf die veränderte Rolle des Landes auf europäischer Ebene, insbesondere im Verhältnis zu Frankreich und Deutschland.

2. Der Blick nach innen: erste Ergebnisse der Regierung Draghi

Da das italienische Parlament Anfang 2021, also knapp drei Jahre nach seiner Konstituierung, durch Parteiabspaltungen, Fraktionswechsel und -ausschlüsse kaum mehr die Kräfteverhältnisse der Parteien bei der Wahl 2018 und mithin den Wählerwillen widerspiegelte, wie nicht nur zwischenzeitliche Ergebnisse bei Regional- und Kommunalwahlen, sondern auch sämtliche Umfragen offenbarten, bedurfte es legitimatorisch triftiger Gründe, von Neuwahlen abzusehen. Diese sah Staatspräsident Mattarella erstens in der konsequenten Bekämpfung der Corona-Pandemie und zweitens in

6 Die Schlüsselressorts Wirtschaft und Finanzen, Justiz, Inneres, ökologische Transformation, Infrastruktur, Digitalisierung sowie Bildung, Wissenschaft und Forschung besetzte Draghi mit parteilosen Experten seines Vertrauens.

der Notwendigkeit, den ökonomischen und sozialen Wiederaufbau Italiens im Rahmen des europäischen Programms NextGenerationEU rasch organisieren und die hierfür notwendigen finanziellen Mittel sichern zu müssen. Damit war der doppelte Auftrag für Mario Draghi definiert und kommuniziert. Gleichzeitig musste beziehungsweise muss seine Regierung zeitnah konkrete Erfolge vorweisen, ist sie doch dringend auf die daraus resultierende Output-Legitimation angewiesen.

2.1 Piano Nazionale di Ripresa e Resilienza (PNRR): NextGenerationItalia[7]

Die Bedeutung der Hilfen aus der Aufbau- und Resilienzfazilität (ARF) für Italien (wie auch alle anderen Staaten des „mediterranen Modells") ist tatsächlich enorm und ermöglicht erstmals wieder mittel- und langfristige Politik: „In den südeuropäischen Mitgliedstaaten etwa werden die ARF-Mittel über ein Viertel der öffentlichen Investitionen im Zeitraum von 2021–2026 ausmachen, während sie in den nordeuropäischen EU-Ländern nur etwa 2,5 Prozent betragen" (Heise 2021: 7f.). Mit 191,5 Milliarden Euro allein aus der ARF, 11,34 Milliarden aus der „Aufbauhilfe für den Zusammenhalt und die Gebiete Europas" (REACT-EU) und weiteren Milliarden aus den übrigen Programmen ist Italien in absoluten Zahlen der größte Empfänger der europäischen Finanzhilfen aus NextGenerationEU in Höhe von 750 Milliarden Euro (in Preisen von 2018), wobei 122,6 Milliarden in Form von Krediten und 68,9 Milliarden als Zuschuss gewährt werden; nur Spanien erhält einen noch etwas höheren Zuschuss. Allerdings liegt Italien damit „im Verhältnis zur Wirtschaftsleistung (4,5 %) deutlich hinter einigen süd- und osteuropäischen Staaten, weil der Kalkulationsschlüssel neben der Betroffenheit durch die Krise auch das Wohlstandsniveau berücksichtigt" (Keller 2021: 23f.). Gleichwohl hat der europäische Wiederaufbauplan in Italien den über Parteigrenzen hinweg sehr kritischen Blick auf Italiens Mitgliedschaft in der Europäischen Union und der Eurozone zum Positiven beeinflusst, wobei insbesondere die rechte Lega (zumindest temporär) einen gewissen Positionswechsel vornahm und Teil der Regierung wurde.

Der nationale Aufbau- und Resilienzplan Italiens adressiert nahezu alle wichtigen Problemfelder des Landes (siehe hierzu vertiefend Labitzke und Grasse in diesem Band). Bei der Erstellung desselben startete die Regierung Draghi allerdings nicht bei Null, sondern knüpfte an den Plänen der

7 Dieser Abschnitt entstammt in Teilen Grasse / Labitzke 2021.

Regierung Conte II an: „Inhaltlich übernahm die neue Regierung (…) in Grundzügen den in der zweiten Jahreshälfte 2020 gemeinsam mit den Sozialpartnern und Institutionen erarbeiteten Plan“ (Keller 2021: 24). Ohne nennenswerte öffentliche politische Diskussion wurde dieser dann im Top-down-Verfahren beschlossen und fristgerecht zum 30. April 2021 in Brüssel eingereicht. Bereits am 22. Juni 2021 wurde er von der Europäischen Kommission gebilligt, wobei Italien, anders als etwa Frankreich und Deutschland, auch die von der ARF vorgesehenen Darlehen in Anspruch nimmt. Ergänzt werden die europäischen Hilfen durch weitere Milliarden aus nationalen Haushaltsmitteln, sodass sich die Investitionen auf etwa 248 Milliarden Euro summieren, wovon 182,7 Milliarden zusätzlichen Charakter haben.

Entlang der europäischen Vorgaben entwickelt der nationale Wiederaufbauplan Italiens dabei sechs Schwerpunkte zur Verwendung der Mittel: 1) Digitalisierung, Innovation, Wettbewerbsfähigkeit, Kultur und Tourismus, 2) Grüne Revolution und ökologischer Wandel, 3) Infrastruktur für nachhaltige Mobilität, 4) Bildung und Forschung, 5) Inklusion und Zusammenhalt sowie 6) Gesundheit (Governo Italiano 2021a). 37 % der Mittel fließen entsprechend den Bestimmungen aus Brüssel in den Klimaschutz, wobei 12,1 Milliarden Euro für die Verbesserung der Energieeffizienz von Wohngebäuden vorgesehen sind, 32,1 Milliarden für nachhaltige Mobilität und 13,4 Milliarden für die Förderung der Digitalisierung von Unternehmen, weitere 11,2 Milliarden sind eingeplant zur Förderung erneuerbarer Energien und der Kreislaufwirtschaft. 25 % der Gelder entfallen auf den Bereich der Digitalisierung, wobei 13,4 Milliarden Euro privaten Unternehmen zugedacht sind und 6 Milliarden der öffentlichen Verwaltung, weitere 6,7 Milliarden für Ultrabreitbandtechnologie und 5G im Mobilfunknetz. Für den Bereich Bildung, Kinderbetreuung, Frauen, Jugend sowie aktive Arbeitsmarkt- und Beschäftigungspolitik sind insgesamt 26 Milliarden Euro bestimmt. Italien will kinder- und familienfreundlicher werden, nicht zuletzt um die niedrige Erwerbsquote von Frauen zu erhöhen. So sollen unter anderem mehr als 200.000 neue Kinderbetreuungsplätze geschaffen werden. Zu den jugendpolitischen Zielen gehört auch die Stärkung des dualen Bildungssystems, um so den Einstieg in das Berufsleben zu erleichtern. Bemerkenswert ist, dass Italien prozentual mehr als viele andere Staaten für den Bildungssektor ausgeben will. In Bezug auf die ökologische Transformation fällt der von Italien aufgewendete Anteil verglichen mit Deutschland ebenfalls höher aus. Zur generellen Modernisierung der öffentlichen Verwaltung und des Justizsystems sind 3,7 Milliarden Euro eingeplant. Für Verbesserungen im Gesundheitssektor, der jahrzehntelang folgenschwer kaputtgespart wurde, wie sich in der

Corona-Pandemie offenbarte (Prante et al. 2021), werden 15,6 Milliarden Euro bereitgestellt (Commissione Europea 2021). Die Regierung Conte II hatte hier deutlich weniger Mittel vorgesehen, was ihr massive Kritik eingetragen hatte. Zur Förderung des sozialen und territorialen Zusammenhaltes stehen 13,2 Milliarden Euro zur Verfügung. Damit sollen unter anderem der soziale Wohnungsbau und Dienstleistungen für Familien, Kinder und benachteiligte Personengruppen gefördert werden, ebenso wie Infrastrukturmaßnahmen in Süditalien und dort eingerichtete wirtschaftliche Sonderzonen. Dem Mezzogiorno sollen insgesamt 40 % aller Mittel aus NextGenerationEU zufließen, um die regionalen Disparitäten zu verringern, ergänzt um die Finanzhilfen aus den EU-Strukturfonds sowie dem nationalen Entwicklungs- und Kohäsionsfonds 2021–2027. Die Regierung Draghi nimmt sich mithin auch des lange Zeit vernachlässigten Themas der „inneren Einheit“ Italiens an. Dabei geht sie – sehr optimistisch – für den Süden von Wachstumsraten über dem nationalen Durchschnitt aus. Nach dem Best-Case-Szenario des nationalen Wiederaufbauplans soll der Anteil Süditaliens am Bruttoinlandsprodukt so von 22,0 (2019) auf 23,4 % (2026) steigen (Governo Italiano 2021a: 262).

Der italienische Wiederaufbauplan setzt dabei insgesamt stark auf Unternehmensanreize und die Förderung der Marktkräfte, etwa durch Deregulierung von Berufsfeldern und Stärkung der Wettbewerbsfähigkeit. So hebt der Plan unter anderem „darauf ab, durch ein Bündel von Maßnahmen, die die öffentliche Verwaltung, das Produktionssystem, den Tourismus und die Kultur betreffen, erhebliche Auswirkungen auf private Investitionen und die Attraktivität des Landes zu erzielen“ (Governo italiano 2021a: 84)[8]. Italien möchte sich insbesondere beim Green Deal an die Spitze Europas setzen, was angesichts der klimatischen, geografischen und topografischen Vulnerabilität (das Land kämpft immer wieder mit Überschwemmungen, Erdrutschen, Hitzewellen und Dürren) zwingend erscheint. Dabei soll die ökologische Transformation zur Stärkung des Industriesektors genutzt werden: „Die Regierung beabsichtigt, eine technologische und industrielle Führungsposition in den wichtigsten Transitionssektoren (Photovoltaik, Windräder, Hydrolyseure, Batterien) zu entwickeln, die auf internationaler Ebene konkurrenzfähig sind und es ermöglichen, die Abhängigkeit von importierten Technologien zu verringern, um Arbeitsplätze und Wachstum zu schaffen“ (Governo italiano 2021a: 21).

Die bereits eingeläutete Energiewende ist denn auch der wichtigste Teil des Aufbauplans der Regierung Draghi, neben dem massiven Ausbau

---

8 Übersetzung aus dem Italienischen hier wie im Folgenden durch die Verfasser.

der sonstigen Infrastruktur. Selbsterklärtes Ziel ist es, dergestalt an die sogenannte Wirtschaftswunderzeit der 1950er und 60er Jahre anzuknüpfen und im Gefolge der öffentlichen Investitionen und strukturellen Reformen auch für einen deutlichen Schub bei den privaten Investitionen zu sorgen. Eine ganze Reihe von Großprojekten ist geplant, insbesondere der Ausbau des Schienenverkehrs, mit der weiteren Erschließung Süditaliens durch Hochgeschwindigkeitsverbindungen sowie Trassen quer über den Apennin. Dabei geht es auch um die Verlagerung des Güterverkehrs weg von der Straße. Der Ausbau des öffentlichen Personennahverkehrs steht ebenfalls auf der Agenda.

Insgesamt erwartet die Regierung Draghi für Italien infolge des eigenen Wiederaufbauplans ein zusätzliches Wachstum von 0,7 % des Bruttoinlandsprodukts im Jahr 2021, 2 % 2022, 3 % 2023 und 3,1 % pro Jahr im Zeitraum 2024–2026 (Governo Italiano 2021a: 251ff.). Offen ist jedoch die Frage, ob tatsächlich ein nachhaltiger Umbau von Wirtschaft und Gesellschaft Italiens erfolgen wird oder nicht eher nur Modernisierungslücken geschlossen respektive längst überfällige Investitionen nachgeholt werden (Viesti 2021, Keller 2021). Auch bleibt abzuwarten, welche Politik die Regierung Draghi in der Arbeitsmarkt- und Sozialpolitik verfolgt.

Eine weitere Leerstelle im PNRR ist das komplizierte Verhältnis zwischen Zentralstaat, Regionen und Kommunen (Viesti 2021). Inzwischen scheint sich die Regierung Draghi jedoch bewusst zu sein, dass die Implementierung des Wiederaufbauplans entscheidend von den subnationalen Ebenen abhängt. Auf dem Verbandstag der italienischen Kommunen (ANCI) im November 2021 betonte Draghi, dass der Erfolg nicht nur in den Händen der nationalen Ministerien, sondern auch der Regionen und Kommunen liege, schließlich haben allein die italienischen Kommunen rund 50 Milliarden an Investitionsmitteln zu verausgaben. So sind etwa bis 2029 1,4 Milliarden Euro für die Instandsetzung von Brücken und bis 2036 2,7 Milliarden für den Schulbau sowie bis 2030 weitere 2 Milliarden zur Unterstützung der Provinzen und Città metropolitane vorgesehen. Überdies sind Hilfen für kleine Kommunen in Finanznöten und Gemeindeverbände in den Bergregionen eingeplant. Vor allem sollen die Kommunen gezielt bei der Umsetzung des PNRR unterstützt werden, etwa durch erleichterte Auftragsvergabe, einfachere Personalrekrutierung und die Unterstützung durch gut 1000 Experten (Cottone 2021).

Die italienischen Regionen indes warnen die nationale Regierung davor, Kompetenzkonflikte zu befördern, insbesondere mit Blick auf die territoriale Entwicklung, welche in ihre Zuständigkeit fällt. Zudem fordern sie einen Sitz in den interministeriellen Ausschüssen für ökologischen und digitalen Wandel (Conferenza delle Regioni e delle Province autonome

2021). Die Regierung Draghi hat zur Umsetzung des PNRR im November 2021 deshalb schließlich auf nationaler Ebene einen permanenten „Runden Tisch der wirtschaftlichen, sozialen und territorialen Partnerschaft" eingerichtet. Das wurde auch von den Gewerkschaften begrüßt, diese warten allerdings noch immer auf die im Mai 2021 im Gesetzesdekret zur Governance des Wiederaufbauplans[9] (inzwischen als Gesetz Nr. 108/2021 verabschiedet) angekündigte weiterführende Vereinbarung zwischen der Regierung und den Sozialpartnern, welche alle mit der Umsetzung des PNRR betrauten Behörden dazu verpflichtet, die ökonomischen, sozialen und territorialen Auswirkungen der PNRR-Projekte gemeinsam zu erörtern. Gleiches gilt hinsichtlich der Leitlinien für die Sozialklausel zugunsten von Frauen und Jugendlichen, mit denen sichergestellt werden soll, dass jeweils 30 % der durch den PNRR entstehenden Arbeitsplätze tatsächlich mit Frauen beziehungsweise Jugendlichen besetzt werden (CGIL 2021).

2.2 *Umgesetzte und auf den Weg gebrachte Reformen*

Nach der Ausarbeitung des italienischen Wiederaufbauprogramms wurden seitens der Regierung Draghi indes bereits einige Reformen zu dessen Umsetzung in Angriff genommen. Dazu gehören insbesondere solche zur Modernisierung des italienischen Justizwesens, eine Aufgabe, an der sich schon verschiedene Regierungen versuchten – bisher jedoch ohne durchschlagenden Erfolg. Die Dauer italienischer Gerichtsverfahren ist sehr lang. Im Zivilrecht sorgt dies für Rechtsunsicherheit, da auch rechtmäßige Ansprüche nicht in angemessener Zeit auf juristischem Wege durchgesetzt werden können, im Strafrecht besteht die Gefahr von übermäßig langer Untersuchungshaft und Verjährungen. Strafprozesse in der ersten Instanz dauern im Schnitt 478 Tage, bei Durchlaufen aller drei Instanzen bis zur Rechtskräftigkeit beläuft sich die Verfahrensdauer auf durchschnittlich knapp fünf Jahre, bei Zivilprozessen auf knapp sieben Jahre. Der Europäische Gerichtshof für Menschenrechte verurteilte Italien bereits mehr als 1.200 Mal wegen extremer Dauer von Gerichtsverfahren (Rüb 2021). Der damit einhergehende Mangel an Rechtssicherheit und Rechtsfrieden stellt nicht zuletzt für ausländische Investoren ein Hemmnis dar. Entsprechende Justizreformen gehören deshalb zu den von der Europäischen Kommissi-

9 Organisationsmodelle, Leitlinien und Verfahrensweisen zur Sicherstellung der Umsetzung des PNRR und der Erreichung der gesetzten Ziele sowie der Einhaltung der festgelegten Zeiträume.

on im Zusammenhang mit der Auszahlung der Finanzhilfen aus dem europäischen Wiederaufbauprogramm zu erfüllenden Auflagen, und auch die italienische Regierung stellt in ihrem Wiederaufbauplan fest: „Die Effizienz des Justizsektors ist eine unabdingbare Voraussetzung für die wirtschaftliche Entwicklung und für ein reibungsloses Funktionieren des Marktes" (Governo italiano 2021a: 52).

Im September 2021 wurde zunächst die nach der Justizministerin Marta Cartabia benannte Reform des Straf- und des Strafprozessrechts verabschiedet. Die Reform basiert auf einem Entwurf der Regierung Conte II, der unter der neuen Regierung Draghi jedoch so modifiziert wurde, dass er in beiden Parlamentskammern konsensfähig wurde. Die Reform soll die Verfahrensdauer durch Straffung, Digitalisierung und eine Obergrenze verkürzen (vgl. im Detail: Servizi Studi 2021a). Ob die Ziele wirklich erreicht werden, muss der Praxistest zeigen. Zudem enthält das Gesetz eine Reihe von Regelungsbevollmächtigungen, welche die Regierung noch per Dekret ausfüllen muss – eine nicht triviale Bedingung angesichts der schnell wechselnden Regierungen in Italien und der Anfang 2023 endenden Legislaturperiode. Die Reform der Zivilprozesse folgte im Dezember 2021. Auch hier sollen Verfahren vereinfacht, Doppelzuständigkeiten aufgelöst (etwa durch die Einführung von Familiengerichten) und letztlich die Dauer von Verfahren reduziert werden. Da es sich jedoch um ein Delegationsgesetz (legge delega) handelt, das zwar einen inhaltlichen Rahmen vorgibt, aber die Ausgestaltung der Reform der Regierung überträgt, bedarf es hier noch entsprechender Gesetzesdekrete seitens der Exekutive. Das Delegationsgesetz räumt der Regierung dafür eine Frist von einem Jahr ein (vgl. im Detail: Servizi Studi 2021b).

Ebenfalls auf den Weg gebracht wurden Reformen in der Renten- und Familienpolitik sowie eine kleinere Steuerreform. In der Rentenpolitik strebt Draghi an, Möglichkeiten zum abschlagsfreien Rentenbezug vor der regulären Altersgrenze von 67 Jahren schrittweise abzuschaffen. Bisher können langjährig Versicherte die volle Rente vor dem 67. Lebensjahr beziehen, wenn sich ihr Lebensalter und ihre Beitragszeiten auf die sogenannte „Quota 100" addieren, eine Regelung, die erst von der Regierung aus MoVimento 5 Stelle und Lega (Conte I) eingeführt worden war. Draghi möchte diese Grenze sukzessive anheben. Für das Jahr 2022 wurde die Quote zunächst auf 102 erhöht. Eine längerfristige Reform ist weiterhin in der Diskussion.

Als wichtiger Baustein in der Sozialpolitik ist der indes beschlossene Umbau der Familien- beziehungsweise Kinderhilfen in Italien zu verstehen. Als Land mit der zweitältesten Bevölkerung der Welt (nach Japan) soll den Problemen des demografischen Wandels auch mit einer Politik zur Erhöhung der Geburtenrate begegnet werden. Ein im Dezember 2021 vom Parlament bestätigtes Gesetzesdekret sieht ein generelles, einkommensabhängig gestaffeltes Kindergeld vor, welches das bisherige System unterschiedlicher Zuschüsse vereinfachen und zugleich finanziell ganz erheblich, nämlich um rund 50 %, ausweiten soll. Die hierfür geplanten Aufwendungen belaufen sich nach Angaben des Familienministeriums für das Jahr 2022 auf etwa 15 Milliarden Euro, sollen aber nicht über NextGenerationEU, sondern durch Einsparungen an anderer Stelle und (in geringem Umfang) durch Kredite finanziert werden[10] (Schubert 2021a, Ministero dell'Economia e delle Finanze 2022a).

Im Rahmen des Haushaltsgesetzes für 2022 wurden zudem einige steuerpolitische Reformen verabschiedet. Die Besteuerung der Produktionsfaktoren soll reduziert und damit Wachstum begünstigt werden. Zudem soll das Steuerwesen insgesamt wieder systematischer und kohärenter werden. So wurde unter anderem der Einkommenssteuertarif für mittlere Einkommen abgesenkt und damit der Verlauf der Grenzbesteuerung geglättet, was zu Steuererleichterungen von 7 Milliarden Euro führen soll. Auch sind physische Personen (Selbstständige und Freiberufler) ab 2022 von der regionalen Wertschöpfungssteuer IRAP ausgenommen, was die Steuerlast um 1 Milliarde Euro senken dürfte (Ministero dell'Economia e delle Finanze 2022b, Gavelli 2021).

In der Gesundheitspolitik verfolgt die Regierung Draghi konsequent Maßnahmen, die zu einer Erhöhung der Quote der gegen Covid-19 Geimpften führen sollen. Bereits im Frühjahr 2021 wurde in Italien eine Impfpflicht in Pflegeberufen eingeführt (98 % des Personals sind inzwischen geimpft), welche infolge eines Gesetzesdekrets mit Wirkung zum 15. Dezember 2021 auf Schulpersonal, Polizei, Militär, Rettungskräfte und Angestellte in der Gesundheitsverwaltung ausgeweitet wurde. Der Impffortschritt ist in Italien – auch aufgrund der vergleichsweise frühen Einführung der 3G-Regelung (Green Pass) am Arbeitsplatz, welche zunächst auf Fernzüge und Fernbusse und schließlich auch auf Hotels und den öffentlichen Nahverkehr ausgedehnt wurde (mit entsprechend wirksamen Kontrollen und Sanktionen bei Zuwiderhandlung) – wesentlich größer als in Deutschland: Die Quote der (mindestens einmal) Geimpften betrug in Italien Mitte Januar 2022 rund 82 %, wohingegen in Deutschland lediglich

10 Bis zu einem jährlichen gewichteten Haushaltseinkommen (Indicatore della situazione economica equivalente) von 15.000 Euro sind pro Monat 175 Euro für das erste Kind vorgesehen, bei einem gewichteten Haushaltseinkommen von mehr als 40.000 Euro soll das Kindergeld für das erste Kind noch 50 Euro betragen. Aufschläge sind etwa ab dem dritten Kind, für Kinder mit Behinderungen oder bei Berufstätigkeit beider Elternteile vorgesehen.

knapp 75 % erreicht wurden (Our World in Data 2022). Am 6. Dezember 2021 wurde in vielen Teilen des öffentlichen Lebens die 2G-Regel (Super Green Pass) wirksam, die zum 10. Januar 2022 nochmals ausgeweitet wurde. Ab Mitte Februar 2022 soll die Impfpflicht auf alle Personen ab 50 Jahren ausgeweitet werden; für Ungeimpfte über 50 gilt dann auch ein Arbeitsverbot. Trotz einiger Proteste genießt der rigide Kurs der Regierung große Zustimmung in der Bevölkerung: Zwei Drittel befürworten die Impfpflicht für die Über-50-Jährigen, nur 16 % halten die Anti-Corona-Maßnahmen der Regierung für zu streng, 27 % bezeichnen sie als adäquat und 49 % würden sogar noch strengere Regulierungen befürworten (SWG 2022).

Zieht man eine Zwischenbilanz zur Politik der Regierung Draghi, lässt sich sagen, dass diese in ihrem ersten Jahr insgesamt erfolgreich gearbeitet hat. Der Ministerpräsident selbst stellte sich und seiner Regierung anlässlich der in Italien zum Jahresende üblichen Pressekonferenz zurecht ein gutes Zeugnis aus und erklärte die drei Hauptziele seiner Regierung für erfüllt: Pandemiebekämpfung, Verabschiedung des PNRR und Erreichung der zur Sicherung der Mittel aus dem europäischen Wiederaufbauplan für 2021 mit der Europäischen Union vereinbarten 51 Zielvorgaben.

Wahr ist allerdings auch, dass Ende 2021 zunehmend Risse innerhalb der „Koalition der nationalen Einheit" sichtbar wurden. Die Aushandlungsprozesse gestalteten sich stetig schwieriger und mithin langwieriger. Neben dem MoVimento 5 Stelle versuchte auch die Lega an Einfluss zu gewinnen. Draghi sah sich zuletzt gezwungen, stärker auf die Interessen der ihn tragenden Parteien Rücksicht zu nehmen und mehr Kompromisse einzugehen. So blieb auch das Haushaltsgesetz deutlich hinter den Erwartungen zurück, statt einer umfassenden Steuerreform wurden, wie bereits skizziert, nur kleinere Korrekturen vorgenommen. Draghi schien Ende 2021 angekommen zu sein in den Niederungen der italienischen Politik.

Es ist unübersehbar, dass bekannte Muster des italienischen Politikbetriebes unverändert greifen. So kann selbst ein Mario Draghi bei der Gesetzgebung offenkundig nicht auf das in der Zweiten Republik insgesamt übermäßig gebrauchte Instrument der Vertrauensfrage[11] verzichten. Allein zwischen Februar 2021 und Anfang August 2021 verknüpfte der italienische Ministerpräsident seine Politik zur Bekämpfung der Covid-19-

11 In der seit 2018 laufenden Legislaturperiode rekurrierte die Regierung Conte I 15 Mal auf die Vertrauensfrage, die Regierung Conte II sogar 39 Mal, bei insgesamt 208 verabschiedeten Gesetzen. Sämtliche Regierungen (von Berlusconi über Monti, Letta, Renzi, Gentiloni und Conte bis hin zu Draghi) nutzten das Vertrauensvotum durchschnittlich 1-3 Mal pro Monat, wobei die Regierungen Renzi und Conte II besonders herausstechen (Openpolis 2021).

Pandemie, ebenso wie zur Umsetzung seines Regierungsprogramms, zwölf Mal damit, davon in drei Fällen (zwei Mal bei pandemiebedingten Finanzhilfen und ein Mal zur Governance des PNRR) in beiden Parlamentskammern. Dergestalt lassen sich legislative Verfahren erheblich abkürzen, da Änderungsanträge nicht zulässig sind. Wo in manchen Fällen pandemiebedingter Notlagen sicher schnell gehandelt werden musste, sind doch nicht alle durchgesetzten Vorhaben unmittelbar eilbedürftig gewesen, wie etwa die bereits erwähnte Justizreform. Bei der Verabschiedung der Governance-Verfahren der verschiedenen Fonds des PNRR und der Vereinfachung von Verwaltungsverfahren fehlten der Regierung (trotz Vertrauensfrage) mehr als ein Dutzend Stimmen aus den Regierungsfraktionen, nicht nur, aber vor allem aus der Fraktion der Fünf-Sterne-Bewegung. Trotz breiter, aber eben doch sehr heterogener Parlamentsmehrheit und trotz der persönlichen Autorität Draghis ist die Disziplinierung des Parlaments durch die Vertrauensfrage somit in Italien weiterhin Realität und mithin ein Ende des „Regierens im Ausnahmezustand“ nicht absehbar.

Eindrückliches Zeugnis des anhaltenden politischen Ausnahmezustands war auch die quälend lange Wahl des Staatspräsidenten vom 24. bis 29. Januar 2022, an deren Ende nur mit Mühe und Not der Status quo erhalten werden konnte, sprich: der Verbleib Sergio Mattarellas und Mario Draghis in ihren jeweiligen Ämtern als Staats- beziehungsweise Regierungschef. Nachdem die Parteigranden sich über sieben Wahlgänge hinweg nicht auf eine Nachfolge für Mattarella hatten einigen können und zugleich der Wunsch der Wahlversammlung nach einer zweiten Amtszeit unübersehbar geworden war, baten schließlich sowohl Draghi als auch die Fraktionsvorsitzenden der Regierungskoalition in Abgeordnetenkammer und Senat, gemeinsam mit den Präsidenten der Regionen, Sergio Mattarella darum, sich für eine Wiederwahl zur Verfügung zu stellen, was dieser angesichts der krisenhaften Umstände – und entgegen mehrfach öffentlich bekundeter eigener juristischer und persönlicher Überzeugung[12] – allein aus Staatsraison und Verantwortungsbewusstsein akzeptierte. Die Wahl des Präsidenten der Republik legte nicht nur abermals die Zersplitterung und Zerstrittenheit der italienischen Parteien und die Schwäche ihres Führungspersonals offen. Sie unterstrich auch die politische Fragilität,

12 Eine ganz ähnliche Situation hatte es bereits 2013 gegeben, als Giorgio Napolitano als erster Staatspräsident auf Ersuchen der Parteien, angesichts eines politischen Patts und einer drohenden Systemkrise, einer zweiten Amtszeit zustimmte. Das seinerzeitige Monitum Napolitanos gegenüber den Parteien, dass es Reformen bedürfe, die eine Wiederholung dessen ausschließen, ist jedoch offenkundig verpufft. Die italienische Verfassung sieht in Art. 85 eine siebenjährige Amtszeit vor, schließt aber eine Wiederwahl nicht explizit aus.

durch die Italien plötzlich wieder vom europäischen „Musterschüler" zum „Problemfall" zu werden drohte. Die Wiederwahl Mattarellas (mit Dreiviertelmehrheit im achten Wahlgang) hat diese Gefahr erst einmal gebannt. Italien hat die Stabilität, die es dringend braucht, und das nicht nur an der Spitze des Staates, sondern auch an der Spitze der Regierung. Obzwar die Parteien zunächst ihre Macht insofern demonstriert haben, als sie Draghis Ambitionen, vom Palazzo Chigi in den Quirinalspalast zu wechseln, durchkreuzten (lediglich beim Partito Democratico fand Draghi Unterstützung für sein Vorhaben), waren sie letztlich doch die großen Verlierer[13], da zugleich ihre Abhängigkeit von Mario Draghi offenkundig wurde, denn außer ihm ist zurzeit augenscheinlich niemand in der Lage, den Fortbestand der Regierung zu gewährleisten und mithin vorgezogene Neuwahlen zu vermeiden. Dementsprechend gestärkt hat der Ministerpräsident nun die Möglichkeit, seinen Reformkurs zumindest bis zum Beginn des Wahlkampfes zur Parlamentswahl im Frühjahr 2023 konsequent weiterzuverfolgen.

Das bedeutet auch eine Fortführung des deutlichen Wandels im Bereich der politischen Kommunikation, den Italien mit Mario Draghi erlebt. Wo eine gegenüber seinen Amtsvorgängern Silvio Berlusconi und Matteo Renzi wie auch der Regierung Conte I – verkörpert durch Luigi di Maio (MoVimento 5 Stelle) und Matteo Salvini (Lega) – sehr stark zurückgenommene Art als wohltuend und zielführend bewertet werden kann (im Sinne einer Beruhigung des politischen Betriebs und der Abkehr von einem über soziale Medien geführten populistischen „Dauerwahlkampf"), besteht die Kehrseite der Medaille jedoch in einer starken Exekutivlastigkeit, einem hierarchisch-direktiven, bisweilen wenig erklärenden Regierungsstil und geringer öffentlicher Debatte, und das nicht nur in innen-, sondern auch in außenpolitisch wichtigen Fragen.[14]

3. Der Blick nach außen: Partnerland Italien

Die politische und ökonomische Relevanz Italiens scheint in Deutschland mit der Covid-19-Pandemie und der Regierung Draghi nun allmählich

---

13 Dies gilt nochmals mehr für die Parteien des Mitte-rechts-Lagers, da deren Versuch, die Senatspräsidentin Maria Elisabetta Alberti Casellati (Forza Italia), im Alleingang zur Staatspräsidentin zu küren, im sechsten Wahlgang krachend scheiterte.

14 So blieb etwa in Bezug auf den italienisch-französischen Freundschaftsvertrag (Quirinal-Vertrag, vgl. näher 3.2 sowie den Beitrag von Darnis in diesem Band) das italienische Parlament, welches diesen letztlich ratifizieren muss, bis zur Unterzeichnung vollkommen außen vor.

wieder in ein breiteres öffentliches Bewusstsein zu dringen. Dabei wird das Land nicht mehr allein auf die Rolle des „Problemfalls“ für die Eurozone und die Dublin-Regeln reduziert. Stattdessen sieht auch die Politik in Brüssel und Berlin die mit der Regierung Draghi heraufgezogenen neuen „italienischen Verhältnisse“ und die daraus resultierenden europapolitischen Chancen. Ein neuer Enthusiasmus ist dabei gut, Euphorie allerdings fehl am Platz, denn eine Überhöhung der derzeitigen Lage schafft nur neue Zerrbilder.

3.1 Neue Sachlichkeit und Offenheit gegenüber Italien angesichts persistierender Risiken

In Bezug auf Italien ist vielmehr ein nüchterner, realitätsnäherer, aber auch konstanterer Blick dringend geboten, ebenso wie ein deutlich aufgeschlossenerer Umgang gegenüber Rom Not tut, und zwar jenseits parteipolitischer Konstellationen und Regierungswechsel und ohne „jahreszeitliche Stimmungsschwankungen“. Wo in Berlin jahrelang ein überwiegend situativer Umgang mit Italien dominierte, bedarf es im deutsch-italienischen Verhältnis endlich einer langfristigen Strategie. Die bilateralen Beziehungen waren über viele Jahre hinweg kompliziert, ganz besonders in der Phase der gelb-grünen Regierung Conte I und zu Beginn der Corona-Pandemie, als es an deutscher und europäischer Solidarität gegenüber Italien mangelte. Brücken bauten dabei immer wieder die Staatsoberhäupter beider Länder, auch indem sie zuletzt eigene Initiativen ergriffen, wie die Förderung von Kooperationsprojekten im Bereich der Kommunalpartnerschaften. Mit dem Amtsantritt Draghis wuchs dann auch wieder auf Seiten der deutschen Regierung das politische Interesse an Rom und es entstand eine Art neuer Harmonie. Allerdings wird der jetzige Honeymoon auf höchster politischer Ebene nicht ewig währen, er könnte bereits mit dem nächsten Regierungswechsel in Italien zu Ende gehen.

Selbst wenn die Umstände für eine ökonomische Genesung Italiens zurzeit noch günstig erscheinen, da die expansive Geldpolitik der Europäischen Zentralbank erstmals von einer expansiven Fiskalpolitik flankiert wird, so taucht am Horizont die bange Frage auf, wie lange dies angesichts der in der Eurozone gerade anziehenden Inflation (+5 % im Dezember 2021) fortgeführt werden kann. Die von den Finanzministern der Mitgliedstaaten der Eurozone für 2022 erwartete Normalisierung der Teuerungsrate ist ungewiss. Der Druck auf die Europäische Zentralbank wächst. Ein Anstieg der Leitzinsen jedoch würde entsprechende Risiken für den Aufschwung in der Eurozone bedeuten, auch und gerade in Italien. Hinzu kommt, dass jenseits der konjunkturellen Entwicklungen für die Regierung in Rom noch eine Reihe strukturpolitischer Entscheidungen und einschneidender Reformen ausstehen (vgl. auch Labitzke und Grasse in diesem Band).

Zugleich ist die innenpolitische Situation Italiens komplizierter als es zurzeit vielleicht scheint. So zeigt etwa die Lega bereits gewisse Absetzbewegungen von der Regierung. Was bei den Parlamentswahlen 2023 oder gar bei vorgezogenen Neuwahlen in Italien passiert, ist nicht absehbar, zumal das Parteiensystem auf dem Apennin weiterhin instabil ist und die Volatilität der Wählerschaft dort so hoch wie in kaum einer anderen westlichen Demokratie. Einen Höhenflug erleben seit geraumer Zeit die rechtsnationalistischen Fratelli d'Italia als einzig echte verbliebene parlamentarische Opposition, die sich auch als einzige relevante Kraft gegen die Wiederwahl Mattarellas zum Staatspräsidenten aussprach. Mit 20,0 % Zustimmung war die Partei gemäß Umfragen Ende Januar 2022 zweitstärkste politische Kraft im Land, knapp hinter dem Partito Democratico (21,1 %) und der rechten Lega (18,3 %) (Termometro Politico 2022), im November 2021 lagen die Fratelli d'Italia in der Wählergunst gar auf Platz 1 (Turco 2021a). Das Vertrauen der Bevölkerung in Mario Draghi ist zwar vergleichsweise hoch. So erklärten Ende Oktober 2021 58 %, „viel" oder „ziemlich viel" Vertrauen in den jetzigen Ministerpräsidenten zu haben, womit Draghi 17 Prozentpunkte über seinem Vorgänger Giuseppe Conte lag (Balduzzi 2021).[15] Doch mit Giorgia Meloni gehört auch die Parteichefin der Fratelli d'Italia zu den beliebtesten Politkern Italiens (Turco 2021b). Um den auf nationale Souveränität setzenden Parteien weiteren Auftrieb zu geben, könnte es selbst ausreichen, dass die Regierung Draghi nur mäßigen Erfolg mit ihren Reformprojekten erzielt. Die Möglichkeit besteht, wie die letzten Bürgermeisterwahlen in Rom gezeigt haben, wo der Kandidat der Fratelli d'Italia, ungeachtet offenkundiger Nähe zum Faschismus und zahlreicher verbaler Entgleisungen, am 18. Oktober 2021 bei der Stichwahl knapp 40 % der Stimmen erzielen konnte (Wysling 2021). In der Region Marche bekleidet seit 2020 mit Francesco Acquaroli bereits ein enger Vertrauter Melonis das Amt des Regierungschefs.

Die in Italien über viele Jahre gewachsene Skepsis gegenüber der Europäischen Union ist nach wie vor beträchtlich und die Vorstellung „nationaler Souveränität" für viele Menschen offensichtlich attraktiv, wie verschiedene Studien zeigen. Das Verhältnis zur EU weist mehr als nur Schrammen auf (Grasse und Labitzke 2019): Lediglich 47 % der Bevölke-

15 Nur Staatspräsident Sergio Mattarella genießt ein noch höheres Vertrauen.

rung waren Anfang 2021 der Auffassung, die Zugehörigkeit ihres Landes zur Union sei „eine gute Sache" – und dies wohlgemerkt nachdem klar war, dass Italien einer der größten Nutznießer des europäischen Wiederaufbauplans NextGenerationEU sein würde. 24 % hielten die Mitgliedschaft weiterhin für eine „schlechte Sache" (Mancosu et al. 2021: 11).[16] 44 % der Ende 2020 in Italien Befragten konstatierten bezüglich der Euro-Mitgliedschaft ihres Landes mehr Nachteile als Vorteile, für nur mehr 25 % überwogen die Vorteile; 37 % vertraten sogar die Position, man solle den gemeinsamen Währungsraum verlassen (Braun et al. 2021: 10).[17] Der historische Vergleich zeigt, dass hier etwas gehörig ins Rutschen gekommen ist: Ende der 1980er Jahre hatten noch 83 % der Italiener die Mitgliedschaft in der Europäischen Gemeinschaft für eine „gute Sache" gehalten und nur 2 % fanden sie „schlecht" (Commission of the European Communities 1989: 83). Ab 2004 sank die Europabegeisterung Italiens bereits so deutlich, dass sich sogar der damalige Staatspräsident Ciampi öffentlich besorgt über die Integrationswilligkeit seines Landes gezeigt hatte. Die Europäische Union, die lange als Impulsgeberin zur Modernisierung für das politische, ökonomische und soziale System Italiens galt, wurde zunehmend als Hemmschuh für die eigene Entwicklung wahrgenommen. Der restriktive Einfluss europäischer Rechtsetzung und der Durchgriff auf nationale Handlungskompetenzen, etwa in der Folge des Fiskalvertrages, erzeugten nationale Souveränitätsreflexe.

Allerdings gibt es auch hier einen Silberstreifen am Horizont: So ist das Vertrauen in die Europäische Union unter der italienischen Bevölkerung zuletzt wieder gestiegen: Ende Oktober 2021 erklärten 55 % „viel" oder „ziemlich viel" Vertrauen in die Europäische Union zu haben, zwei Jahre zuvor waren es lediglich 42 % gewesen. Teil der Wahrheit ist aber auch, dass die Europäische Union dabei von einem derzeit in Italien insgesamt zu beobachtenden Trend eines Vertrauenszuwachses gegenüber nahezu sämtlichen öffentlichen Institutionen profitiert (Balduzzi 2021). Gleichwohl: Gemäß einem „Flash Eurobarometer" vom August 2021 gehört Italien zumindest zu den Mitgliedstaaten, in denen gut zwei Drittel der Bevölkerung (67 %) erwarten, dass NextGenerationEU als Programm helfen wird, die durch die Corona-Pandemie verursachten ökonomischen und sozialen Schäden zu bewältigen. Damit rangiert Italien auf Rang 6 der Skala,

---

16 Für Frankreich wurden ganz ähnliche Zahlen erhoben: 33 % erachteten die Mitgliedschaft in der Europäischen Union als „gut", 25 % als „schlecht". In Deutschland hingegen betrachten nur 16 % die Mitgliedschaft als „schlecht", 54 % hingegen als „gut" (Mancosu et al. 2021: 11).

17 In Deutschland waren 29 % derselben Meinung (Braun et al. 2021: 10).

hinter Portugal (75 %), aber noch vor Spanien (64 %), Frankreich (57 %) und Deutschland (52 %) (European Parliament 2021: 15).[18] Dabei ist das Vertrauen in die eigene Regierung bezüglich der richtigen Verwendung der zufließenden Mittel mit 47 % (EU-27-Durchschnitt: 44 %) genauso „hoch“ wie in Frankreich und nur geringfügig niedriger als in Deutschland (50 %) (European Parliament 2021: 20f.), was auch ein Ergebnis des „Draghi-Effekts“ sein könnte.

3.2 *Intensivierung und Strukturierung der Zusammenarbeit mit Deutschland und Frankreich*

Dementsprechend bedarf es in dieser historischen Situation vermehrter Anstrengungen, um das lange vernachlässigte deutsch-italienische Verhältnis zu verbessern und auf eine neue Grundlage zu stellen, damit es resilienter wird gegenüber kommenden Krisen. Hierzu könnte die bessere Strukturierung der bilateralen Zusammenarbeit einen wichtigen Beitrag leisten. Orientierungspunkte bietet die nach Jahren außenpolitischer Rivalität (etwa in Libyen) und erheblicher Differenzen (insbesondere während der Regierung Conte I) nun zwischen dem italienischen Ministerpräsidenten Draghi und dem französischen Staatspräsidenten Macron wiederauflebende italienisch-französische Kooperation. Das seit 2018 auf Initiative Macrons unter dem Arbeitstitel Quirinal-Vertrag (offiziell: Trattato tra la Repubblica Italiana e la Repubblica Francese per una cooperazione bilaterale rafforzata / Vertrag zwischen der Republik Italien und der Republik Frankreich für eine verstärkte bilaterale Zusammenarbeit) verhandelte Abkommen wurde am 26. November 2021 in Rom unterzeichnet und soll eine Art privilegierter Partnerschaft begründen, indem nicht nur die Prinzipien und Instrumente der vertieften Kooperation festgelegt werden, sondern auch ein jährliches Arbeitsprogramm entwickelt wird, das wiederum einer regelmäßigen Evaluation standhalten muss. Vorgesehen ist über die jährlichen Gipfeltreffen hinaus die regelmäßige Teilnahme (mindestens einmal pro Quartal) eines Regierungsmitglieds an den Kabinettssitzungen des jeweils anderen Landes. Zudem sollen vor jedem wichtigen EU-Gipfel bilaterale Konsultationen erfolgen, um nach Möglichkeit eine gemeinsame

18 42 % der in Italien Befragten erwarten sich durch NextGenerationEU positive Auswirkungen auf die eigene private und berufliche Situation, was bedeutet, dass man in Italien im Vergleich zu den anderen Mitgliedstaaten besonders große Hoffnungen an das Programm knüpft (European Parliament 2021: 25).

Position zu formulieren. Konflikte in den bilateralen Beziehungen, die es in den letzten Jahren mannigfaltig gab, sollen besser kanalisiert und konstruktiver verarbeitet werden. Das äußerst anspruchsvolle – in Anlehnung an den deutsch-französischen Élysée-Vertrag von 1963 und den Vertrag von Aachen 2019 konzipierte –, breit ausgestaltete Abkommen verfolgt dabei das Ziel, die außen-, sicherheits- und verteidigungs-, migrations-, industrie-, digitalisierungs-, klima- und energiepolitischen sowie die sozial- und sonstigen europapolitischen Initiativen beider Länder stärker zu koordinieren und ihnen so größeres Gewicht zu verleihen, auch und gerade im Sinne entsprechender Reformen und Programme in der Europäischen Union (Governo Italiano 2021c). Neben der Ambition, ein weiteres Kraftfeld für die europäische Integration zu bilden, hegen Rom und Paris den Anspruch, auch geopolitisch gemeinsame Vorstellungen und Politiken zu entwickeln, wobei dem Mittelmeerraum und dem nördlichen Afrika besonders Augenmerk gilt.[19] Für Italien bedeutet all dies nichts weniger als die Anerkennung der Augenhöhe zu Frankreich. Frankreich wiederum steht nun europapolitisch zunächst im Zentrum zwischen Italien und Deutschland. Italiens Regierung strebt allerdings auch mit Spanien und eben nicht zuletzt Deutschland ähnliche bilaterale Abkommen an.

Mit dem Antrittsbesuch von Bundeskanzler Olaf Scholz am 20. Dezember 2021 beim italienischen Ministerpräsidenten Mario Draghi in Rom, der unmittelbar auf die Antrittsbesuche in Paris und Warschau folgte (was bereits als wichtiges Symbol zu verstehen ist), hat die neue Bundesregierung die ausgestreckte Hand Italiens indes offiziell ergriffen und scheint die Gunst der Stunde nutzen zu wollen. Wie beide Regierungschefs in einer gemeinsamen Pressekonferenz verkündeten, wollen Italien und Deutschland künftig sehr eng zusammenarbeiten. Hierzu soll zunächst ein deutsch-italienischer „Aktionsplan“ entwickelt werden, um die bilaterale Kooperation 2022 rasch zu intensivieren und zu konkretisieren. Regierungskonsultationen, die es zuletzt 2016 in Maranello gegeben hatte, sollen folgen, sobald es pandemiebedingt möglich wird. Mehrere Ministerien, allen voran die Außenministerien und jeweiligen Botschaften, sollen umfassende Vorschläge zu Inhalten und Methodik der Kooperation erarbeiten. Wann und in welcher Form die Vereinbarungen letztlich ihren Niederschlag finden werden und ob daraus eine Art „Bellevue-Vertrag“

19 Der Quirinal-Vertrag enthält eine ganze Reihe weiterer Bereiche, darunter die Ausweitung der grenzüberschreitenden Zusammenarbeit, aber auch die Bildungs- und Forschungspolitik, kulturpolitische Aktivitäten und die Schaffung eines zivilen Freiwilligendienstes für Jugendliche beider Länder. Siehe vertiefend zum Quirinal-Vertrag Darnis in diesem Band, für eine Zusammenstellung der ersten Reaktionen in der deutschen Presse vgl. zudem Romano (2021).

entstehen wird oder lediglich ein „kleiner Freundschaftsvertrag" (Schubert 2021b, Tito 2021) im Sinne eines gemeinsamen Protokolls, ließen Scholz und Draghi noch offen (Die Welt, 20.12.2021). Beim Antrittsbesuch von Bundesaußenministerin Annalena Baerbock bei ihrem italienischen Amtskollegen Luigi Di Maio am 10. Januar 2022 in Rom war der „Aktionsplan" erneut Thema. Im Rahmen der gemeinsamen Pressekonferenz erklärte Di Maio, Italien strebe eine ehrgeizige Zusammenarbeit mit Deutschland an, die Zeit sei reif für eine strategische, strukturierte Kooperation. Baerbock ihrerseits bezeichnete ihren Besuch als „Startschuss, um unsere Partnerschaft auf eine neue Stufe zu heben". Neben der akuten Bekämpfung der Corona-Pandemie[20] wurden als prioritäre Kooperationsfelder zum einen die Migrations- und Asylpolitik ausgegeben, bei denen man in der Europäischen Union nun gemeinsam vorangehen will, und zum anderen die Bekämpfung des Klimawandels. Als weitere Handlungsfelder wurden die Wirtschafts- und Industriepolitik ausgemacht, wobei der italienische Außenminister betonte, dass Investitionen deutscher Unternehmen in Italien im Rahmen des nationalen Wiederaufbauplans ausdrücklich erwünscht seien. Auch außen- und sicherheitspolitisch will man gemeinsame Ziele verfolgen und sich dabei in den internationalen Organisationen besser abstimmen. Nicht zuletzt soll, wie Baerbock unterstrich, die bilaterale Zusammenarbeit jenseits der politischen Institutionen auch im Bereich der Zivilgesellschaft, Jugend, Bildung und Kultur verbreitert und stärker erfahrbar werden. (Phoenix, 10.1.2022) Dabei geht es beiden Seiten augenscheinlich um eine rasche Umsetzung, denn die Unterzeichnung des bilateralen Abkommens wurde von Di Maio bereits für Juni 2022 in Aussicht gestellt, wobei manches auf eine Vereinbarung deutlich unterhalb des französisch-italienischen Quirinal-Vertrages und des deutsch-französischen Élysée-Vertrages hinweist.[21] Angesichts der bestehenden Herausforderungen und der bereits realisierten französisch-italienischen Vorlage, wäre jedoch eher ein „großer Wurf" notwendig und deshalb wünschenswert.

Der Koalitionsvertrag der neuen deutschen Ampelregierung (unter dem Titel „Mehr Fortschritt wagen") war diesbezüglich enttäuschend, wenn

---

20 Außenministerin Baerbock lobte im Zuge dessen ausdrücklich Italiens Impfkampagne, von der man in Deutschland lernen könne, und plädierte angesichts der Einführung der italienischen Impfpflicht für die über 50-Jährigen auch für eine Impfpflicht in Deutschland.

21 Im Vorfeld ihrer Romreise hatte die deutsche Außenministerin in einem Interview mit der italienischen Tageszeitung La Stampa nicht nur die Wichtigkeit Italiens für Deutschland unterstrichen („In Rom haben wir Gleichgesinnte und Verbündete, die gemeinsam mit uns Verantwortung in Europa übernehmen"), sondern auch betont: „Mir ist wichtig, dass Deutschland, Italien und Frankreich sehr eng zusammenarbeiten" (Auswärtiges Amt, 10.1.2022).

man die vielen Leerstellen darin betrachtet. Das europäische Nord-Süd-Verhältnis gerät nicht einmal ins Blickfeld, Italien kommt gar nicht vor. Allein die deutsch-französischen Beziehungen und das Weimarer Dreieck werden explizit erwähnt. Zwar bekunden SPD, Grüne und FDP im Koalitionsvertrag die Absicht, die Europäische Wirtschafts- und Währungsunion „stärken und vertiefen" zu wollen, zugleich wird aber das Ziel solider, nachhaltiger Staatsfinanzen betont. Der Europäische Stabilitäts- und Wachstumspakt habe „seine Flexibilität bewiesen", ermögliche sowohl Schuldentragfähigkeit als auch Wachstum, müsse jedoch „einfacher und transparenter werden, auch um seine Durchsetzung zu stärken", wobei unklar bleibt, wie das gelingen soll. Die Ampelkoalitionäre machen die Tür für eine Reform zumindest ein Stück weit auf, wenn von der „Weiterentwicklung der fiskalpolitischen Regeln" unter Bezugnahme auf „nachhaltige und klimafreundliche Investitionen" die Rede ist. Hier ist jedoch die spannende Frage, wie diese Investitionen, ebenso wie die avisierte Investitionsoffensive für eine europäische digitale Infrastruktur, ein gemeinsames Eisenbahnnetz sowie eine Energieinfrastruktur für erneuerbaren Strom und Wasserstoff, finanziert werden sollen, wenn lediglich vage davon die Rede ist, dass „sowohl öffentliches als auch privates Kapital eine Rolle spielen sollen" und zugleich davon ausgegangen wird, dass NextGenerationEU als Programm einmalig bleibt. Bei seinem Besuch in Rom im Dezember 2021 hielt sich Bundeskanzler Scholz mit Blick auf all diese Fragen erwartungsgemäß an den Wortlaut des Koalitionsvertrages und betonte die Notwendigkeit, die bereits verfügbaren Finanzmittel erst einmal einzusetzen, räumte aber zumindest öffentlich weiteren Verhandlungsbedarf und auch Verhandlungsbereitschaft hinsichtlich der Flexibilität der europäischen Haushaltsregeln ein.

Sollte man aber nicht rasch konkrete Wege zur weiteren Finanzierung von öffentlichen Investitionen massiver Art finden, droht auf nationaler wie europäischer Ebene absehbar Ungemach. Denn fast alle Mitgliedstaaten der EU sind weit entfernt von der ehedem gesetzten Obergrenze einer Staatsverschuldung von 60 % ihrer Wirtschaftsleistung. Der erwartete Durchschnitt für die Eurozone lag für 2021 bei über 100 %. Gemäß der Vorausschau der Europäischen Kommission (Commissione Europea 2021) wird die Verschuldung Italiens auch im Jahr 2023 noch immer 151,0 % des Bruttoinlandsprodukts betragen und mithin 16,7 Prozentpunkte höher liegen als 2019, vor der Covid-19-Krise. In Italien, Frankreich und auch Spanien ist die Diskussion über die Zeit nach NextGenerationEU und die Reform des Europäischen Stabilitäts- und Wachstumspakts in vollem Gange. Man ist dort nicht mehr gewillt, fiskalpolitische Verantwortung nur noch durch die allzu schlichte Relation von Schulden zum Bruttoinlandsprodukt abzubilden. Die Regierung Draghi unterscheidet sich da nicht von ihren Vorgängern, wenn auch sie eine Anpassung des Regelwerks zugunsten nachhaltigen Wachstums und klimaschonender öffentlicher Investitionen anmahnt. Der italienische Ministerpräsident äußerte sich anlässlich der Unterzeichnung des erwähnten Quirinal-Vertrags zwischen Italien und Frankreich unmissverständlich: „Die Haushaltsregeln, wie sie bis zur Pandemie gegolten haben, waren ungenügend, es waren prozyklische Regeln und sie haben in mancherlei Hinsicht die vorhandenen Probleme eher verschärft als sie zu lösen. Eine Überarbeitung wäre damals schon nötig gewesen, heute ist sie unumgänglich“ (Il Sole 24 Ore, 26.11.2021). Rom und Paris haben indes offiziell ihren Gestaltungsanspruch erhoben, denn Draghi formulierte explizit, dass beide Staaten vorangehen wollen, wenn es darum geht, mit und in der Europäischen Union „die Vergangenheit zu korrigieren“ und die „Zukunft mit neuen Regeln zu gestalten” (IISG 2021b).[22]

Auch die Europäische Kommission schreckt vor einer raschen Rückkehr zu den bisherigen Regelungen zurück, um den wirtschaftlichen Aufschwung nicht zu gefährden und die notwendigen immensen Investitionen zur Erreichung der Klimaziele zu ermöglichen. Dass dies mit dem Europäischen Stabilitäts- und Wachstumspakt in seiner jetzigen Form gelingt, scheint man in Brüssel zu bezweifeln. Rückendeckung erhält die Europäische Kommission dafür unter anderem vom Internationalen Währungsfonds, der für eine Reform des bis Ende 2022 pandemiebedingt ausgesetzten europäischen Regelwerks zur Verschuldung plädiert. Das französische Finanzministerium wünscht sich, grüne Investitionen nicht auf das jährliche Defizit von maximal 3 % anzurechnen, hält das 60 %-Ziel für obsolet und fordert größere Flexibilität beim Schuldenabbau (Greive et al. 2021). Auch Ökonomen des Europäischen Stabilitätsmechanismus plädieren für eine Anhebung der Schuldengrenze auf 100 % des Bruttoinlandsprodukts und eine Flexibilisierung der Fiskalpaktregeln zum Schuldenabbau (Mussler 2021).

Tatsächlich liegt es im ureigenen Interesse Deutschlands und auch der deutschen Wirtschaft, dass Italien nach 15 Jahren Wirtschaftskrise mit all ihren sozialen Folgen und gesellschaftlichen Konflikten endlich wieder auf einen Pfad von Produktivität, Wachstum, Beschäftigung und Wohlstand zurückfindet. Deswegen wäre eine neue deutsche Regierung gut beraten,

---

22 In diesem Zusammenhang erwähnenswert ist auch die im Quirinal-Vertrag (Kapitel 5, Absatz 5) festgelegte Schaffung eines gemeinsamen Konsultationsgremiums der italienischen und französischen Ministerien für Wirtschaft, Finanzen und ökonomische Entwicklung, um makroökonomische und industriepolitische, ebenso wie den europäischen Binnenmarkt betreffende Fragen gemeinsam zu erörtern.

alles dafür zu tun, dass der Recovery Fund auch in Italien zu einem Erfolg führt und dort neue Impulse setzt. Die Zukunft von NextGenerationEU wird sich allein aufgrund der ökonomischen Relevanz Italiens und der eingesetzten Finanzvolumina maßgeblich auf dem „Stiefel" entscheiden. Italien war bis zur Corona-Krise Nettozahler für den gemeinsamen europäischen Haushalt. Für die deutschen Steuerzahler wäre es – wenn man denn schon eine solche Argumentation bemühen will – gerade nach dem indes vollzogenen Brexit am besten, wenn Italien möglichst rasch in diese Position zurückkehrt.

3.3 Vermeidung alter Fehler: Italien muss zurück in die „Serie A"

Politisch leiden die deutsch-italienischen Beziehungen schon sehr lange unter sträflicher Vernachlässigung. Wie zögerlich man in Berlin, um es vorsichtig auszudrücken, auf Emmanuel Macrons 2017 angestoßene Pläne zur Reform der Europäischen Union und für eine Investitionsoffensive reagiert hat, ist bekannt. Dass man die bereits 2016 vom damaligen italienischen Ministerpräsidenten Matteo Renzi unterbreiteten Reformvorschläge („Pakt für Europa"[23]), die ein hohes Maß an Konvergenz zu den späteren Vorschlägen des französischen Staatspräsidenten zeigen, vollkommen ignoriert hat, ist weniger bekannt, dokumentiert aber die Italien zuteilwerdende Geringschätzung. In der Flüchtlingspolitik wurde in Rom, obwohl Italien ab 2015 zu den am stärksten betroffenen Staaten zählte, ebenfalls irritiert zur Kenntnis genommen, dass man in Berlin lange Zeit zwar intensive und regelmäßige Konsultationen mit Paris und Brüssel betrieb, Italien aber nicht näher einbezogen wurde (Grasse 2018: 463f.).

Problematisch ist auch die italienische Perzeption, dass Deutschland und die Europäische Union mit zweierlei Maß messen. Das bezieht sich einmal darauf, dass Italien – vor dem Hintergrund des Fiskalvertrages – mit Brüssel über viele Jahre hinweg über jeden Zehntelprozentpunkt jährlicher Neuverschuldung zäh verhandeln musste (selbst im Falle von Naturkatastrophen wie den verheerenden Erdbeben 2016) und dabei mit Sanktionen bedroht wurde, Frankreich jedoch ungleich weniger im Fokus stand, obwohl Paris von der Finanz- und Wirtschaftskrise 2008/2009 bis zum Beginn der Covid-19-Pandemie 2020 das Maastricht-Kriterium zur jährlichen Neuverschuldung lediglich in einem einzigen Jahr einhielt. Un-

23 Dieser hätte nach den Wünschen Renzis spätestens bis zu den Feierlichkeiten zum 60-jährigen Jubiläum der Römischen Verträge am 25. März 2017 in Rom stehen sollen.

gleiche Behandlung wurde aus Rom auch dahingehend moniert, dass man bei Verstößen gegen Prinzipien der Rechtsstaatlichkeit, etwa in Polen oder Ungarn, europäische Regeln lange Zeit gar nicht zur Anwendung gebracht hat.

Inzwischen hat man in der deutschen Diplomatie eingesehen, dass man sich um die bilateralen Beziehungen innerhalb der Europäischen Union intensiver kümmern muss, diese eben keine Selbstläufer sind, wie man in der Berliner Republik lange Zeit dachte, selbst während der europäischen Polykrise. Ob die gewachsene Bedeutung Italiens für die Zukunft der Europäischen Union auch auf höchster politischer Ebene Folgen zeitigt, muss sich jedoch erst noch erweisen. Südeuropa darf jedenfalls nicht länger Stiefkind deutscher Europapolitik bleiben.

Politischer Neuanfang beginnt im Geiste. Insofern ist hier ein neues Denken erforderlich. Es gilt nun, insbesondere angesichts der sich verschärfenden Krise zu einigen mittelosteuropäischen Staaten, das Nord-Süd-Verhältnis dauerhaft zu verbessern. Gerade in den deutsch-italienischen Beziehungen heißt es, sich von alten Fehlern und Handlungsmustern zu verabschieden. Dazu gehören deutsches Oberlehrertum, mangelnde Empathie (vor allem bezüglich der sozioökonomischen Probleme) und die immer wieder ungeschickten Kommentare aus Deutschland zur italienischen Innen- und Europapolitik, die oft auf einer allenfalls oberflächlichen Kenntnis der italienischen Gegebenheiten beruhen. All das erfordert erhebliche Anstrengungen.

Wieviel es im Verhältnis Deutschlands, Italiens und Frankreichs tatsächlich zu tun gibt, und zwar nicht nur auf politischer Ebene, offenbaren zahlreiche jüngere demoskopische Erhebungen, darunter die des Istituto Cattaneo in Bologna und der Friedrich-Ebert-Stiftung in Rom. Demnach betrachteten etwa zu Beginn des Jahres 2021 nur 54 % der Deutschen Italien als befreundetes Land, die Italiener ihrerseits sahen die Deutschen sogar nur zu 35 % als Freunde. Ein Drittel der in Italien Befragten betrachtete die Deutschen dagegen eher als Feinde. Bezüglich des italienisch-französischen Verhältnisses sieht es leider nicht besser aus: Während die Franzosen Italien immerhin zu 68 % als befreundetes Land sehen und nur 9 % eine feindliche Gesinnung erkennen, betrachten die Italiener die Franzosen nur zu 35 % als Freunde, aber zu 33 % als Feinde. Im deutsch-französischen Verhältnis stellt sich die Situation erwartungsgemäß erfreulicher dar: So sehen die Franzosen Deutschland zu 70 % als Freunde, die Deutschen umgekehrt die Franzosen zu 60 %, Feindschaft empfindet mit 11 % beziehungsweise 14 % nur ein geringer Anteil (Mancosu et al. 2021: 22). 21 % der Befragten in Italien und 24 % in Deutschland sind sogar der Auffassung, die Europäische Union sei ohne den jeweils anderen besser aufgestellt (Braun et al. 2021: 11). Das Vertrauen der Italiener in Deutschland erreicht nun immerhin wieder einen Wert von 52 %, was mit dem fiskalpolitischen Kurswechsel der Bundesregierung im Rahmen des europäischen Wiederaufbauprogramms zusammenhängen könnte, wohingegen es mit dem Vertrauen Italiens in Frankreich leider noch immer nicht weit her ist: Anfang 2021 lag dieses bei gerade einmal 35 % (Braun et al. 2021: 13f.).[24] Das allerdings würde auch bedeuten, dass Frankreichs Rolle bei der Schaffung von NextGenerationEU auf dem „Stiefel" weniger gewürdigt wird.

Bisweilen hilft es ja mit Blick auf die Zukunft, sich an vergangene Kooperationserfolge zu erinnern. So jährte sich im November 2021 zum vierzigsten Mal die Genscher-Colombo-Initiative, welche der sogenannten Eurosklerose der 1970er Jahre, als ebenfalls ökonomische Probleme durch protektionistische Tendenzen und den Rückfall in nationales Souveränitätsdenken den europäischen Einigungsprozess bedrohten, ein Ende setzte, indem sie den Weg zur Einheitlichen Europäischen Akte und schließlich zum Maastrichter Vertrag über die Gründung der Europäischen Union ebnete (Cuccia 2018; Rosengarten 2008).[25] Und vor rund 70 Jahren, am 14. Juni 1951, unternahm Bundeskanzler Konrad Adenauer seinen ersten Staatsbesuch ins Ausland. Wohin? Nach Rom! An entsprechend intensive Phasen bilateraler Zusammenarbeit und die Sternstunden deutsch-italienischer Europapolitik gilt es nun, beginnend mit dem angekündigten „gemeinsamen Aktionsplan", anzuknüpfen.

3.4 Gemeinsamkeiten statt Ressentiments!

Die Volkswirtschaften Italiens und Deutschlands sind so verflochten wie nur wenige andere. Sie sind in vielen Bereichen komplementär, was die Kooperation enorm vereinfacht, anders als vielleicht im französisch-italienischen Verhältnis, wo es mehr Konkurrenz gibt. Als die beiden am stärksten industrialisierten Staaten Europas müssen Deutschland und Italien ein Interesse an gemeinsamer Industriepolitik, konzertierter Energie-

---

24 Knapp zwei Drittel der Deutschen haben Vertrauen in Frankreich.

25 Der Ausbau der Europäischen Politischen Zusammenarbeit wie auch der wirtschaftlichen Kooperation, die Erweiterung um Kultur- und Rechtspolitik, ebenso wie die Stärkung der Rolle des Europäischen Parlaments (unter anderem bei der Ernennung des Kommissionspräsidenten), waren wegweisend. Die im Zuge dieser deutsch-italienischen Initiative zur Durchsetzung derselben etablierte Methode von Paketlösungen hat den Integrationsprozess nicht nur inhaltlich, sondern auch prozedural erheblich geprägt.

und Klimapolitik sowie Digitalisierung haben, um ihre Wirtschafts- und Sozialmodelle langfristig zu sichern. Der italienische Ministerpräsident Draghi verwies auf dem 15. Deutsch-Italienischen Wirtschaftsforum im September 2021 in Cernobbio nicht zufällig darauf, dass das Handelsvolumen zwischen beiden Ländern im Jahr 2020 116 Milliarden Euro betrug und mithin mehr als den Wert des italienischen Handels mit den USA und China zusammen. Deutschlands Handel mit der Region Lombardei fiel größer aus als der mit der Türkei, Italien handelte umgekehrt mehr mit Bayern als mit Polen (Governo Italiano 2021b). Doch nicht nur im ökonomischen Bereich, auch bei Migration und demografischem Wandel, Außen- und Sicherheitspolitik, Klimaschutz sowie Rechtstaatlichkeit in der Europäischen Union gibt es erhebliche inhaltliche Schnittmengen.

Wo auf der Sachebene die Konvergenzen auf der Hand liegen und mit der Regierung Draghi nun neben strategischen Interessen auch gemeinsame Werte noch stärker in den Vordergrund rücken, erweisen sich die politisch-kulturellen Differenzen noch immer als debilitierender Faktor. Klischees werden sich niemals beseitigen lassen, doch sollten zumindest Ressentiments im politischen Diskurs nicht länger Platz finden. Dass Italien als Feindbild der deutschen Rechten herhalten muss, ist nichts Neues. Tino Chrupalla, AfD-Fraktionsvorsitzender im Deutschen Bundestag, forderte im Rahmen der Debatte um den europäischen Wiederaufbauplan, Italien müsse „selbst erst einmal seine Hausaufgaben machen, wie übrigens alle südländischen Staaten", wobei er eine Erhöhung des Renteneintrittsalters anmahnte, dabei vollkommen ignorierend, dass dieses in Italien bereits höher liegt als in Deutschland. Italien könne, so Chrupalla weiter, „nicht immer, wenn man in Not gerät, nach (sic!) Hilfe von anderen fordern und auf Solidarität pochen" (Deutschlandfunk, 31.5.2020), offenbar in Unkenntnis, dass Italien bis zu NextGenerationEU zu keinem Zeitpunkt Finanzhilfen beansprucht oder gar beantragt hat, sondern vielmehr Geberland zur Lösung der sogenannten Eurokrise war (Grasse 2021: 6).

Allerdings sind die Grenzen derer, die sich beharrlich solcher Stereotype bedienen, offensichtlich zwischen neoliberalem, konservativem und rechtem Spektrum fließend. Als jüngstes Negativbeispiel mögen hier die Äußerungen des ehemaligen Bundesverkehrsministers Peter Ramsauer (CSU) dienen. Dieser meinte in einer politischen Talkshow unlängst: Von Italien lernen, hieße „von einem verdammten Schuldnerstaat lernen zu müssen, und da habe ich keine Lust dazu (…) Ausgerechnet bei Italien uns was abschauen, bei Spanien und bei Frankreich, also da gehört viel Mut dazu, das möchte ich nicht. Das ist diese mediterrane Schuldenstaat-Philosophie, das ist nicht die deutsche" (Das Erste, 11.10.2021). Hintergrund war die Frage, inwiefern nicht die Lösungsversuche zur Abmilderung der anziehenden Inflation, insbesondere getrieben durch steigende Energiekosten, in Frankreich (temporäre Preisdeckelungen und Energieschecks für Haushalte mit niedrigem Einkommen), Spanien und eben Italien (Senkung der Mehrwertsteuer auf Gas und/oder Strom) nicht auch ein Weg für Deutschland sein könnten.

Dies als Einzelfall abzutun, würde der Sache nicht gerecht. Im Gegenteil, der Fall ist emblematisch: Denn erstens lassen sich zahlreiche solcher zwischen Chauvinismus, Ignoranz und Unkenntnis changierenden Äußerungen hochrangiger deutscher Politiker finden, und zwar über einen sehr langen Zeitraum hinweg (Grasse 2021). Zweitens zeigt sich, dass diese Denkungsart durchaus repräsentativ ist, wie entsprechende demoskopische Erhebungen belegen: 51 % der Deutschen halten ihr eigenes Land für ein Vorbild in Europa, wobei lediglich 21 % glauben, überhaupt etwas von Italien lernen zu können (Braun et al. 2021: 15; für einen Einblick, wie wenig gerechtfertigt das ist, siehe auch Labitzke und Grasse in diesem Band). Drittens schließlich ist es sachlich falsch beziehungsweise zu undifferenziert, da Italien bis zur Covid-19-Krise erhebliche Primärüberschüsse erwirtschaftete und stark unter den Altschulden aus den 1980er Jahren leidet. Einmal mehr fühlt man sich erinnert an das Diktum des Deutschland-Kenners Angelo Bolaffi (2009: 36): „Die Deutschen lieben vorbehaltlos (ohne zu bemerken wie grotesk diese Liebe bisweilen anmutet) italienische Kunst und Ästhetik (oder was sie dafür halten), aber sie verurteilen das moderne Italien zugleich ebenso vorbehaltlos, und zwar auf der Basis sturer Ignoranz und geradezu anthropologischer Vorurteile. Hierbei handelt es sich um eine gedankliche Operation, die fast zwangsläufig zu einer (böswilligen?) Reduktion der komplexen politischen, sozialen, wirtschaftlichen und kulturellen Realität führt."

4. Fazit: Dreirad statt Tandem, offenes Trio statt Duo?!

Noch immer jedoch hat das moderne, politische Italien mit all seinen Facetten, seiner Komplexität und ja, auch Widersprüchlichkeit in Deutschland keine Lobby. Es fehlt offenkundig in vielen Bereichen an vernetzenden Instanzen, auch auf intermediärer Ebene. Indes hat auf italienischer Seite zumindest das öffentliche Interesse an Deutschland wieder sehr stark zugenommen (IISG 2021a/b). Fragt man die Bevölkerungen in beiden Ländern, wünschen sich viele eine engere Zusammenarbeit zwischen Italien und Deutschland: 87 % der Italiener und 76 % der Deutschen äußerten sich entsprechend positiv (Braun et al. 2021: 19). Während schon seit geraumer Zeit kaum mehr Vertrauen in das deutsch-französische Tandem als ausschließliche Antriebskraft zu erkennen ist, wird einer breiten Kooperation der europäischen Gründerstaaten große Bedeutung für die Fortentwicklung der europäischen Integration beigemessen (Körber Stiftung 2016: 5).

Angesichts der zentrifugalen Entwicklungen in Europa ist es dringlicher denn je, den deutsch-italienischen Dialog massiv und nachhaltig zu intensivieren, diesen auf Augenhöhe zu führen und Anstrengungen für eine neue Ernsthaftigkeit und Entschiedenheit zu unternehmen. Mario Draghi bedeutet als Person europapolitisch neuen Schwung, wobei sich mit NextGenerationEU auch die strukturellen Rahmenbedingungen der Zusammenarbeit (zumindest temporär) verändert haben. Trotz unterschiedlicher ökonomischer Kulturen und Erfahrungen beziehungsweise unterschiedlicher Sichtweisen auf Geld- und Fiskalpolitik, ist der Brückenschlag über die Alpen möglich (Liermann Traniello et al. 2021). Doch auch jenseits sozioökonomischer Fragen gilt es, den neuen Möglichkeitsraum mit Projekten zu füllen und die Beziehungen wetterfest zu machen, das heißt auf allen Kanälen stabile Beziehungen aufzubauen und Netzwerke zu schaffen, die auch politische und mediale Dissonanzen und neuerliche Krisen abfedern beziehungsweise rasch bearbeiten und wieder einfangen können, so wie es im deutsch-französischen Verhältnis zumeist der Fall ist (Grasse 2021: 8).

Eine enge Kooperation im Aktionsdreieck Italien-Deutschland-Frankreich wiederum bietet ebenfalls besondere Chancen, denn diese drei Staaten haben sehr viel gemeinsam und bilden hinsichtlich wirtschaftlicher Stärke (zwei Drittel der Wirtschaftsleistung der Europäischen Union), Bevölkerungszahl und politischem Einfluss zusammen eine kritische Masse, um bei der Integration vorangehen zu können. Die Maxime sollte deshalb lauten: Weniger Tandem, mehr Dreirad – weniger Duo, mehr (offenes) Trio!

Literatur

Auswärtiges Amt (10.1.2022): Interview in La Stampa: „Europa ist der Dreh- und Angelpunkt der deutschen Außenpolitik, und Italien ist einer der Gründungspfeiler der Europäischen Union", https://www.auswaertiges-amt.de/de/newsroom/-/2505758

Balduzzi, Gianni (2021): Sondaggi politici Swg, in crescita la fiducia verso Europa e Presidente del Consiglio, 27.10.2021, https://www.termometropolitico.it/1598224_sondaggi-politici-fiducia-2021.html

Bolaffi, Angelo (2009): Eine unendliche Geschichte als Fortsetzungsroman? In: Rusconi, Gian Enrico/Schlemmer, Thomas/Woller, Hans (Hrsg.), Schleichende Entfremdung? Deutschland und Italien nach dem Fall der Mauer, München: Oldenbourg Wissenschaftsverlag, S. 35-42.

Braun, Michael / Malter, Frederic / Mörschel, Tobias (2021): Fragile Freundschaft. Eine Meinungsumfrage zu den deutsch-italienischen Beziehungen, Rom: Friedrich-Ebert-Stiftung Italien, https://italia.fes.de/fragile-freundschaft

CGIL (2021): Pnrr: Cgil, definire protocollo nazionale per partecipazione parti sociali, in: Collettiva, 25.11.2021, https://www.collettiva.it/copertine/lavoro/2021/11/25/news/pnrr_cgil_definire_protocollo_nazionale_per_partecipazione_parti_sociali-1674139/

Commissione Europea (2021): Valutazione dei Piani di Ripresa e Resilienza: Italia, Brüssel, Juni 2021, https://ec.europa.eu/info/sites/default/files/italy-recovery-resilience-factsheet_it.pdf

Commission of the European Communities (1989): Eurobarometer 31 (June 1989): Public Opinion in the European Community, Brussels.

Conferenza delle Regioni e delle Province autonome (2021): Pnrr: audizione della Commissione Bilancio della Camera di una delegazione della Conferenza delle Regioni, comunicato stampa, 12.11.2021, http://www.regioni.it/comunicato-stampa/2021/11/12/pnrr-audizione-della-commissione-bilancio-della-camera-di-una-delegazione-della-conferenza-delle-regioni-643584/

Cottone, Nicoletta (2021): Draghi ai sindaci: „Successo Pnrr nelle vostre mani". Gentiloni: „Preoccupa possibile ritardo", in: Il Sole 24 Ore, 11.11.2021, https://www.ilsole24ore.com/art/draghi-sindaci-il-successo-pnnr-e-vostre-mani-AEtsDHw

Cuccia, Deborah (2018): The Genscher-Colombo Plan: A forgotten page in the European Integration History, in: Journal of European Integration History, 1/2018, S. 59-78.

Das Erste (11.10.2021): „Hart aber fair", https://www.ardmediathek.de/video/hart-aber-fair/zieht-euch-warm-an-wie-teuer-sollen-heizen-sprit-und-lebensmittel-noch-werden/das-erste/Y3JpZDovL3dkci5kZS9CZWl0cmFnLWIxYmU1OGM2LThhZWUtNGQ2NS04YWJmLWNhNWQwOWUwMWU0OQ/

Der Spiegel (24.3.2020): Deutscher Widerstand gegen Corona-Bonds. Bloß kein Geld für Italien, https://www.spiegel.de/wirtschaft/soziales/corona-bonds-bloss-kein-geld-fuer-italien-a-9f494a2b-064a-43b0-bb4b-1e3a8e27174b

Der Spiegel (1.6.2018): Italien zerstört sich selbst – und reißt Europa mit, https://www.spiegel.de/politik/italien-zerstoert-sich-selbst-und-reisst-europa-mit-a-00000000-0002-0001-0000-000157647553

Deutschlandfunk (31.5.2020): AfD Co-Chef zu Richtungsstreit, Tino Chrupalla im Gespräch mit Nadine Lindner, Interview der Woche, https://www.deutschlandfunk.de/afd-co-chef-zu-richtungsstreit-chrupalla-vergleicht-den.868.de.html?dram:article_id=477692

Die Welt (20.12.2021): Antrittsbesuch in Rom: Scholz und Draghi zur künftigen Ausrichtung der EU, https://www.welt.de/politik/ausland/video235773408/Antrittsbesuch-in-Rom-Scholz-und-Draghi-zur-kuenftigen-Ausrichtung-der-EU.html

European Parliament (2021): Flash Eurobarometer: State of the European Union, Directorate-General for Communication, Brussels, August 2021, https://www.europarl.europa.eu/at-your-service/files/be-heard/eurobarometer/2021/soteu-flash-survey/soteu-2021-report-en.pdf

Eurostat (2021): GDP and main components (output, expenditure and income) [nama_10_gdp], Database, https://ec.europa.eu/eurostat/data/database

Fleischhauer, Jan (2018): Schuldenland Italien. Die Schnorrer von Rom, Spiegel Online, 24.5.2018, https://www.spiegel.de/politik/ausland/italien-die-schnorrer-von-rom-kolumne-a-1209266.html

Gavelli, Giorgio (2021): Abolizione Irap per imprenditori persone fisiche: chi riguarda e chi no, in: Il Sole 24 Ore, 29.12.2021, https://www.ilsole24ore.com/art/abolizione-irap-imprenditori-persone-fisiche-chi-riguarda-e-chi-no-AEuiQP4

Governo Italiano (2021a): Piano Nazionale di Ripresa e Resilienza, 04/2021, https://www.governo.it/sites/governo.it/files/PNRR.pdf

Governo Italiano (2021b): 15° Forum economico Italo-Tedesco, videomessaggio del Presidente Draghi, https://www.governo.it/it/articolo/15-forum-economico-italo-tedesco-videomessaggio-del-presidente-del-consiglio-draghi/17897

Governo Italiano (2021c): Trattato tra la Repubblica Italiana e la Repubblica Francese per una cooperazione bilaterale rafforzata, https://www.governo.it/sites/governo.it/files/Trattato_del_Quirinale.pdf

Grasse, Alexander (2021): Deutschland und Italien. Eine vernachlässigte Beziehung im Aufbruch? Rom: Friedrich-Ebert-Stiftung Italien, Reihe „Politik für Europa", November 2021, http://library.fes.de/pdf-files/bueros/rom/18520.pdf

Grasse, Alexander (2018): Das deutsch-italienische Verhältnis in der „Ära Renzi" – weitere Entfremdung oder Wiederannäherung?, in: Grasse, Alexander/Grimm, Markus/Labitzke, Jan (Hrsg.): Italien zwischen Krise und Aufbruch. Reformen und Reformversuche der Regierung Renzi, Wiesbaden: Springer VS, S. 435-486.

Grasse, Alexander (2012): Die Jagd auf den Zins oder: die Fiskalpolitik der Regierung Monti und ihre Folgen, in: Wirtschaftsdienst, Zeitschrift für Wirtschaftspolitik, 11/2012, S. 751-758.

Grasse, Alexander / Grimm, Markus (2019): Populisten an der Regierung. Italien nach der Parlamentswahl vom März 2018, in: Brinkmann, Heinz Ulrich/Panreck, Isabelle Christine (Hrsg.): Rechtspopulismus in Einwanderungsgesellschaften. Die politische Auseinandersetzung um Migration und Integration, Wiesbaden: Springer VS, S. 315-350.

Grasse, Alexander / Labitzke, Jan (2021): Die Europapolitik in den Mitgliedstaaten der Europäischen Union: Italien, in: Weidenfeld, Werner/Wessels, Wolfgang (Hrsg.): Jahrbuch der Europäischen Integration 2021, Baden-Baden: Nomos, S. 521-526.

Grasse, Alexander / Labitzke, Jan (2019): Italiens neues Verhältnis zur Europäischen Union. Zwischen wachsender Distanz und dem italienischen Wunsch nach Selbstbehauptung und Anerkennung, in: Deutschland und Europa (hrsg. von der Landeszentrale für politische Bildung Baden-Württemberg), 77/2019, S. 38-49

Grasse, Alexander / Labitzke, Jan (2018a): Aus Krisen geboren – die neue italienische Regierung aus Lega und MoVimento 5 Stelle und die Folgen für Europa, in: integration, 2/2018, S. 97-127.

Grasse, Alexander / Labitzke, Jan (2018b): Politikwechsel mit Ansage – Ursachen und Hintergründe des Wahlerfolgs der Populisten in Italien, Berlin: Institut für europäische Politik (IEP), Research Paper, 1/2018

Grasse, Alexander / Grimm, Markus / Labitzke, Jan (Hrsg.) (2018): Italien zwischen Krise und Aufbruch. Reformen und Reformversuche der Regierung Renzi, Wiesbaden: Springer VS.

Greive, Martin / Koch, Moritz / Wermke, Christian / Waschinski, Gregor (2021): Euro-Stabilitätspakt: Abschied von Maastricht. EU-Schuldenregel birgt Zündstoff für Ampel-Verhandlungen, in: Handelsblatt, 19.10.2021, https://app.handelsblatt.com/politik/international/euro-stabilitaetspakt-abschied-von-maastricht-eu-schuldenregel-birgt-zuendstoff-fuer-ampel-verhandlungen/27716644.html

Heise, Arne (2021): Die Aufbau-und Resilienzfazilität und Covid-19 oder: Wie die EU aus Fehlern lernt, ZÖSS Discussion Papers, Hamburg, April 2021, https://www.wiso.uni-hamburg.de/fachbereich-sozoek/professuren/heise/zoess/publikationen/zoess-discussion-papers/dp-84-heise-aufbau-und-resilienzfazilitaet-der-eu.pdf

IISG / Istituto Italiano di Studi Germanici (Hrsg.) (2021a): Osservatorio SICIT (Osservatorio sullo stato dell'Informazione e della Communicazione Italo-Tedesca), N°1/2021.

IISG / Istituto Italiano di Studi Germanici (Hrsg.) (2021b): Osservatorio SICIT (Osservatorio sullo stato dell'Informazione e della Communicazione Italo-Tedesca), N°2/2021.

Il Sole 24 Ore (26.11.2021): Draghi e Macron firmano il Trattato del Quirinale: „Italia e Francia più vicine“, https://www.ilsole24ore.com/art/draghi-e-macron-firmano-trattato-quirinale-AEYvGRz

Keller, Eileen (2021): Europa in der Corona-Krise. Wirtschaftliche Folgen und Perspektiven für Italien, Frankreich und Deutschland, Vigoni Papers, 5/2021, Loveno di Menaggio: Villa Vigoni Editore, https://www.villavigoni.eu/wp-content/uploads/2021/06/Vigoni-Papers-5_2021_Keller.pdf

Kirst, Virginia (2021a): Das große Comeback Italiens, in: WELT, 11.10.2021, https://www.welt.de/wirtschaft/plus234330802/Mario-Draghi-Das-grosse-Comeback-Italiens.html

Kirst, Virginia (2021b): Italien handelt – Deutschland schaut zu, in: WELT, 5.11.2021, https://www.welt.de/politik/ausland/plus234841422/Steigende-Energiepreise-Italien-handelt-Deutschland-schaut-zu-Italien.html

Körber-Stiftung (2016): Die Deutschen und Europa: Zweifel oder Zuversicht? Ergebnisse einer repräsentativen Umfrage von TNS Infratest Politikforschung zur Sicht der Deutschen auf Europa und die Europäische Union, Hamburg, Oktober 2016, https://www.koerber-stiftung.de/fileadmin/user_upload/koerber-stiftung/redaktion/berliner-forum-aussenpolitik/pdf/europa-umfrage_broschuere.pdf

Labitzke, Jan (2018): Der Haushaltsstreit zwischen Italien und der Europäischen Union. Positionen, Hintergründe und Denkanstöße, Portal für Politikwissenschaft, 23.12.2018, https://www.pw-portal.de/die-krise-der-europaeischen-union/40862-der-haushaltsstreit-zwischen-italien-und-der-eu

Liermann Traniello, Christiane / Mayer, Thomas / Papadia, Francesco / Scotto, Matteo (Hrsg.) (2021): The Value of Money. Controversial Economic Cultures in Europe: Italy and Germany, Loveno di Menaggio: Villa Vigoni Editore.

Mancosu, Moreno / Vassallo, Salvatore / Vegetti, Federico (2021): L'opinione pubblica italiana durante la pandemia, Aspettative e giudizi sulle istituzioni nel confronto con altri 5 paesi europei, Bologna: Istituto Cattaneo, marzo 2021, https://www.cattaneo.org/wp-content/uploads/2021/04/W1-CovidEPO-Rapporto-Ita.pdf

Meiler, Oliver (2018): Regierungsbildung in Italien: Empörung schweißt zusammen, in: Süddeutsche Zeitung, 27.5.2018, https://www.sueddeutsche.de/politik/regierungsbildung-in-italien-empoerung-schweisst-zusammen-1.3992969

Merten, Victor (2019): Hinter Italiens Regierungskrise verbirgt sich ein kultureller Niedergang, in: Neue Zürcher Zeitung am Sonntag, 17.8.2019, https://nzzas.nzz.ch/hintergrund/hinter-italiens-krise-verbirgt-sich-ein-kultureller-niedergang-ld.1502508?reduced=true

Ministero dell'Economia e delle Finanze (2022a): L'Assegno unico e universale per i figli, 19.1.2022, https://www.mef.gov.it/focus/LAssegno-unico-e-universale-per-i-figli/

Ministero dell'Economia e delle Finanze (2022b): L'intervento sull'Irpef nella legge di bilancio per il 2022, 19.1.2022, https://www.mef.gov.it/focus/Lintervento-sullIrpef-nella-legge-di-bilancio-per-il-2022/

Mussler, Werner (2021): EU-Haushaltsregeln. ESM-Fachleute wollen 100 Prozent als neue Maastricht-Schuldengrenze, in: Frankfurter Allgemeine Zeitung, 25.10.2021, https://www.faz.net/aktuell/wirtschaft/esm-fachleute-fuer-100-prozent-als-neue-maastricht-grenze-17601996.html

Openpolis (2021): Aumenta il ricorso alla questione di fiducia da parte del governo Draghi, 4.8.2021, https://www.openpolis.it/aumenta-il-ricorso-alla-questione-di-fiducia-da-parte-del-governo-draghi/

Our World in Data (2022): Statistics and Research. Coronavirus (COVID-19) Vaccinations, https://ourworldindata.org/covid-vaccinations

Phoenix (10.1.2022): Phoenix vor Ort, Baerbock in Italien: „Gleichgesinnte und Verbündete", Pressekonferenz zum Antrittsbesuch der Bundesaußenministerin Annalena Baerbock (Grüne) mit ihrem italienischen Amtskollegen Luigi Di Maio, https://www.youtube.com/watch?v=kFgMfAgHHFs

Pieper, Antje (2021): Italien: Vom Sorgenkind zum Vorreiter, in: ZDF heute, 27.10.2021, https://www.zdf.de/nachrichten/briefing/italien-draghi-pieper-zdfheute-update-100.html

Prante, Franz / Bramucci, Alessandro / Truger, Achim (2021): Austerität, das italienische Gesundheitssystem und die Corona-Krise, WISO Diskurs 03/2021, FES Bonn, http://library.fes.de/pdf-files/wiso/17801.pdf

Romano, Beda (2021): Trattato del Quirinale – Le reazioni della stampa tedesca, tra sufficienza e preoccupazione, in: Il Sole 24 Ore, 27.11.2021, https://bedaromano.blog.ilsole24ore.com/2021/11/27/trattato-del-quirinale-le-reazioni-della-stampa-tedesca-sufficienza-preoccupazione/?refresh_ce=1

Rosengarten, Ulrich (2008): Die Genscher-Colombo-Initiative. Baustein für die Europäische Union, Baden-Baden: Nomos.

Rüb, Matthias (2021): Draghi will mehr Tempo, in: Frankfurter Allgemeine Zeitung, 14.7.2021, https://www.faz.net/aktuell/politik/ausland/draghi-will-mehr-tempo-bei-gerichtsverfahren-in-italien-17432524.html

Scherff, Dyrk (2021): Anleger, schaut auf Italien!, in: Frankfurter Allgemeine Zeitung, 15.9.2021, https://www.faz.net/aktuell/finanzen/draghi-und-eu-lassen-anleger-auf-italien-setzen-17530974.html

Scherff, Dyrk (2019): Konflikt mit der EU. Sorgt Italien für die nächste Euro-Krise?, in: Frankfurter Allgemeine Zeitung, 9.6.2019, https://www.faz.net/aktuell/finanzen/finanzmarkt/sorgt-italien-fuer-die-naechste-euro-krise-16228214.html

Schubert, Christian (2021a): Italien gönnt sich ein neues Kindergeld, in: Frankfurter Allgemeine Zeitung, 19.11.2021, https://www.faz.net/aktuell/wirtschaft/arm-und-reich/italien-will-die-geburtenrate-erhoehen-und-fuehrt-neues-kindergeld-ein-17643008.html

Schubert, Christian (2021b): Zwischen Rom und Berlin: Ein kleiner Freundschaftsvertrag, in: Frankfurter Allgemeine Zeitung, 19.12.2021, https://www.faz.net/aktuell/politik/ausland/scholz-reist-nach-rom-deutsch-italienischer-aktionsplan-in-arbeit-17691864.html?printPagedArticle=true#pageIndex_2

Servizi Studi del Senato della Repubblica e della Camera dei deputati (2021a): Riforma del processo penale, dossier 31.7.2021, A.C. 2435-A, https://www.giurisprudenzapenale.com/wp-content/uploads/2021/08/dossier-2435.pdf

Servizi Studi della Camera dei deputati (2021b): Provvedimento Riforma del processo civile, 10.12.2021, https://www.camera.it/temiap/documentazione/temi/pdf/1303831.pdf?_1638186970516

SWG (2022): Sondaggi politici Swg, il 66% è d'accordo con l'obbligo vaccinale per gli over 50, 12.1.2022, https://www.termometropolitico.it/1599379_sondaggi-politici-swg-obbligo-vaccinale.html

Termometro Politico (2022): Sondaggi Politici Elettorali, la media settimanale, 23-29 gennaio 2022, https://www.termometropolitico.it/sondaggi-politici-elettorali

Tito, Claudio (2021): Parigi-Roma-Berlino: nasce il „Triangolo", nuova guida della Ue, in: La Repubblica, 1.12.2021, https://www.repubblica.it/esteri/2021/11/30/news/parigi-roma-berlino_ora_a_guidare_la_ue_c_e_il_triangolo_-328448351/

Turco, Andrea (2021a): Sondaggi Demopolis: Pd e Fratelli d'Italia primi a pari merito, 2.11.2021, https://www.termometropolitico.it/1598309_sondaggi-demopolis-pd-e-fratelli-ditalia-primi-a-pari-merito.html

Turco, Andrea (2021b): Sondaggi Tecnè: Fdi stacca la Lega, per Draghi consenso ai massimi, 6.9.2021, https://www.termometropolitico.it/1597298_sondaggi-tecne-fdi-stacca-la-lega-per-draghi-consenso-ai-massimi.html

Viesti, Gianfranco (2021): Anmerkungen zum italienischen Aufbau- und Resilienzplan, FES Briefing, Rom, Mai 2021, http://library.fes.de/pdf-files/bueros/rom/17923.pdf

Wermke, Christian (2021): Harter Corona- und Reformkurs. Der unbeirrbare Mario Draghi – Wie Italien dem Rest Europas davonläuft, in: Handelsblatt, 17.10.2021, https://app.handelsblatt.com/politik/international/harter-corona-und-reformkurs-der-unbeirrbare-mario-draghi-wie-italien-dem-rest-europas-davonlaeuft/27712644.html?utm_source=pocket-newtab-global-de-DE&ticket=ST-4450719-oJcz9AIfUMEpQXAbnL2n-cas01.example.org

Wysling, Andreas (2021): Der „römische Gruss“ ist in Rom nicht mehrheitsfähig – Italiens Rechte markiert etwas mehr Distanz zum Faschismus, in: Neue Zürcher Zeitung, 18.10.2021, https://www.nzz.ch/international/sozialdemokrat-und-ehemaliger-finanzminister-roberto-gualtieri-wird-buergermeister-von-rom-ld.1650946

Die Autoren

Alexander Grasse ist Professor für Politik und Wirtschaft im Mehrebenensystem an der Justus-Liebig-Universität Gießen und Leiter des 2008 zur Intensivierung der deutsch-italienischen Zusammenarbeit gegründeten Forschungsnetzwerkes PIFO (Politische Italienforschung).
Kontakt: alexander.m.grasse@sowi.uni-giessen.de

Jan Labitzke war bis Dezember 2021 promovierter wissenschaftlicher Mitarbeiter am Institut für Politikwissenschaft der Justus-Liebig-Universität Gießen. Zu den weiteren Themenschwerpunkten des Italienexperten zählen unter anderem Demokratie- und Governancetheorien, die Mehrebenen- und Föderalismusforschung sowie die Sozial- und Wirtschaftspolitik.
Kontakt: jan.labitzke@sowi.uni-giessen.de

Der Quirinal-Vertrag – ein Wendepunkt in den französisch-italienischen Beziehungen?

Jean-Pierre Darnis

Zusammenfassung: Der vorliegende Beitrag untersucht die jüngeren Entwicklungen im Verhältnis zwischen Frankreich und Italien. Dabei geht er auf die industriepolitisch geprägten Schwierigkeiten und politischen Reibereien ein, die die Beziehungen zwischen den beiden Ländern in den vergangenen 20 Jahren geprägt haben. Es folgt eine Analyse des im November 2021 unterzeichneten französisch-italienischen Freundschaftsvertrages sowie der politischen Voraussetzungen dafür. Dabei geht der Beitrag auch auf die Herausforderungen vor allem für Italien ein, für das diese Form der intensiven bilateralen Zusammenarbeit, die stark an das deutsch-französische Sonderverhältnis angelehnt ist, neu ist.

Stichworte: Italien, Frankreich, französisch-italienische Beziehungen, Quirinal-Vertrag, Industriepolitik

Résumé : Cette contribution examine les évolutions récentes des relations entre la France et l'Italie. Elle aborde les difficultés liées à la politique industrielle et les frictions politiques qui ont marqué les relations entre les deux pays au cours des vingt dernières années. Ensuite sont analysés le traité d'amitié franco-italien signé en novembre 2021 et les conditions politiques qui l'ont rendu possible. Face à cette forme de coopération bilatérale intensifiée, fortement inspirée des relations franco-allemandes, cet article aborde les défis, notamment pour l'Italie, qu'elle entraîne.

Mots-clés : Italie, France, relations franco-italiennes, traité du Quirinal, politique industrielle

1. Einführung

Im Laufe der letzten Jahre waren die Beziehungen zwischen Frankreich und Italien von mancherlei Schwankungen geprägt. Emmanuel Macrons Wahl zum französischen Staatspräsidenten 2017 führte zu einer Reihe von Blockaden, deren Probleme sich weiter vertieften, als 2018 die souveränistische Koalition aus Fünf-Sterne-Bewegung und Lega in Italien an die Macht gelangte. So kam es 2018 und 2019 zu einer echten Krise in den Beziehungen zwischen Frankreich und Italien. Der Wechsel der Mehrheiten in der italienischen Regierung 2019 machte es möglich, dass die Beziehungen zwischen Macrons Präsidentschaft und der Regierung Conte II wieder zur Normalität zurückkehrten. Doch erst als Mario Draghi 2021 an die Spitze der italienischen Exekutive gelangte, wurde der Schalter tatsächlich umgelegt: Von diesem Moment an entstand ein Einvernehmen, das durch die Unterzeichnung eines bilateralen Vertrags, des Quirinal-Vertrags, vollendet wurde.

Ausgehend von dieser knappen Synthese können die Eckpunkte einer wichtigen Fragestellung definiert werden. Dabei wird zunächst nach der Tiefe und den Besonderheiten der französisch-italienischen Beziehungen gefragt, um besser verstehen zu können, welches die strukturellen und konjunkturellen Hintergründe für die Spannungen von 2018/19 waren. Die Unterzeichnung eines bilateralen Vertrags zwischen Frankreich und Italien im November 2021 ist ein starker Moment, in dem manche einen Wendepunkt im Verhältnis zwischen beiden Ländern sehen. Ein Blick auf die Genese des Vertragstextes vermag die damit verbundenen Schwierigkeiten und Herausforderungen besser aufzuzeigen. Abschließend soll die Frage nach dem deutsch-französischen Modell gestellt und nach der möglichen Folgewirkung dieser Kooperation für die Beziehungen zu Deutschland gefragt werden.

2. 2017: Blockade zwischen Paris und Rom

Bei der Wahl Emmanuel Macrons zum französischen Staatspräsidenten im Mai 2017 wurde die Europafahne als Zeichen für einen neuen politischen Kurs geschwenkt. Diese offene Willensbekundung stand in italienischen Augen jedoch im Widerspruch zur veränderten Haltung der französischen Präsidentschaft zum Vertrag über den Zusammenschluss der Schiffswerften Atlantique/STX von Saint-Nazaire und dem italienischen Unternehmen Fincantieri (Darnis 2020). Nachdem unter der Präsidentschaft von François Hollande ein Fusionsvertrag geschlossen worden war, stellte Emmanuel Macron die Bedingungen der zuvor ausgehandelten Vereinbarung in Frage und beharrte auf der Kontrolle der Kapitalmehrheit durch die französische Seite. Darin äußerte sich eine Art wirtschaftlicher Souveränismus, eines der wichtigsten Themen im französischen Präsidentschaftswahlkampf. In einer Kehrtwende wurden die Italiener aufgefordert, ihren Vorschlag zu überarbeiten, was auf der Halbinsel Unverständnis und Kritik hervorrief. Mit der Infragestellung der Vereinbarung belastete das STX-Fincantieri-Dossier die Beziehungen zwischen Frankreich und Italien. Fincantieri ist ein besonderes Unternehmen in der Industrielandschaft Italiens. Sein Kapital wird zu mehr als 70 Prozent von der Cassa Depositi e Prestiti kontrolliert, einem staatlichen Organismus, der öffentliche Beteiligungen verwaltet. Zudem blickt das Unternehmen auf eine besondere Geschichte zurück, denn es ist Erbe der nahezu gesamten italienischen Schiffsbaukapazitäten und dient so als Projektionsfläche für die italienische Expansionskapazität über den gesamten Globus. Auch sei daran erinnert, dass Fincantieri historischer Nachfolger des Arsenals von

Venedig ist, das zu den glanzvollen Zeiten der Serenissima die größte Schiffswerft der Welt war. An der Spitze dieses Unternehmens, dessen Kapital vom Staat kontrolliert wird und das die historische Kontinuität Italiens evoziert, steht als Präsident der Diplomat Giampiero Massolo, einstiger Staatssekretär in der Farnesina, dem italienischen Ministerium für Äußeres und internationale Kooperation (das im Palazzo de la Farnesina residiert), wo er auch Leiter der Abteilung Geheimdienste war. All dies zeigt, wie sehr Fincantieri Ausdruck der italienischen „Staatsraison“ ist. Die von Frankreich vollzogene Kehrtwende ist somit nicht nur ein recht fragwürdiges Verhalten in Sachen Vertragsverhandlungen zwischen Industrieunternehmen, sondern auch ein Affront gegenüber dem italienischen Staat, der hier über Fincantieri ebenfalls engagiert war.

Beim französisch-italienischen Gipfel vom September 2017 in Lyon wurde eine etwas barocke Lösung vorgeschlagen: ein Kapitalkredit seitens Frankreichs an Fincantieri, um die theoretische Kapitalmehrheit in französischen Händen zu erhalten, und, um es allen recht zu machen, gleichzeitig den Italienern zu erlauben, die operationelle Mehrheit auszuüben. Doch auch diese Findigkeit sollte es letztlich nicht ermöglichen, dass ein neues Kapitel aufgeschlagen wird. Ein anderer Weg wurde ebenfalls versucht, nämlich der Abschluss eines globalen Abkommens zwischen Fincantieri und dem französischen Schiffbauer Naval Group. Auch hier konnte die Erweiterung der Vereinbarung auf die Sparte Verteidigung nicht aus der Sackgasse herausführen. Anfang 2021 unterzeichneten Unternehmen und Regierungen den Verzicht auf einen Zusammenschluss, nachdem bereits die Untersuchung der europäischen Wettbewerbsbehörden opportunerweise die Vertragsverhandlungen ins Schlingern gebracht hatten (Darnis 2021a).

Dieses Scheitern eines Vertrags zwischen zwei Industrieunternehmen ist keine Nebenerscheinung. Es hat nicht nur die Gemüter auf Dauer geprägt, sondern ist auch das jüngste Beispiel aus einer Serie von Stolpersteinen zwischen Paris und Rom.

3. Eine lange Geschichte politischer und wirtschaftlicher Konflikte

Bereits 2001 lieferte das Übernahmeangebot von EDF an Edison das erste Beispiel für ein industriepolitisches Problem. Im Rahmen der Schaffung eines liberalisierten Strommarktes in Italien hatte der frühere Strommonopolist ENEL den Verkauf verschiedener Tranchen der Stromerzeugung geplant (Darnis 2021b). Angesichts dieser Öffnung des italienischen Marktes für die Konkurrenz wollte die französische Gruppe EDF die Gelegenheit zur Erweiterung ihrer Aktivitäten im Ausland ergreifen und bekundete ihr Interesse an Edison, einer Gesellschaft mit ruhmreicher Vergangenheit, um so einen Brückenkopf in Italien zu konstituieren. Das Übernahmeangebot von EDF sollte in Italien für Aufruhr sorgen. Der Moment war ungünstig gewählt, denn er fiel in Wahlkampfzeiten, in denen sich die politische Rechte und Linke gegenseitig bekämpften. Die scheidende Regierung Giuliano Amatos reagierte schnell, in Übereinstimmung mit der Opposition von rechts, und antwortete mit der Veröffentlichung eines Gesetzesdekrets, das die Stimmrechte von EDF bei Edison einfror. Als Rechtfertigung dieser defensiven Maßnahme führten die Italiener die fehlende Gegenseitigkeit an: Der französische Markt sei für Konkurrenten noch völlig verschlossen und EDF als Monopolist genieße den Status eines öffentlichen Unternehmens (es sollte erst 2004 in eine Gesellschaft umgewandelt werden). Daraufhin blockierte EDF umgehend seine Investitionen in Edison und suchte alsbald Unterstützer, indem Fiat am Kapital der neuen Gesellschaft beteiligt und zudem Zusammenschlüsse mit wichtigen kommunalen Gesellschaften in Norditalien gesucht wurden: Für EDF ging es darum, als Verbündeter der italienischen Interessen aufzutreten, um so die Aufhebung der Blockadehaltung gegenüber einer französischen Gesellschaft zu rechtfertigen. Diese Initiativen zeigten nur begrenzte Wirkung, und erst 2011 sollte es zu einer globalen Regelung in dieser Frage kommen. Unterdessen erfolgte 2006 ein Übernahmeversuch des italienischen Unternehmens gegenüber der französischen Suez-Gruppe. ENEL, das die Kontrolle über den belgischen Teil von Suez (Electrabel) gewinnen wollte, schloss sich mit der Veolia-Gruppe zusammen, um eine entsprechende Strategie zu entwickeln. Die französischen Behörden lehnten dieses Ansinnen kühl ab, das zudem einen Vorwand für die Fusion von Suez und Gaz de France (GDF) liefern sollte, was somit als Erfordernis im Sinne der Abwehr externer Angriffe präsentiert werden konnte. Auch in diesem Fall vermochten weder das öffentliche Vorgehen noch die Ernsthaftigkeit der Intentionen der italienischen Gruppe bei den Franzosen eine Bresche zu eröffnen; diese schienen damals voll und ganz mit den Herausforderungen beschäftigt zu sein, sich hinsichtlich der Nachfolge von Präsident Chirac zu positionieren (damals ein Kampf zwischen Villepin und Sarkozy) und nutzten zum großen Leidwesen der Gewerkschaften die Gelegenheit, um GDF ohne viel Aufhebens zu privatisieren.

Sowohl das Dossier STX-Fincantieri als auch die Operationen EDF-Edison oder ENEL-Suez zeigen, dass es nahezu keinerlei bilaterale industriepolitische Planung auf den jeweiligen staatlichen Ebenen gab. Die Regierungen mussten im Nachhinein intervenieren, um Probleme abzumildern, die aus der Überlappung von wirtschaftlichen und politischen Interessen entstanden waren.

4. Das Beispiel des bilateralen Gipfels von 2011

Im April 2011 wurde ein bilateraler Gipfel einberufen, der das belastete Verhältnis zwischen Paris und Rom verbessern sollte. Tatsächlich hatten seit der Beteiligung der französischen Firma Lactalis an der italienischen Gruppe Parmalat bis zu den Unstimmigkeiten beim Umgang mit den wachsenden Migrationsströmen am Mittelmeer als Folge des „arabischen Frühlings" die Spannungen zwischen beiden Ländern zugenommen, wobei die stark nationalistischen Parteien der Rechtskoalition nicht zögerten, mit dem Finger auf die Franzosen als Schuldige zu zeigen (Darnis 2014). Dieser Gipfel erschien so als notwendiger Moment für eine Neuorientierung, um das gute Einvernehmen zwischen beiden Unionsmitgliedstaaten zu demonstrieren und eine enge politische und wirtschaftliche Partnerschaft zu bekräftigen.

Der Gipfel von 2011 kann allerdings in vielerlei Hinsicht als aufschlussreich gelten. Er zeigte, dass die wirtschaftliche Integration im Rahmen der europäischen Märkte eine grundlegende Bewegung darstellt, eine Kraft, die staatliche Maßnahmen und Regulierungen erfordert. Er offenbarte aber zugleich, dass ein gewisses anti-französisches Gefühl in Italien Fuß fasste, als eine Art logische Folge der nationalen Themen, die im Italien des 20. Jahrhunderts florierten. Die Regierungsteams, die in Frankreich an der Macht waren, behandelten diese Ereignisse als Nebenerscheinungen. Die Diplomatie verkündete unüberhörbar, die Beziehungen zwischen Frankreich und Italien seien hervorragend und die kleineren Zwischenfälle lediglich momentane Ausreißer.

Diese demonstrativ optimistische und vermutlich allzu oberflächliche Lesart sollte durch die Krise der bilateralen Beziehungen, die sich zwischen 2017 und 2019 ausbildete, dementiert werden.

5. 2017–2019: Eine echte Krise in den bilateralen Beziehungen

Wie bereits erwähnt, konnte die Wahl Emmanuel Macrons zum französischen Staatspräsidenten im Mai 2017 in vielerlei Hinsicht als bedeutende Öffnung der französischen Gesellschaft hin zu mehr Europa gesehen werden; zugleich schien sie einen überzeugenden Gegenbeweis zu souveränistischen und nationalistischen Tendenzen zu bekunden, die unter anderem im Einzug Marine Le Pens, der Kandidatin des Front National, in den zweiten Wahlgang der Präsidentschaftswahl 2017 zum Ausdruck kamen. Was jedoch die bilateralen Beziehungen zwischen Frankreich und Italien anbelangte, sollte es sehr schnell zu einer echten Blockade kommen. Die Infragestellung des STX-Fincantieri-Vertrags war der erste Fehltritt. Doch weitere Fälle sollten rasch hinzukommen. Als sich im Juli 2017 die Flüchtlingskrise vor Sizilien zusehends verschlimmerte, empfing der italienische Regierungschef Paolo Gentiloni Kanzlerin Angela Merkel und Staatspräsident Emmanuel Macron in Triest zu einem Gipfel über die Frage zum Umgang mit der Flüchtlingsroute über den Balkan. Das Thema Migration drängte auf die Tagesordnung, und Paolo Gentiloni äußerte gegenüber seinen europäischen Kollegen seine höchste Besorgnis angesichts des Zuwanderungsdrucks in Süditalien, nicht nur wegen der konkreten Aufnahmekapazitäten Italiens, sondern vor allem hinsichtlich der internen politischen Konsequenzen: Im Kontext der italienischen Parlamentswahlen 2018 spielte die Dominanz des Flüchtlingsthemas den extremistischen Parteien in die Hände, die wie die Lega eine Zurückweisung der Flüchtlinge verlangten. Paolo Gentiloni lancierte daher einen Appell an die Solidarität. Für Frankreich bestand das Problem in einer gewissen Parallelität beim Umgang mit dem Migrationsthema. Auch für Paris ging es um eine heikle interne politische Herausforderung, was sich bei den verschiedenen Wahlen zeigte. So waren seit den 1980er Jahren politische Kräfte mit dem „Kampf gegen Zuwanderung" auf Stimmenfang gegangen und haben dabei Formen von Rassismus und Fremdenhass salonfähig gemacht. Die Migrationsfrage wurde tatsächlich zum Stein des Anstoßes zwischen Frankreich und Italien, die in einem bilateralen Kontext zu lösen äußerst schwierig war. Immerhin bemühte sich Frankreich um eine Art Antwort, indem es eine Lösung „an der Quelle" suchte, nämlich eine Stabilisierung der Lage in Libyen. Ende Juli 2017 lud Emmanuel Macron zu einem diplomatischen Treffen ins Schloss von La Celle-Saint-Cloud ein, an dem die beiden libyschen Opponenten Khalifa Haftar und Fayez al-Sarraj teilnahmen. Dieses Treffen sollte keine wirkliche Veränderung im Friedensprozess in Libyen herbeiführen. Allerdings sorgte es für höchste Verstimmung bei den Italienern, die sich quasi vor vollendete Tatsachen gestellt sahen, sich aber auch unwohl fühlten, weil sie sich einseitig für die Unterstützung der von der internationalen Gemeinschaft anerkannten Regierung Fayez al-Sarraj entschieden hatten.

Im Sommer 2017 kam es zu einem regelrechten Schneeballeffekt bei diesen strittigen Themen. Die Italiener verhärteten ihre Haltung gegenüber Frankreich, und ungeachtet der Ministerbesuche, die „Sprachregelungen" liefern sollten, vermochte Paris nicht so recht zu überzeugen. Die Nominierung des sehr erfahrenen Christian Masset zum französischen

Botschafter in Rom im September 2017 stellte eine erste Antwort auf diese Krise dar, und dieser Diplomat sollte zum künftigen Vorposten für bilaterales Handeln werden. Zur gleichen Zeit fand der bilaterale Gipfel von Lyon statt. Nach außen hin wurde Einvernehmen signalisiert, doch die Dossiers blieben kompliziert, wie es der Austausch zur Frage STX-Fincantieri zeigte. Bemerkenswerterweise äußerte Emmanuel Macron erstmalig bei der Pressekonferenz des Gipfels in der Antwort an einen Journalisten die Idee eines „Quirinal-Vertrags", eines bilateralen Instruments, das Frankreich und Italien erlauben sollte, ihre Beziehungen nach dem Beispiel der deutsch-französischen Beziehungen zu regeln.

Dieses Projekt wurde offiziell im Januar 2018 von Emmanuel Macron und Paolo Gentiloni in Rom auf den Weg gebracht, indem eine Expertenkommission zur Erarbeitung eines Vertragstextes berufen wurde. Die Kommission setzte sich auf italienischer Seite aus Franco Bassanini, Marco Piantini und Paola Severino zusammen, während Pascal Cagni, Sylvie Goulard und Gilles Pécout die französische Seite repräsentierten. Die Gruppe machte sich rasch an die Arbeit, die jedoch schnell wieder ins Leere laufen sollte, denn die politische Klasse Italiens startete die Kampagne für die Parlamentswahlen 2018, und der nahende Wahltermin sorgte für ein angespanntes Verhältnis zu Frankreich. Im Kontext dieses Wahlkampfs war bereits zu erkennen, dass das Migrationsthema und folglich die Kritik an Frankreich die Szene beherrschte. Dieser Zusammenhang erklärt auch, warum Ende März 2018, noch während der Amtszeit der Regierung Gentiloni, eine administrative Unregelmäßigkeit seitens französischer Zollbeamter bei einer Kontrolle am Bahnhof von Bardonecchia zu einem Aufschrei in Medien und Politik führte, obwohl die Beamten gemäß einem grenzüberschreitenden Abkommen handelten. Die italienischen Medien ereiferten sich mächtig, wohingegen Frankreich mit einem anderen Vorfall beschäftigt war, nämlich der Ermordung des Oberstleutnants Beltrame durch einen islamistischen Terroristen. Die Wahrnehmungen beider Vorkommnisse trafen nicht aufeinander, was den Graben veranschaulicht, der sich zu diesem Zeitpunkt zwischen Frankreich und Italien auftat.

In der Folge sollte das Flüchtlingsthema die Beziehungen zwischen Paris und Rom schnell vergiften. Während die Regierung Conte I Anfang Juni eingesetzt wurde (nachdem die Einigung auf eine Regierungskoalition lange Zeit auf sich warten ließ und zur ungewöhnlichen Allianz von Fünf-Sterne-Bewegung und Lega führte), kam es zu einer ganzen Reihe von Unstimmigkeiten über den Umgang mit den Zuwanderungsströmen, vor allem angesichts des politischen Kurswechsels der neuen italienischen Regierung, die den NGO-Schiffen, die Flüchtlinge im Kanal von Sizilien aufnahmen, den Zugang zu ihren Häfen verweigern wollte. Diese Politik, die von Innenminister Matteo Salvini getragen wurde, dem Vorsitzenden der Lega, stieß bei zahlreichen politisch Verantwortlichen in Europa auf Kritik. Jene aus Frankreich blieb nicht unbemerkt, und im Juni 2018 wurde der französische Botschafter in Rom Christian Masset ins italienische Außenministerium zur Aussprache einbestellt, das so gegen die von Emmanuel Macron formulierte Kritik am italienischen Umgang mit dem Rettungsschiff Aquarius protestierte. So kam es ab Juni 2018 zu einem Mechanismus interner Politisierung der bilateralen Beziehung. Während der französische Präsident das Europa der „Salvini und Orban“ anprangerte, verschärfte der italienische Innenminister die Kritik am französischen Präsidenten. Zu diesem Zeitpunkt befand man sich bereits im Vorfeld des Wahlkampfs zum europäischen Parlament von 2019, und diese Oppositionsdialektik diente auch den Interessen jener politischen Führer, denen es um Polarisierung ging. Es ist bemerkenswert zu beobachten, wie sehr in diesem Moment die bilaterale Beziehung zur internen politischen Komponente wurde, was deren speziellen Charakter offenbarte.

Die Beziehungen zwischen Paris und Rom waren extrem schlecht, und dieses schädliche Klima griff auch auf die Sektoren von Medien und Kultur über, wo mit dem Finger auf die Franzosen gezeigt wurde (Darnis 2019a).

Kulminationspunkt dieser spannungsgeladenen Phase war zweifelsohne der Besuch des stellvertretenden Ministerpräsidenten und politischen Chefs der Fünf-Sterne-Bewegung Luigi di Maio im Februar 2019 bei einem Komitee der Gelbwesten in Frankreich. Im Nachgang dieser Reise, von der die italienische Diplomatie nichts wusste, sprach Frankreich von einer nicht hinnehmbaren Einmischung in innere Angelegenheiten und rief seinen Botschafter aus Rom zur Beratung zurück. Dies ist eine außerordentlich starke diplomatische Geste, die zum letzten Mal 1940 erfolgte, als Botschafter François-Poncet infolge der italienischen Kriegserklärung an Frankreich aus Rom zurückgerufen wurde. Diese Episode sollte eine kathartische Wirkung haben mit zweierlei Arten von Konsequenzen. Zum einen stellte Frankreich fest, dass es in den bilateralen Beziehungen zu Italien ein echtes Problem gab und die Fassade des guten Tons, die allzu wohlmeinend die natürliche Freundschaft zwischen beiden Völkern unterstrich, nicht ausreichte, um die tiefen Meinungsverschiedenheiten zu verbergen. Durch die Krise gelangte Italien somit auf den französischen Radar, ein nicht gerade geringes Paradox. Zum anderen teilte man auf italienischer Seite die Ansicht, dass das Handeln des Regierungsmitglieds di Maio unangemessen war. Dieses Schuldanerkenntnis war eine der notwendigen Bedingungen, um den Abszess zum Platzen zu bringen.

6. 2019–2020: Das Handeln der italienischen Präsidentschaft und die Rückkehr zu normalen bilateralen Beziehungen

In diesem Moment begann übrigens die italienische Präsidentschaft zu handeln, um die Beziehungen zu Frankreich zu erhalten bzw. neu zu beleben. Dem italienischen Staatspräsidenten kommt generell die Rolle zu, Garant der Institutionen zu sein, doch verfügt er auch über einen symbolischen Handlungsspielraum, der ihm eine Einflussnahme ermöglicht. Indem Sergio Matarella im Mai 2019 die Einladung zum Besuch von Amboise und Chambord anlässlich der Feierlichkeiten zum 500. Todestags von Leonardo da Vinci annahm, behauptete er sich als Garant für das gute Einvernehmen mit Frankreich jenseits der desaströsen intergouvernementalen Beziehungen, die auf ein Mindestmaß beschränkt worden waren. Damit konnte Nachbarschaft und Freundschaft zwischen beiden Staatschefs bekundet werden.

Auch die Wahlen zum Europa-Parlament Ende Mai 2019 sollten es ermöglichen, dass zwischen Salvini und Macron ein neues Kapitel aufgeschlagen wurde. Als die Ergebnisse feststanden, verloren ihre Positionierungen an Bedeutung, ein Faktor, der den Druck aus den bilateralen Beziehungen nahm.

Die politische Agenda in Italien sollte jedoch noch eine weitere Entwicklung in Gang bringen. Die Koalitionskrise, die sich über den Sommer 2019 hinzog, führte zum Regierungsaustritt der Lega, die durch die Demokratische Partei, eine gemäßigte Mitte-Links-Formation ersetzt wurde. Es ist übrigens recht paradox, dass das gute Abschneiden der Lega bei den Europawahlen vor allem bei ihr den Wunsch nach Neuwahlen zum Abgeordnetenhaus auslöste, was letztlich zu ihrem Ausschluss aus der Regierungskoalition führte. Die zweite Regierung Conte, die im September 2019 ihr Amt antrat, schlug wieder einen deutlich europakompatibleren Kurs ein, und so begaben sich Emmanuel Macron und Frank-Walter Steinmeier nach Einsetzung der neuen Exekutive umgehend nach Rom, um ihren Wunsch nach einem Neustart der jeweiligen bilateralen Beziehungen zu bekunden.

Mit dem Gipfel von Neapel im Februar 2020 wurde der normale Zyklus bilateraler Beziehungen wieder aufgenommen. Dieser Gipfel fand im prächtigen, barocken Königspalast von Neapel in einer etwas surrealen Atmosphäre statt, denn die sich bereits ausbreitende Pandemie legte sich als düstere Bedrohung über den Norden Italiens. Er kennzeichnete einen echten Neustart in den bilateralen Beziehungen, indem sich verschiedene Ministerien auf einen ständigen Austausch und Bemühen um Konvergenzen einigten. Und in diesem Kontext des Neubeginns wurden die Arbeiten am bilateralen Vertrag wieder aufgenommen, die nunmehr den zuständigen Diplomaten übertragen wurden.

Während der Pandemie sollte dieser Rahmen der Zusammenarbeit mit regelmäßigen Austauschen, insbesondere zur Gesundheitspolitik, erhalten bleiben.

7. Differenzen in der Libyenfrage

Einer der bemerkenswerten Punkte bei der Verbesserung der Beziehungen ist die Libyenfrage. Wir erinnerten bereits daran, dass beim Gipfel von Celle-Saint-Cloud vom Juli 2017 stark unterschiedliche Haltungen zu Libyen ganz offen zutage traten (Darnis 2019b). Italien hatte Libyen in postkolonialer Lesart stets als seine Einflusszone betrachtet, was im Handeln des Mineralöl- und Energiekonzerns Eni zum Ausdruck kam – einem Staat im Staat, der Einfluss auf die italienische Außenpolitik nimmt, – aber auch in den lange zum Gaddafi-Regime unterhaltenen Beziehungen. Nach dem Arabischen Frühling befand sich die italienische Regierung angesichts der Entwicklung des Regimes und des internationalen Interventionismus in einem Konflikt. Italien verhielt sich zunächst sehr zögerlich und zurückhaltend angesichts jeglicher Versuche eines „Regimewechsels“ in Libyen. Die Italiener, die das Land und deren Stammesverflechtungen gut kennen, zeigten sich von Anfang an skeptisch, dass in Libyen ein Gleichgewicht hergestellt werden könnte, das nicht von Gaddafi organisiert wird. Diese Position, deren Richtigkeit die Geschichte beweisen sollte, wollte jedoch niemand hören, da der mit der Person des damaligen Regierungschefs Silvio Berlusconi verbundene Misskredit die Glaubwürdigkeit der gesamten Exekutive in Frage stellte. So nahm Italien die von Paris, London und Washington gewollte diplomatische Beschleunigung der Interventionsfrage in Libyen hin und schaffte es später, sich an der militärischen Intervention mit zahlreichen Bombardements zu beteiligen, um nicht gänzlich ausgeschlossen zu sein. Dennoch ist festzuhalten, dass Italien dieses Eingreifen widerstrebte.

Ab 2013 wurde Italien mit voller Wucht von der Flüchtlingskrise getroffen, und immer mehr Schiffe aus Libyen landeten an seinen Küsten. Angesichts des Verfalls des libyschen Staates, der auf das militärische Eingreifen des Westens folgte, bekundeten die Italiener ihre Unzufriedenheit darüber, nunmehr die negativen Folgen der „französischen Intervention“ tragen zu müssen. Es ist bemerkenswert, dass die Operationen in Libyen zwar Hand in Hand von Frankreich, Großbritannien und den Vereinigten Staaten durchgeführt wurden, in der öffentlichen Meinung Italiens jedoch Frankreich allein als verantwortlich galt. So setzte sich aus italienischer Sicht das Theorem von der französischen Schuld an der Flüchtlingskrise als vorherrschende Analyse durch. Diese Sichtweise ist das Hintergrundbild für die Unstimmigkeiten von 2017. Sie erklärt aber auch, warum das Migrationsthema im Wahlkampf von 2018 und bei der aus der Abstimmung hervorgegangenen souveränistischen Mehrheit mit einer Oppositionshaltung gegenüber Frankreich verbunden war. Die negative Interpretation der französischen Rolle in Libyen 2011, in der vielleicht auch eine Art Eifersucht hinsichtlich der postkolonialen Einflüsse zum Ausdruck kam, ist eines der wiederkehrenden Elemente, die das Hochkochen der anti-französischen Stimmung zwischen 2018 und 2019 erklären kann.

Mit Amtsübernahme der Regierung Conte II begannen die Bemühungen um einen Dialog zu diesem Thema: Festgestellt wurde ein großes gegenseitiges Unverständnis, und nunmehr ging es darum, Abhilfe zu schaffen. Von diesem Moment an war ein kontinuierlicher Austausch zwischen den Außen- und Verteidigungsministerien zu beobachten ebenso wie Dialoge zwischen den Geheimdiensten. Ein neues Element tauchte auf: Libyen wurde zum wichtigen Thema im Rahmen der bilateralen französisch-italienischen Beziehungen. Die Franzosen begingen nicht mehr den Fehler, die Behandlung beider Fragen voneinander zu trennen, wodurch sich die Italiener nicht mehr vor den Kopf gestoßen und ausgeschlossen fühlten.

Nunmehr sollten erneut Bedingungen für eine gemeinsame strategische Analyse geschaffen werden. Lange Zeit hatte die französische Sicht, der es um Stabilität in der Sahelzone ging, im Interesse des Kampfs gegen den Terrorismus den starken Mann (Chalifa Haftar) als Unterstützer nicht ausgeschlossen, wohingegen Italien die Libyenfrage ganz klar exklusiver und nationaler betrachtete und der im internationalen Rahmen vorgeschlagenen Lösung einer „legitimen" Regierung (Sarraj) treu blieb. Anzumerken ist auch, wie sehr durch die massive Anwesenheit ausländischer Akteure in Libyen Frankreich und Italien in eine Ecke manövriert wurden, und dass sie, um ein Minimum an Einfluss zurückzugewinnen, ihre internen Differenzen beenden und gemeinsam auf eine europäische Lösung hinwirken mussten.

8. 2020: Neustart für die Vorbereitung des Quirinal-Vertrags

Ein weiterer bemerkenswerter Aspekt beim Neustart der Beziehungen zwischen Frankreich und Italien ist die seit 2020 wieder aufgenommene Vorbereitung eines bilateralen Vertrags. Hier sei daran erinnert, dass François

Mitterrand und die Sozialisten, die 1981 in Frankreich an die Regierung gelangt waren, mit der Einrichtung eines bilateralen französisch-italienischen Gipfels die Beziehungen Frankreichs zu den europäischen Partnern erneuern und sich von der strukturierten Verbindung zu Deutschland seit dem Elysée-Vertrag emanzipieren wollten. Damals wurde die Gunst der Stunde einer neuen politischen Zusammensetzung mit dem starken Aufschwung der laizistischen Kräfte, insbesondere der sozialistischen Partei Italiens, genutzt, um von 1982 an jährliche intergouvernementale Treffen für die Erstellung einer gemeinsamen Agenda zu vereinbaren. So waren in den 1980er Jahren, insbesondere zwischen 1982 und 1986, beachtliche Bemühungen zur Strukturierung der bilateralen Beziehungen zu beobachten, in einer Phase, da Präsident Mitterrand die Unterstützung des Parlaments hatte. Insbesondere war man um Dialog und Konvergenzen in wichtigen Fragen, vor allem der aus Italien in Frankreich eintreffenden politischen Flüchtlinge, bemüht. Trotz aller demonstrativen Bekundungen gab es aber bei den dicken Akten in der industriellen Zusammenarbeit keine rechten Fortschritte, da beispielsweise Italien sich weigerte, sich dem Airbus-Projekt anzuschließen. 1986 kam erneut die politische Rechte an die Macht, und die französisch-italienischen Flitterwochen verliefen weitgehend im Sande, zumal unterdessen die deutsch-französische Beziehung infolge der historischen Entwicklung in Europa durch den Fall der Mauer wieder zu einem französischen Kernanliegen wurde. Wie so oft, sollte die politische Krise, die mit dem Mauerfall einherging, Beunruhigung auslösen, aber auch eine weitere Etappe der europäischen Integration einleiten, wodurch der Dialog zwischen Frankreich und Deutschland notwendiger wurde als je zuvor, damit die verschiedenen komplexen Phasen bestmöglich bewältigt werden konnten. Von 1992 an geriet Italien durch den Korruptionsskandal Tangentopoli in eine Krise, und die wechselnden Mehrheiten der politischen Rechten unter Silvio Berlusconi und jener von Links entsprachen nicht mehr den politischen Zyklen in Frankreich. Die bilateralen Gipfel wurden fortgesetzt, häufig in Form jährlicher Dialogforen, was gewiss eine sehr nützliche Übung ist, nicht aber als Motor einer echten französisch-italienischen Dynamik wirken konnte.

Diese traditionelle Struktur sollte jedoch in den 2000er Jahren ihren zweiten Frühling erleben. Während sich die Krisen zwischen beiden Ländern vervielfachten, erlangten die Gipfel ihren Nutzen als ein Instrument zur Verbesserung der bilateralen Beziehung: Dies war insbesondere 2001, 2011 und 2017 der Fall, als Unstimmigkeiten zwischen Paris und Rom herrschten.

Wie bereits unterstrichen, erwähnte Emmanuel Macron 2017 bei der Pressekonferenz zum Abschluss des bilateralen Gipfels, wo es um Antworten auf die bilaterale Krise ging, die Möglichkeit eines bilateralen Vertrags zur Stärkung der beiderseitigen Verbindung (Elysée 2021). Diese Episode zeigt sehr anschaulich, mit welcher Logik Beziehungen auf der Grundlage eines Mechanismus verbessert werden können, wenn er in einem Moment gegenseitiger Spannungen Anwendung findet.

So wurden 2020 die Arbeiten am Vertrag wieder aufgenommen, und die Diplomaten machten sich ans Werk, allerdings ohne genaues Zeitraster. Es sei jedoch daran erinnert, dass die Verabschiedung eines Plans für ein europäisches Konjunkturprogramm 2020, initiiert von Frankreich und Deutschland, dazu beitrug, dass sich die Italiener mit der Europäischen Union wieder versöhnten, nachdem sie diese während der souveränistischen Phase in Zweifel gezogen hatten. Dies erklärt auch, weshalb der Bezug auf Frankreich und Deutschland in der italienischen Debatte wieder teilweise positiv wurde.

Im Laufe des Jahres 2021 sollte eine regelrechte Beschleunigung eintreten (Darnis 2021c). Mario Draghi, der im Februar 2021 Ministerpräsident Italiens wurde, läutete den Wendepunkt ein. Zunächst beförderte der hervorragende Ruf des neuen italienischen Regierungschefs die Glaubwürdigkeit Italiens in Europa und stärkte automatisch dessen Ansehen in Frankreich (Darnis 2021d). Zwar enthält jener Faktor kein für die Beziehung zwischen Rom und Paris spezifisches Element, doch zeigt sich deutlich, dass Mario Draghis Profil eines hohen Beamten, der seine politische Karriere auf technokratischen Fähigkeiten gründete, die französischen Eliten beruhigte, denen eine solche Laufbahn vertraut ist. Auch wenn Mario Draghi eindeutig stärker anglophon als frankophon ist, erinnerte man sich an seine Zeit bei der Europäischen Zentralbank und die große Übereinstimmung mit den Pariser Sichtweisen, insbesondere was die Flexibilität in der Geld- und Schuldenpolitik anbelangt.

Eines der greifbaren Zeichen für die weitere Verbesserung der Beziehungen zwischen Paris und Rom war Ende April 2021 die Festnahme von zehn Italienern, Mitgliedern der einstigen Roten Brigaden in Frankreich, die in Italien wegen Terrorismus verurteilt worden waren. Schon seit langem hatte die italienische Justiz bei diesen offenen Fällen Frankreich aufgefordert, die italienischen Gerichtsurteile umzusetzen. Konkret sollten diese Verhaftungen allerdings keine größeren Folgen haben, denn nach Abschluss der Auslieferungsverfahren dürfte es angesichts des fortgeschrittenen Alters der Verurteilten aller Wahrscheinlichkeit nach nicht zu Überstellungen kommen. Hier geht es vielmehr um die politische und symbolische Bedeutung: Die Justiz und der französische Staat erkennen damit die Rechtmäßigkeit der Entscheidungen der italienischen Gerichte an und heben so eine Blockade auf, die lange Zeit innerhalb der italienischen

Staatsstruktur zu einer negativen Wahrnehmung geführt hatte. Nachdem diese Konflikte aus der Vergangenheit beseitigt worden waren, wurde der Weg frei für eine Beschleunigung der bilateralen Zusammenarbeit.

Der Staatsbesuch des italienischen Präsidenten Sergio Matarella im Juli 2021 in Paris sollte diesen neuen privilegierten Kurs besiegeln. Der italienische Präsident, der bereits 2019 eine Schlüsselrolle beim Erhalt guter Beziehungen zur französischen Präsidentschaft gespielt hatte, wurde in Paris mit allen Ehren empfangen und gab in einem öffentlichen Auftritt die Ziellinie für die Unterzeichnung des bilateralen Vertrags bekannt (Presidenza della Repubblica 2021). Diese Erklärungen sind als außenpolitische Stellungnahme zu werten und veranschaulichen, mit welchen Ambitionen Präsident Matarella sein Amt verbindet, wo doch in Italien dem Staatspräsidenten häufig nur die Rolle des Garanten der Verfassung zugewiesen wird. Die im Laufe des Sommers 2021 folgenden Kontakte zwischen Emmanuel Macron und Mario Draghi sollten diesen bilateralen Rahmen weiter stärken, und die Ausarbeitung des Vertrags wurde nunmehr beschleunigt, um am 26. November 2021 im Quirinalspalast in Rom unterzeichnet zu werden.

9. Der Quirinal-Vertrag, eine Kopie des Elysée-Vertrags und des Aachener Vertrags?

Von Anfang an war der Quirinal-Vertrag vom deutsch-französischen Mechanismus inspiriert. Selbstverständlich handelt es sich dabei nicht um eine Versöhnung nach kriegerischen Auseinandersetzungen, vielmehr ist der Quirinal-Vertrag, wie bereits betont, Ausdruck des Willens, über ein Instrument zur Vermeidung oder Abmilderung endemischer Krisen in den französisch-italienischen Beziehungen zu verfügen.

Beim genaueren Blick auf den am 26. November 2021 von Frankreich und Italien verabschiedeten Text, der aus dem Vertrag sowie einem Zusatzdokument (Feuille de route) besteht (Governo Italiano 2021a; Governo Italiano 2021b), fallen verschiedene Elemente ins Auge. Der Text erinnert an die verschiedenen multilateralen Rahmen, die Frankreich und Italien miteinander verbinden, und unterstreicht dabei insbesondere die europäische Dimension: Von Beginn an wird der Vertrag als Instrument im Dienste einer besseren europäischen Integration dargestellt. Dies ist ein interessanter Aspekt, denn faktisch folgt der Vertrag einer ähnlichen Denkweise wie bei den deutsch-französischen Beziehungen, nämlich, eine bilaterale Verbindung zu stärken und zu verstetigen, die vollumfänglich dem guten Funktionieren der europäischen Institutionen und den Fortschritten bei der Integration dienen soll. So soll eine parallele Denkweise zur deutsch-französischen hergestellt werden mit der Europäischen Union als Konvergenzpunkt.

Der bilaterale Vertrag ermöglicht es, den verschiedenen gemeinsamen Anliegen Italiens und Frankreichs auf europäischer Ebene eine Perspektive zu verleihen. Eine solche Übung, die Vorstellung einer gemeinsamen politischen Agenda, bietet gewiss Vorteile, denn sie kann zu einer gemeinsamen politischen Linie beitragen, insbesondere in sensiblen Wirtschaftsfragen wie etwa dem Stabilitätspakt. Allerdings ist dieser wichtige Teil des Textes derzeit nur eine Absichtserklärung, die in der Folge von den jeweiligen Regierungen in die Realität umgesetzt werden muss. Man sollte sich also nicht vorschnell zu Äußerungen über dessen tatsächliche Leistungsfähigkeit hinreißen lassen.

Durch den Vertrag werden eine Reihe von Mechanismen eingerichtet mit dem Ziel, die Kooperation zwischen Frankreich und Italien zu institutionalisieren: ein paritätisch besetzter Strategieausschuss, Teilnahme der Minister eines Landes am Ministerrat des Partners, Einrichtung interministerieller Räte für Wirtschaftsfragen (Forum für wirtschaftliche und finanzielle Beratung) sowie für Außenpolitik und Sicherheit (französisch-italienischer Verteidigungs- und Sicherheitsrat), kalendarisch festgelegte jährliche Ministertreffen, aber auch die Schaffung eines Ausschusses für grenzüberschreitende Zusammenarbeit. Die meisten dieser Instrumente existieren bereits im deutsch-französischen Kontext, was zeigt, dass dessen positive Erträge hierher importiert wurden. Dennoch sind wichtige Nuancen hervorzuheben, denn der Vertrag ist nicht als schlichte Replik der deutsch-französischen Maßnahmen zu verstehen.

Zunächst handelt es sich für Italien um einen grundsätzlich neuen Mechanismus, denn man war daran gewöhnt, innerhalb der Union gemäß einem „multilateralen" Modell zu handeln. Die Etablierung privilegierter Beziehungen zu Frankreich stellt für Italien eine doppelte Herausforderung dar: einerseits methodologisch, weil die eigene Verwaltungskultur mit der französischen abgestimmt werden muss, und andererseits kulturell, da die historische Verbindung zu Frankreich intensiv, häufig aber auch ambivalent ist. Diese Klippen gilt es zu umschiffen, damit die neuen Institutionen reibungslos funktionieren können.

Auch werden in dem Vertrag einige Instrumente erwähnt, die für die deutsch-französischen Beziehungen erfolgreich waren, wie etwa der regelmäßige Beamtenaustausch, allerdings fehlen genauere Angaben zur Umsetzung. Dieses Detail offenbart ebenfalls die Schwierigkeit und die Neuartigkeit der Bestimmungen, die vor allem auf italienischer Seite Anpassung, aber auch konstanten politischen Willen erfordern.

Zu den interessantesten Aspekten des Vertrags zählen gewiss die Abschnitte zu Wirtschaft und Industrie. Sowohl der Vertrag selbst als auch das Zusatzdokument liefern eine detaillierte Vision vom Potential technologischer Integration und Investitionen zwischen beiden Ländern. So erscheint er auch als ein grundlegendes Instrument zur Steuerung des künftigen wirtschaftlichen Wachstumspotentials, das aus der Zusammenführung von italienischen und französischen Produktionskapazitäten erwächst. In diesem Zusammenhang dürfte mit Vollendung der Schnellbahnstrecke zwischen Lyon und Turin eine strategische Verbindungslinie entstehen, die Paris, Lyon, Turin, Mailand, Venedig und Bologna mit Hochgeschwindigkeitszügen verbindet, also die produktiven Galaxien Norditaliens und Frankreichs einander näherbringt. All dies geschieht vor dem Hintergrund der Erneuerung italienischer Produktionsketten, aber auch des Neustarts französischer Investitionen in den Technologie-Sektor. Der Text benennt Industrieakteure aus der vordersten Reihe, nicht nur Medef und Confindustria, sondern auch Caisse des Dépôts und Cassa Depositi e Prestiti, was zugleich potenzielle Konvergenzen, aber auch die Präsenz sektoraler Interessen veranschaulicht, denen es darum geht, dass die Mechanismen zur Stärkung der bilateralen Governance schnell Anwendung finden. Hier herrscht eindeutig die Vorstellung von einem wirtschaftlichen Expansionspotential, das durch gouvernementale Instrumente begünstigt werden soll.

10. Schlussfolgerung

Mit dem Quirinal-Vertrag werden Instrumente geschaffen, die zu einer dauerhaften Stabilität der Verbindung zwischen Frankreich und Italien führen sollen. Dennoch stellt sich auch die Frage, welches Schicksal er in einem Kontext von weniger günstigen politischen Zyklen erleben wird. Dies ist die größte Herausforderung, anhand derer man den Quirinal-Vertrag wirklich mit dem Elysée- und dem Aachener Vertrag vergleichen können wird. Das deutsch-französische Modell hat seine Fähigkeit zu hoher Resilienz bereits unter Beweis gestellt, indem es auch zu Zeiten, da sich Paris und Berlin in einem eher spröden politischen Zyklus befanden, gute Kommunikation garantierte. Dies ist nicht nur das Ergebnis eines Textes, der Institutionen schafft, sondern auch eines Mindestmaßes an politischem Willen, der nie in Frage gestellt wurde.

Die Schaffung ähnlicher Maßnahmen im französisch-italienischen Rahmen kann als gute Nachricht gelten. Ganz gewiss wird dadurch auch eine Art Wettbewerb und Konkurrenz gegenüber Deutschland erzeugt, das an diesem Dreieck derzeit nicht direkt beteiligt ist und sich über eine Art französische Untreue Sorgen machen kann. Die französischen und italienischen Positionen können dadurch gestärkt werden, was wiederum zur Stärkung der Europäischen Union beitragen dürfte. Im Rahmen einer europäischen Expansionsdynamik, also eines Spiels mit wachsenden Summen, kann die Vervielfältigung von Steuerungs- und Integrationsmechanismen nur als gute Nachricht gelten.

Übersetzung: Dr. Erika Mursa

Literatur

Darnis, Jean-Pierre (2014): L'évolution de la relation franco-italienne à travers les sommets bilatéraux de 1981 à 2011. In: Cahiers de la Méditerranée, N°88, S. 215-234.

Darnis, Jean-Pierre (2019a): L'influence de la dimension culturelle sur la crise des relations diplomatiques entre la France et l'Italie: le 500e anniversaire de la mort de Léonard de Vinci. In: Synergies Italie N°15, S. 67-75.

Darnis, Jean-Pierre (2019b): Le face-à-face franco-italien en Libye: un piège pour l'Europe. In: Le Grand Continent, 03. Mai 2019, https://legrandcontinent.eu/fr/2019/05/03/le-face-a-face-franco-italien-en-libye-un-piege-pour-leurope/

Darnis, Jean-Pierre (2020): Une vision stratégique des relations franco-italiennes: vers un traité bilatéral? In: France stratégie, Fondation pour la recherche stratégique, N°56, https://www.frstrategie.org/sites/default/files/documents/publications/notes/2020/202056.pdf

Darnis, Jean-Pierre (2021a): L'échec de l'accord STX-Fincantieri: est-il impossible de concilier politique industrielle nationale et souveraineté européenne? In: Choiseul Magazine, 09. April 2021, https://www.choiseul-magazine.fr/2021/04/09/lechec-de-laccord-stx-fincantieri-est-il-impossible-de-concilier-politique-industrielle-nationale-et-souverainete-europeenne/

Darnis, Jean-Pierre (2021b): Les relations entre la France et l'Italie et le renouvellement du jeu européen, Paris: L'Harmattan.

Darnis, Jean-Pierre (2021c): Il Trattato del Quirinale può rilanciare l'Italia in Europa. In: Policy Brief N°39/2021, Luiss School of Government, https://sog.luiss.it/sites/sog.luiss.it/files/LUISS_SOG_policybrief%2039_21.pdf

Darnis, Jean-Pierre (2021d): Draghi et le monde: le retour de l'Italie hors de ses frontières. In: Le Grand Continent, 27. März 2021, https://legrandcontinent.eu/fr/2021/03/27/draghi-et-le-monde-le-retour-de-litalie-hors-de-ses-frontieres/

Elysée (2021): Conférence de presse du Président Emmanuel Macron et du Président du Conseil Mario Draghi. YouTube, 26.11.2021, https://www.youtube.com/watch?v=n4xxi3khXVM

Governo Italiano (2021a): Feuille de route italo-française pour le Traité pour une coopération bilatérale renforcée, https://www.governo.it/sites/governo.it/files/FR_Feuille_de_route_franco_italienne.pdf

Governo Italiano (2021b): Traité entre la République Italienne et la République Française pour une coopération bilatérale renforcée. Rom, 26. November 2021, https://www.governo.it/sites/governo.it/files/Traite_bilateral_franco_italien.pdf

Presidenza della Repubblica (2021): Intervento del presidente della repubblica Sergio Mattarella alla Sorbona „Francia, Italia, Europa. Il nostro futuro". Paris, 5. Juli 2021, https://www.quirinale.it/elementi/58925

Der Autor

Jean-Pierre Darnis ist habilitierter Lehrbeauftragter (Maître de Conférences) an der Université Côte d'Azur in Nizza, assoziierter Forscher bei der Fondation pour la Recherche Stratégique (FRS) in Paris und Adjunct Professor an der LUISS-Universität in Rom.
Kontakt: Jean-Pierre.Darnis@univ-cotedazur.fr

Deutschland – Frankreich – Italien: Perspektiven für eine intensivierte Kooperation in Europa

Frank Baasner

Zusammenfassung: Dieser abschließende Beitrag befasst sich, ausgehend von der deutsch-französischen Sonderbeziehung, mit der Bedeutung bilateraler Beziehungen in Europa. Er beschreibt das Verhältnis zwischen europäischer Integration und Bilateralismus und erläutert exemplarisch anhand der Beziehungen zu Polen und Italien unter welchen Voraussetzungen bilaterale Institutionen über die Mechanismen Erweiterung und Übertragung einen europäischen Mehrwert generieren können. Dabei geht der Beitrag vertieft auf konkrete Projekterfahrungen des Deutsch-Französischen Instituts mit der Öffnung und Übertragbarkeit von deutsch-französischen Kooperationsprojekten auf Italien und deren Potenzial ein.

Stichworte: Bilateralismus, europäische Integration, deutsch-französische Beziehungen, Italien, Polen, internationale Kooperation

Résumé : Cette dernière contribution se penche sur l'importance des relations bilatérales en Europe, en partant de la relation particulière franco-allemande. L'article décrit le rapport entre l'intégration européenne et le bilatéralisme et explique, à l'aide des relations avec la Pologne et l'Italie, dans quelles conditions les mécanismes et les institutions bilatérales peuvent générer une valeur ajoutée européenne par le biais d'un élargissement et d'un transfert des instruments de coopération. L'article aborde de manière approfondie les expériences concrètes de l'Institut Franco-Allemand en matière d'ouverture et de transférabilité de projets de coopération franco-allemands vers l'Italie et leur potentiel de développement.

Mots-clés : Bilatéralisme, intégration européenne, relations franco-allemandes, Italie, Pologne, coopération internationale

Die deutsch-französischen Beziehungen haben in der Europäischen Union historisch und politisch eine Sonderrolle. Dieser Besonderheit verdankt das Deutsch-Französische Institut (dfi) seine Existenz und seine stabile institutionelle Verankerung. Allerdings entwickelt sich das Verhältnis zwischen der Gemeinschaftsmethode und den bilateralen Beziehungen stetig fort. Die Öffnung der fest verankerten deutsch-französischen Kooperationsstrukturen für weitere Partner ist ein Gebot der Stunde und betrifft unmittelbar die Arbeit des dfi. In der Folge wird diese Entwicklung eingeordnet und begründet.

1. Gemeinschaftsmethode und Bilateralismus

Mit der Schuman-Erklärung von 1950 begann ein bis heute andauernder Prozess der gemeinschaftlichen Politik in Europa, der mit einer jahrhundertalten Tradition kriegerischer Auseinandersetzungen gebrochen und durch die Etablierung der Gemeinschaftsmethode ein Instrument friedlichen Interessenausgleichs geschaffen hat. Schrittweise beschlossen die beteiligten unabhängigen Staaten, freiwillig ihre Souveränität in wichtigen Bereichen zu teilen. Der kontinuierliche Erweiterungsprozess zeugt von der Attraktivität dieses Modells.

Angesichts des zunehmenden Gewichts der Gemeinschaftsinstitutionen der EU stellt sich die Frage nach dem Gewicht bilateraler Beziehungen immer wieder neu. Könnten nicht, so die durchaus legitime Frage, die gemeinschaftlichen Institutionen, die Kommission, der Rat und das EU-Parlament, die Pflege der bilateralen Beziehungen obsolet machen? Wenn diese Frage eindeutig mit „nein" beantwortet werden muss, so vor allem aus zwei Gründen: Erstens hat die jahrhundertalte Konfliktgeschichte Europas dazu geführt, dass fast jeder heute existierende Staat irgendwann mit den meisten seiner heutigen europäischen Partner kriegerische Konflikte ausgetragen hat, was zu einem immer wieder aufflammenden Versöhnungs- und Aufarbeitungsbedarf führt, und zweitens hängt der Erfolg des europäischen Projekts davon ab, ob sich die Bevölkerungen der Mitgliedstaaten kennen- und vertrauen lernen – und dieser langsame Prozess gegenseitiger Annäherung auf gesellschaftlicher Ebene kann nur schrittweise und nicht gleichzeitig kollektiv auf Ebene der EU-27 gelingen. Nicht zufällig ist von Monnet der Satz überliefert „Nous ne coalisons pas des États, nous unissons les hommes."

2. Das deutsch-französische Beispiel

Das lässt sich exemplarisch an dem Sonderfall der deutsch-französischen Beziehungen ablesen. Als das Deutsch-Französische Institut 1948 gegründet wurde, war die wichtigste Aufgabe, eine Plattform für den Dialog zwischen Menschen beider Länder zu schaffen, und das viele Jahre, bevor auf staatlicher Ebene die Beziehungen zwischen beiden Staaten durch die Regierungen stabilisiert wurden.[1] Eine der Besonderheiten der deutsch-französischen Beziehungen besteht darin, dass die Annäherung von einer schrittweise wachsenden grenzüberschreitenden Zivilgesellschaft getragen wurde. Es ist bemerkenswert und sicher auch ein glücklicher Zufall der Geschichte, dass sofort nach Ende des 2. Weltkriegs auf beiden Seiten Gruppen damit begonnen haben, eine neue Annäherung zu organisieren. Alfred Grosser mit dem *Comité d'échanges avec l'Allemagne nouvelle* hatte eine Gruppe von Deutschlandkennern und germanophilen Persönlichkei-

---

1 Zur Gründungsgeschichte des Deutsch-Französischen Instituts siehe Baasner (2019) und Bock (1998).

ten zusammengebracht, die nicht zu den Kollaborateuren gehört hatten und daher moralisch legitimiert waren, einen neuen Versuch des Dialogs mit Deutschen zu wagen. Aufgrund ihrer Affinität zu Deutschland standen sie gleichzeitig einer allzu aggressiven Besatzungspolitik distanziert gegenüber. Fritz Schenk mit dem Gründungszirkel des dfi hatte seinerseits Personen vereint, die sich nicht mit dem Nazi-Regime gemein gemacht hatten, ja teils in klarer Opposition zum Regime standen. Beide Gruppen waren der Überzeugung, dass nur eine breite Verankerung in der Bevölkerung der deutsch-französischen Aussöhnung und Annäherung die Chance bieten würde, dauerhaft und stabil zu sein. Eine der bis heute relevanten, in der ganzen Fläche beider Länder existierenden Kooperationsstrukturen sind daher die kommunalen Partnerschaften, an deren Gründungsbewegung Fritz Schenk aktiv beteiligt war.[2]

Parallel zur zivilgesellschaftlichen Annäherung und Verflechtung fand eine schrittweise Institutionalisierung der deutsch-französischen Kooperation statt. Angestoßen vom Elysée-Vertrag von 1963 wurden auf vielen Politikfeldern feste Strukturen eingeführt, die zwar nicht immer sofort Ergebnisse vorweisen konnten, aber für stabile Kontakte und Gesprächskanäle sorgten (Seidendorf 2012). Dieser spezifisch deutsch-französische, bilaterale Kooperationsansatz hat im Vertrag von Aachen (2019) und im deutsch-französischen Parlamentsabkommen weiteren Schwung bekommen. Damit hat sich gezeigt, dass auch heute, bei einem gewachsenen Gewicht der europäischen Gemeinschaftsinstitutionen, den bilateralen Beziehungen auf staatlicher, wirtschaftlicher und gesellschaftlicher Ebene eine besondere Rolle zukommt.

3. Eingebetteter Bilateralismus

Es stellt sich damit notwendig die Frage des Verhältnisses von Bilateralismus und europäischer Integration. Die Fachliteratur hat dafür den Begriff des „embedded bilateralism“ (Krotz und Schild 2013) geprägt, mit anderen Worten sagte es ein bereits 1982 publizierter, vom damaligen dfi-Direktor Robert Picht herausgegebener Sammelband: „Das Bündnis im Bündnis“

2 In der unmittelbaren Nachkriegszeit fanden in der Schweiz deutsch-französische Bürgermeistertreffen statt, die zur Gründung der Internationalen Bürgermeisterunion führten. Hier hat die ungebrochen andauernde Bewegung kommunaler Partnerschaften ihren Ausgang genommen. Unter tatkräftiger Mitwirkung von Fritz Schenk entstand auch die erste Städtepartnerschaft zwischen Ludwigsburg und Montbéliard, die 1950 vom damaligen Bürgermeister Lucien Therradin und seinem deutschen Kollegen Elmar Doch eingegangen wurde.

(Picht 1982). Es herrscht heute weitgehend Konsens darüber, dass die deutsch-französische Sonderbeziehung bei kluger Ausübung ihrer faktischen Führungsrolle in der EU positive Auswirkungen haben kann. Die Metaphern zur Beschreibung dieses Duos sind zahlreich: Motor, Tandem oder „couple" im Französischen sind die häufigsten. Es ist allerdings ebenso klar, dass der enge deutsch-französische Schulterschluss von anderen EU-Partnern als Direktorium empfunden werden kann – und bisweilen auch empfunden worden ist.[3] Es kommt hinzu, dass in einer auf 27 Mitglieder angewachsenen EU ein deutsch-französischer Kompromiss zwar erforderlich sein mag, als Voraussetzung für einen europaweiten Kompromiss im Sinne eines Stellvertreterkompromisses aber nicht ausreicht. Dieser Satz ist in den vergangenen Jahren zu einer der meistgenutzten politischen Formeln geworden, wenn über die besondere Bedeutung der deutsch-französischen Kooperation in der EU gesprochen wird.

Die fest etablierte und institutionell verankerte deutsch-französische Sonderbeziehung birgt gerade aufgrund ihrer starken Institutionalisiertheit das Risiko, zu einem exklusiven und selbstbezogenen Verhältnis zu werden. Das ist politisch riskant, weil es weitere für europäische Themen wichtige Partner ausschließt und geradezu in eine Negativreaktion drängt. In der Tat hat es immer wieder Stimmen wichtiger Politiker gegeben, die neidvoll, wenn nicht eifersüchtig auf die enge Kooperation zwischen Deutschland und Frankreich schauen. Dies gilt für Polen nach dem Fall der Mauer – das Weimarer Dreieck war der allerdings nicht durchschlagend erfolgreiche Versuch, sich dieses Problems anzunehmen. Auch aus Italien waren oft Stimmen zu hören, die zu dem besonderen Verhältnis kritisch Stellung bezogen.

Auf der Ebene der Zivilgesellschaft besteht gleichfalls das Risiko, die zahlreichen bestehenden und dauerhaft etablierten Austausch- und Kooperationsangebote als etwas Exklusives zu betrachten. Über viele Jahre hat sich in einigen Bereichen eine „community" gebildet, die sich selbst über die Teilhabe an den spezifisch deutsch-französischen Angeboten definiert, die vom deutsch-französischen Kindergarten bis zum universitären Doppeldiplom reichen. Es hat sich dafür sogar ein Begriff etabliert, der vor allem im Französischen gebraucht wird: „le franco-allemand". Damit soll eine Realität postuliert werden, die sich aus dem kumulierten Ergebnis der

3 Erinnert sei zum Beispiel an den sogenannten Deauville-Deal, den Nicolas Sarkozy und Angela Merkel während eines Strandspaziergangs 2011 geschlossen hatten. Dabei ging es um die Verhinderung einer vom EU-Parlament gewünschten Regelung, der zufolge Defizitsünder automatisch sanktioniert werden sollten.

zahlreichen Austausch- und Kooperationsangebote ergeben würde. Dies ist insofern bedenklich, als hier das weite Feld der deutsch-französischen Zusammenarbeit, die sehr oft in ein größeres europäisches oder internationales Umfeld eingebettet ist, von einer deutsch-französisch sozialisierten Minderheit für sich in Anspruch genommen wird. Mit dem substantivierten Adjektiv wird die Existenz dieser „Exklusivität" grammatikalisch behauptet, ohne dass dies einer präziseren Analyse standhalten würde. Das beschreibende Adjektiv „deutsch-französisch" ist unproblematisch, die Substantivierung kommt einer Essentialisierung gleich.

Es ist also sowohl politisch als auch gesellschaftlich wichtig, sich über den Platz der bilateralen Beziehungen im europäischen Integrationsprozess klar zu werden. Wenn die deutsch-französische Sonderbeziehung exklusiv gesetzt wird, führt sie in die Isolation. Wenn sie für weitere Partner offen ist und die großen Erfahrungen in der bilateralen Arbeit für Andere nutzbar macht, ist sie ein wichtiger Baustein im europäischen Gebäude. Das erhebliche politische und gesellschaftliche Kapital, das in der deutsch-französischen Kooperationserfahrung liegt, kann dabei auf zweierlei Art fruchtbar gemacht werden: durch Erweiterung oder durch Übertragung.

4. Chancen und Grenzen von Erweiterung und Übertragung

Als Beispiel für den Versuch einer Übertragung mögen die deutsch-polnischen Beziehungen gelten. Nach dem Fall der Mauer und im Kontext der Heranführung des Landes an die EU wurden bewährte Strukturen wie das Deutsch-Französische Jugendwerk kopiert, mit der Viadrina in Frankfurt-Słubice wurde ein gemeinsamer Hochschulort geschaffen, die Robert Bosch Stiftung bildete einen neuen deutsch-polnischen Förderschwerpunkt im Bereich der „Völkerverständigung", der auf den deutsch-französischen Schwerpunkt aufbauen konnte, und mit der Stiftung für deutsch-polnische Zusammenarbeit wurde von den Regierungen ein dauerhaftes Instrument der Kooperation geschaffen. Das Deutsche Polen-Institut (DPI) als Zentrum wissenschaftlicher Expertise zu Polen war schon 1980 gegründet worden, konnte nun aber seine Aktivitäten erheblich ausweiten und Initiativen entwickeln, die der Arbeit des Deutsch-Französischen Instituts ähneln.

Der Versuch der Erweiterung des deutsch-französischen Paars um einen dritten Partner ist das Weimarer Dreieck. Hier hat sich trotz vieler Bemühungen gezeigt, dass die historischen Erfahrungen der beteiligten Länder zu unterschiedlich sind, um schnell zu einer gemeinsamen Dynamik zu kommen. Die Erfahrungen im westlichen Teil Europas, die Einübung europäischer Kompromissfindung waren für Deutschland und Frankreich selbstverständlich geworden, konnten von Polen aber nur sehr langsam kompensiert werden. Ein über lange Jahre eingespieltes bilaterales Verhältnis um einen dritten Partner zu erweitern, ist prinzipiell möglich, setzt aber voraus, dass auf geteilte Erfahrungen und übergeordnete gemeinsame Interessen aufgebaut werden kann. Im Fall des Weimarer Dreiecks wird sich dies erst nach langer Zeit einstellen können, wenn die Kooperationsformate vielfältig genug sind und in den beteiligten Gruppen belastbares Vertrauen gewachsen ist. Zu dieser Vertrauensbildung trägt die Arbeit der Stiftung Genshagen maßgeblich bei, deren Veranstaltungen und Projekte sehr oft über einen deutsch-französischen Kern hinaus um polnische Teilnehmer und Partner erweitert werden.

Im Falle Italiens ist die Situation insofern anders, als wir hier von drei Gründungsmitgliedern der europäischen Integrationsbewegung sprechen, deren gemeinsame Erfahrungen eigentlich leichter zu einer Verständigung über Ziele und Kooperationsformen führen könnten. In der Tat spricht vieles dafür, das deutsch-französische, bilateral aufgebaute Kapital für die Zusammenarbeit mit Italien zu öffnen und fruchtbar zu machen.

An einigen Stellen ist diese Form der Erweiterung schon Realität geworden. Die EU-Ausschüsse der drei nationalen Parlamente haben das sogenannte Montecitorio-Dreieck gegründet und treffen sich zur Diskussion der wichtigsten gemeinsamen EU-Thematiken.[4] Im deutsch-italienischen Zentrum Villa Vigoni werden seit vielen Jahren wissenschaftliche Konferenzen mit Wissenschaftlerinnen und Wissenschaftlern aus Deutschland, Italien und Frankreich organisiert. Es sind also durchaus Ansätze im Sinne der Erweiterung vorhanden, auf die aufgebaut werden kann.

Das Phänomen der Übertragung deutsch-französischer Erfahrungen hat im vergangenen Jahr ein bemerkenswertes Vertragswerk hervorgebracht: den Quirinal-Vertrag zwischen Italien und Frankreich. Dieses Vorhaben war vor einigen Jahren, zur Regierungszeit von Matteo Renzi, bereits vorbereitet worden, dann aber aufgrund der Verstimmungen mit der neuen italienischen Regierung aus M5S und Lega Nord auf Eis gelegt worden. Am 26. November 2021 wurde der Vertrag in Rom schließlich feierlich unterzeichnet. Die Lektüre des sehr ambitionierten Vertragstexts zeigt, dass sowohl der Elysée-Vertrag von 1963 als auch der Aachener Vertrag von 2019 bei der Redaktion Pate gestanden haben. Es bleibt abzuwarten,

---

4 Das jüngste Treffen fand im Mai 2021 virtuell statt. In der Presseerklärung bekräftigen die Ausschüsse ihre Absicht, das Treffen fest zu institutionalisieren und auch für Gespräche mit Vertretern der Zivilgesellschaft zu nutzen. Vergleiche hierzu auch Bundestag (2021).

ob alle angesprochenen Vorhaben umgesetzt werden können, aber die Absicht einer starken bilateralen Kooperation als weiterer Baustein der europäischen Integration ist deutlich erkennbar. Bei der Präsentation des Vertrags sowie in den begleitenden Pressekommentaren wurde betont, dass es sich nicht um eine Abkehr von der europäischen Gemeinschaftsmethode und auch nicht um eine Konkurrenzveranstaltung zu den deutsch-französischen Beziehungen handelt. Es ist jedoch nicht von der Hand zu weisen, dass eine neue Dynamik entsteht, die vor allem die deutsche Regierung in Zugzwang bringt, und zwar vor allem gegenüber Italien. Kein Zufall, dass Bundeskanzler Olaf Scholz kurz nach Amtsantritt eine neue deutsch-italienische Initiative angekündigt hat. Er reagiert damit (endlich) auf die schon länger zu beobachtenden Avancen der italienischen Regierung, die zu Recht ein seit Jahren vernachlässigtes deutsch-italienisches Verhältnis beklagt.

Im Fall der deutsch-italienischen Beziehungen[5] gibt es eine Fülle von teils schon sehr lange bestehenden Institutionen – als besonders relevantes Beispiel sei das bereits erwähnte deutsch-italienische Zentrum Villa Vigoni genannt – und punktuellen Initiativen. Die Industrieverbände BDI und Confindustria organisieren ein jährliches Treffen in Bozen, weitere Kooperationen im Wirtschaftsbereich bestehen seit vielen Jahren.

Historisch gesehen sind die deutsch-italienischen Beziehungen vor allem im kulturellen und wissenschaftlichen Bereich sehr viel enger als die deutsch-französischen. Deutschland unterhält wichtige wissenschaftliche Institute in Italien[6] und die Kooperation auf dem Gebiet der Archäologie, um nur ein Beispiel zu nennen, ist seit dem 19. Jahrhundert sehr eng. In Italien ist mit der Villa Sciarra ein Kompetenzzentrum für deutschlandbezogene Studien aufgebaut worden, das großes Entwicklungspotential hat. Es fehlt jedoch ein politisch gewollter Rahmen, innerhalb dessen die verschiedenen Initiativen sichtbar werden. Das seit der Regierungszeit Gerhard Schröders und Silvio Berlusconis eher abgekühlte politische Verhältnis hat mit dazu beigetragen, dass die gewachsenen Beziehungen zwischen beiden Ländern schwächer geworden und teilweise abgebrochen sind.[7]

---

5 Siehe hierzu die kürzlich erschienene Abhandlung Niglia et al. (2021). Dort finden sich auch weiterführende bibliographische Hinweise.

6 Genannt seien hier die Biblioteca Hertziana (gegründet 1913), das Deutsche Historische Institut Rom (1888), die Villa Massimo (1913) und das Deutsche Studienzentrum in Venedig (1972).

7 Einen Überblick über die gegen Ende des 20. Jahrhunderts bestehenden, vielseitigen Kooperationsbeziehungen zwischen Deutschland und Italien bietet auch die im Auftrag der Villa Vigoni erarbeitete

5. Italien in der Arbeit des Deutsch-Französischen Instituts

Vor diesem Hintergrund ist die Arbeit des Deutsch-Französischen Instituts einzuordnen, das sich ganz gezielt schon seit einigen Jahren im Rahmen seiner Möglichkeiten italienischen Themen geöffnet und die Kooperation mit italienischen Universitäten und Institutionen intensiviert hat.

Wir haben dabei sowohl mit Erweiterungen als auch punktuell mit Übertragungen Erfahrungen machen können. Bilaterale Programme, vor allem im Bereich der Zivilgesellschaft und der kommunalen Kooperation, sind auf dritte Partner ausgeweitet worden. Dies gilt etwa für das mittlerweile eingestellte Förderprogramm der Robert Bosch Stiftung *On y va*[8] und das noch junge Programm *Nouveaux Horizons*[9] der Baden-Württemberg Stiftung. Im ersten Fall war ein dritter Partner aus Europa eine Bedingung zur Teilnahme, im zweiten Fall ist die Ausweitung optional. Angesichts der im Vergleich mit anderen Ländern engen Verflechtung zwischen Frankreich und Italien bzw. Deutschland und Italien sind mehrheitlich automatisch italienische Partner hinzugekommen. Im kommunalen Bereich erproben wir momentan mit den Städten Ludwigsburg und Bergamo einen Beteiligungsprozess mit jungen Bürgerinnen und Bürgern, die sich jeweils in beiden Städten mit den Folgen der Corona-Pandemie auseinandersetzen und dann ihre Erkenntnisse austauschen werden. Hier geht es um die Übertragung der langjährigen Erfahrungen mit deutsch-französischen Jugendtreffen auf die deutsch-italienische Situation. Diese Initiative wurde mit dem Preis des italienischen Staatspräsidenten und des deutschen Bundespräsidenten ausgezeichnet – dieser 2021 zum ersten Mal ausgelobte Preis für kommunale Partnerschaften ist übrigens selbst ein starkes Indiz dafür, dass politisch der Zusammenarbeit zwischen den beiden Gesellschaften besonderes Augenmerk geschenkt wird. Eine bewusst auf Italien zielende Erweiterung hat in den mit Unterstützung der Robert Bosch Stiftung ausgerichteten Journalistenprogrammen des dfi stattgefunden.[10] Die Medienlandschaft und das Ausbildungssystem in Italien sind den in Frankreich bestehenden Strukturen relativ ähnlich, so dass

---

Publikation Baasner (1991). Würde dieses Verzeichnis heute neu aufgelegt, würde der Umfang wesentlich geringer ausfallen.

8 Den Verlauf und die Ergebnisse des Programms dokumentiert die Seite https://www.auf-gehts-mitmachen.eu/

9 Nähere Informationen zum Programm Nouveaux Horizons der Baden-Württemberg Stiftung finden sich auf der Seite https://www.bwstiftung.de/de/bereiche-programme/bildung/nouveaux-horizons

10 Zu den Journalistenprogrammen, die das dfi in Kooperation mit der Robert Bosch Stiftung konzipiert und organisiert hat, siehe Baasner (2021: 3).

die deutsch-französischen Erfahrungen gewinnbringend eingesetzt werden konnten. Hinzu kommt der Umstand, dass seitens des dfi langjährige Kontakte nach Italien genutzt werden konnten. Ähnliches gilt für das Thema Stadt- und Raumentwicklung, zu dem das dfi schon seit vielen Jahren mit Unterstützung der Wüstenrot Stiftung vergleichende Studien unter Beteiligung deutscher und französischer Kommunen publiziert. In diesem Bereich wurden im Rahmen eines Projekts zu Strategien nachhaltiger Stadtentwicklung in Deutschland und Frankreich die Beispiele der Städte Perugia und Piacenza integriert (Wüstenrot Stiftung und Deutsch-Französisches Institut 2015).

Aufgrund dieser insgesamt positiven Erfahrungen haben sich die Gremien des dfi mit einer systematischeren Profilerweiterung beschäftigt und sind zu dem Schluss gekommen, dass es einen offensichtlichen Bedarf gibt und dass gleichzeitig nur wenige universitäre oder außeruniversitäre Kompetenzzentren zu den deutsch-italienischen Beziehungen bestehen.[11] Vor bereits 5 Jahren wurde daher eine Absichtserklärung für engere Zusammenarbeit mit der Villa Vigoni unterzeichnet. Auf dieser Grundlage haben Veranstaltungen stattgefunden, das dfi hat in den Publikationsorganen der Villa Vigoni veröffentlicht[12] und für 2023 ist eine trilaterale Tagung in Vorbereitung.

Sowohl die Erweiterung auf Italien als auch die Übertragung der deutsch-französischen bilateralen Erfahrungen auf italienische Partner ist kein Selbstläufer. Dieser Prozess setzt bei der handelnden Institution ein hohes Bewusstsein über die Kooperationsmechanismen voraus, erfordert ausgezeichnete Kontakte und Zugänge zum neuen Partnerland – hier

---

11 Professor Alexander Grasse steht mit seinem Zentrum für politische Italienforschung (PIFO) an der Universität Gießen weitgehend allein. Die Villa Vigoni hat ihre Kooperation mit der Universität Frankfurt ausgebaut, wo 2019 ein Italien-Zentrum entstanden ist, das auf eine lange Tradition italienbezogener Forschung aufbauen kann. Weitere Universitäten bilden Schwerpunkte, ohne dass man hier von einem institutionellen Alleinstellungsmerkmal ausgehen könnte. Immerhin sind in den letzten Jahren neue Initiativen entstanden. Eine spezifische Anlaufstelle mit einer Kombination von Wissenschaft mit operativer Vermittlungstätigkeit wie für Polen das Deutsche Polen-Institut oder für Frankreich das dfi gibt es hingegen nicht.
In Italien entwickelt sich das Istituto Italiano di Studi Germanici (Villa Sciarra-Wurts) zu einem interdisziplinären Zentrum, auch wenn der fachliche Kern stark durch geisteswissenschaftliche Ansätze geprägt ist. Für unseren Zusammenhang interessant ist auch das Istituto Storico Italo-Germanico in Trient, das sich seit seiner Gründung 1973 in den letzten Jahren thematisch geöffnet hat. Durch die Person seines Direktors, der gleichzeitig eine Professur an der Universität Frankfurt hat, ist das historische Institut in Trient eng mit Frankfurt verbunden.

12 Im Zuge dieser Zusammenarbeit sind zwei Publikationen entstanden: Keller (2021) und Baasner et al. (2020).

Italien – und drittens müssen für einen solchen Prozess die objektiven Voraussetzungen erfüllt sein. Das heißt im Falle Italiens, dass dieser neue Partner die erforderliche Motivation zur Mitwirkung haben muss, dass gemeinsame Interessen und Fragestellungen vorhanden sind und dass schließlich auch die erforderlichen Schlüsselpersonen für eine aktive Rolle zu gewinnen sind.

Natürlich kann das dfi keineswegs alle Themen abdecken, die eine Bearbeitung verdienen würden, selbst nicht in Zusammenarbeit mit Zentren wie dem PIFO oder der Villa Vigoni. In einigen Feldern aber zeigen die bisherigen Erfahrungen, dass die Erweiterung möglich, sinnvoll und ertragreich ist. Für den Bereich der europäischen Wirtschafts- und Währungsunion scheint es sogar notwendig, die italienische Perspektive mit einzubeziehen, denn die drei großen Volkswirtschaften der EU haben gemeinsam ein derart großes Gewicht, auch was ihre Bevölkerungen angeht, dass ihre Entwicklung und ihre politische Positionierung für die gesamte EU von entscheidender Bedeutung ist. Daher haben wir die Jahrestagung 2021, deren wichtigste Beiträge in diesem Sammelband publiziert sind, als trilaterale Tagung konzipiert.[13]

6. Ausblick

Die Entwicklungen der vergangenen Monate geben uns Recht. Die neue Bundesregierung intensiviert die deutsch-italienischen Initiativen und zudem besteht ein gewisser Erwartungsdruck, dass Deutschland und Italien ihrerseits eine starke bilaterale Verbindung zeigen, nachdem sich Frankreich und Italien im Quirinal-Vertrag viel vorgenommen haben. Das dfi wird mit seinen Kooperationspartnern den deutsch-französischen Schwerpunkt in diesem Kontext um weitere italienische Komponenten anreichern. Der Bedarf an deutsch-italienischer Kooperation ist ebenso deutlich erkennbar wie der Wunsch, vor allem der italienischen Partner, in einen trilateralen Gesprächs- und Kooperationsmodus zu kommen. Das wäre nicht gegen die Gemeinschaftsmethode der EU gerichtet, sondern könnte vielmehr einen wichtigen Beitrag zur „horizontalen Europäisierung" leisten, und zwar sowohl auf der Ebene der politisch Verantwortlichen, inklusive der Parlamente, als auch auf der Ebene der Zivilgesellschaft.

---

13 Zur wichtigen Rolle Italiens in der EU und zur trilateralen Kooperation siehe auch das Interview von Sylvie Goulard in der Sonderausgabe von *dfi aktuell* (2021).

Literatur

Baasner, Frank (2021): Deutsch-französische Austausch und Kooperationsprogramme der Robert Bosch Stiftung: Ertrag und langfristige Wirkung, Juli 2021 (dfi compact 18).

Baasner, Frank / Seidendorf, Stefan / Fabbrini, Federico / Scotto, Matteo (2020): La Presidenza tedesca del Consiglio dell'Unione europea. Vigoni Paper N° 5/2020, https://www.villavigoni.eu/publication/nr-5-2020-die-deutsche-praesidentschaft-im-rat-der-europaeischen-union/?lang=de

Baasner, Frank (2019): Fritz Schenk und die Gründung des Deutsch-Französischen Instituts, Ludwigsburger Geschichtsblätter 73/2019.

Baasner, Frank (Hrsg.) (1991): Deutsch-italienisches Handbuch/ Manuale italo-tedesco, Baden-Baden: Nomos.

Bock, Hans Martin (1998): Projekt deutsch-französische Verständigung. Die Rolle der Zivilgesellschaft am Beispiel des Deutsch Französischen Instituts in Ludwigsburg, Opladen: Leske + Budrich.

Bundestag (2021): Pressemitteilung: Erklärung anlässlich des gemeinsamen Treffens des Montecitorio-Dreiecks der Ausschüsse für die Angelegenheiten der Europäischen Union des Deutschen Bundestages, der Assemble nationale und der Camera die deputati vom 20. Mai 2021, https://www.bundestag.de/presse/pressemitteilungen/pm-210527-erklaerung-montecitorio-844548

Dfi aktuell (2021): Die Spaltungen überwinden. Interview mit Sylvie Goulard, Deutsch-Französisches Institut, Ludwigsburg (dfi aktuell Sonderausgabe vom Dezember 2021), https://www.dfi.de/pdf-Dateien/Veroeffentlichungen/dfi-aktuell/2021/dfi-aktuell_extra-2021_D.pdf

Keller, Eileen (2021): Europa in der Corona-Krise: Wirtschaftliche Folgen und Perspektiven für Italien, Frankreich und Deutschland. Vigoni Paper N°5, https://www.villavigoni.eu/publication/nr-5-2021-europa-in-der-corona-krise-wirtschaftliche-folgen-und-perspektiven-fuer-italien-frankreich-und-deutschland/?lang=de

Krotz, Ulrich / Schild, Joachim (2013): Shaping Europe. France, Germany, and Embedded Bilateralism from the Elysée Treaty to Twenty-First Century Politics, Oxford: OUP.

Niglia, Federico / Romano, Beda / Valeri, Flavio (2021): Italia e Germania: L'intesa necessaria (per l'Europa), Turin: Bollati Boringhieri.

Picht, Robert (Hrsg.) (1982): Das Bündnis im Bündnis: Deutsch-französische Beziehungen im internationalen Spannungsfeld, Berlin: Severin und Siedler.

Seidendorf, Stefan (Hrsg.) (2012): Deutsch-Französische Beziehungen als Modellbaukasten? Zur Übertragbarkeit von Aussöhnung und strukturierter Zusammenarbeit, Nomos: Baden-Baden.

Wüstenrot Stiftung und Deutsch-Französisches Institut (Hrsg.) (2015): Strategien nachhaltiger Stadtentwicklung in Deutschland und Frankreich, Ludwigsburg.

Der Autor

Frank Baasner ist Direktor des Deutsch-Französischen Instituts und Professor für Romanistik an der Universität Mannheim. Seit 1995 arbeitet er als Berater für Unternehmen. Über die Jahre hat er umfangreiche Erfahrung mit internationalen Kooperationsprojekten im politischen, wirtschaftlichen und zivilgesellschaftlichen Bereich gesammelt.
Kontakt: baasner@dfi.de

II. Regards croisés

France : Renforcer la résilience du secteur des entreprises

Natacha Valla

Les similitudes entre l'Italie et la France sont frappantes en ce qui concerne les défis liés à la productivité mais aussi à l'efficacité et l'inefficacité de l'investissement public.

Cet article traite davantage de la compétitivité en lien avec le plan de relance France Relance que la France a mis en place en septembre 2020. Le plan de relance détaille non seulement l'approche poursuivie pendant la pandémie mais impacte également les années suivant la crise. Les ressources mobilisées dans le cadre du plan de relance pour le secteur des entreprises sont significatives.

Après avoir présenté les formes du soutien apporté par l'État au secteur des entreprises, nous aborderons les trois thèmes principaux de cet article. Le premier sera le lien entre la crise et l'évolution de la productivité et de la compétitivité. Nous y soulignerons le fait que l'impact réel de l'une sur l'autre n'est pas encore clairement visible. Dans cette même partie, nous traiterons la question des faillites et nous expliquerons la raison de leur importance. Ensuite, le deuxième sujet concernera les compétences et la compétitivité, des domaines dans lesquels nous observons également des similarités entre la France et l'Italie. Le troisième thème quant à lui, apportera quelques réflexions autour de la soutenabilité de la dette et les mesures à prendre à cet égard. Et nous conclurons sur la dimension de la compétitivité de la France dans le contexte de l'Union Européenne. Ici aussi, une analyse à l'échelle franco-italo-allemande est très pertinente, mais aussi plus généralement dans le contexte de la mondialisation, les changements qui en sont dus et à l'identification des vulnérabilités.

1. Les mesures mises en place pour soutenir les entreprises

Plusieurs mesures ont été mises en place en France comme dans d'autres pays afin de soutenir les entreprises face à la crise. Une des mesures principales a été le chômage partiel pour soutenir l'emploi. Pour cela, l'État a pris en charge une partie du financement des salaires des entreprises comme c'était le cas dans beaucoup d'autres pays européens. En France, ce soutien pouvait atteindre jusqu'à plus de quatre fois le salaire minimum, soit un maximum de 4608 Euro. Au total, cela a représenté plus de 20 milliards d'euros en 2020 (voir aussi Cœuré 2021).

Une deuxième grande mesure a été de mettre un fonds de solidarité (Fonds de solidarité pour les entreprises, indépendants, entrepreneurs) à la disposition des entreprises. Il était à l'origine destiné à des très petites structures dans des secteurs très spécifiques. Il fut ensuite étendu à des secteurs plus larges mais toujours en s'adressant aux plus faibles et aux plus vulnérables. Sa portée a été renforcée de sorte que les entreprises concernées ont pu recevoir jusqu'à 200 000 euros par mois, en fonction de ce qu'elles avaient produit et de la taille de leur secteur. Ce fut donc un soutien financier assez conséquent.

Le troisième grand volet du plan de relance dans ce domaine a été le report des impôts et des cotisations sociales, soit plus de 10 milliards d'euros en 2020. Ces mesures ont visé à protéger les entreprises et le secteur industriel, mais aussi à stabiliser la macroéconomie dans son ensemble. Grâce à cela, l'emploi a été soutenu.

2. Le lien entre la crise, la productivité et la compétitivité

Pendant le premier confinement, lors du pic de la crise, l'activité économique en France a chuté beaucoup plus que l'emploi. Ceci est en partie dû aux mesures prises par l'État français. Elles avaient initialement été mises en place pour soutenir l'emploi, mais ont également contribué à stabiliser le système de production. Elles ont permis la sauvegarde de la main-d'œuvre par les employeurs pouvant laisser penser qu'il y a eu une forte baisse de la productivité du travail. Mais paradoxalement, les secteurs qui ont été les plus touchés par la crise sont aussi ceux dont la productivité était la plus faible. Ainsi la productivité a globalement augmenté malgré la pandémie (voir aussi Aussilloux et al. 2021).

Cette évolution de la productivité n'est pas si évidente. En effet elle découle d'un étrange paradoxe par lequel, les secteurs à faible productivité étant les plus touchés, elle a, dans son ensemble, augmenté. Nous devons donc garder à l'esprit que ces chiffres doivent être examinés de manière différenciée et détaillée afin d'éviter une mauvaise estimation de l'impact à long terme de la crise sur l'activité improductive. Ainsi, la main-d'œuvre a été protégée ce qui est une bonne chose. D'autres programmes gouvernementaux, en particulier de soutien financier, ont aidé le secteur des entreprises à éviter l'écueil de la faillite même si cela ne veut pas dire qu'il n'y a pas eu pendant la crise. Au printemps 2021, lorsque l'on se promenait dans les centres-villes, à Paris comme ailleurs, on pouvait voir dans les rues de nombreux magasins fermés et cela dans des zones très centrales. Néanmoins, globalement, selon les données pour l'année 2020, les faillites ont globalement baissé de 30 % à 40 % par rapport à l'année précédente (Insee 2021) et un peu moins pour les PME.

La question des faillites n'est, dans aucun cas, négligeable car ces mesures de soutien devront être remboursées. Ce moment arrivera en fonction de l'évolution de la situation sanitaire et politico-économique en Europe. Très bientôt il faudra s'attaquer à cette question avec des stratégies très précises. Et c'est pourquoi il est important d'anticiper et de réfléchir à celles qui pourraient être mises sur la table si ou bien quand la question des faillites devait prendre de l'ampleur. Parallèlement, la question de la dette subsiste. En effet, comme l'Italie, la France fait preuve d'un niveau d'endettement élevé, ce qui aura des conséquences sur les développements de la compétitivité dans le secteur privé ainsi que public.

En France, une attention particulière est accordée aux déclarations allemandes à un hypothétique retour des règles fiscales en Europe. Le sentiment dominant est que ces débats vont arriver relativement vite outre-Rhin, et probablement pour de bonnes raisons. Mais là encore, il faut garder en tête que l'état actuel des faillites et des insolvabilités ne dit pas grand-chose sur l'état fondamental du secteur productif dans le pays. Ce que nous savons, c'est que l'insolvabilité est corrélée à deux facteurs.

Le premier est de savoir si nous avons à faire à une « bonne » entreprise ou non. Cela dépend de beaucoup d'éléments dont son niveau de productivité. Moins elle est productive, plus il lui est difficile de faire face à un contrecoup économique. Un second facteur de résilience face aux chocs est son niveau d'endettement. C'est ici qu'il faut faire le lien entre la vulnérabilité implicite du secteur des entreprises et son niveau d'endettement. Il ne faut pas négliger que la dette publique française est élevée – et qu'elle n'a cessé d'augmenter pendant des années, en particulier par rapport aux autres pays de la zone euro. En même temps, nous avons pu observer une forte croissance du crédit octroyé au secteur privé, en particulier, aux sociétés non financières. La dette privée de la France s'élève désormais à 130 % du PIB (Banque de France 2021). C'est pourquoi la croissance de celle-ci doit être prise en compte car, lorsque les mesures de soutien public auront disparu, cet endettement pourrait faire des ravages en cas de transition non maîtrisée.

Via les mécanismes mis en place pour protéger l'activité économique dans le contexte de la pandémie, l'État français est devenu un créditeur non-négligeable des entreprises non-financières. En d'autres termes, à travers la mesure des prêts garantis par l'État, celui-ci devra décider, en tant que créancier, s'il souhaite vraiment récupérer ses fonds ou bien trouver d'autres solutions.

Avant d'en venir à ce point, il existe le risque d'un retour vers l'ère dite « d'hibernation » après cette transition vers moins d'aides publiques. Le risque majeur est de créer des conditions dans lesquelles les faillites qui auraient dû arriver ne se fassent pas. Cela entraînerait une mauvaise allocation du capital et détournerait les investissements favorisant la croissance. Cette conjoncture serait préjudiciable à la croissance potentielle et réelle. Nous retrouvons un cas de figure similaire avec l'Italie.

Il faudrait collectivement faire preuve de réalisme dans les domaines où nous voyons que la rentabilité est absente, afin de ne pas surprotéger les secteurs improductifs ou les entreprises « zombies ». Mais en même temps, nous devons nous assurer que les chaînes de valeur ne seront pas perturbées et que les entreprises solvables ne couleront pas pour des raisons de liquidité lors de la transition qui sera portée par les banques. En effet, parallèlement au soutien de l'État, les conditions de politique monétaire qui permettent un bon déroulement des opérations de financement externe doivent être au rendez-vous. Outre les niveaux de taux d'intérêt bas, cela concerne les programmes d'achat ou du moins ceux de détentions de la dette des entreprises par la BCE.

En ce qui concerne l'impact de l'endettement des entreprises sur l'insolvabilité, un certain nombre d'études ont été faites, dont celle, en particulier, du *Conseil National de Productivité* (Aussilloux et al. 2021). Elle soutient que, compte tenu de l'état de la productivité des entreprises et de l'accumulation de la dette, nous pourrions voir après cette période de crise, une augmentation de 25 % des cas de défaillance, et cela pour les secteurs les plus touchés. L'effet de rattrapage ne doit donc pas être sous-estimé (voir aussi Cros et al. 2020).

3. Stratégies de sortie de crise

Dès lors, quelles solutions pouvons-nous envisager ? La France doit avoir une stratégie de sortie, et celle-ci dépend beaucoup de celle adoptée par l'État en tant que débiteur aujourd'hui pour voir ce que nous ferons à la fin de cette crise. Il faudra prendre la dette au sérieux pour s'assurer que l'État, en tant que créancier, préserve un accès au financement fluide.

Une solution originale pour l'endettement privé pourrait néanmoins consister en la transformation de la dette des entreprises auprès de l'État en une participation étatique dans les entreprises en difficultés. En quelque sorte, elle se transformerait donc en « capital ». Mais la question de ce qui pourrait être perçu comme une nationalisation silencieuse reste délicate.

Même si l'analyse de la situation a été assez pessimiste, il est possible de voir quelques bonnes surprises sur l'évolution de la productivité. En France, par exemple, il est très difficile de savoir quel sera l'effet final du télétravail dans les formes organisationnelles du comportement au travail et sur la productivité. Même si beaucoup d'auteurs semblent être sceptiques, d'autres trouvent cette évolution très positive. Il faut transformer ces nouvelles opportunités en caractéristiques organisationnelles stables pour rendre l'économie française plus productive dans son ensemble. Ce changement de mode d'organisation est un tournant technologique ouvrant de nouvelles possibilités. Aussi il est important de mettre en place une intense réflexion sur ce sujet et de faire un effort supplémentaire dans le cadre législatif afin d'encourager les entreprises et les travailleurs à adopter le meilleur mode d'organisation du travail.

4. L'impact de la crise sur les compétences

Pour la France, la crise est arrivée au moment d'une conjoncture défavorable en termes de compétences et elle a amplifié cette tendance. La pandémie est un coup dur pour le pays, et pour les jeunes en particulier. Elle a créé une brèche avec des pertes en capital humain, notamment en entraînant de profondes lacunes scolaires chez les élèves issus de foyers à bas revenu. En même temps, grâce aux écoles françaises restées ouvertes depuis la rentrée 2020, ce fossé ne s'est pas creusé en 2021. Malgré tout cette décision a suscité un débat politique très vif l'été dernier, alors que nous tirions les leçons du premier confinement très strict, durant lequel les écoles furent fermées à partir de mars 2020. Cette fermeture a entraîné des problèmes sociaux, d'inégalités et d'intégration éducative. Contrairement aux recommandations basées sur la situation sanitaire, les écoles françaises ont été rouvertes en septembre 2020 afin de palier à ces problèmes. Cette décision aura sans aucun doute un impact visible sur le long terme.

Le deuxième impact de la crise est l'entrée de plus en plus compliquée pour les jeunes sur le marché du travail. Non seulement il est difficile, au quotidien, pour les étudiants de ne pas avoir une vie normale, de ne pas être dans les salles de classe, dans les amphithéâtres ou de ne pas se rencontrer. Il leur est, de plus, très difficile d'obtenir un apprentissage, de trouver un stage ou bien d'avoir un premier emploi une fois diplômés.

Circonstance aggravante, la crise est survenue à une période où le niveau de compétences des jeunes et des enfants en France avait déjà baissé, comme le démontrent les études et les classements de l'OCDE et PISA. Bien que la France se positionne juste au-dessus de la moyenne des pays de l'OCDE dans les compétences de compréhension de l'écrit, mathématiques et scientifiques, l'écart socio-économique des élèves est bien plus élevé que la moyenne (OECD 2019). C'est d'ailleurs pour cela que dans d'autres études à ce sujet, telle que celle du *Trends in International Mathematics and Science Study,* évaluant les élèves différemment, les résultats de la France sont nettement moins bons (Mullis et al. 2020). Nous sommes alors partis d'un point relativement faible par rapport au passé et par rapport à nos pairs. Cette mauvaise performance provient alors de la superposition des conséquences de la crise du Covid-19 avec la faiblesse des compétences. L'éducation doit donc être une priorité des politiques publiques, non seulement dans le cadre du plan de relance, mais aussi dans le cadre d'une réflexion sur les investissements à plus long terme.

5. Impact de la crise sur les comptes publics

À la vue de la situation économique actuelle, on pourrait même considérer un emprunt comme investissement à cause des taux négatifs. Il est judicieux de garder cela à l'esprit, même s'il peut y avoir des avis divergents quant à la question de la gestion des finances publiques. Les discussions qui ont eu lieu en France récemment, portaient plutôt sur la façon de penser les règles budgétaires une fois la crise surmontée que sur la manière de dépenser l'argent de la relance.

En France, les discussions se sont orientées sur le fait que nous ne reviendrons pas aux règles antérieures. Sur le fond, la question est la suivante : peut-être devrions-nous nous éloigner des critères basées sur les ratios dette/PIB tels qu'ils sont appliqués aujourd'hui. En effet, la dette est un stock et le PIB, un flux. Cette perception entraîne beaucoup de problèmes car elle ne prend pas en compte la stabilité de ce ratio. En effet, le numérateur de celui-ci est un stock, et le dénominateur est un flux, rendant ainsi son interprétation difficile. La discussion devrait donc davantage s'orienter vers un consensus sur le fait que nous pourrions avoir de nouvelles règles strictes basées sur les dépenses, ou encore sur les soldes publics.

À mon sens, il est réducteur de minimiser le débat actuel à un simple assouplissement des règles. En revanche, cette situation pourrait représenter l'occasion de changer quelque chose de très profondément ancré dans la façon dont les Français gèrent les finances publiques, à savoir examiner l'inertie dans certains domaines des dépenses publiques et la qualité des finances publiques de manière générale. Une discussion à l'échelle européenne permettrait d'approfondir ce questionnement.

Ce serait peut-être l'occasion de développer un cadre auquel les Français devraient adhérer et qui obligerait le pays à se comporter de manière responsable en ce qui concerne les préoccupations à long terme, les finances publiques et la durabilité. Car en effet, le soutien de l'État dans cette pandémie a été plus que nécessaire même si les dépenses auraient pu être allouées d'une autre manière. Nous pouvons être critiques sur la façon dont l'argent a été dépensé, mais nous devons aussi reconnaître qu'un soutien était nécessaire. En même temps, il semble nécessaire d'éduquer le grand public sur ce que signifie un stock élevé de dette publique, et notamment sur sa stabilité, même si cette dernière n'est pas aujourd'hui remise en cause pour deux raisons.

D'abord, parce que les conditions de financement sont très avantageuses grâce à un niveau des taux d'intérêt très bas et à la baisse des différentes primes de risques que nous pouvons observer sur plusieurs courbes de taux d'intérêt. Ensuite, il existe une forte demande : En plus des banques centrales, des investisseurs privés souhaitent investir dans les emprunts d'État en Europe. Les marchés sont liquides et tout cela fait que la dette reste encore stable (voir aussi Commission pour l'avenir des finances publiques 2021).

Cependant, le stock initial de dette est élevé et, si un évènement négatif se produisait, la situation pourrait devenir très compliquée. Des scénarios possibles sont par exemple une croissance faible du PIB, une inflation, une baisse dans les investissements ou des problèmes d'allocation des dépenses publiques. A ceux-ci vient s'ajouter une potentielle normalisation de la politique monétaire – pas seulement en termes de taux d'intérêt, mais aussi en termes d'achats pourrait en être la cause. Malheureusement et bien qu'ils le devraient, les Français ne l'entendent pas encore de cette manière. C'est pourquoi il est temps pour eux de comprendre qu'ils doivent prendre leur responsabilité – bien que nous en sommes encore loin. Mais j'espère que du côté politique, cette « Mündigkeit » sera mis en avant afin d'aider les Français à comprendre collectivement, ce que cela signifie d'avoir une contrainte budgétaire interne.

6. Conclusion : La compétitivité de la France dans un monde globalisé

Nous savons que, en termes d'importations, la France est géographiquement assez dépendante, aussi bien des produits chimiques, de l'alimentation, des transports, des métaux que de tous ceux venant d'Allemagne, son premier partenaire commercial. Elle est également dépendante de la Chine et d'autres pays européens tels que l'Italie, l'Espagne ou la Belgique. L'Union européenne représente près de 60 % des importations totales. De ce fait, il est possible d'identifier les biens et les secteurs très spécifiques dont elle est très dépendante. Alors la question est de savoir comment cette vulnérabilité peut être pensée de manière collective en Europe et si nous pouvons l'aborder de manière coopérative.

La résilience des entreprises en Europe est une question liée à la santé de l'économie, à la richesse en emplois et aux perspectives de croissance future. Plus que jamais, l'intervention des politiques économiques, en particulier monétaire et budgétaire, aura été, dans la gestion de la crise COVID, un facteur décisif pour éviter une destruction massive d'activité et de richesse. Mais dès à présent, il faut faire preuve de prévoyance et de réactivité pour mettre en place les mesures économiques et financières adéquates afin que l'activité des entreprises puisse retrouver toute son autonomie.

Sources

Aussilloux, Vincent / Mavridis, Dimitris / Baïz, Adam / Garrigue, Matthieu (2021): Les effets de la crise Covid-19 sur la productivité et la compétitivité. Deuxième rapport, Paris: France Stratégie. https://www.strategie.gouv.fr/sites/strategie.gouv.fr/files/atoms/files/cnp-2021-deuxieme-rapport-janvier.pdf

Banque de France (2021): Endettement des agents non financiers – Comparaisons internationales T1 2021, https://www.banque-france.fr/sites/default/files/medias/documents/fr_si_endet_comparaisons_internationales_2021t1_0.pdf

Cœuré, Benoît et al. (2021): Comité de suivi et d'évaluation des mesures de soutien financier aux entreprises confrontées à l'épidémie de covid-19. Rapport d'étape d'avril 2021, https://www.strategie.gouv.fr/sites/strategie.gouv.fr/files/atoms/files/fs-2021-rapport-etape-coeure-avril_0.pdf

Commission pour l'avenir des finances publiques (2021): Nos finances publiques post-Covid-19: pour de nouvelles règles du jeu. Rapport, https://www.gouvernement.fr/sites/default/files/document/document/2021/03/rapport_-_commission_sur_lavenir_des_finances_publiques.pdf

Cros, Mathieu / Épaulard, Anne / Martin, Philippe (2020): Les défaillances d'entreprises dans la crise Covid-19: zombification ou mise en hibernation ? Paris, Conseil d'Analyse Economique, Focus N° 051-2020, https://www.cae-eco.fr/staticfiles/pdf/cae-focus051v2.pdf

Insee (2021): Défaillances d'entreprises. Données mensuelles de 2000 à 2021, https://www.insee.fr/fr/statistiques/2015359

Mullis, Ina / Martin, Michael / Foy, Pierre / Kelly, Dana / Fishbein, Bethany (2020): TIMSS 2019. International results in mathematics and science, International Association for the Evaluation of Educational Achievement, https://timss2019.org/reports/wp-content/themes/timssandpirls/download-center/TIMSS-2019-International-Results-in-Mathematics-and-Science.pdf

OECD (2019), PISA 2018 Results: Country Note – France, Paris, https://www.oecd.org/pisa/publications/PISA2018_CN_FRA.pdf

L'Auteur

Natacha Valla est doyenne de Sciences Po École du Management et de l'Innovation à Paris. Au cours de ses précédentes expériences professionnelles, elle a notamment été directrice générale adjointe de la politique monétaire à la Banque centrale européenne et économiste en chef chez Goldman Sachs. Contact : natacha.valla@sciencespo.fr

Vers un nouvel équilibre entre le marché et l'État

Christoph M. Schmidt et Torsten Schmidt

1. Introduction

L'économie allemande se remet de l'un des plus graves effondrements de son activité économique de l'après-guerre. Suite à la réduction des mesures de lutte contre la pandémie depuis l'été 2020, la production a fortement augmenté, mais, même après plus d'un an, elle n'a pas encore retrouvé son niveau d'avant la crise. En outre, le risque de dommages durables pour l'économie allemande ne peut pas encore être complètement écarté. Même si une vague de faillites a pu être évitée, la situation financière de nombreuses entreprises s'est considérablement détériorée, de sorte que les investissements nécessaires ont été reportés ou n'ont pas encore été réalisés.

Pendant la pandémie, l'État est intervenu dans l'économie de nombreuses manières. En conséquence, la dette publique a fortement augmenté. En raison des exigences du traité de Maastricht et de la dite « Schuldenbremse » (frein à l'endettement), le niveau d'endettement doit être réduit au cours des prochaines années. Le frein à l'endettement prévoit même l'établissement d'un plan d'amortissement contraignant. La marge de manœuvre des budgets publics s'en trouvera ainsi sensiblement réduite dans les années à venir. Étant donné que de nombreux États membres de l'UE se trouvent dans la même situation, des appels ont été lancés au niveau européen pour réformer les règles du traité de Maastricht et, selon l'argument avancé, les adapter aux futurs défis posés par le changement climatique et la numérisation. Néanmoins, cela reviendrait surtout à un assouplissement des règles d'endettement et donc à une expansion de la dette publique.

C'est dans ce contexte que nous examinons de quelle manière la politique économique pourrait relever ces défis dans les années à venir sans recourir exclusivement à des dépenses publiques financées par la dette. Dans ce contexte, la première priorité est de faire en sorte que les entreprises sortent de la crise le plus indemne possible. En outre, elles doivent être en mesure de faire face à la concurrence internationale et de répondre à de nouvelles exigences telles que celles découlant des objectifs climatiques nationaux et de la numérisation. Nombre de ces défis ne sont pas nouveaux. Avant même l'apparition de la pandémie de Covid-19, les décideurs politiques et économiques en Allemagne, comme dans de nombreux autres pays, prenaient des mesures pour transformer l'économie. En 2019 par exemple, le gouvernement allemand a présenté un programme de protection du climat visant à atteindre les objectifs de protection du climat d'ici 2030. Des mesures individuelles telles que des incitations fiscales pour la rénovation énergétique des bâtiments ont déjà été mises en œuvre. Toutefois, il convient d'examiner après la crise si les objectifs et les mesures enclenchées doivent être réalignés.

Lors de cette révision de la politique économique, il faut également s'intéresser à la redéfinition de l'équilibre entre le marché et l'État. Après tout, l'aide massive de l'État pendant la pandémie de Covid-19 a entraîné une augmentation significative du taux des dépenses publiques. Toutefois, en raison notamment du changement démographique, le transfert permanent de nouvelles tâches et de ressources supplémentaires au secteur public ne sera pas durable. En outre, cela fausserait les mécanismes du marché dont émanent les effets de signalisation et d'orientation dont nous avons absolument besoin. Les mesures des mois passés doivent être revues et ajustées si nécessaire pour respecter le mieux possible ces signaux.

Les paragraphes suivants retracent tout d'abord l'évolution économique en Allemagne pendant la crise liée au coronavirus, puis les principales mesures de politique économique et leurs effets sur le secteur privé et les comptes publics. Nous décrivons ensuite les défis de la future politique économique et identifions les actions nécessaires, pour, enfin, en tirer des conclusions.

2. La crise du coronavirus pèse temporairement sur le secteur des entreprises

La crise du coronavirus a durement touché l'économie allemande. Les entreprises allemandes ont été affectées de deux manières. Premièrement, la propagation de la pandémie en Allemagne a rendu nécessaire l'adoption de mesures sanitaires strictes, ce qui a fortement restreint la vie économique et sociale. De nombreux magasins, restaurants, hôtels, etc. ont dû fermer, entraînant une chute du chiffre d'affaires. Le coronavirus s'étant répandu dans le monde entier, des mesures sanitaires ont été imposées dans de nombreux pays presque simultanément. Étant donné que l'économie allemande et surtout l'industrie manufacturière dépendent des matières premières et des produits intermédiaires provenant de l'étranger, et que de nombreux produits sont livrés à l'étranger, ces mesures ont, dans un deuxième temps, considérablement perturbé l'échange international de marchandises, de sorte que la production a dû être restreinte.

Ces deux impacts ont, dans la première phase de la pandémie, entraîné une baisse de 10 % de la production économique au printemps 2020 par rapport au trimestre précédent. Grâce au confinement systématique, il a été possible, en relativement peu de temps, de réduire considérablement les chiffres des nouvelles infections au printemps et de les maintenir à un faible niveau pendant l'été. Cela a permis à de nombreuses entreprises, notamment dans le domaine du commerce et des services à forte intensité de contacts, de reprendre leurs activités. Dans ce contexte, on a assisté à une forte reprise de l'activité économique au cours de l'été.

Cependant, dès cette phase, des différences très nettes entre les différents secteurs économiques sont apparues et elles n'ont pas encore été complètement surmontées. Les secteurs de services tels que le tourisme sont encore fortement limités dans leurs activités, tout comme de nombreux employés du secteur culturel et indépendants. En revanche, d'autres services tels que l'immobilier et les services financiers ne sont guère touchés par les mesures. On observe également de nettes différences dans le secteur manufacturier. De nombreuses entreprises orientées vers l'exportation bénéficient directement ou indirectement de la reprise économique rapide d'une grande partie de l'économie mondiale. D'autres entreprises, en revanche, connaissent plus de répercussion du fait que les chaînes d'approvisionnement internationales ne puissent être reprises sans dommages suite à une telle perturbation.

En raison de la disponibilité croissante des vaccins, la phase finale – espérons-le – de cette pandémie a commencé au printemps 2021. En raison de la diminution du nombre d'infections, les restrictions de la vie économique et sociale ont pu être progressivement levées dans une large mesure, de sorte que de nombreux services sont à nouveau possibles. Cependant, en raison de l'augmentation du nombre d'infections à l'automne, les mesures de protection contre les infections ont été à nouveau renforcées en plusieurs étapes. Cette évolution a une nouvelle fois touché surtout le secteur des métiers de contact, qui n'ont jusqu'à présent guère pu se remettre des fermetures précédentes. En revanche, de nombreuses entreprises manufacturières ont continué à bénéficier de la reprise économique mondiale en cours pendant cette phase.

Globalement, on constate que les entreprises sont très différemment affectées par les conséquences de la pandémie. Certains secteurs, notamment ceux du commerce, ont même connu une augmentation significative de leur chiffre d'affaires. D'autres n'ont pas pu exercer leurs activités commerciales pendant presque toute la durée de la pandémie. Sans les aides gouvernementales, nombre de ces entreprises auraient été contraintes d'abandonner leurs activités. Néanmoins, les réserves financières de nombreuses entreprises ont été épuisées. Pour celles-ci, les conséquences de la pandémie risquent de se faire sentir pendant un certain temps encore, car il n'y a pas eu d'effet de rattrapage de la demande dans de nombreux domaines.

Afin d'apporter rapidement un soutien financier aux entreprises touchées par la crise, on a renoncé à un examen approfondi de l'impact de la pandémie. Par conséquent, des entreprises qui seraient devenues insolvables sans la pandémie sont également susceptibles d'avoir reçu une aide et d'avoir poursuivi leurs activités. Dans le même temps, l'obligation de déposer une demande d'insolvabilité a été suspendue. Cela explique probablement pourquoi le nombre de faillites d'entreprises a même diminué pendant la pandémie de Covid-19. Même à l'heure actuelle, aucun renversement de cette tendance n'est prévisible. Toutefois, une augmentation du nombre de faillites est à prévoir au moment de la sortie de la crise. Ce phénomène a également été observé lors des récessions précédentes. Cette évolution post-crise ne doit pas être compensée, il y aura sinon une mauvaise allocation des ressources, qui s'accompagnera de la perte de richesse.

Malgré cette lourde charge pour les entreprises privées, les pertes économiques globales causées par la pandémie de Covid-19 en Allemagne devraient être relativement faibles, surtout par rapport aux crises précédentes (Projektgruppe Gemeinschaftsdiagnose 2021). Pour quantifier ces pertes, on peut utiliser des estimations du potentiel de production, c'est-à-dire la valeur des biens et services qui peuvent être produits en un an avec une utilisation normale des capacités de production. La différence entre l'estimation du potentiel du printemps 2021 et celle de l'automne 2019 peut ainsi être interprétée comme une mesure du dommage économique global. Le groupe d'instituts de recherche économique allemands qui produit un diagnostic commun, la dite « Gemeinschaftsdiagnose », estime que la production potentielle pour les années 2020 à 2024 sera en moyenne inférieure de 1,1 % à celle de 2019 (Projektgruppe Gemeinschaftsdiagnose 2021). Pour avoir une idée de cet ordre de grandeur, il est utile de faire la comparaison avec la crise financière de 2008/2009. À cette époque, le potentiel de production a été revu à la baisse de 3 %.

En préservant les structures économiques existantes, le changement structurel économique qui était déjà en cours avant la crise du Covid a peut-être ralenti. Néanmoins, certaines entreprises ont fait des progrès significatifs dans ce processus. Cela est particulièrement visible dans le secteur automobile, où tous les constructeurs ont désormais commencé à produire des véhicules électriques et continuent à développer leurs activités dans ce domaine. La numérisation a également progressé pendant la crise du Covid. La nécessité de travailler de chez soi a peut-être donné naissance à des développements entièrement nouveaux ou, du moins, renforcé ceux qui existaient déjà. Lorsque la pandémie s'estompera, ce changement structurel sera probablement encore plus visible.

3. La politique économique stabilise le secteur des entreprises

Afin d'atténuer les conséquences économiques de la pandémie et des mesures sanitaires, le gouvernement fédéral ainsi que les gouvernements des Länder ont apporté un soutien financier aux entreprises privées et aux ménages grâce à plusieurs ensembles de mesures. Par exemple, au cours du confinement d'avril 2020, une aide d'urgence importante (Soforthilfen) a été fournie aux entreprises et aux indépendants pour atténuer les effets immédiats. À lui seul, le gouvernement fédéral a approuvé près de 1,8 million des demandes soumises jusqu'à fin mai 2020 et a déboursé 13,5 milliards d'euros. Par la suite, des aides dites « relais » (Überbrückungshilfen) ont été accordées en trois phases, pour un montant total d'environ 4,5 milliards d'euros jusqu'à présent. En outre, les aides dites de novembre et décembre (November- und Dezemberhilfen) ont été versées pour un volume de 7 milliards d'euros. Au total, environ 25 milliards d'euros ont été versés jusqu'à aujourd'hui.

En juin 2020, un programme de relance économique a été lancé ; il doit durer jusqu'en 2024 et son volume s'élève à près de 160 milliards d'euros (Projektgruppe Gemeinschaftsdiagnose 2020 ; SVR 2020). Ce programme est divisé en un ensemble de mesures de relance économique et de gestion de crise ainsi qu'un ensemble de mesures pour l'avenir. Cette subdivision indique déjà que l'objectif n'est pas seulement d'atténuer les conséquences économiques de la pandémie. Les mesures visent plutôt à prendre en compte d'autres objectifs politiques, tels que la protection du climat et la numérisation. Cette orientation simultanée des mesures vers deux objectifs comporte un risque d'inefficacité, car elles ne sont pas totalement congruentes. D'autre part, cette approche permet de s'assurer que d'autres objectifs sociétaux importants ne soient pas complètement perdus de vue pendant la pandémie.

Un certain nombre des mesures du programme étaient destinées à stabiliser la demande globale en soutenant les ménages privés. Ainsi, le taux de TVA a été réduit pour le second semestre de l'année 2020, le taux normal de 3 et le taux réduit de 2 points de pourcentage. En outre, une prime de 300 euros par enfant a été accordée pour tous les enfants ayant droit aux allocations familiales. De plus, des mesures visent à promouvoir les investissements à court terme et à favoriser les investissements privés en améliorant les conditions d'amortissement et les subventions. En outre, les communes seront soulagées grâce à une participation financière plus forte de l'État aux coûts d'hébergement des chômeurs de longue durée ainsi que des personnes aptes au travail et des membres de leur foyer, afin de préserver des marges de manœuvre pour les investissements publics (Schmidt et al. 2020).

Les mesures d'investissement sont en grande partie regroupées dans le « paquet Avenir » (Zukunftspaket), qui représente 52 milliards d'euros sur quatre ans. Il s'agit notamment de subventions et d'investissements pour la promotion de la future mobilité durable afin d'atteindre les objectifs climatiques. D'autres investissements sont prévus pour la numérisation des écoles par exemple. Afin d'assurer la mise en œuvre du plan de relance sur la durée prévue, le Fonds pour l'énergie et le climat ainsi que le Fonds pour les écoles à plein temps ont, entre autres, été augmentés d'un total de 24 milliards d'euros pour les cinq années suivantes. Cette augmentation des fonds spéciaux limitera la marge de manœuvre du gouvernement fédéral à l'avenir, car les dépenses dans le futur réduiront les emprunts nets autorisés (Projektgruppe Gemeinschaftsdiagnose 2020).

Dans l'ensemble, les mesures gouvernementales sont susceptibles d'avoir atténué le déclin de l'activité économique. Mais surtout, les aides financières directes aux entreprises ont largement contribué au fait que l'activité économique a pu reprendre rapidement après l'assouplissement des restrictions sanitaires. Après cette intervention massive de l'État dans le secteur des entreprises, il doit à nouveau limiter ses activités dans ce domaine (Leopoldina 2021). Bien que cela se produise automatiquement en raison de l'expiration de l'aide « Covid » et des mesures du plan de relance économique, il est important que les subventions ne soient pas réintroduites et le niveau d'activité de l'État ne soit pas augmenté à nouveau du fait notamment du changement structurel économique.

4. Une forte augmentation de l'activité gouvernementale pendant la crise

En raison des immenses dépenses du gouvernement fédéral pour atténuer les conséquences économiques de la pandémie, la dette du gouvernement fédéral en particulier, mais aussi celle des Länder, a considérablement augmenté. Après que le gouvernement fédéral ait réussi à plusieurs reprises jusqu'en 2019 à ne pas contracter de nouveaux emprunts, la nouvelle dette nette s'est élevée à 130 milliards d'euros en 2020, et 240 milliards d'euros

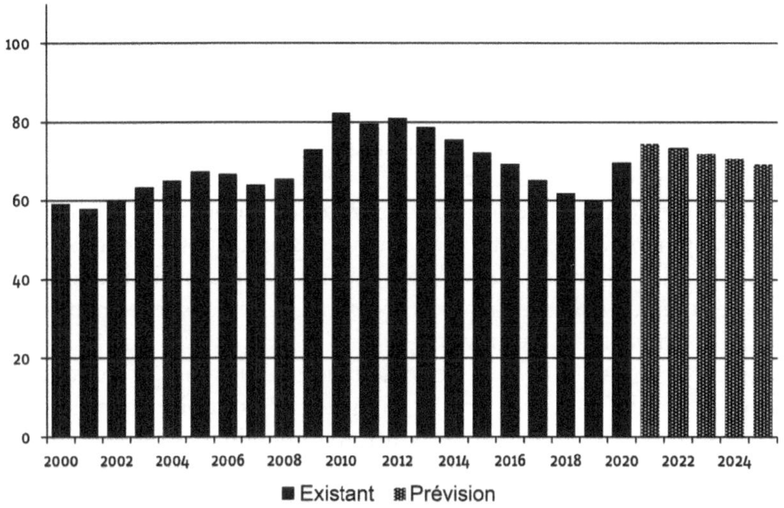

Figure 1 : Ratio d'endettement des administrations publiques : Dette par rapport au PIB en pourcentage (Source : BMF)

supplémentaires sont prévus pour 2021. Mais même en 2022, lorsque les lourdes charges économiques de la pandémie devraient s'être atténuées, le gouvernement fédéral a de nouveau prévu un emprunt net de près de 100 milliards d'euros dans son plan financier. Une réduction significative des nouveaux emprunts n'est pas prévue avant 2023 (BMF 2021). Cette augmentation de la nouvelle dette est énorme et nettement plus élevée que lors de la crise financière. En 2009 et 2010, l'endettement net était de 34 et 44 milliards d'euros.

L'ampleur de la nouvelle dette nette n'a que peu d'importance pour la marge de manœuvre future de la politique budgétaire et les exigences de consolidation (Schmidt et Schmidt 2021). C'est l'une des raisons pour lesquelles les critères de Maastricht visent plutôt le ratio d'endettement, qui prévoit une dette maximale des administrations publiques de 60 % par rapport au produit intérieur brut. Toutefois, ce ratio n'est pas respecté aujourd'hui en raison de la forte augmentation de la nouvelle dette contractée. En 2020, le ratio dette/PIB est passé à 69,7 %, et en 2021, le ministère fédéral des finances prévoit une valeur de 74,5 % (BMF 2021). Après cela, cependant, le niveau d'endettement devrait à nouveau baisser (voir Figure 1).

Si l'on compare cette évolution avec la crise financière de 2008/2009, l'augmentation actuelle est beaucoup moins spectaculaire. À l'époque, le ratio dette/PIB est passé à un peu plus de 80 % au cours de la crise. En conséquence, le besoin de consolidation au regard des critères de Maastricht est nettement plus important. La réduction de la dette a ensuite été favorisée par l'environnement économique. Dans cette phase, les taux de croissance du produit intérieur brut ont été nettement plus élevés que dans les années précédentes, de sorte que les recettes fiscales ont également fortement augmenté. De plus, les rendements des obligations d'État ont chuté lors de la crise de la dette dans la zone euro et ont parfois atteint des valeurs négatives. Par conséquence, le poids des intérêts sur les budgets publics a considérablement diminué.

Les expériences de la crise financière vont également à l'encontre de la crainte que la consolidation des budgets publics doive nécessairement s'accompagner d'une réduction significative des investissements publics. Bien que le ratio d'investissement de l'État ait légèrement diminué dans les années 2012 à 2014, il a de nouveau augmenté dans les années suivantes, en partie de manière significative. La planification financière actuelle du gouvernement fédéral (BMF 2021) prévoit que les investissements publics seront maintenus à peu près constants, à environ 50 milliards d'euros par an, alors que le ratio dette/PIB diminue déjà à nouveau. Avec un produit intérieur brut en hausse, cela implique que le ratio d'investissement diminuera légèrement, comme c'était le cas dans la phase qui a suivi la crise financière. Il faut tenir compte ici du fait que – comme cela a déjà été montré – une partie des investissements publics du programme de relance économique de l'année dernière est déjà attribuée.

En ce qui concerne les défis futurs de l'économie allemande et de la manière dont ils doivent être abordés, il n'est pas anodin que la quote-part de l'État ait augmenté à plus de 50 % en 2020 suite aux mesures liées au coronavirus. Il n'est pas non plus probable qu'il se réduise au cours des deux années suivantes. Il est donc nettement plus élevé que pendant la crise financière. Bien que la fin des mesures Covid devrait entraîner une baisse de la quote-part de l'État, puisqu'elle a déjà augmenté de manière continue depuis 2015, la répartition des ressources entre les secteurs privé et public devrait également être revue et alignée sur la stratégie d'aménagement des transformations économiques.

5. Renforcer la capacité d'action du gouvernement fédéral et des Länder

Au terme de la pandémie de coronavirus, la politique économique, qui s'est concentrée à juste titre sur la gestion de la crise ces derniers mois, doit être redéfinie. De cette manière, les grands défis à long terme tels que la politique climatique et la numérisation reviennent sur le devant de la scène. En parallèle, le frein à l'endettement et le cadre réglementaire européen exigent que les budgets publics soient consolidés. C'est également un impératif de la politique anticyclique, puisqu'il faut créer des marges de manœuvre afin de pouvoir réagir de manière décisive en cas de crises futures. À cette fin, le ratio dette/PIB doit être réduit de manière significative.

Dans sa prise de position sur les conséquences économiques de la pandémie du coronavirus, l'Académie allemande des sciences (Leopoldina 2021) a calculé plusieurs scénarios exemplaires pour l'évolution du taux d'endettement, qui sont déterminés par différentes hypothèses sur la croissance économique future, les taux d'intérêt réels et l'excédent primaire. Ceux-ci montrent qu'avec des taux d'intérêt réels faibles – comme c'est le cas actuellement en Allemagne – aucun effort d'assainissement majeur n'est nécessaire pour ramener le niveau d'endettement en dessous de la limite de 60 % par rapport au produit intérieur brut prévue dans le traité de Maastricht.

Pour que cela soit possible, il n'est même pas nécessaire que les taux d'intérêt réels restent négatifs pendant une longue période. Même à un niveau de taux d'intérêt réel légèrement supérieur à zéro, le besoin de consolidation est encore relativement faible. Un tel scénario n'est pas si improbable. Certes, la Banque centrale européenne est susceptible de réduire progressivement sa politique monétaire extrêmement souple afin de ne pas perdre de vue son objectif de politique monétaire. Par conséquent, les rendements sur le marché des capitaux sont susceptibles d'augmenter à nouveau. Toutefois, ce processus prendra vraisemblablement un certain temps. De plus, la politique monétaire n'est qu'un des facteurs déterminant l'évolution des taux d'intérêt réels et il est probable que son effet soit principalement transitoire. À plus long terme, les facteurs liés à la croissance économique ont également une influence significative sur l'évolution des taux d'intérêt réels.

Pour le développement économique futur, l'évolution démographique présente un intérêt particulier en tant que l'un de ces facteurs d'influence à long terme. Ainsi, des études empiriques (Föllmi et al. 2021) arrivent à la conclusion qu'une part considérable de la baisse des taux d'intérêt réels peut être expliquée par le vieillissement de la population. Apparemment, l'augmentation du groupe d'âge des 40-64 ans va de pair avec une baisse des taux d'intérêt réels. Cependant, les prévisions de l'évolution démographique indiquent que cette classe d'âge n'augmentera pas à l'avenir dans la même mesure que ces dernières années. Cela laisse penser que la pression à la baisse sur les taux d'intérêt réels s'atténuera dans les années à venir. Bien que d'autres facteurs aient également une influence sur l'évolution future des taux d'intérêt, la corrélation assez forte des taux d'intérêt avec la démographie suggère que le futur niveau des taux d'intérêt réels restera assez favorable à une consolidation des budgets publics.

Toutefois, la démographie devrait également avoir des effets sur la croissance économique à plus long terme. Ainsi, les projections démographiques de l'office allemand de la statistique suggèrent que la population active commencera à diminuer dès 2023. Cette évolution devrait s'intensifier dans les années à venir. En conséquence, la croissance économique à long terme, qui est calculée par la croissance potentielle, s'affaiblira. En tout cas, les prévisions à moyen terme de l'institut de recherche économique RWI (Barabas et al. 2021) montrent un affaiblissement du taux de croissance potentiel de 1,1 % en 2021 à 0,7 % en 2024.

La comparaison avec les taux observés après la crise financière montre une nette différence. En l'état actuel des choses, le taux de croissance de la production potentielle en 2009 était également de 1,1 %. Les années suivantes, toutefois, la croissance potentielle s'est accélérée pour atteindre 1,5 % en 2013 et s'est maintenue dans cette fourchette pendant quelques années encore. Ce renforcement de la croissance économique a également favorisé l'assainissement des budgets publics au cours de cette phase, car une croissance plus forte entraîne une augmentation des recettes fiscales et une diminution des dépenses en matière de prestations sociales.

Dans l'ensemble, tout porte à croire que l'assainissement des budgets publics pourra aboutir dans les années à venir sans qu'il soit nécessaire de procéder à de sérieuses réductions des dépenses ou à des augmentations des recettes. Il devrait être possible, en particulier, de réaliser les investissements publics nécessaires à la transformation de l'économie.

6. Renforcer les forces du marché

La consolidation des budgets publics sera plus facile si la croissance économique ne ralentit pas significativement dans les années à venir. Le changement structurel économique devrait également être plus facile à réaliser s'il existe des secteurs économiques qui créent des emplois, donnant aux personnes ayant perdu leur emploi une nouvelle perspective. Dans ce contexte, l'évolution future de la productivité jouera un rôle important, car le potentiel de main-d'œuvre qui est aussi une source importante de croissance diminuera dans les années à venir. Pour cette raison, l'éventualité d'augmentation de la productivité générale des facteurs est discutée depuis plusieurs années déjà (SVR 2019).

Des facteurs importants influençant la productivité économique globale sont les activités de recherche et de développement (activités de R&D), les activités de recherche appliquée ayant une relation plus clairement synchronisée avec la productivité que la recherche fondamentale (Jäger et al. 2016). Les dépenses consacrées aux activités de R&D en Allemagne ont déjà considérablement augmenté ces dernières années. Certes, l'objectif fixé dans la stratégie de Lisbonne, à savoir porter les dépenses de R&D à 3 % du produit intérieur brut d'ici 2010, n'a été atteint qu'avec sept ans de retard, mais en 2019, près de 3,2 % du produit intérieur brut a été consacré aux activités de R&D, ce qui place l'Allemagne parmi les leaders internationaux dans ce domaine (EFI 2021).

Compte tenu des défis sociaux et économiques, les activités de R&D doivent être maintenues à un niveau élevé. En effet, les mesures dans ce domaine doivent être orientées plus fortement qu'auparavant vers les objectifs de développement durable et de numérisation. Comme il n'y a guère de marge de manœuvre pour une nouvelle augmentation des dépenses compte tenu des contraintes budgétaires des finances publiques, les fonds doivent être réaffectés d'autres domaines si nécessaire. De plus, on peut tenter de renforcer la recherche appliquée au sein des entreprises. Les start-up jouent un rôle central à cet égard : il faut leur donner une chance de traverser la crise du Covid, car l'expérience de la crise financière de 2008 montre que les start-ups de haute technologie sont particulièrement menacées en cas de crise grave (acatech 2020). L'apport de capital-risque par des investisseurs privés joue ici un rôle important. L'Allemagne reçoit toujours de mauvais résultats lorsqu'on la compare à l'international (EFI 2021), il est donc possible de relever ce potentiel (Achleitner et al. 2019).

Afin de prendre suffisamment en compte dans les activités d'innovation les défis sociétaux à venir, notamment celui de la transition vers le développement durable, la Commission nationale d'experts pour la recherche et le développement (EFI 2021) propose, entre autres, de s'appuyer sur les forces du marché. Cela signifie, par exemple, que dans le développement des mobilités alternatives, aucune technologie ne doit être imposée par l'État, mais qu'il faut plutôt compter sur les forces créatives des acteurs privés. Dans les cas où l'intervention de l'État est nécessaire pour lancer des activités de R&D, elle doit se retirer dès que possible.

En outre, la promotion de l'innovation doit tenir compte du fait que de nombreuses innovations sont développées dans le Mittelstand (Bardt et al. 2020). Pendant la pandémie du coronavirus, les investissements associés à un haut degré d'incertitude ont probablement été le plus réduits, ce qui signifie que des investissements particulièrement innovants ne sont pas réalisés. Étant donné que le Mittelstand allemand joue également un rôle important dans le changement structurel économique en cours, la politique économique devrait veiller à ce que les activités de R&D dans les PME et ETIs ne soient pas suspendues pendant une période plus longue en raison de la crise du Covid.

La formation des employés est également considérée comme un point de départ central pour accroître la productivité. La pandémie crée ici un besoin d'action particulier, car les mesures sanitaires ont rendu plus difficile la formation dans les écoles et les universités, mais aussi dans les entreprises. Cela s'est manifesté sur le marché de la formation, puisque le nombre de places occupées pendant la pandémie a été nettement inférieur à celui observé en temps normal. L'augmentation des dépenses d'éducation toute seule ne convient pas comme instrument pour accroître la productivité. Il s'agit plutôt d'accroître les compétences et les connaissances qui peuvent être appliquées dans le processus de travail. Dans ce domaine, l'État peut créer des incitations pour faire face aux nouvelles exigences de la numérisation avec plus de vigueur qu'auparavant. Cependant, les entreprises continuent de jouer un rôle clé dans ce domaine afin d'aligner l'éducation et la formation sur les besoins spécifiques (EFI 2021).

De plus, il convient de lutter contre la pénurie de travailleurs qualifiés qui s'accentue en raison de facteurs démographiques. Même dans la phase actuelle, alors que les conséquences économiques de la pandémie sont loin d'être terminées, le manque de travailleurs qualifiés est à nouveau pointé du doigt par de nombreuses entreprises comme étant un obstacle à l'activité économique. Dans ce domaine également, une éducation et une formation ciblées peuvent contribuer à améliorer la situation. Toutefois, compte tenu du déclin imminent de la population active, cela risque d'être largement insuffisant. Un recrutement ciblé de personnel qualifié à l'étranger pourrait apporter un atout à cet égard.

En outre, pour accroître la productivité et promouvoir le changement structurel de l'économie, il faut à nouveau s'appuyer davantage sur les mécanismes du marché. Sous la condition d'un environnement règlementaire favorable, une des principales caractéristiques des économies de marché est que les entreprises développent une multitude d'idées et de solutions innovantes. Cela se produit souvent à petite échelle, mais peut également entraîner une modification de la structure économique dans le cas d'innovations plus importantes. Dans le cadre de ce processus, de nouvelles entreprises innovantes et donc plus productives arrivent sur le marché et les entreprises moins productives disparaissent. Pour cette raison, il est très souhaitable de réduire l'intervention de l'État dans le secteur des entreprises après la fin de la pandémie. Toutefois, étant donné leurs situations financières tendues, il est nécessaire de réaliser ce processus par paliers.

Les mécanismes du marché peuvent également être utilisés davantage pour le changement structurel économique afin d'atteindre les objectifs climatiques. Les exigences gouvernementales visant à promouvoir l'électromobilité, et pas seulement en Allemagne, ont certainement également accéléré l'introduction de nouveaux modèles par les entreprises allemandes. Une étape supplémentaire consisterait à permettre aux mécanismes de marché de prendre effet grâce à une tarification globale du CO_2 (Schmidt 2021). Étant donné que les coûts de l'évitement des émissions de CO_2 ne sont pas connus du public, les signaux de prix devraient être utilisés pour coordonner les actions des acteurs concernés et réduire les émissions de CO_2.

7. Conclusions

Au cours de la crise du coronavirus, l'intervention massive de l'État et l'aide financière aux entreprises privées et aux ménages ont permis d'éviter des pertes économiques bien plus importantes. Dans le cadre de la consolidation désormais nécessaire des budgets publics, les activités de l'État doivent à nouveau être réduites. Cela est nécessaire afin de disposer d'une marge de manœuvre suffisante pour réagir de manière appropriée face aux futurs ralentissements ou crises économiques. De plus, la viabilité des finances publiques, qui est mise en danger par l'évolution démographique, peut être assurée de cette manière.

En remettant en vigueur le frein à l'endettement, la réduction du ratio dette/PIB peut être assurée. Déjà après son introduction en 2011, le ratio dette/PIB en Allemagne a diminué sur une plus longue période, après avoir connu une tendance à la hausse pendant des décennies. Ce fait soutient l'argument politico-économique selon lequel des règles budgétaires telles que le frein à l'endettement ou les critères de Maastricht sont nécessaires pour mettre en œuvre de manière politique une réduction de la dette publique (Feld et al. 20219).

Le débat actuel sur l'avenir des règles de Maastricht au niveau européen ainsi que la discussion sur la réforme ou l'abolition du frein à l'endettement sont des preuves éloquentes de la résistance politique à la consolidation. Cela correspond également à la constatation empirique que, dans de nombreux pays, les dettes contractées pendant une récession ne sont que partiellement réduites lors de la reprise économique ultérieure (Hercowitz et Strawczynski 2004). Cet « effet de cliquet », qui contribue à une augmentation tendancielle de la dette publique, est évité par le frein à l'endettement.

Il ne fait aucun doute que la marge de manœuvre des budgets publics sera limitée dans les années à venir. Pour maîtriser les défis du changement climatique, de la numérisation et du vieillissement de la société, il convient donc d'envisager à nouveau plus fortement les solutions de marché. Il convient notamment de faciliter la création de nouvelles entreprises et de promouvoir les activités de recherche et développement. Ces activités de R&D devraient être systématiquement orientées vers la réponse aux grands défis posés par le changement climatique et la numérisation. Ce faisant, il convient d'éviter que la politique ne s'engage en faveur de certaines solutions techniques et de laisser autant que possible la place libre aux forces du marché.

En outre, la promotion de l'immigration peut atténuer l'aggravation de la pénurie de travailleurs qualifiés en Allemagne. Dans le même temps, la main-d'œuvre doit être préparée aux nouvelles exigences résultant de l'évolution technologique, notamment de la numérisation. Les entreprises ont un rôle central à jouer, afin de garantir que l'éducation et la formation transmettent le savoir nécessaire.

La réduction des dépenses publiques est une réaction nécessaire à l'augmentation des dépenses pendant la crise. En même temps, il s'agit d'une préparation à la prochaine grande crise. Cette nécessité est l'un des principaux enseignements de la phase de consolidation qui a suivi la crise financière. Il n'y a cependant aucune raison de penser que nous ne serons pas en mesure de relever les défis des années à venir. Au contraire, la promotion des forces du marché peut favoriser l'innovation et accélérer le changement structurel de l'économie. Pour cela, il faut toutefois créer les bonnes conditions-cadres. Cela nécessite une redéfinition de la relation entre le marché et l'État qui soit en phase avec les défis actuels.

Traduction : Ariane Batou-To Van

Sources

acatech (Hrsg.) (2020): Corona-Krise: Volkswirtschaft am Laufen halten, Grundversorgung sichern, Innovationsfähigkeit erhalten. acatech Impuls, 27. März 2020.

Achleitner, Ann-Kristin / Braun, Reiner / Behrens, Jan Henning / Lange, Thomas (2019): Innovationskraft in Deutschland verbessern: Ökosystem für Wachstumsfinanzierung stärken. acatech Studie.

Barabas, György / Jessen, Robin / Kirsch, Florian / Schacht, Philip / Schmidt, Torsten (2021): Projektion der Wirtschaftsentwicklung bis 2025: Geringe mittelfristige Effekte der Corona-Pandemie. RWI Konjunkturberichte 72 (2): 35-48.

Bardt, Hubertus / Hüther, Michael / Schmidt, Christoph M. / Schmidt, Torsten (2020): Mit neuem Wachstum aus der Krise: Überlegungen zu einer Modernisierungsstrategie für Nordrhein-Westfalen. IW-Policy Paper 11.

BMF – Bundesministerium der Finanzen (2021): Finanzbericht 2022. Berlin.

EFI – Expertenkommission Forschung und Innovation (2021): Gutachten zu Forschung, Innovation und technologischer Leistungsfähigkeit Deutschlands 2021, Berlin: EFI.

Feld, Lars P. / Reuter, Wolf Heinrich / Yeter, Mustafa (2019): Öffentliche Investitionen: Die Schuldenbremse ist nicht das Problem. Perspektiven der Wirtschaftspolitik 20 (4): 292-303.

Föllmi, Reto, / Isaak, Niklas / Jäger, Philipp / Schmidt, Torsten / Seiler, Pascal (2021): Ursachen und Wirkungen der Tiefzinsphase – Eine empirische Analyse mit Mikro- und Makrodaten. Grundlagen für die Wirtschaftspolitik Nr. 26. Staatssekretariat für Wirtschaft SECO, Bern, Schweiz.

Hercowitz, Zvi / Strawczynski, Michel (2004): Cyclical Ratcheting in Government Spending: Evidence from the OECD. The Review of Economics and Statistics 86 (1): 353–61.

Jäger, Philipp, / Rujin, Svetlana / Schmidt, Torsten / Föllmi, Reto (2016): Tiefere Investitionen dämpfen Produktivität. Die Volkswirtschaft 1-2: 23-27.

Leopoldina – Nationale Akademie der Wissenschaften Leopoldina (2021): Ökonomische Konsequenzen der Coronavirus-Pandemie – Diagnosen und Handlungsoptionen. Halle (Saale).

Projektgruppe Gemeinschaftsdiagnose (2020): Erholung verliert an Fahrt – Wirtschaft und Politik weiter im Zeichen der Pandemie. Kiel, https://gemeinschaftsdiagnose.de/wp-content/uploads/2020/11/GD_H20_Langfassung_online.pdf

Projektgruppe Gemeinschaftsdiagnose (2021): Pandemie verzögert Aufschwung – Demografie bremst Wachstum. Essen, https://gemeinschaftsdiagnose.de/wp-content/uploads/2021/04/GD_F21_Langfassung_online.pdf

Schmidt, Torsten / Barabas, György / Blagov, Boris / Isaak, Niklas / Jäger, Philipp / Micheli, Martin / Schacht, Philip / Weyerstraß, Klaus (2020): Corona-Krise belastet die konjunkturelle Erholung in Deutschland. RWI Konjunkturberichte 71 (2): 5-34.

Schmidt, Christoph M. (2021): Die Soziale Marktwirtschaft nach der Corona-Krise: Fit für den Systemwettbewerb im 21. Jahrhundert. List-Forum 47: 83-96.

Schmidt, Christoph M. / Schmidt, Torsten (2021): Nach der Krise ist vor der Krise – für eine rasche Konsolidierung der öffentlichen Haushalte. Zeitschrift für Wirtschaftspolitik 70 (1): 51-59.

SVR – Sachverständigenrat zur Begutachtung der gesamtwirtschaftlichen Entwicklung (2020): Sondergutachten 2020: Die gesamtwirtschaftliche Lage angesichts der Corona-Pandemie. Wiesbaden.

SVR – Sachverständigenrat zur Begutachtung der gesamtwirtschaftlichen Entwicklung (2019): Produktivität: Wachstumsbedingungen verbessern. Nationaler Produktivitätsbericht 2019. Wiesbaden.

Les Auteurs

Christoph M. Schmidt est président du RWI - Leibniz-Institut für Wirtschaftsforschung et titulaire de la Chaire de politique économique et d'économétrie appliquée à l'université de la Ruhr à Bochum. De 2009 à 2020, Schmidt a été membre, puis de 2013 à 2020, président du Conseil d'experts pour l'évaluation du développement économique. Depuis 2019, il est membre, et depuis 2020 coprésident, du Conseil franco-allemand des experts économiques. Contact : praesident@rwi-essen.de

Torsten Schmidt est directeur du domaine de compétence Croissance, conjoncture, finances publiques au RWI et professeur de macroéconomie empirique à l'université de la Ruhr à Bochum. Ses recherches portent notamment sur la conjoncture nationale et internationale, l'analyse de l'évolution macroéconomique à moyen terme et les effets économiques du changement démographique. Contact : torsten.schmidt@rwi-essen.de

Allemagne – France – Italie : Perspectives pour une coopération intensifiée en Europe

Frank Baasner

Les relations franco-allemandes ont un rôle historique et politique particulier au sein de l'Union européenne. C'est à cette particularité que l'Institut Franco-Allemand (dfi), fondé très vite après la deuxième guerre en 1948, doit son existence et son ancrage institutionnel stable. Cependant, le rapport entre la méthode communautaire et les relations bilatérales ne cesse d'évoluer. L'ouverture des structures de coopération franco-allemandes solidement ancrées à d'autres partenaires en Europe est une nécessité et concerne directement le travail du dfi. Nous allons par la suite situer et expliquer les raisons de cette évolution.

1. Méthode communautaire et bilatéralisme

La déclaration Schuman de 1950 a marqué le début d'un processus de politique communautaire en Europe qui se poursuit encore aujourd'hui. Ce processus a rompu avec une tradition séculaire de conflits armés et a créé un instrument de conciliation pacifique des intérêts en établissant la méthode communautaire, basée sur des règles ayant comme objectif des compromis acceptables pour tous les partenaires. Progressivement, les États indépendants concernés ont décidé de partager volontairement leur souveraineté dans des domaines importants. Le processus d'élargissement ininterrompu témoigne de l'attractivité de ce modèle.

Face à l'importance croissante des institutions communautaires de l'UE, la question du poids des relations bilatérales dans l'architecture de coopération en Europe se pose de manière récurrente. Les institutions communautaires, la Commission, le Conseil et le Parlement européen, ne risquent-elles pas de rendre obsolète la gestion des relations bilatérales ? Si la réponse à cette question est clairement « non », c'est principalement pour deux raisons : Premièrement, l'histoire conflictuelle séculaire de l'Europe a fait que presque chaque État existant aujourd'hui a, à un moment ou à un autre, mené des conflits armés avec la plupart de ses partenaires européens actuels, ce qui entraîne un besoin sans cesse ravivé de réconciliation et de travail de mémoire partagée. Deuxièmement, le succès du projet européen dépend de la capacité des populations des États membres à apprendre à se connaître et à se faire confiance – et ce lent processus de rapprochement mutuel au niveau de la société ne peut réussir que progressivement et non pas simultanément de manière collective au niveau de l'UE-27. Ce n'est pas un hasard si la phrase de Monnet « Nous ne coalisons pas des États, nous unissons les hommes » est restée dans les mémoires.

2. L'exemple franco-allemand

Le cas particulier des relations franco-allemandes en est un bon exemple. Lorsque l'Institut Franco-Allemand a été fondé en 1948, sa principale mission était de créer une plateforme de dialogue entre les personnes des deux pays, et ce bien des années avant que les relations entre les deux États ne soient stabilisées au niveau étatique par les gouvernements.[1] L'une des spécificités des relations franco-allemandes réside dans le fait que le rapprochement a été porté par une société civile transnationale qui s'est progressivement développée. Il est remarquable, et certainement un heureux hasard de l'histoire, que dès la fin de la Seconde Guerre mondiale, des groupes des deux côtés aient commencé à organiser un nouveau rapprochement. Alfred Grosser, avec le *Comité d'échanges avec l'Allemagne nouvelle*, avait réuni un groupe de connaisseurs de l'Allemagne et de personnalités germanophiles qui n'avaient pas fait partie des collaborateurs et qui étaient donc moralement légitimes pour tenter un nouveau dialogue avec les Allemands. En raison de leurs affinités avec l'Allemagne, ils étaient en même temps réticents à une politique d'occupation trop agressive. Fritz Schenk, avec le cercle fondateur du dfi, avait pour sa part réuni des personnes qui n'avaient pas été complices du régime nazi, et qui s'étaient même parfois clairement opposées à ce dernier. Les deux groupes étaient convaincus que seul un large ancrage dans la population offrirait à la réconciliation et au rapprochement franco-allemand une chance d'être durable et stable. L'une des structures de coopération encore pertinentes aujourd'hui et existant sur l'ensemble du territoire des deux pays est par conséquent le jumelage de communes, instrument créé aussitôt après la guerre et auquel Fritz Schenk a activement participé.[2]

---

1 Pour l'histoire de la création de l'Institut franco-allemand, voir Baasner (2019) et Bock (1998).

2 Dans l'immédiat après-guerre, des rencontres franco-allemandes de maires ont eu lieu en Suisse, qui ont conduit à la création de l'Union internationale des maires. C'est de là qu'est parti le mouvement ininterrompu des jumelages communaux. Le premier jumelage entre Ludwigsburg et Montbéliard,

Parallèlement au rapprochement et à l'interdépendance de la société civile, la coopération franco-allemande s'est progressivement institutionnalisée. Sous l'impulsion du traité de l'Élysée de 1963, des structures fixes ont été mises en place dans de nombreux domaines politiques. Même si celles-ci n'ont certes pas toujours donné des résultats immédiats, elles ont néanmoins permis d'établir des contacts et des canaux de discussion stables (Seidendorf 2012). Cette approche de coopération bilatérale spécifiquement franco-allemande a pris un nouvel élan avec le traité d'Aix-la-Chapelle (2019) et dans l'accord parlementaire franco-allemand. Il s'est ainsi avéré qu'aujourd'hui encore, alors que le poids des institutions communautaires européennes s'est accru, les relations bilatérales au niveau politique, économique et social jouent un rôle particulier.

3. Bilatéralisme intégré

La question du rapport entre le bilatéralisme et l'intégration européenne se pose donc nécessairement. La littérature spécialisée a forgé à ce sujet le concept de « embedded bilateralism » (Krotz et Schild 2013), et un ouvrage collectif publié dès 1982 et dirigé par Robert Picht, alors directeur du dfi, avait déjà exprimé la même idée en d'autres termes : « Das Bündnis im Bündnis » (Picht 1982). Il existe aujourd'hui un large consensus sur le fait que la relation particulière franco-allemande peut avoir des effets positifs si elle exerce intelligemment son rôle de leader au sein de l'UE. Les métaphores pour décrire ce duo sont nombreuses : moteur, tandem en allemand ou « couple » en français sont les plus courantes. Mais il est tout aussi évident que l'étroite collaboration franco-allemande peut être – et a parfois été – perçue comme un directoire par d'autres partenaires de l'UE.[3] De plus, dans une UE élargie à 27 membres, un compromis franco-allemand peut certes être indispensable, mais il ne suffit pas comme condition préalable à un compromis européen au sens d'un « compromis par procuration ». Cette phrase est devenue, ces dernières années, l'une des formules politiques les plus utilisées lorsqu'on parle de l'importance particulière de la coopération franco-allemande dans l'UE.

---

conclu en 1950 par le maire de l'époque Lucien Therradin et son collègue allemand Elmar Doch, a vu le jour grâce à la participation active de Fritz Schenk.

3 On se souvient par exemple de l'accord dit de Deauville, conclu par Nicolas Sarkozy et Angela Merkel lors d'une promenade sur la plage en 2011. Il s'agissait d'empêcher un règlement souhaité par le Parlement européen, selon lequel les états présentant des déficits dépassant les règles établies seraient automatiquement sanctionnés.

La relation franco-allemande, solidement établie et institutionnalisée, risque en raison de sa forte institutionnalisation, de devenir une relation exclusive et autocentrée. C'est politiquement risqué, car cela exclut d'autres partenaires importants pour les thèmes européens et pousse justement à une réaction négative. En effet, il y a toujours eu des voix d'hommes politiques importants qui regardent avec envie, voire jalousie, l'étroite coopération entre l'Allemagne et la France. C'est le cas de la Pologne après la chute du Mur – le Triangle de Weimar a été la tentative, toutefois sans succès éclatant, de s'attaquer à ce problème. En Italie aussi, des voix se sont souvent fait entendre pour critiquer cette relation particulière.

Au niveau de la société civile, le risque existe également de considérer les nombreuses offres d'échange et de coopération existante comme quelque chose d'exclusif. Depuis de nombreuses années, une « communauté » s'est formée dans certains domaines, qui se définit elle-même par sa participation aux offres spécifiquement franco-allemandes, qui vont de l'école maternelle franco-allemande au double diplôme universitaire. Un terme s'est même établi à cet effet, surtout utilisé en français : « le franco-allemand »[4]. On postule ainsi une réalité socio-culturelle, l'existence d'un groupe qui résulterait d'un cumul d'expériences vécues à travers les nombreuses offres d'échange et de coopération. C'est inquiétant dans la mesure où le vaste champ de la coopération franco-allemande, qui s'inscrit très souvent dans un environnement européen ou international plus large, est ici revendiqué par une minorité socialisée dans un contexte franco-allemand. L'adjectif substantivé permet d'affirmer grammaticalement l'existence de cette « exclusivité », sans que cela résiste à une analyse plus précise. L'adjectif descriptif « franco-allemand » ne pose pas de problème, mais la substantivation équivaut à une essentialisation, une entité sans référent réel.

Il est donc important, tant sur le plan politique que social, de se rendre compte de la place des relations bilatérales dans le processus d'intégration européenne. Si la relation spéciale franco-allemande est exclusive, elle conduit à l'isolement. Si elle est ouverte à d'autres partenaires et si elle permet à d'autres de profiter de la grande expérience acquise dans le travail bilatéral, elle est un élément important de l'édifice européen. Le capital po-

4 Il est intéressant de constater que la langue allemande connaît bien un équivalent (« das Deutsch-französische ») mais que ce terme est rarement utilisé. Les textes rédigés par les membres de cette « communauté » utilisent ainsi souvent aussi dans la version allemande le terme français « le franco-allemand ».

litique et social considérable que représente l'expérience de la coopération franco-allemande peut être exploité de deux manières : par extension ou par transfert.

4. Chances et limites de l'extension et du transfert

Les relations germano-polonaises peuvent être considérées comme un exemple de tentative de transfert. Après la chute du mur et dans le contexte du rapprochement du pays à l'UE, des structures éprouvées telles que l'Office franco-allemand pour la jeunesse ont été copiées, une université binationale commune a été créée avec la Viadrina à Francfort-Słubice, la Fondation Robert Bosch a constitué un nouveau pôle de soutien germano-polonais dans son département de « l'entente entre les peuples », qui pouvait s'appuyer sur le pôle franco-allemand, et avec la Fondation pour la coopération germano-polonaise, les gouvernements ont créé un instrument durable de coopération. Le Deutsches Polen Institut (DPI, Institut polonais allemand), en tant que centre d'expertise scientifique sur la Pologne, avait déjà été créé en 1980, mais il a désormais pu élargir considérablement ses activités et développer des initiatives similaires au travail de l'Institut Franco-Allemand.

La tentative d'élargissement du couple franco-allemand à un troisième partenaire est le Triangle de Weimar. Ici, malgré de nombreux efforts, il s'est avéré que les expériences historiques des pays concernés étaient trop différentes pour pouvoir parvenir rapidement à une dynamique commune et une vision partagée. Les expériences faites dans la partie occidentale de l'Europe, l'exercice de recherche de compromis européens étaient devenus une évidence pour l'Allemagne et la France, mais n'ont pu être compensés que très lentement par la Pologne. Il est en principe possible d'élargir à un troisième partenaire une relation bilatérale établie depuis de longues années, mais cela suppose que l'on puisse s'appuyer sur des expériences partagées et des intérêts communs prépondérants. Dans le cas du Triangle de Weimar, cela ne pourra se produire qu'après une longue période, lorsque les formats de coopération seront suffisamment variés et qu'une confiance solide se sera installée au sein des groupes concernés. Le travail de la Fondation Genshagen, dont les manifestations et les projets s'étendent très souvent au-delà du noyau franco-allemand pour inclure des participants et des partenaires polonais, contribue de manière décisive à l'établissement de cette confiance.

Dans le cas de l'Italie, la situation est différente dans la mesure où nous parlons ici de trois membres fondateurs du mouvement d'intégration européenne, dont les expériences communes pourraient de fait conduire plus facilement à une entente sur les objectifs et les formes de coopération. En effet, de nombreux arguments plaident en faveur de l'ouverture du capital bilatéral franco-allemand à la coopération avec l'Italie et de sa mise à profit dans des initiatives communes.

Dans certains domaines, cette forme d'élargissement est déjà devenue une réalité. Les commissions des Affaires européennes des trois parlements nationaux ont créé ce que l'on appelle le triangle de Montecitorio et se réunissent régulièrement pour discuter des principaux thèmes communs de l'UE.[5] Au centre italo-allemand Villa Vigoni, des conférences scientifiques sont organisées depuis de nombreuses années avec des scientifiques d'Allemagne, d'Italie et de France. Il existe donc bien des approches dans le sens de l'extension du rapport bilatéral, sur lesquelles il est possible de s'appuyer.

Le phénomène de transfert des expériences franco-allemandes a donné naissance l'année dernière à un traité remarquable : le traité du Quirinal entre l'Italie et la France. Ce projet avait déjà été préparé il y a quelques années sous le gouvernement de Matteo Renzi, mais avait ensuite été mis en veille en raison des désaccords avec le nouveau gouvernement italien composé du M5S et de la Ligue du Nord. Le 26 novembre 2021, le traité a finalement été solennellement signé à Rome. La lecture de ce texte très ambitieux montre que tant le traité de l'Élysée de 1963 que le traité d'Aix-la-Chapelle de 2019 en ont inspiré la rédaction. Il reste à voir si tous les projets évoqués pourront être mis en œuvre, mais l'intention d'une coopération bilatérale forte en tant qu'élément supplémentaire de l'intégration européenne est clairement visible. Lors de la présentation du traité ainsi que dans les commentaires de presse qui l'accompagnaient, il a été souligné qu'il ne s'agissait pas d'un abandon de la méthode communautaire européenne ni d'une manifestation concurrente des relations franco-allemandes. Il est toutefois indéniable qu'une nouvelle dynamique est en train de naître, qui met surtout le gouvernement allemand dans l'obligation de réagir, et ce surtout vis-à-vis de l'Italie. Ce n'est pas un hasard si le chancelier Olaf Scholz a annoncé une nouvelle initiative germano-italienne peu après son entrée en fonction. Il réagit ainsi (enfin) aux avances du gouvernement italien, observées depuis un certain temps

5 La dernière rencontre a eu lieu de manière virtuelle en mai 2021. Dans le communiqué de presse, les commissions confirment leur intention d'institutionnaliser cette rencontre et de l'utiliser pour discuter avec des représentants de la société civile. Voir également Bundestag (2021).

déjà, et qui déplorent à juste titre une relation germano-italienne négligée depuis des années.

Dans le cas des relations[6] germano-italiennes, il existe une multitude d'institutions, dont certaines existent depuis très longtemps – on peut citer comme exemple particulièrement pertinent le centre germano-italien Villa Vigoni déjà mentionné – et des initiatives ponctuelles. Les fédérations industrielles BDI et Confindustria organisent une rencontre annuelle à Bolzano, d'autres coopérations dans le domaine économique existent depuis de nombreuses années.

D'un point de vue historique, les relations germano-italiennes sont beaucoup plus étroites que les relations franco-allemandes, surtout dans les domaines culturel et scientifique. L'Allemagne entretient d'importants instituts scientifiques en Italie[7] et la coopération dans le domaine de l'archéologie, pour ne citer qu'un exemple, est très étroite depuis le XIXe siècle. En Italie, la Villa Sciarra est un centre de compétence pour les études relatives à l'Allemagne, qui a un grand potentiel de développement. Il manque cependant un cadre politiquement voulu au sein duquel les différentes initiatives seraient visibles. Les relations politiques plutôt refroidies depuis le règne de Gerhard Schröder et Silvio Berlusconi ont contribué à l'affaiblissement et à la rupture partielle des relations qui s'étaient développées entre les deux pays.[8]

5. L'Italie dans le travail de l'Institut Franco-Allemand

C'est dans ce contexte que s'inscrit le travail de l'Institut Franco-Allemand qui, depuis quelques années déjà, s'est ouvert de manière ciblée et dans la mesure de ses possibilités, aux thèmes italiens et a intensifié sa coopération avec les universités et institutions italiennes.

Nous avons pu faire des expériences aussi bien avec des extensions qu'avec des transferts ponctuels. Des programmes bilatéraux, surtout dans le domaine de la société civile et de la coopération communale, ont été étendus à des partenaires tiers. C'est le cas par exemple du programme *On y va* réalisé par le dfi en coopération avec la fondation Robert Bosch,

---

6 Voir à ce sujet le récent ouvrage de Niglia et al. (2021). On y trouve également des références bibliographiques complémentaires.

7 On peut citer la Biblioteca Hertziana (fondée en 1913), l'Institut historique allemand de Rome (1888), la Villa Massimo (1913) et le Centre d'études allemand de Venise (1972).

8 La publication Baasner (1991), réalisée à la demande de la Villa Vigoni, offre également une vue d'ensemble des multiples relations de coopération existant entre l'Allemagne et l'Italie à la fin du XXe siècle. Si ce répertoire était réédité aujourd'hui, son volume serait nettement moins important.

aujourd'hui abandonné,[9] et du programme *Nouveaux Horizons*[10] de la Baden-Württemberg Stiftung, lancé récemment. Dans le premier cas, un troisième partenaire européen était une condition de participation, dans le second, l'extension est optionnelle. Compte tenu des liens étroits entre la France et l'Italie ou l'Allemagne et l'Italie par rapport à d'autres pays, un grand nombre de partenaires italiens s'est ajouté automatiquement. Dans le domaine communal, nous travaillons actuellement avec les villes de Ludwigsburg et Bergame sur un processus de participation avec de jeunes citoyens qui, dans chacune des deux villes, se pencheront sur les conséquences de la pandémie de Corona et échangeront ensuite leurs conclusions. Il s'agit ici de transposer à la situation germano-italienne la longue expérience des rencontres franco-allemandes de jeunes. Le prix du président de la République italienne et du président de la République fédérale d'Allemagne a été décerné à cette initiative bilatérale – ce prix dédié aux jumelages communaux, accordé en 2021 pour la première fois, est d'ailleurs lui-même un indice fort de l'attention particulière portée politiquement à la coopération entre les deux sociétés. Les programmes pour journalistes du dfi, organisés avec le soutien de la Robert Bosch Stiftung, ont également été élargis à l'Italie.[11] Le paysage médiatique et le système de formation en Italie sont relativement similaires aux structures existantes en France, de sorte que les expériences franco-allemandes ont pu être utilisées avec profit. De plus, le dfi a pu profiter de ses contacts de longue date avec l'Italie. Il en va de même pour le thème du développement urbain et territorial, sur lequel le dfi publie depuis de nombreuses années déjà, avec le soutien de la Fondation Wüstenrot, des études comparatives impliquant des communes françaises et allemandes. Dans ce domaine, les exemples des villes de Pérouse et de Plaisance ont été intégrés dans le cadre d'un projet sur les stratégies de développement urbain durable en Allemagne et en France (Fondation Wüstenrot et Institut franco-allemand 2015).

Sur la base de ces expériences globalement positives, les instances du dfi ont discuté le potentiel d'un élargissement plus systématique du profil de l'institut et sont arrivées à la conclusion qu'il y avait un besoin évident et que, parallèlement, il n'existait que peu de centres de compétence universi-

9 Le déroulement et les résultats du programme sont documentés sur le site https://www.auf-gehts-mitmachen.eu/

10 Vous trouverez de plus amples informations sur le programme Nouveaux Horizons de la Fondation Baden-Württemberg sur le site https://www.bwstiftung.de/de/bereiche-programme/bildung/nouveaux-horizons

11 Concernant les programmes pour journalistes que le dfi a conçus et organisés en coopération avec la Robert Bosch Stiftung, voir Baasner (2021 :3).

taires ou extra-universitaires sur les relations germano-italiennes.[12] Une déclaration d'intention pour une coopération plus étroite avec la Villa Vigoni a donc été signée il y a déjà cinq ans. Sur cette base, des manifestations communes ont eu lieu, le dfi a publié dans les organes de publication de la Villa Vigoni [13] et un congrès trilatéral est en préparation pour 2023.

Tant l'élargissement à l'Italie que le transfert de l'expérience bilatérale franco-allemande à des partenaires italiens ne s'improvisent pas. Ce processus suppose de la part de l'institution agissante une grande conscience des mécanismes de coopération, il exige d'excellents contacts et accès au nouveau pays partenaire – ici l'Italie – et troisièmement, pour un tel processus, les conditions objectives doivent être remplies. Cela signifie, dans le cas de l'Italie, que ce nouveau partenaire doit avoir la motivation nécessaire pour participer, qu'il existe des intérêts et des préoccupations communes et, enfin, qu'il faut convaincre les personnes clés nécessaires de jouer un rôle actif.

Bien entendu, le dfi ne peut en aucun cas couvrir tous les thèmes qui mériteraient d'être traités, même en collaboration avec des centres comme le PIFO ou la Villa Vigoni. Mais dans certains domaines, les expériences faites jusqu'à présent montrent qu'une extension est possible, utile et fructueuse. Pour le domaine de l'Union économique et monétaire européenne, il semble même nécessaire d'inclure la perspective italienne, car les trois grandes économies de l'UE ont ensemble un tel poids, y compris en termes de population, que leur développement et leur positionnement politique sont d'une importance cruciale pour l'ensemble de l'UE. C'est pourquoi nous avons conçu le colloque annuel 2021, dont les principales contribu-

---

12 Le professeur Alexander Grasse avec son Centre de recherche politique sur l'Italie (PIFO) à l'université de Giessen, est un des rares chercheurs avec un profil spécialisé. La Villa Vigoni a développé sa coopération avec l'université de Francfort, où un pôle italien a été créé en 2019, et qui peut s'appuyer sur une longue tradition de recherche liée à l'Italie. D'autres universités constituent des pôles de compétence, sans que l'on puisse considérer qu'il s'agit là d'un ancrage institutionnel fort. Toujours est-il que de nouvelles initiatives ont vu le jour ces dernières années. En revanche, il n'existe pas de *think tank* spécifique combinant la recherche et l'activité de coopération pratique, comme le Deutsches Polen-Institut pour la Pologne ou le dfi pour la France.
En Italie, l'Istituto Italiano di Studi Germanici (Villa Sciarra-Wurts) est en train de devenir un centre interdisciplinaire, même si le noyau disciplinaire est fortement marqué par les approches des sciences humaines. L'Istituto Storico Italo-Germanico de Trento est également intéressant dans notre contexte, car depuis sa création en 1973, il s'est ouvert à de nouvelles thématiques au cours des dernières années. Par la personne de son directeur, qui est également professeur à l'université de Francfort, l'institut historique de Trento est étroitement lié à Francfort.

13 Cette collaboration a donné lieu à deux publications : Keller (2021) et Baasner et al (2020).

tions sont publiées dans ce Frankreich Jahrbuch, comme une réunion trilatérale.[14]

6. Perspectives futures

Les développements de ces derniers mois nous donnent raison. Le nouveau gouvernement fédéral allemand intensifie les initiatives germano-italiennes et, de plus, il existe une certaine pression pour que l'Allemagne et l'Italie fassent preuve, de leur côté, d'un lien bilatéral fort, après que la France et l'Italie se sont beaucoup engagées dans le traité du Quirinal. Dans ce contexte, le dfi et ses partenaires de coopération vont enrichir le pôle franco-allemand de nouvelles composantes italiennes. Le besoin de coopération germano-italienne est tout aussi évident que le souhait, surtout des partenaires italiens, d'entrer dans un mode de discussion et de coopération trilatéral. Cela n'irait pas à l'encontre de la méthode communautaire de l'UE, mais pourrait au contraire apporter une contribution importante à l' « européanisation horizontale », tant au niveau des responsables politiques, y compris les parlements, qu'au niveau de la société civile.

Sources

Baasner, Frank (2021): Deutsch-französische Austausch und Kooperationsprogramme der Robert Bosch Stiftung: Ertrag und langfristige Wirkung, Juli 2021 (dfi compact 18).

Baasner, Frank (2019): Fritz Schenk und die Gründung des Deutsch-Französischen Instituts, Ludwigsburger Geschichtsblätter 73/2019.

Baasner, Frank (Hrsg.) (1991): Deutsch-italienisches Handbuch / Manuale italo-tedesco, Baden-Baden: Nomos.

Baasner, Frank / Seidendorf, Stefan / Fabbrini, Federico / Scotto, Matteo (2020): La Presidenza tedesca del Consiglio dell'Unione europea. Vigoni Paper N° 5/2020, https://www.villavigoni.eu/publication/nr-5-2020-die-deutsche-praesidentschaft-im-rat-der-europaeischen-union/?lang=de

Bock, Hans Martin (1998): Projekt deutsch-französische Verständigung. Die Rolle der Zivilgesellschaft am Beispiel des Deutsch Französischen Instituts in Ludwigsburg, Opladen: Leske + Budrich.

14 Sur le rôle important de l'Italie dans l'UE et sur la coopération trilatérale, voir également l'interview de Sylvie Goulard dans l'édition spéciale de *dfi aktuell* (2021).

Bundestag (2021): Pressemitteilung: Erklärung anlässlich des gemeinsamen Treffens des Montecitorio-Dreiecks der Ausschüsse für die Angelegenheiten der Europäischen Union des Deutschen Bundestages, der Assemble nationale und der Camera die deputati vom 20. Mai 2021, https://www.bundestag.de/presse/pressemitteilungen/pm-210527-erklaerung-montecitorio-844548

Dfi aktuell (2021): Surmonter les clivages. Entretien avec Sylvie Goulard, Deutsch-Französisches Institut, Ludwigsburg (dfi aktuell, Edition spéciale, décembre 2021), https://www.dfi.de/pdf-Dateien/Veroeffentlichungen/dfi-aktuell/2021/dfi-aktuell_extra-2021_F.pdf

Keller, Eileen (2021): Europa in der Corona-Krise: Wirtschaftliche Folgen und Perspektiven für Italien, Frankreich und Deutschland. Vigoni Paper N°5, https://www.villavigoni.eu/publication/nr-5-2021-europa-in-der-corona-krise-wirtschaftliche-folgen-und-perspektiven-fuer-italien-frankreich-und-deutschland/?lang=de

Krotz, Ulrich / Schild, Joachim (2013): Shaping Europe. France, Germany, and Embedded Bilateralism from the Elysée Treaty to Twenty-First Century Politics, Oxford: OUP.

Niglia, Federico / Romano, Beda / Valeri, Flavio (2021): Italia e Germania: L'intesa necessaria (per l'Europa), Turin: Bollati Boringhieri.

Picht, Robert (Ed.) (1982): Das Bündnis im Bündnis: Deutsch-französische Beziehungen im internationalen Spannungsfeld, Berlin: Severin und Siedler.

Seidendorf, Stefan (Ed.) (2012): Deutsch-Französische Beziehungen als Modellbaukasten? Zur Übertragbarkeit von Aussöhnung und strukturierter Zusammenarbeit, Baden-Baden: Nomos.

Wüstenrot Stiftung und Deutsch-Französisches Institut (Ed.) (2015): Strategien nachhaltiger Stadtentwicklung in Deutschland und Frankreich, Ludwigsburg.

L'Auteur

Frank Baasner est directeur de l'Institut Franco-Allemand et professeur de langues et littératures romanes à l'université de Mannheim. Depuis 1995, il travaille comme consultant pour des entreprises. Au fil des années, il a acquis une grande expérience des projets de coopération internationale dans les domaines politique, économique et de la société civile.
Contact : baasner@dfi.de

III. Dokumentation

Chronik Januar 2021 – Dezember 2021

Erstellt durch die Frankreich-Bibliothek des Deutsch-Französischen Instituts

Januar 2021

01.01. Die Départements Bas-Rhin und Haut-Rhin fusionieren als Gebietskörperschaften zur Europäischen Gebietskörperschaft Elsass, als Verwaltungseinheiten bleiben sie allerdings separat bestehen.

Auf allen Verpackungen von Elektrogeräten wie Smartphones oder Waschmaschinen muss künftig ein Etikett befestigt sein, auf dem die Hersteller angeben, ob eine Reparatur des jeweiligen Geräts möglich ist, und falls ja, wie aufwändig sie ist. Damit tritt eine weitere Maßnahme in Kraft, die im Rahmen des im Februar 2020 verabschiedeten Gesetzes gegen Verschwendung und für mehr Kreislaufwirtschaft beschlossen wurde.

02.01. Die neu gegründete Agence pour le suivi des maladies émergentes et infectieuses (dt.: Überwachungsstelle für neu auftretende und ansteckende Krankheiten) nimmt als unabhängige Agentur des nationalen Instituts für Gesundheit und medizinische Forschung ihre Arbeit auf.

06.01. Der Reifenhersteller Michelin kündigt an, in den komenden drei Jahren 2.300 Stellen durch vorgezogene Verrentungen und freiwilliges Ausscheiden abbauen zu wollen. Damit wird das Unternehmen die Zahl seiner Angestellten in Frankreich um 10 % reduzieren.

07.01. Das Buch „La familia grande“ von Camille Kouchner, der Tochter des früheren Außenministers und Ärzte ohne Grenzen-Gründers Bernard Kouchner, erscheint. Darin wirft sie ihrem Stiefvater Olivier Duhamel vor, ihren Zwillingsbruder seit dessen 13. Lebensjahr sexuell missbraucht zu haben. Die Staatsanwaltschaft nimmt daraufhin Ermittlungen gegen Duhamel auf, der in Kenntnis der Anschuldigungen bereits am 4. Januar als Präsident der Fondation nationale des sciences politiques zurückgetreten war.

Mehrere Firmen aus dem Informatik- und Lebensmittelbereich stellen das Label „Eco-Score“ vor, das die Konsumenten dabei unterstützen soll, die Auswirkungen der Produktion von einzelnen Lebensmitteln auf die Umwelt einzuschätzen.

11.01. In seiner Eröffnungsrede zum Klima- und Artenschutzgipfel „One Planet Summit“ wirbt Präsident Emmanuel Macron dafür, das Projekt einer „Großen Grünen Mauer“, in dessen Rahmen über tausend Kilometer Bäume wie ein grünes Band in der Sahel-Zone gepflanzt werden sollen, wiederzubeleben.

12.01. Der Nachrichtensender LCI stellt die Zusammenarbeit mit dem Philosophen Alain Finkielkraut ein, nachdem dieser in einer Fernsehdiskussion den Verdacht geäußert hatte, dass der Stiefsohn von Olivier Duhamel mit dessen Handlungen einverstanden gewesen sein könnte.

13.01. Wirtschaftsminister Bruno Le Maire lehnt eine Fusion des kanadischen Unternehmens Alimentation Couche-Tard Inc. mit dem französischen Einzel- und Großhandelsunternehmen Carrefour ab, da dies die Souveränität der Lebensmittelversorgung Frankreichs bedrohen würde.

16.01. Die französische Groupe PSA (Peugeot Société Anonyme) und Fiat Chrysler Automobiles fusionieren zur Automobilholding Stellantis N.V. Der neue Konzern ist mit 14 Marken der viertgrößte Autohersteller der Welt.

Ein neues Gremium zur Bürgerbeteiligung, das „collectif citoyen“, nimmt seine Arbeit auf. Die 35 Bürgerinnen und Bürger, die per Los ausgewählt wurden, sollen die Impfkampagne begleiten und zu ihrer Verbesserung Beobachtungen und Fragen der Zivilgesellschaft einbringen. Die Gründung ist eine Reaktion auf den langsamen Beginn der Impfungen am Ende des Vorjahres und wird flankiert von anderen Beteiligungsformaten, die vom Conseil économique, social et environnemental (Cese) koordiniert werden.

17.01. Der Conseil français du culte musulman (dt. französischer Rat der muslimischen Religion) einigt sich auf Grundsätze, die der Islam in Frankreich befolgen soll. Die Charta enthält zehn Artikel, unter anderem zur Vereinbarkeit des Islams mit den Werten der Republik oder dem Missbrauch des Islams zu politischen Zwecken. Sie wird allerdings nur von sechs der neun im Rat vertretenen muslimischen Vereinigungen unterzeichnet, weshalb vor allem Vertreter der konservativen und rechtsextremen Opposition ihren Wert bezweifeln.

18.01. Umweltministerin Barbara Pompili verkündet, dass 42.000 Tonnen hochgiftiger Abfälle für immer in den Kaliminen im elsässischen Wittelsheim verbleiben sollen, da ihre Umlagerung zu riskant sei. Umweltverbände und Lokalpolitiker protestieren gegen diese Entscheidung, da diese Abfälle eine langfristige Gefahr für die Trinkwasserversorgung am Oberrhein darstellen würden.

Bundestagspräsident Wolfgang Schäuble und der Präsident der Assemblée nationale, Richard Ferrand, betonen in einem gemeinsamen Gastbeitrag in den Tageszeitungen Ouest France und der Frankfurter Allgemeinen Zeitung anlässlich des 150. Jahrestags der Proklamation des deutschen Kaiserreichs in Versailles, dass Deutschland und Frankreich nur gemeinsam erfolgreich sein können. Die Deutsch-Französische Parlamentarische Versammlung könne bei der deshalb notwendigen engeren Zusammenarbeit eine wichtige Rolle spielen.

19.01. Das nationale Institut für Statistik und Wirtschaftsstudien (INSEE) gibt bekannt, dass im Jahr 2020 in Frankreich 740.000 Kinder geboren wurden, was gegenüber 2019 einen Rückgang um 1,8 % bedeutet. Die Geburtenrate sinkt damit das sechste Jahr in Folge, verbleibt im europäischen Vergleich aber auf einem hohen Niveau (im Schnitt 1,84 Geburten pro Frau).

20.01. Der Historiker Benjamin Stora stellt Staatspräsident Emmanuel Macron seinen Bericht zur Kolonialisierung Algeriens und zum Algerienkrieg vor. Darin schlägt er unter anderem vor, eine Kommission einzusetzen, die algerisch-französische Initiativen zur gemeinsamen Erinnerung anstoßen soll. Die Behandlung des Algerienkriegs soll in die Lehrpläne der Schulen aufgenommen werden und die Jugendlichen beider Länder sollen sich näherkommen.

21.01. In mehreren Städten Frankreichs demonstrieren Studierende für Präsenzveranstaltungen an den Universitäten und weisen zugleich auf ihre oft prekäre Situation hin. Präsident Emmanuel Macron verspricht, dass allen Studierenden an einem Tag pro Woche Präsenzveranstaltungen angeboten werden und sie zwei Ein-Euro-Mahlzeiten pro Tag in den Mensen erhalten sollen.

Vertreter des Europaparlaments, des Landtags Baden-Württemberg und der Räte der Départements Bas-Rhin und Haut-Rhin unterzeichnen in Straßburg einen Kooperationsvertrag. Ziel der Zusammenarbeit ist es, Jugendliche in diesen Regionen durch Bildungsangebote und gemeinsame Aktivitäten für die europäische Idee und die gemeinsame Kultur zu begeistern.

22.01. Die Deutsch-Französische Parlamentarische Versammlung tritt per Videokonferenz zusammen und fordert im Anschluss von den Regierungen beider Länder mehr Einsatz für Zukunftstechnologien und gemeinsame Leuchtturmprojekte zur künstlichen Intelligenz.

25.01. Verteidigungsministerin Florence Parly unterzeichnet in Athen einen Vertrag über den Verkauf von 18 Rafale-Kampfflugzeugen sowie militärischen Raketensystemen für insgesamt 2,5 Mrd. € an Griechenland.

27.01. Der französische Pharmakonzern Sanofi gibt bekannt, ab Sommer 2021 in seinem Werk in Frankfurt am Main den Corona-Impfstoff, den seine Konkurrenten Biontech und Pfizer entwickelt haben, für den EU-Markt zu produzieren.

Die französische und die italienische Regierung teilen in einer gemeinsamen Erklärung mit, dass das italienische Schiffbauunternehmen Fincantieri sein Vorhaben, die Werft „Chantiers de l'Atlantique" in Saint-Nazaire zu übernehmen, aufgegeben hat. Begründet wird dies mit der wirtschaftlichen Lage, die die Tourismusbranche stark beeinträchtigt hat.

29.01. Premierminister Jean Castex sagt Gemeinden mit Problemvierteln Mittel in Höhe von 3,3 Mrd. € zu, um die durch die Corona-Pandemie ausgelöste Krise besser zu bewältigen. Damit sollen vor allem Maßnahmen zur Verbesserung der Bildung, der Beschäftigungs- und Wohnsituation sowie der Sicherheit vor Ort unterstützt werden.

30.01. Präsident Emmanuel Macron erklärt per Tweet, dass die geltenden Maßnahmen zur Eindämmung der Corona-Pandemie ausreichend seien und in Frankreich kein dritter Lockdown verhängt werden müsse. Damit folgt er nicht dem Rat verschiedener Gesundheitsexperten, die diesen gefordert hatten.

Februar 2021

01.02. Um Theateraufführungen, Konzerte und andere Kulturveranstaltungen auch während der Corona-Pandemie sichtbar zu machen, bietet das öffentlich-rechtliche Fernsehen zusätzlich und zeitlich begrenzt den Fernsehsender Culturebox an.

04.02. Der Senat nimmt das Bioethikgesetz unter Ausschluss des ersten Artikels, der die künstliche Befruchtung für lesbische Paare und alleinstehende Frauen ermöglichen sollte, an.

François Bayrou, Vorsitzender der Partei Modem, fordert Präsident Emmanuel Macron in einem offenen Brief dazu auf, sein Wahlversprechen, bei den Parlamentswahlen 2022 Elemente des Verhältniswahlrechts anzuwenden, einzulösen und bittet zugleich die Vorsitzenden der anderen Parteien, sein Anliegen zu unterstützen.

08.02. Der französische Gas-Spezialist Air Liquide und der deutsche Energietechnikkonzern Siemens Energy planen mit ihren Kunden Großprojekte zu entwickeln, um die Zukunftstechnologie Wasserstoff zur Marktreife zu bringen. Parallel dazu wollen sie gemeinsam eine Serienfertigung von Elektrolyseuren in Europa aufbauen.

11.02. Umweltministerin Barbara Pompili kündigt an, dass der Ausbau des Flughafens Roissy Charles-de-Gaulle gestoppt werden soll. Der Betreiber des Flughafens wird aufgefordert, neue Pläne zu präsentieren, die besser zu den Klimaschutz- und Umweltzielen der Regierung passen.

12.02. Bei einer neu eingerichteten Meldestelle können über das Webportal antidiscriminations.fr und die Notrufnummer 3928 nun Fälle von Diskriminierung gemeldet werden. Dafür wurden per Gesetz 25 Kriterien definiert, darunter Hautfarbe, Herkunft und Alter.

16.02. Die Assemblée nationale verabschiedet mit einer Mehrheit von 347 Ja-Stimmen gegenüber 151 Nein-Stimmen und 65 Enthaltungen das Gesetz zur Stärkung der Prinzipien der Republik, das Präsident Emmanuel Macron in einer Grundsatzrede zum Kampf gegen den Separatismus am 2. Oktober 2020 angekündigt hatte.

Frédérique Vidal, Ministerin für Hochschulbildung, Forschung und Innovation, kündigt an, die nationale Forschungsorganisation CNRS mit einer Studie zur Verquickung des politischen Islams mit linken Ideologien an französischen Hochschulen beauftragen zu wollen. Vertreter der Sozialwissenschaften und der linken Opposition reagieren auf das Vorhaben Vidals ablehnend.

17.02. Die Befürworter der Unabhängigkeit Neukaledoniens übernehmen die Mehrheit in der Kollegialregierung der Inselgruppe.

18.02. Präsident Emmanuel Macron erklärt, dass der Staat bis 2025 1 Mrd. € investieren werde, um gemeinsam mit französischen Unternehmen der IT-Branche eine wettbewerbsfähige Infrastruktur aufzubauen, die in der Lage ist, die Cybersicherheit für öffentliche und private Unternehmen in Frankreich zu sichern.

Ein im Amtsblatt veröffentlichter Text sieht vor, dass Unternehmen, die Zigaretten produzieren, künftig für Zigarettenkippen, die verbotenerweise von Tabakkonsumenten auf öffentlichen Plätzen zurückgelassen werden, einen Tribut an eine noch zu gründende Beseitigungsgesellschaft bezahlen müssen. Auf diese Weise soll die Zahl der Zigarettenabfälle im öffentlichen Raum bis 2027 um 40 % reduziert werden.

25.02. Die Haus- und Betriebsärzte können damit beginnen, Patienten mit dem Impfstoff von AstraZeneca gegen das Corona-Virus zu impfen. Für Impfungen zugelassene Apotheker können mit dem gleichen Impfstoff am 5. März in die Impfkampagne einsteigen.

Die Atomaufsichtsbehörde veröffentlicht ein Gutachten, das es dem Energiekonzern Electricité de France (EDF) gestattet, die Laufzeit seiner Atomkraftwerke von 40 auf 50 Jahre zu verlängern. Damit verbunden ist die Bedingung, verstärkt in die Sicherheit der 32 betroffenen Reaktoren zu investieren.

26.02. Die Beteiligungsgesellschaft L Catterton und die Familienholding Financière Agache, die beide unter dem Einfluss des Branchenführers für Luxusgüter LVMH stehen, erwerben die Anteilsmehrheit am Schuhhersteller Birkenstock.

28.02. Das Département Moselle wird von der Bundesregierung als Virusvariantengebiet eingestuft. Um Berufspendlern aus Frankreich die Einreise nicht zu erschweren, wird auf pandemiebedingte Grenzkontrollen verzichtet. Stattdessen werden die Kontrollen von französischen Fahrzeugen hinter der Grenze ausgeweitet. Grenzgänger müssen allerdings nachweisen können, dass sie nicht mit dem Coronavirus infiziert sind. Um ihnen den Zugang zu Tests zu erleichtern, wird am 2. März am Grenzübergang Goldene Bremm (Saarland) ein gemeinsames Testzentrum eröffnet.

März 2021

01.03. Nicolas Sarkozy, Präsident von 2007 – 2012, wird wegen Bestechung eines hohen Justizbeamten und unerlaubter Einflussnahme zu drei Jahren Haft verurteilt. Zwei Jahre werden zur Bewährung ausgesetzt, die verbleibende Haftzeit kann Sarkozy mit einer elektronischen Fußfessel zu Hause verbringen. Die Verteidiger Sarkozys fordern seinen Freispruch und legen Revision gegen das Urteil ein, die Finanzstaatsanwaltschaft tut dasselbe, um eine härtere Strafe zu erwirken.

Um die Jugendarbeitslosigkeit zu senken, ruft Präsident Emmanuel Macron die Kampagne „ein Jugendlicher, ein Mentor" ins Leben. In ihrem Rahmen sollen Jugendliche mit schulischen und beruflichen Problemen von erfahrenen Freiwilligen langfristig unterstützt werden. Bis 2022 soll die Zahl der Mentorings von 25.000 auf 200.000 erhöht werden und so Ungleichheiten bei den Einstiegschancen ins Berufsleben ausgeglichen werden.

02.03. Präsident Emmanuel Macron empfängt vier Enkel des algerischen Anwalts Ali Boumendjel im Elysée-Palast und erkennt im Namen Frankreichs an, dass ihr Großvater am 23. März 1957 in Algier von der französischen Armee gefoltert und umgebracht worden war und sich nicht, wie zuvor offiziell behauptet, in Militärgewahrsam umgebracht hatte. Am 9. März gibt Macron bekannt, dass der Zugang zu den französischen Archiven zum Algerienkrieg erleichtert werden soll.

03.03. Die rechtsextreme Bewegung Génération identitaire wird per Dekret des Ministerrats aufgelöst, da sie zu Hass und Diskriminierung aufrufe und zur Gewalt gegenüber anderen wegen ihrer Herkunft, Rasse oder Religion anstifte.

Der Telekommunikationsanbieter SFR gibt bekannt, dass er bis 2025 1.700 Stellen und damit 17,7 % seiner Belegschaft, vornehmlich im Filialnetz, abbauen wird.

04.03. Édouard Balladur, Premierminister von 1993 – 1995, wird vom Verdacht der illegalen Wahlkampffinanzierung durch Rückprovisionen, die im Rahmen von Rüstungsgeschäften mit Pakistan und Saudi-Arabien geflossen sind, freigesprochen. François Léotard, Verteidigungsminister von 1993 – 1995, wird im gleichen Prozess zu zwei Jahren Haft auf Bewährung und einer Geldstrafe von 100.000 € verurteilt.

10.03. Die Abgeordneten Jean-François Eliaou und Antoine Savignat stellen ihren Bericht über Sicherheitsprobleme, die durch die Präsenz unbegleiteter Minderjähriger auf französischem Staatsgebiet entstehen, vor. Unter anderem befürworten sie rechtlich umstrittene Methoden zur Feststellung des tatsächlichen Alters der betroffenen Jugendlichen.

14.03. Emmanuel Faber wird auf Druck der Investoren vom Vorsitz des Verwaltungsrats des Danone-Konzerns abberufen. Bereits am 1. März hatte er den Vorstandsvorsitz des Unternehmens abgeben müssen.

15.03. Präsident Emmanuel Macron und der spanische Ministerpräsident Pedro Sánchez unterzeichnen in Montauban ein Abkommen über die Anerkennung der doppelten französisch-spanischen Staatsbürgerschaft und kündigen an, eine gemeinsame grenzüberschreitende Strategie entwickeln und Konsultationen für einen bilateralen Kooperationsvertrag aufnehmen zu wollen.

16.03. Die Assemblée nationale stimmt dafür, den Artikel 1 der Verfassung, wie vom Bürgerkonvent für das Klima vorgeschlagen, um den Zusatz „die Republik garantiert den Erhalt der Umwelt und der biologischen Vielfalt und kämpft gegen den Klimawandel“ zu ergänzen.

22.03. Der Gemeinderat der Stadt Straßburg beschließt, den Bau der Moschee Eyyub Sultan mit 2,5 Mio. € zu unterstützen, was 10 % des Gesamtbudgets entspricht. Innenminister Gérald Darmanin fordert daraufhin die Präfektur des Départements Bas-Rhin auf, das Verwaltungsgericht anzurufen, um diesen Beschluss annullieren zu lassen. Am 6. April kommt die Präfektin des Départements dieser Aufforderung nach. Die islamische Organisation Millî Görüş, die das Bauvorhaben beauftragt hat, vertritt nach Darmanins Ansicht einen politischen Islam und weigert sich, die Charta zur Vereinbarkeit des muslimischen Glaubens mit den Werten der französischen Republik zu unterzeichnen.

Führende Mitglieder der national-populistischen Partei Debout la France schließen sich der neu gegründeten Kleinpartei

Avenir français, die dem Rassemblement National nahesteht, an.

26.03. Die von Präsident Emmanuel Macron eingesetzte Historikerkommission legt ihren Bericht zur Rolle Frankreichs in Ruanda von 1990 – 1994 vor: Darin kommt sie zu dem Ergebnis, dass das Land „politisch, institutionell, intellektuell und moralisch" für den Genozid an den Tutsi mitverantwortlich ist, sich aber keiner Komplizenschaft schuldig gemacht hat.

28.03. Bei 187 Kundgebungen in ganz Frankreich demonstrieren mehrere zehntausend Menschen gegen das Gesetzesprojekt für Klima und Widerstandsfähigkeit, das aus dem Bürgerkonvent für das Klima hervorgegangen ist und ab 29. März in der Assemblée nationale debattiert werden soll. Nach Ansicht der Teilnehmenden reichen die im Gesetz vorgesehenen Maßnahmen nicht dazu aus, das Klima ausreichend zu schützen.

29.03. Das französische Pharmaunternehmen Servier wird zu einer Geldstrafe in Höhe von 2,7 Mio. € verurteilt. Die Firma hatte bewusst Gesundheitsrisiken verschwiegen, die mit der Einnahme ihres Medikaments Mediator, das vor allem als Appetitzügler verwendet wurde, verbunden waren.

30.03. Präsident Emmanuel Macron, Bundeskanzlerin Angela Merkel und der Präsident der Russischen Föderation Wladimir Putin tauschen sich in einer Videokonferenz über eine mögliche Kooperation bei der Produktion von Impfstoffen und den Ukraine-Konflikt aus.

31.03. In einer Fernsehansprache verkündet Präsident Emmanuel Macron Einschränkungen zur Eindämmung der Corona-Pandemie: Die Schulen werden für drei Wochen geschlossen, Läden, die keine lebensnotwendigen Produkte verkaufen, müssen schließen. Für Spaziergänge oder Sport dürfen die Menschen ihre Wohnungen tagsüber zeitlich unbegrenzt verlassen, sich dabei aber nicht weiter als zehn Kilometer von ihrer Wohnung entfernen.

Die Multidimensionale Integrierte Stabilisierungsmission der Vereinten Nationen in Mali bestätigt in einem Bericht, dass bei dem französischen Luftangriff auf das Dorf Bounti am 3. Januar 2021 vor allem Gäste einer Hochzeit ums Leben gekommen sind, und nicht, wie von der französischen Armee behauptet, hauptsächlich dschihadistische Kämpfer. Die französische Regierung widerspricht dieser Darstellung.

April 2021

02.04. Die Flugzeughersteller Airbus und Dassault einigen sich auf eine Arbeitsteilung für die Entwicklung und die Herstellung des europäischen Future Combat Air System (FCAS) und ermöglichen so die Fortsetzung der Verhandlungen auf Ebene der beteiligten Staaten Deutschland, Frankreich und Spanien.

03.04. In einem Beitrag für die Tageszeitung Le Monde fordert der Co-Vorsitzende der Deutsch-Französischen Parlamentarischen Versammlung und LRM-Abgeordnete in der Assemblée nationale, Christophe Arend, eine bessere Koordination der deutschen und französischen Bemühungen zur Pandemiebekämpfung. Nur so könnten Deutschland und Frankreich den EU-Partnerländern ein Beispiel für mehr europäische Integration sein, die sie selbst häufig fordern.

05.04. Der französische Staat stockt seine Beteiligung an der Fluggesellschaft Air France auf 30 % mit dem Ziel auf, ihr Kapital auf 901 Mio. € zu erhöhen.

08.04. Präsident Emmanuel Macron erklärt, dass die Ecole nationale d'administration (ENA) geschlossen wird. Sie soll durch ein Institut für öffentlichen Dienst ersetzt werden, das 13 bestehende Ausbildungsstätten zur Vorbereitung darauf zusammenfassen wird. Das Studium an diesen Hochschulen soll praxisorientierter als an der ENA und anderen Hochschulen sein.

Die sechs größten öffentlichen und privaten Anbieter von Radiosendern eröffnen die gemeinsame Plattform „Radioplayer France", die den Zugriff auf 200 Radiosender, 600 Internetradiosender und mehr als 100.000 Podcasts und Replays über eine Oberfläche ermöglicht.

12.04. Der Senat verabschiedet das Gesetz zur Stärkung der Prinzipien der Republik, das gegenüber der Vorlage der Assemblée nationale erweitert wurde: Unter anderem muss ein Bürgermeister nun den Präfekten seines Départements vorab informieren, wenn seine Gemeinde beabsichtigt, den Bau einer religiösen Kultstätte zu unterstützen. Außerdem kann der Präfekt die Eröffnung einer Privatschule, die nicht die staatlichen Lehrpläne einhält, verbieten, wenn hinter den Trägern bestimmte Staaten stehen oder durch ihre Eröffnung fundamentale staatliche Interessen gefährdet werden.

Mit Hilfe eines Vermittlers einigen sich die Umweltkonzerne Suez und Veolia auf eine Übernahme von Suez durch Veolia. Der so entstandene Konzern strebt einen jährlichen Umsatz von 37 Mrd. € an und wird 260.000 Mitarbeiter beschäftigen.

15.04. Die islamische Organisation Millî Görüş zieht ihren Antrag auf eine Subvention für den Bau einer Moschee durch die Stadt Straßburg zurück und begründet dies damit, dass sie ihre Finanzplanung überarbeiten müsse. Die Stadt Straßburg hatte ihre finanzielle Unterstützung mit der Bedingung verknüpft, dass die Träger die Finanzierung des Baus offenlegen und sich zu den Werten der Republik bekennen.

Das Gesetz zur „globalen Sicherheit“, das Ende November 2020 schon einmal von der Assemblée nationale angenommen worden war, wird in geänderter Form mit großer Mehrheit angenommen. Künftig kann das Filmen von bestimmten Polizeieinsätzen bestraft und Drohnen können zur Kontrolle von Demonstrationen eingesetzt werden.

16.04. Nach einem trilateralen Treffen fordern Bundeskanzlerin Angela Merkel, Präsident Emmanuel Macron und der ukrainische Präsident Wolodymyr Selenskyj gemeinsam den Abzug russischer Truppen von der ukrainischen Grenze. Auf die Forderung einer baldigen Aufnahme der Ukraine in die Europäische Union und die NATO gehen Merkel und Macron nicht ein.

17.04. Wegen eines Kälteeinbruchs im April müssen Winzer, Obstbetriebe und Ackerbauern für Zuckerrüben und Weizen hohe Ernteausfälle hinnehmen. Um sie zu unterstützen, legt die Regierung ein Hilfspaket in Höhe von 1 Mrd. € auf.

21.04. In der Zeitschrift „Valeurs Actuelles“ wird ein undatierter Brief an den Präsidenten, die Regierung und die Mitglieder der Assemblée nationale veröffentlicht, in dem 8.000 Soldaten im Ruhestand, unter ihnen 20 Generäle a.D., und 18 Aktive erklären, dass sie auf die Untergangsgefahr hinweisen müssten, in der sich Frankreich ihrer Meinung nach befinde. Verteidigungsministerin Florence Parly erklärt, dass die Unterzeichner im aktiven Dienst mit Sanktionen rechnen müssten, Vertreter der linken Opposition sehen in dem Brief eine Bedrohung der Demokratie.

23.04. Im Polizeirevier der Stadt Rambouillet im Südwesten von Paris wird eine 49-jährige Polizistin bei einem Messerangriff getötet. Der 36-jährige Täter war 2009 illegal aus Tunesien nach Frankreich eingewandert und hatte sich unbemerkt radikalisiert.

26.04. Das Mineralölunternehmen Total erklärt, sein Projekt zur Gasförderung in der Provinz Cabo Delgado in Mosambik wegen der instabilen Sicherheitslage aufzugeben und kündigt bestehende Verträge.

Bundespräsident Frank-Walter Steinmeier wird von Präsident Emmanuel Macron im Elysée-Palast empfangen. Beide betonen dabei die Bedeutung einer verbindenden europäischen Idee.

27.04. Bundesfinanzminister Olaf Scholz und sein Amtskollege Bruno Le Maire stellen bei einem gemeinsamen Online-Auftritt die deutschen und französischen Reform- und Investitionspläne im Rahmen des europäischen Wiederaufbaufonds vor. In diesem Rahmen sollen in beiden Ländern unter anderem Maßnahmen zum Klimaschutz und zur Digitalisierung realisiert werden.

28.04. Das Kabinett verabschiedet einen Gesetzentwurf des Innen- und Justizministeriums, der es unter anderem erlauben soll, Terrorverdächtige besser im Netz zu überwachen und die Überwachung von Personen, die wegen Terrordelikten im Gefängnis saßen, zu verlängern.

Neun italienische Linksextremisten und Terroristen der „Roten Brigade“, die seit den 1980er-Jahren in Frankreich leben, werden festgenommen, um an die italienische Justiz übergeben zu werden. Damit kommt die französische Regierung einem Ersuchen der italienischen Regierung nach, die die Auslieferung ihrer Staatsbürger schon seit vielen Jahren gefordert hatte.

30.04. In einem Interview, das parallel in allen französischen regionalen Tageszeitungen veröffentlicht wird, stellt Präsident Emmanuel Macron einen Fahrplan für die schrittweise Aufhebung des Corona-Lockdowns bis zum 30. Juni vor.

Mai 2021

04.05. Das Gesetzprojekt für Klima und Widerstandsfähigkeit, das aus dem Bürgerkonvent für das Klima hervorgegangen ist, wird mit 332 Ja-, 77 Nein-Stimmen und 145 Enthaltungen von der Assemblée nationale angenommen. 70 der 149 Vorschläge, die der Bürgerkonvent für Klimaschutz erarbeitet hat, sind darin enthalten, darunter der Straftatbestand des Ökozids.

Ägypten bestätigt die Bestellung von 30 Kampfflugzeugen vom Typ Rafale für 3,95 Mrd. €. Verteidigungsministerin Florence Parly begründet den Verkauf damit, dass eine strategische Partnerschaft mit dem nordafrikanischen Land der Wahrung französischer Sicherheitsinteressen diene.

05.05. Anlässlich des 200. Todestags von Napoleon Bonaparte gedenkt Präsident Emmanuel Macron im Invalidendom des Kaisers und erklärt dabei, dass er in seiner Funktion an ihn erinnern, ihn aber nicht feiern wolle.

06.05. Premierminister Jean Castex erklärt gegenüber Präfekten und Unterpräfekten, dass ihr Amt und ihr Titel im Zuge der Verwaltungsreform abgeschafft werden, und die Personen, die ihr Aufgabengebiet künftig übernehmen, breiter rekrutiert werden sollen.

Französische Fischer demonstrieren vor dem Hafen von St. Hellier auf Jersey für einen besseren Zugang zu den Fischgründen rund um die Kanalinseln. Die britische Regierung beordert daraufhin zwei Fregatten dorthin, um eine Blockade des Hafens zu verhindern. Die französische Regierung reagiert wiederum mit der Entsendung zweier Patrouillenboote zum Schutz der französischen Fischer.

07.05. Mit dem Low-Cost-Hochgeschwindigkeitszug OUIGO bedient die SNCF zwischen Madrid und Barcelona erstmals eine Bahnstrecke außerhalb Frankreichs.

09.05. Die auf ein Jahr angelegte „Konferenz zur Zukunft Europas“ wird feierlich in Straßburg eröffnet. Unter Einbeziehung der Bürgerinnen und Bürger aller EU-Mitgliedsstaaten sollen dabei Ideen und Vorschläge für eine bessere Zukunft Europas entwickelt werden.

Die Delegierten des Parti communiste français (PCF) bestimmen Fabien Roussel zum Kandidaten der Partei bei den Präsidentschaftswahlen 2022.

Auf der Website der Zeitschrift „Valeurs actuelles“ wird ein weiterer Beitrag veröffentlicht, der sich an die Repräsentanten der Regierung, die Mitglieder der Assemblée nationale und die

Allgemeinheit richtet. Darin fordern 153.000 anonym Unterzeichnende, die angeblich dem französischen Militär angehören, zu energischen Maßnahmen gegen die demnach um sich greifende Gewalt und den fortschreitenden Kommunitarismus auf.

10.05. Die Historikerin Laurence Bertrand Dorléac wird vom Verwaltungsrat der nationalen Stiftung für Politikwissenschaft zu deren Präsidentin gewählt. Sie tritt damit die Nachfolge des zurückgetretenen Olivier Duhamel an und ist die erste Frau auf diesem Posten.

Anlässlich des nationalen Gedenktags an die Sklaverei und ihre Abschaffung verneigt sich Präsident Emmanuel Macron vor dem Denkmal im Jardin du Luxembourg in Paris. Gleichzeitig erinnert er an das 20-jährige Bestehen des Gesetzes, das die Sklaverei und den Sklavenhandel als Verbrechen gegen die Menschlichkeit einstuft.

12.05. Die Assemblée nationale beschließt die Einführung eines Gesundheitspasses, der bei Ein- und Ausreisen sowie beim Zutritt zu Großveranstaltungen als Nachweis eines negativen Testergebnisses, einer nachweislichen Genesung von einer Covid-19-Erkrankung oder einer Impfung gegen das Corona-Virus fungiert. Der Pass soll ab dem 9. Juni sowohl in Papierform als auch integriert in die Corona-App „TousAntiCovid“ zur Verfügung stehen.

16.05. François Bayrou, Haut-commissaire au plan (dt.: Hoher Kommissar für Planung und Vorausschau), fordert in einem Thesenpapier eine neue Familien- und Migrationspolitik, um die Finanzierung der Sozialsysteme langfristig zu sichern.

17.05. Frankreich, Deutschland und Spanien beschließen, Machbarkeitsstudien für ein gemeinsames Luftkampfsystem (FCAS) durchzuführen, das um 2040 operativ sein soll. Die drei Länder werden die Studienphase zu gleichen Teilen mit insgesamt 3,5 Mrd. € finanzieren.

Die beiden größten privaten Fernsehsender Frankreichs M6 und TF1 geben bekannt, in den kommenden 18 Monaten fusionieren zu wollen. Der Bertelsmann-Konzern, der 48 % der Anteile an M6 hält, wird mit 16 % an dem neu entstandenen Unternehmen beteiligt sein und damit sein Engagement auf dem französischen Fernsehmarkt reduzieren.

19.05. Mehrere tausend Menschen, vor allem Polizisten, kommen zu einer „Bürgerversammlung zur Unterstützung der Ordnungskräfte“ vor der Assemblée nationale zusammen und fordern unter anderem mehr Sicherheit bei der Ausübung der polizeilichen Aufgaben und eine strengere Justiz. Innenminister Gérald Darmanin und viele andere Politiker mischen sich unter die Demonstranten.

Die Deutsch-Französische Parlamentarische Versammlung kommt per Videokonferenz zu einer Sondersitzung zusammen, um sich von Anja Karliczek, Bundesministerin für Bildung und Forschung, und dem französischen Staatssekretär für digitalen Wandel und elektronische Kommunikation Cédric O über die Fortschritte der deutsch-französischen Zusammenarbeit im Bereich der Künstlichen Intelligenz informieren zu lassen.

20.05. Der Verfassungsrat, den 87 Oppositionsabgeordnete und Premierminister Jean Castex angerufen hatten, stellt fest, dass sieben von 22 Artikeln des am 15. April verabschiedeten Gesetzes zur „globalen Sicherheit“ nicht verfassungskonform sind und überarbeitet werden müssen. Darunter fallen unter anderem das Verbot, Polizeibeamte im Einsatz zu filmen, und der Einsatz von Drohnen bei Demonstrationen.

21.05. Der Verfassungsrat erklärt zwei wichtige Punkte des Regionalsprachengesetzes für ungültig: Demnach dürfen diakritische Zeichen (wie die bretonische Tilde auf dem ñ) in offiziellen Dokumenten auch in Zukunft nicht verwendet werden und der immersive Unterricht in regionalen Dialekten bleibt an öffentlichen Schulen verboten.

Präsident Emmanuel Macron erklärt, dass der „Pass culture“ dauerhaft für alle Jugendlichen bis 18 Jahre eingeführt wird. Alle 18-jährigen können über die App „pass Culture“ einen Gutschein über 300 € für die Teilnahme an kulturellen Aktivitäten, den Besuch von Kulturveranstaltungen oder den Erwerb von Büchern oder CDs im Einzelhandel abrufen. Ab Januar 2022 sollen Acht- bis Zwölftklässler insgesamt 200 € auf fünf Schuljahre verteilt erhalten.

23.05. Frankreich wird von Deutschland nicht mehr als Hochrisikogebiet eingestuft, die Testpflicht für Grenzpendler auf das Coronavirus wird deshalb ausgesetzt.

25.05. Die Assemblée nationale stimmt mit 342 Ja-Stimmen einem von Justizminister Éric Dupond-Moretti eingebrachten Gesetzesvorschlag zu. Das Gesetz soll dazu beitragen, das Vertrauen der Bevölkerung in die rechtsprechenden Organe zu verbessern und wird es unter anderem ermöglichen, zivil- oder strafrechtliche Verfahren zu filmen oder den Ton mitzuschneiden, wenn dies im öffentlichen Interesse ist.

26.05. Bildungsminister Jean-Michel Blanquer verkündet, dass für die Umsetzung von Maßnahmen, die während des Runden Tisches zur Bildung zwischen Oktober 2020 und Januar 2021 ausgearbeitet wurden, 700 Mio. € bereitgestellt werden. 500 Mio. € sollen für Lohnerhöhungen für das Lehrpersonal eingesetzt werden, 200 Mio. € für dessen Gesundheitsvorsorge.

27.05. Bei einem Staatsbesuch in Ruanda erklärt Präsident Emmanuel Macron – und damit erstmals ein offizieller Vertreter der Republik – dass Frankreich wegen der Unterstützung des 1994 amtierenden Regimes eine Mitverantwortung am Genozid an der Tutsi-Minderheit trage. Macron bittet nicht um Entschuldigung, „da nichts einen Völkermord entschuldigen könne“, und betont, dass die Entscheidung zu verzeihen oder nicht den Opfern zukomme.

28.05. Präsident Emmanuel Macron und Bundesgesundheitsminister Jens Spahn stellen in Johannesburg gemeinsam eine deutsch-französische Initiative für den Ausbau der Impfstoffproduktion in Afrika vor.

31.05. Der Deutsch-Französische Ministerrat tagt per Videokonferenz. Im Anschluss wird die Deutsch-Französische Erklärung von Berlin veröffentlicht, in der beide Länder sich dazu bekennen, ihre bilaterale Zusammenarbeit weiterhin stärken und gleichzeitig in den Dienst der Ziele der Europäischen Union sowie ihrer Grundwerte und Grundsätze stellen zu wollen.

Juni 2021

01.06. Wirtschaftsminister Bruno Le Maire und Justizminister Eric Dupond-Moretti erklären gemeinsam, dass 5 – 8 % der französischen Unternehmen finanzielle Hilfen in Höhe von insgesamt 3 Mrd. € erhalten sollen, um pandemiebedingte Insolvenzen beim Übergang von der Krise zur Normalität zu verhindern.

03.06. Bei einem Staatsbesuch von Premierminister Castex in Tunesien schließen beide Länder sechs Wirtschaftspartnerschaftsabkommen mit einem Volumen von insgesamt 81,2 Mio. € ab. Castex betont, dass Frankreich den befreundeten Maghreb-Staat bei dessen Wirtschaftsreformen und der Bekämpfung der COVID-19-Pandemie unterstützen will.

07.06. Das Kartellamt verhängt im Rahmen eines Vergleichs eine Wettbewerbsstrafe über 220 Mio. € gegen Google, da das Unternehmen bei der Vergabe von Online-Werbeplätzen seinen eigenen Werbedienstleister bevorzugt behandelt habe. Das Unternehmen verpflichtet sich gleichzeitig, seine Geschäftspraktiken im Sinne der Wettbewerbsbehörde zu ändern.

08.06. Bei einem Bad in der Menge wird Präsident Emmanuel Macron im Ort Tain-l'Hermitage im Département Drôme von einem 28jährigen Mann, der dem rechtsextremen Milieu nahesteht, geohrfeigt. Vertreter aller politischen Parteien verurteilen die Tat, der Täter wird zu 18 Monaten Gefängnis, davon 14 Monate auf Bewährung, verurteilt.

10.06. Präsident Emmanuel Macron kündigt an, dass Frankreich seine Militärpräsenz in der Sahelzone deutlich reduzieren und die Barkhane-Operation beenden werde. An ihre Stelle soll eine internationale Mission treten, die die Staaten in der Region stärker einbezieht.

13.06. Generalstabschef François Lecointre verkündet in einem Radiointerview, dass er im Sommer 2021, ein Jahr früher als vorgesehen, in den Ruhestand treten werde. So wolle er vermeiden, dass der Generalstab nach den Präsidentschaftswahlen 2022 politisch instrumentalisiert werde.

14.06. In Palermo wird das deutsch-französische Kulturinstitut „Kultur ensemble“ eröffnet. Es ist das erste bilaterale Kulturinstitut, das auf der Grundlage des Aachener Vertrags gegründet wird.

17.06. Frankreich und Deutschland vereinbaren, dass deutscher Atommüll, der in der Wiederaufarbeitungsanlage La Hague behandelt wurde, bis zum Ende des Jahres 2024 nach Deutschland zurückgeführt werden soll.

19.06. Die Mitarbeiter des Radiosenders Europe 1 treten in einen sechstägigen Streik. Sie wollen damit gegen das aggressive Management des Senders, eine vom neuen Miteigentümer Vincent Bolloré beeinflusste Rechtsorientierung der in den

Programmen vertretenen Meinungen und eine Zusammenarbeit mit dem polemischen Fernsehsender CNews protestieren.

20.06. Beim ersten Wahlgang der Regionalwahlen erreicht die Wahlbeteiligung mit 33,3 %, 16 Prozentpunkte unter der der Regionalwahlen 2015, einen historischen Tiefpunkt. In 12 der 13 Regionen Metropolfrankreichs erhalten die Listen der amtierenden Regionalratspräsidenten die meisten Stimmen.

22.06. Der Staatsrat stoppt die Pläne der Regierung für eine Reform der Arbeitslosenversicherung mit der Begründung, dass sie der Bevölkerung wegen der weiter bestehenden wirtschaftlichen Unsicherheit nicht zugemutet werden könne. Die Reform sah unter anderem vor, die Mindestarbeitszeit für den Anspruch auf Arbeitslosenhilfe von vier auf sechs Monate zu verlängern.

Mit den Stimmen der konservativen Mehrheit verschiebt der Senat im Gesetzesvorschlag für Klimaschutz das Einfahrverbot für ältere PKW in Umweltzonen in Ballungsgebieten mit mehr als 150.000 Einwohnern von 2025 auf 2030.

23.06. Die Wirtschaftswissenschaftler Olivier Blanchard und Jean Tirole legen einen Bericht über die wirtschaftlichen Herausforderungen Frankreichs vor, den sie im Auftrag von Präsident Emmanuel Macron erstellt haben. Darin fordern sie unter anderem eine Erhöhung der Erbschaftssteuer, da sie in der bestehenden Form nur unzureichend zum Ausgleich von Ungleichheiten beitrage.

Eine deutsch-französische Initiative im Europäischen Rat für ein EU-Gipfeltreffen mit dem russischen Präsidenten Wladimir Putin scheitert am Widerstand der östlichen EU-Länder.

27.06. Im zweiten Wahlgang der Regionalwahlen liegt die Wahlbeteiligung mit 34,3 % mit einem Prozentpunkt leicht über derjenigen im ersten Wahlgang, aber 24 Prozentpunkte unter derjenigen des zweiten Wahlgangs 2015. Die Amtsinhaber werden in allen zwölf Regionen Kontinentalfrankreichs und auf Korsika wiedergewählt, zu einem Wechsel kommt es nur auf La Réunion, wo ein Linksbündnis die Mehrheit im Regionalparlament erringen kann.

28.06. Die Deutsch-Französische Parlamentarische Versammlung kommt per Videokonferenz zusammen. Es findet eine Anhörung von Bundeskanzlerin Angela Merkel und Premierminister Jean Castex statt. Außerdem fasst die Versammlung Beschlüsse zum „European Green Deal“ und zur Unterstützung der Entwicklung der Volkswirtschaften beider Länder durch eine Harmonisierung des deutschen und des französischen Wirtschafts- und Insolvenzrechts.

29.06. Die Assemblée nationale verabschiedet mit 326 Ja- und 115 Nein-Stimmen das Bioethikgesetz mit dem umstrittenen Artikel, der die künstliche Befruchtung auch für lesbische Paare und alleinstehende Frauen ermöglicht. Der Senat hatte das Gesetz fünf Tage zuvor abgelehnt und zur endgültigen Entscheidung an die Assemblée nationale zurückverwiesen.

30.06. Die deutsche Marine bestellt fünf Seeüberwachungsflugzeuge des Typs Poseidon im Wert von 1,1 Mrd. € beim US-amerikanischen Hersteller Boeing. Bundesverteidigungsministerin Annegret Kramp-Karrenbauer begründet diese Entscheidung damit, dass Deutschland eine Interimslösung bis zur Einführung des deutsch-französischen Programms Maritime Airborne Warfare System (MAWS) 2035 brauche, sie sei nicht als Absage an dieses gemeinsame Projekt zu verstehen. Auf französischer Seite sieht man Gesprächsbedarf, da man Deutschland ein günstigeres Angebot gemacht habe, um die Übergangsphase zu überbrücken.

Juli 2021

01.07. Der Vaterschaftsurlaub (bzw. Urlaub für den zweiten Elternteil) wird von 14 auf 28 Tage verlängert, sieben davon müssen nach der Geburt des Kindes genommen werden.

Der Staatsrat verpflichtet die Regierung dazu, bis zum 31. März 2022 alle möglichen Maßnahmen zu ergreifen, die dazu geeignet sind, den Ausstoß von Treibhausgasen zu senken. Nur so könne sie das von ihr selbst vorgegebene Ziel, den Ausstoß bis 2030 um 40 % gegenüber dem Niveau von 1990 zu senken, erfüllen.

04.07. Beim Parteitag des Rassemblement National wird Marine Le Pen mit 98 % als Parteichefin bestätigt und zugleich als Kandidatin der Partei für die Präsidentschaftswahl 2022 nominiert.

04. – 06.07. Der italienische Staatspräsident Sergio Mattarella besucht Frankreich. In einer Rede an der Sorbonne mit dem Titel „Frankreich, Italien, Europa und unsere Zukunft“ bezeichnet er die europäische Unfähigkeit, die Migration zu steuern, als „eine Wunde für Europa“.

06.07. Die Regierung gibt das Vorhaben eines Referendums auf, in dem über eine Ergänzung des ersten Artikels der Verfassung um eine Verpflichtung der Republik, Umwelt und Biodiversität zu bewahren, entschieden werden sollte. Die Regierungsmehrheit in der Assemblée nationale und die konservative Mehrheit des Senats konnten sich nicht auf eine Formulierung des Satzes einigen.

07.07. Im sogenannten „Mila-Prozess" werden elf Personen zu vier- bis sechsmonatigen Haftstrafen auf Bewährung, einer Entschädigungszahlung in Höhe von 1.500 € und zur Übernahme der Gerichtskosten verurteilt. Ihnen wurde vorgeworfen, die damals 16-jährige Schülerin Mila wegen negativer Äußerungen über den Islam im Onlinedienst Instagram im Januar 2020 über den Onlinedienst Twitter belästigt und bedroht zu haben.

Der Verteidigungsausschuss des Senats fordert in einem Bericht, dass die Armee ihren Bestand an unbemannten Luftfahrzeugen vergrößern müsse, um gegenüber Bedrohungen auf französischem Boden sowie in Konfliktgebieten gewappnet zu sein.

10.07. In Neustadt an der Weinstraße wird der Triebwagen „Régiolis" vorgestellt, der ab Dezember 2024 auf den grenzüberschreitenden Nahverkehrslinien zwischen Deutschland und Frankreich eingesetzt werden soll.

12.07. Präsident Emmanuel Macron verkündet in einer Fernsehansprache, dass sich bis zum 15. September alle, die in der Pflege tätig sind, gegen das Coronavirus impfen lassen müssen. Außerdem müssen ab August alle, die eine Kulturveranstaltung, ein Einkaufszentrum oder ein gastronomisches Angebot besuchen wollen, einen Gesundheitspass vorlegen, mit dem sie nachweisen, dass sie vollständig gegen das Coronavirus geimpft, getestet oder von einer Infektion genesen sind. In der Woche nach der Rede vereinbaren 3,7 Mio. Menschen einen ersten Impftermin.

13.07. Die Kartellbehörde verhängt gegen Google eine Geldstrafe in Höhe von 500 Mio. €. Sie wirft dem Suchmaschinenkonzern vor, trotz Aufforderung nicht mit Presseverlagen über eine angemessene Vergütung für die Verwertung ihrer Inhalte verhandelt zu haben.

16.07. Der Gerichtshof der Republik entscheidet, dass ein Ermittlungsverfahren gegen Justizminister Éric Dupond-Moretti wegen des Verdachts auf unrechtmäßige Vorteilsnahme im Amt eröffnet werden muss.

18.07. Landwirtschaftsminister Julien Denormandie kündigt in einem Zeitungsinterview an, dass das Massentöten männlicher Küken ab 1. Januar 2022 verboten werden soll.

20.07. Es wird bekannt, dass der marokkanische Geheimdienst mit Hilfe der vom israelischen Geheimdienst entwickelten Spionagesoftware „Pegasus“ Mobiltelefone von Präsident Emmanuel Macron, des früheren Premierministers Edouard Philippe und weiterer Minister abgehört hat.

Die Assemblée nationale und der Senat nehmen das Gesetz für Klima und Widerstandsfähigkeit, das aus dem Bürgerkonvent für das Klima hervorgegangen ist, so an, wie es im Vermittlungsausschuss zwischen beiden Kammern verhandelt wurde.

21.07. Das sogenannte 3D-Gesetz (3D steht für Differenzierung, Dezentralisierung, Déconcertation), das es lokalen Mandatsträgern erleichtern soll, staatliche Vorgaben flexibler umzusetzen, wird vom Senat angenommen.

François Lecointre tritt von seinem Amt als Generalstabschef zurück, sein Nachfolger wird Thierry Burkhard.

Bundeswirtschaftsminister Peter Altmaier und sein französischer Amtskollege Bruno Le Maire unterzeichnen ein Abkommen, das die Finanzierung der neuen europäischen Trägerrakete „Ariane 6“ trotz steigender Kosten sichern soll.

25.07. Die Assemblée nationale nimmt ein Gesetz zur Impfpflicht von Pflegepersonal und zur Verwendung eines Gesundheitspasses, dessen wesentliche Bestimmungen Präsident Emmanuel Macron am 12. Juli angekündigt hatte, an.

27.07. Während eines Besuchs in Französisch-Polynesien erklärt Präsident Emmanuel Macron, dass Frankreich mit den Atomversuchen im Südsee-Atoll „Schuld gegenüber Polynesien“ auf sich geladen habe. Er verspricht, dass Opfer der Atomversuche besser entschädigt und die Archive zu diesen Versuchen und ihren Folgen geöffnet werden sollen.

28.07. Die Regierung gibt ihr Vorhaben auf, die staatlich dominierte französische Elektrizitätsgesellschaft Électricité de France SA

(EDF) noch während der laufenden Amtszeit von Präsident Emmanuel Macron zu reformieren und umzustrukturieren. In Anbetracht des Widerstands der Gewerkschaften und der Forderungen der EU-Kommissarin für Wettbewerb sei es unrealistisch, eine Gesetzesvorlage bis zum Frühjahr 2022 dem Parlament vorzulegen.

29.07. Der Verfassungsrat, den 80 Oppositionsabgeordnete angerufen hatten, bestätigt das am 29. Juni verabschiedete Bioethikgesetz.

August 2021

04.08. Der Staatsrat verurteilt den Staat zu einem Zwangsgeld in Höhe von 10 Mrd. € wegen unzureichender Maßnahmen gegen die fortwährende Überschreitung der Grenzwerte für Stickstoffdioxid und Feinstaub in der Luft mehrerer Ballungsräume. Die Finanzmittel gehen an nationale Einrichtungen, die sich mit Umwelt- und Gesundheitsfragen beschäftigen.

05.08. Der französische Verfassungsrat billigt die Impfpflicht für Beschäftigte im Gesundheitswesen und den Gesundheitspass für den Besuch von Cafés, Restaurants, Fernzügen und -bussen sowie bestimmten Krankenhäusern.

07.08. Landesweit demonstrieren 237.000 Menschen gegen die Impfpflicht für bestimmte Berufsgruppen und die Einführung des Gesundheitspasses. Damit erreicht die Bewegung gegen die Maßnahmen der Regierung zur Bekämpfung der Pandemie ihren Höhepunkt.

14.08. Der französische Automobilzulieferer Faurecia übernimmt die Aktienmehrheit an seinem deutschen Konkurrenten Hella. Durch die Fusion entsteht der siebtgrößte Automobilzulieferer weltweit.

26.08. Bei einem Besuch in Irland sichert Präsident Emmanuel Macron dem Land zu, dass die Europäische Union die vollständige Einhaltung des Brexit-Abkommens gewährleisten werde.

28. – 29.08. Präsident Emmanuel Macron nimmt an einem zweitägigen Regionalgipfel in der irakischen Hauptstadt Bagdad teil und verspricht dabei, dass französische Soldaten im Rahmen der Terrorbekämpfung so lange wie notwendig im Irak bleiben

werden, unabhängig davon, ob die USA sich für einen Abzug entscheiden oder nicht.

30.08. Die UN-Vetomächte Frankreich und Großbritannien bringen in den UN-Sicherheitsrat eine Resolution ein, die eine humanitäre Schutzzone für bedrohte Afghanen am Flughafen Kabul begründen soll. Der Vorschlag wird vom Sicherheitsrat nicht angenommen, da er bei den Vetomächten Russland und China und anderen Ratsmitgliedern auf erhebliche Bedenken stößt.

Der Minister für Wirtschaft und Finanzen Bruno Le Maire erklärt, dass der zur Unterstützung von Unternehmen während der COVID-19-Pandemie aufgelegte Hilfsfonds Ende September auslaufen soll. Unternehmen, die ohne diese Mittel nicht auskommen, vor allem aus besonders betroffenen Branchen wie dem Tourismus, sollen weiterhin Hilfe erhalten.

In Paris wird auf fast allen Straßen Tempo 30 als Höchstgeschwindigkeit vorgeschrieben. Diese Maßnahme soll die Sicherheit von Fußgängern und Fahrradfahrern erhöhen und die Lärmbelastung in der Stadt reduzieren.

31.08. Präsident Emmanuel Macron und der niederländische Premierminister Mark Rutte veröffentlichen nach einem Treffen in Paris eine Erklärung, in der sich beide Länder verpflichten, ihre Zusammenarbeit zu verstärken und gemeinsam für die europäischen Werte einzutreten.

September 2021

01.09. Die erste deutsch-französische Flugtransportstaffel nimmt in Evreux mit vier Flugzeugen ihren Dienst auf. Die volle Sollstärke von zehn Flugzeugen und 300 Soldaten soll 2024 erreicht werden.

01. – 03.09. Präsident Emmanuel Macron besucht Marseille und reagiert damit auf soziale, bildungspolitische, wirtschaftliche und sicherheitspolitische Notlagen in der Stadt. Bereits zu Beginn seiner Reise verspricht er, 150 Mio. € für die Polizei von Marseille zur Verfügung zu stellen und 200 zusätzliche Polizeibeamte einzustellen.

02.09. Anlässlich des 30. Jahrestages der Unabhängigkeit der Republik Moldau erklären Außenminister Jean-Yves Le Drian und sein Amtskollege Nicu Popescu in der moldauischen Hauptstadt Chisinau, dass sie die engen Beziehungen zwischen den beiden Ländern weiter stärken wollen.

06.09. Bundesfinanzminister und Vizekanzler Olaf Scholz tauscht sich in seiner Rolle als Kanzlerkandidat der SPD im Elysée-Palast mit Präsident Emmanuel Macron über politische Themen aus.

07.09. Frankreich erreicht das selbst gesetzte Ziel, 50 Mio. seiner Einwohner mindestens einmal gegen das Corona-Virus geimpft zu haben. Dies entspricht 75 % der Gesamtbevölkerung bzw. 85 % der Bevölkerung über 12 Jahren.

08.09. In Paris beginnt der Prozess gegen Salah Abdeslam, den einzigen überlebenden Attentäter der Terroranschläge vom 13. November 2015, sowie 19 weitere Personen, denen vorgeworfen wird, die Vorbereitung und Ausübung der Anschläge unterstützt zu haben.

Armin Laschet, Ministerpräsident Nordrhein-Westfalens und Kanzlerkandidat der CDU/CSU, legt in seiner Funktion als deutsch-französischer Kulturbevollmächtigter vor dem Konzertsaal Bataclan einen Kranz zum Gedenken an die Opfer des Terroranschlags vom 13. November 2015 nieder und wird im Anschluss von Präsident Emmanuel Macron im Elysée-Palast empfangen.

09.09. Gesundheitsminister Olivier Véran gibt bekannt, dass Verhütungsmittel und damit verbundene Arztbesuche, die bisher nur für minderjährige Mädchen kostenlos waren, ab Januar 2022 bei jungen Frauen bis 25 Jahre komplett von der Krankenversicherung erstattet werden.

10.09. Außenminister Jean-Yves Le Drian trifft seinen deutschen und seinen polnischen Amtskollegen, Heiko Maas und Zbigniew Rau, anlässlich des 30jährigen Bestehens des Weimarer Dreiecks in Weimar. Alle drei betonen, die Kooperation im Weimarer Dreieck wieder stärken zu wollen.

Gegen die ehemalige Gesundheitsministerin Agnès Buzyn wird wegen des Verdachts der Gefährdung des Lebens Dritter aufgrund der von ihr verantworteten Maßnahmen während der ersten Welle der Covid-19-Pandemie ein Ermittlungsverfahren eingeleitet.

12.09. Der Europaabgeordnete Jordan Bardella wird bis zu den Präsidentschaftswahlen kommissarisch das Amt des Präsidenten des

Rassemblement National (RN) übernehmen, damit sich die RN-Kandidatin und -Präsidentin Marine Le Pen voll auf ihren Wahlkampf konzentrieren kann.

14.09. Präsident Emmanuel Macron präsentiert die Schlussfolgerungen des runden Tisches zur Verbesserung der Arbeitsbedingungen von Polizeibeamten und des Verhältnisses zwischen Sicherheitskräften und Bevölkerung: Strafverfahren sollen vereinfacht, die Zahl der Einsatzkräfte im Streifendienst in den nächsten zehn Jahren verdoppelt und die Polizeiausbildung an die Herausforderungen der Zukunft angepasst werden. Außerdem soll künftig eine neue parlamentarische Kontrollinstanz polizeiliches Fehlverhalten aufarbeiten.

15.09. Australien kündigt den Vertrag mit der französischen Militärwerft Naval Group über den Bau von zwölf dieselbetriebenen U-Booten. Stattdessen wird Australien im Rahmen einer neu gegründeten Sicherheitspartnerschaft mit den Vereinigten Staaten und Großbritannien zwölf U-Boote mit Nuklearantrieb erhalten. Vertreter der französischen Regierung bezeichnen dies als Vertrauensbruch zwischen Vertrags- und NATO-partnern. Als Reaktion beruft Frankreich seine Botschafter aus Washington und Canberra zu Beratungen nach Paris zurück.

20.09. Im Rahmen einer Zeremonie im Élysée-Palast bittet Präsident Emmanuel Macron die Harkis um Vergebung für das Leid, das sie im Algerienkrieg erlitten haben, und kündigt Entschädigungen für sie und ihre Nachkommen an.

22.09. Bruno Le Maire, Minister für Wirtschaft und Finanzen, und Olivier Dussopt, Staatssekretär für den Haushalt, legen einen Entwurf für den Staatshaushalt 2022 vor. Er sieht unter anderem Investitionen in Zukunftstechnologien und Produktionsstandorte im Inland vor und rechnet mit einem Haushaltsdefizit von 4,8 % des Bruttoinlandsprodukts.

24.09. Die Daimler AG übernimmt über ihre Pkw-Sparte Mercedes-Benz ein Drittel der Anteile der Batteriezellfirma Automotive Cells Company (ACC) und wird so in diesem Unternehmen gleichberechtigter Partner der Großkonzerne Stellantis und TotalEnergies. Daimler will die Elektrifizierung seiner Fahrzeugflotte weiter voranbringen.

Präsident Emmanuel Macron empfängt den neuen libanesischen Premierminister Najib Mikati. Am Ende des Treffens betonen beide die Dringlichkeit von Reformen im Libanon, um den wirtschaftlichen und sozialen Niedergang des Landes zu stoppen.

25.09. Erstmals wird in etwa 1.000 Gemeinden ein Tag der Bürgerschaft und der Brüderlichkeit begangen. Ziel der in diesem Rahmen organisierten Aktionen ist es, den Zusammenhalt innerhalb der Gesellschaft zu stärken.

27.09. Premierminister Jean Castex kündigt an, dass für die Aus- und Fortbildung von Arbeitnehmern und Arbeitslosen 1,4 Mrd. € zusätzlich investiert werden sollen. Dadurch sollen der Fachkräftemangel und die Zahl der Arbeitslosen reduziert werden.

28.09. Frankreich und Griechenland unterzeichnen ein Abkommen über eine strategische Verteidigungspartnerschaft, die auch als „Schritt zur strategischen Autonomie Europas" interpretiert werden soll. Außerdem bestellt Griechenland drei Fregatten des Typs Belharra im Wert von 5 Mrd. € bei der französischen Militärwerft Naval Group.

Da Algerien, Marokko und Tunesien sich weigern, eigene Staatsbürger, die wegen einer fehlenden Aufenthaltserlaubnis aus Frankreich abgeschoben werden sollen, wieder aufzunehmen, werden die französischen Behörden die Zahl der jährlichen Visabewilligungen um 50 % für Staatsangehörige Algeriens und Marokkos und um 30 % für Staatsangehörige Tunesiens reduzieren.

Yannick Jadot gewinnt mit 51 % der Stimmen die Vorwahlen des Pôle écologiste und wird dessen Kandidat bei den Präsidentschaftswahlen 2022.

30.09. Der ehemalige Staatspräsident Nicolas Sarkozy wird zu einem Jahr Haft, umgewandelt in einen elektronisch überwachten Hausarrest, verurteilt. Ihm wird vorgeworfen, die Kampagne für seine Wiederwahl 2012 illegal finanziert und die 2012 zulässigen Wahlkampfausgaben von 22,5 Mio. € um 20 Mio. € überschritten zu haben. Sein Anwalt erklärt, dass Sarkozy gegen das Urteil Berufung einlegen werde.

Premierminister Jean Castex erklärt, dass die Verbraucherpreise für Gas und Strom bis zum Frühjahr 2022 durch staatliche Maßnahmen stabil gehalten werden, um die Konsumenten vor einer unerwartet hohen Belastung durch gestiegene Energiepreise zu schützen.

Oktober 2021

03.10. Algerien sperrt seinen Luftraum für französische Militärflugzeuge, die französischen Truppen im Sahelgebiet können somit nicht mehr über die schnellstmögliche Flugroute versorgt werden. Die algerische Regierung reagiert damit auf die eingeschränkte Visavergabe Frankreichs an algerische Staatsbürger sowie Äußerungen von Präsident Emmanuel Macron. In einem Gespräch mit algerischstämmigen Jugendlichen hatte er geäußert, dass die offizielle Geschichtsschreibung Algeriens Tatsachen falsch darstelle und so den Hass auf die ehemalige Kolonialmacht Frankreich begünstige.

05.10. Eine unabhängige Kommission veröffentlicht die Ergebnisse ihrer Untersuchungen zum Ausmaß der Pädokriminalität in der französischen Kirche. Laut ihrem Bericht wurden seit 1950 ca. 216.000 Minderjährige von Geistlichen und Ordensleuten missbraucht. Bezieht man Personen, die in kirchlichen Einrichtungen arbeiten (Lehrer, Betreuer, Leiter von Jugendgruppe usw.) mit ein, liegt die Zahl bei ungefähr 330.000. Die Missbrauchsopfer sollen entschädigt werden.

06.10. Erzbischof Eric de Moulins-Beaufort, Vorsitzender der Bischofskonferenz, erklärt in einem Radiointerview, dass das Beichtgeheimnis über den französischen Gesetzen stünde. Präsident Emmanuel Macron fordert ihn daraufhin zu einem Gespräch mit einem Regierungsvertreter auf.

08.10. Auf Einladung von Präsident Emmanuel Macron findet in Montpellier ein afrikanisch-französisches Gipfeltreffen statt, an dem 3.000 zivilgesellschaftliche Vertreter aus Frankreich und den afrikanischen Staaten teilnehmen. Macron kündigt dabei die Einrichtung eines mit 30 Millionen Euro ausgestatteten Fonds zur Förderung der Demokratie in Afrika über einen Zeitraum von drei Jahren sowie die Einrichtung eines Hauses der afrikanischen Welten und Diaspora an.

09.10. Der ehemalige Premierminister und derzeitige Bürgermeister von Le Havre Edouard Philippe gründet die konservativ-liberale Partei Horizons. In seiner Gründungsansprache vor rund 3000 Zuhörern betont er, dass er Präsident Emmanuel Macron bei den Präsidentschaftswahlen 2022 unterstützen werde.

12.10. Präsident Emmanuel Macron kündigt Investitionen in Höhe von 30 Mrd. € über einen Zeitraum von fünf Jahren an. Damit soll die industrielle Wettbewerbsfähigkeit des Landes und die Entwicklung von Zukunftstechnologien gefördert werden. Um eine CO_2-freie Energieversorgung zu sichern, sollen bis 2030 landesweit kleine Atommeiler installiert werden.

14.10. Der Verwaltungsgerichtshof urteilt, dass der Staat die von ihm erlassenen Verpflichtungen zur Reduktion des Ausstoßes von Treibhausgasen nicht eingehalten habe und setzt ihm eine Frist bis zum 31. Dezember 2022, um seine Versäumnisse zu korrigieren.

Der Senat verabschiedet das Gesetz EGalim 2, durch das die Geschäftsbeziehungen zwischen Nahrungsmittelproduktion und -vertrieb neu geregelt werden. Unter anderem müssen nun bei der Preisfindung die Kosten, die den Landwirten z.B. durch den Anbau von Getreide oder die Viehhaltung entstehen, transparent dargestellt werden und in vollem Umfang in den Preis, den sie erhalten, eingehen.

17.10. Präsident Emmanuel Macron erkennt als erster französischer Staatspräsident das Vorgehen der Polizei gegen eine nicht genehmigte Demonstration mehrerer zehntausend Algerier in Paris am 17. Oktober 1961 als ein „unentschuldbares" Verbrechen an. Schätzungen gehen davon aus, dass damals mindestens 200 Demonstranten getötet wurden.

18.10. Präsident Emmanuel Macron eröffnet parteiübergreifende und unabhängige Beratungen über die Zukunft des Justizwesens, die führende Vertreter der Judikative gefordert hatten und die bis zum 28. Februar 2022 abgeschlossen werden sollen.

Nach einer Privataudienz bei Papst Franziskus erklärt Premierminister Jean Castex, dass die Kirche auf dem Beichtgeheimnis bestehe und deshalb Wege gefunden werden müssten, es mit dem Strafrecht und dem Opferschutz zu vereinbaren. Zuvor hatte er in einer Rede in der französischen Botschaft im Staat Vatikanstadt betont, dass die Trennung von Kirche und Staat in keinem Fall eine Trennung von Kirche und Gesetz bedeuten könne.

21.10. Die Assemblée nationale stimmt mit einer Stimme Mehrheit einer von Gesundheitsminister Olivier Véran eingebrachten Gesetzesvorlage zu, die die Verlängerung des Gesundheitspasses und des Gesundheitsnotstandes bis zum 31. Juli 2022 vorsieht.

Premierminister Jean Castex kündigt an, dass all diejenigen, die pro Monat weniger als 2.000 € netto als Lohn, Rente oder sonstige Unterstützung erhalten, im Dezember 100 € als einmalige staatliche Unterstützung zum Ausgleich der inflationsbedingt gestiegenen Lebenshaltungskosten erhalten werden. Diese Maßnahme wird den Staatshaushalt 3,8 Mrd. € kosten.

25.10. Eine Studie des Stromnetzbetreibers Réseau de Transport d'Electricité (RTE) kommt zu dem Ergebnis, dass im Jahr 2050 die Kosten bei einem Ökostromanteil von 100 % bei 77 Mrd. € lägen, bei einem Elektrizitätsmix aus 50 % Ökostrom und 50 % Atomstrom hingegen mit 59 Mrd. € deutlich niedriger wären.

26.10. Marine Le Pen, Kandidatin des Rassemblement National bei der Präsidentschaftswahl 2022, wird in Budapest vom ungarischen Ministerpräsidenten Viktor Orbán empfangen.

27.10. Präsident Emmanuel Macron empfängt seinen polnischen Amtskollegen Andrzej Duda. In einer anschließenden Mitteilung des Elysée-Palasts heißt es, dass Macron gegenüber Duda die Besorgnis Frankreichs hinsichtlich der Unabhängigkeit der polnischen Justiz ausgedrückt und sich zugleich für einen vertieften Dialog ausgesprochen habe, um die Schwierigkeiten zwischen Polen und seinen europäischen Partnern auszuräumen.

Gesundheitsminister Olivier Véran räumt in einem Interview ein, dass manche Krankenhäuser gezwungen seien, vorübergehend zu schließen oder ihre Bettenkapazität zu verkleinern, weil es an Pflegepersonal mangele. Etwa 20 % der Betten in den französischen Universitätsklinken und Krankenhäusern seien betroffen.

28.10. Auf der Rheininsel bei Vogelgrun wird das deutsch-französische Kulturzentrum „Art'Rhena – Kulturinsel" eröffnet, das die Communauté de Communes Pays Rhin-Brisach und die Stadt Breisach am Rhein gemeinsam gegründet haben.

29.10. Präsident Emmanuel Macron trifft in der französischen Botschaft im Staat Vatikanstadt mit dem Präsidenten der Vereinigten Staaten Joe Biden zusammen. Dabei räumt Biden ein, dass die Art, wie der Verkauf von 12 Atom-U-Booten an Australien von den Vereinigten Staaten eingefädelt worden war, Frankreich gegenüber ungeschickt gewesen sei, und betont, dass Frankreich für die USA ein wichtiger und geschätzter Partner ist.

November 2021

02.11. Der Europarat zieht nach heftiger und parteiübergreifender Kritik aus Frankreich seine Pro-Kopftuch-Kampagne zurück, löscht bereits veröffentlichte Tweets und verspricht, sie zu überarbeiten. Auf mehreren Anzeigen wurde das Tragen eines Kopftuches als „Wahlmöglichkeit“ und „Menschenrecht“ dargestellt.

Premierminister Jean Castex stellt den „contrat d'engagement jeune“ zur Senkung der Jugendarbeitslosigkeit vor: Ab dem 1. März 2022 können junge Menschen unter 26, die keine Ausbildung haben, 500 € monatlich für eine Dauer von bis zu zwölf Monaten als Unterstützung für die Suche nach einer Arbeitsstelle beantragen. Voraussetzung dafür ist, dass sie 15 – 20 Stunden pro Woche an Schulungsmaßnahmen teilnehmen oder andere professionelle Angebote zur Stärkung ihrer Kompetenzen nutzen.

03.11. Auf Einladung von Präsident Emmanuel Macron treffen sich Bundeskanzlerin Angela Merkel und ihr Ehemann Joachim Sauer in der burgundischen Stadt Beaune mit dem Ehepaar Macron. Im Rahmen der Zusammenkunft wird der Kanzlerin das Großkreuz der Ehrenlegion für ihren besonderen Einsatz für die deutsch-französischen Beziehungen verliehen.

04.11. Clément Beaune, Staatssekretär für europäische Angelegenheiten, und der britische Brexit-Beauftragte David Frost nehmen in Paris die Gespräche über die umstrittene Vergabe von Fanglizenzen an französische Fischer in britischen Hoheitsgewässern wieder auf.

05.11. Die katholische Kirche Frankreichs erkennt ihre institutionelle Verantwortung für den sexuellen Missbrauch, den Priester oder andere ihrer Vertreter seit 1950 an Kindern und Jugendlichen begangen haben, an. Am 8. November kündigt sie an, dass eine unabhängige Kommission als Vermittler zwischen Opfern und Tätern fungieren und Vorschläge erarbeiten soll, wie die Opfer entschädigt werden können.

08.11. Frédérique Vidal, Ministerin für Hochschulbildung, Forschung und Innovation, und Cédric O, Staatssekretär für Digitales in den Ministerien für Wirtschaft und Finanzen und für staatliches Handeln und öffentliche Haushalte, stellen die nächste Etappe der nationalen Strategie für künstliche Intelligenz vor: In den kommenden fünf Jahren sollen 2,2 Mrd. € an Fördermitteln für Unternehmen und zur Ausbildung von Fachkräften in diesem Bereich zur Verfügung gestellt werden.

09.11. Präsident Emmanuel Macron erklärt in einer Fernsehansprache, dass Personen, die sich nicht innerhalb einer bestimmten Frist nach der zweiten Impfung gegen das Corona-Virus eine Boosterimpfung verabreichen lassen, ihren Impfstatus verlieren und die Rentenreform wegen der aktuellen Lage auf einen unbestimmten Zeitpunkt verschoben werde. Außerdem kündigt er an, dass neue Atomkraftwerke gebaut werden sollen, um die Stromversorgung des Landes zu sichern und gleichzeitig seine CO_2-Neutralität bis zum Jahr 2050 zu erreichen

09. – 13.11. US-Vizepräsidentin Kamala Harris besucht im Rahmen ihrer ersten Europareise Frankreich. Der lange Besuch gilt als weiterer Schritt von US-amerikanischer Seite, um die seit September belasteten Beziehungen zwischen beiden Ländern wieder zu verbessern.

10.11. Im Rahmen einer ersten Rückführung von in der Kolonialzeit geraubter Kunst werden 26 Kunstwerke, die 1892 von der französischen Armee aus dem damaligen Dahomey gestohlen wurden und viele Jahre in Paris im Musée du Quai Branly ausgestellt waren, an die Republik Benin zurückgegeben.

Mathias Vicherat wird neuer Direktor der politikwissenschaftlichen Elitehochschule Sciences Po Paris.

12.11. Auf Einladung und unter Vorsitz von Präsident Emmanuel Macron findet in Paris eine internationale Libyen-Konferenz statt, bei der alle Teilnehmenden fordern, die für Ende Dezember 2021 geplanten Wahlen abzuhalten und, wie vereinbart, ausländische Söldner und Militärs aus dem Land abzuziehen.

15.11. Bildungsminister Jean-Michel Blanquer erklärt, dass Testergebnisse von Grundschülern sowie Sechst- und Zehntklässlern zeigen, dass die aufgrund von Schulschließungen entstandenen Lernrückstände aufgeholt werden konnten.

17.11. David Lisnard, Bürgermeister von Cannes und Mitglied von Les Républicains, wird zum neuen Präsidenten der Vereinigung der Bürgermeister gewählt.

Der Eurodistrict SaarMoselle beschließt, im Rahmen des Pilotprojekts CORRIDOR MOSAR die Einwohner seines Gebiets auf experimenteller Basis und in einem begrenzten Raum mit einer doppelten deutsch-französischen Krankenversicherung auszustatten.

18.11. Die Assemblée nationale verabschiedet ein Gesetz, das die von Präsident Emmanuel am 20. September angekündigte Entschädigung der Harkis und ihrer Hinterbliebenen aus einem Fonds, der 300 Mio. € enthält, regelt. Vertreter der Harkis und ihrer Hinterbliebenen reagieren enttäuscht, da nur diejenigen Leistungen erhalten sollen, die zwischen 1962 und 1975 in Frankreich interniert wurden.

20.11. Premierminister Jean Castex präsentiert unter dem Titel „Déstination France“ einen Katalog von Maßnahmen, die dazu beitragen sollen, den Tourismussektor des Landes zu beleben. Mit insgesamt 1,9 Mrd. € sollen bis 2025 vor allem Investitionen zu seiner Modernisierung und nachhaltigen Entwicklung unterstützt werden.

23.11. Gesundheitsminister Olivier Vérand und Julien Denormandie, Minister für Landwirtschaft und Ernährung, stellen Maßnahmen vor, die dazu beitragen sollen, die hohe Zahl von Landwirten, die Suizid begehen, zu senken: Unter anderem sollen auf Départementsebene Vorsorgekomitees eingerichtet und der Zugang zu finanziellen Hilfen für Landwirte in schwierigen Situationen erleichtert werden.

24.11. 31 Flüchtlinge ertrinken bei dem Versuch, mit Schlauchbooten von Calais nach Großbritannien überzusetzen. Bei einem Treffen am 28. November, an dem Vertreter Frankreichs, Belgiens, Deutschlands, der Niederlande und der EU-Kommission teilnehmen, einigen sich die beteiligten Staaten darauf, strikter gegen Schleusernetzwerke vorzugehen. Außerdem fordern sie Großbritannien auf, legale Möglichkeiten zur Einwanderung zu schaffen und die illegale Beschäftigung von Flüchtlingen innerhalb seiner Grenzen zu erschweren.

24.– 25.11. Im Rahmen eines Staatsbesuchs von Präsident Emmanuel Macron in Kroatien schließen das Gastgeberland und Frankreich eine strategische Partnerschaft im Bereich der Verteidigung. Als deren erstes Ergebnis wird die Weitergabe von 12

Kampfflugzeugen des Typs Rafale aus dem Bestand der französischen Luftwaffe für 1 Mrd. € an Kroatien vereinbart.

25.11. Drei Frauen klagen in einer Fernsehsendung Nicolas Hulot, Umweltminister von Mai 2017 – September 2018, der sexuellen Belästigung an. Matthieu Orphelin, der für Yannick Jadot, Präsidentschaftskandidat des Pôle écologiste, den Wahlkampf organisieren sollte, stellt daraufhin wegen früherer Verbindungen zu Hulot sein Amt zur Verfügung.

26.11. Frankreich und Italien schließen in Rom einen Freundschaftspakt, den sogenannten Quirinal-Vertrag. In der anschließenden Pressekonferenz erklärt Präsident Emmanuel Macron, dass das Abkommen zwischen beiden Ländern vom Elysée-Vertrag zwischen Deutschland und Frankreich inspiriert worden sei.

Präsident Emmanuel Macron wird in Rom von Papst Franziskus empfangen. Themen des Treffens sind der Umgang mit Flüchtlingen, die Möglichkeit der künstlichen Befruchtung für lesbische Paare und der Missbrauch an Kindern und Jugendlichen durch Vertreter der katholischen Kirche in Frankreich.

28.11. Sébastien Lecornu, Minister für die Überseegebiete, besucht das Überseedépartement Guadeloupe, wo es nach der Einführung einer für Pflegekräfte und Feuerwehrleute verpflichtenden Impfung gegen das Corona-Virus zu gewaltsamen Protesten gekommen war. Nach einem kurzen Treffen mit Gewerkschaftsvertretern erklärt der Minister, dass ein gemeinsamer Dialog erst möglich sei, wenn sie das gewalttätige Vorgehen gegen Ordnungskräfte verurteilen würden.

29.11. Die Vereinigung „Ensemble citoyens !“ wird als Sammelbewegung der Zentrumsparteien La République en marche, Mouvement démocrate, Agir, Territoires de progrès, Horizons und En commun gegründet. Die Parti radical schließt sich bald darauf ebenfalls dem Bündnis an. Es soll dazu dienen, die politischen Kräfte, die Präsident Emmanuel Macron unterstützen, bei den Parlamentswahlen im Juni 2022 zu bündeln.

30.11. Die sterblichen Überreste der Tänzerin, Widerstandskämpferin und Bürgerrechtlerin Joséphine Baker werden ins Panthéon überführt. Damit wird erstmals eine schwarze Frau in der nationalen Ruhmesstätte gewürdigt.

Der Journalist und Autor Éric Zemmour erklärt seine Kandidatur bei den Präsidentschaftswahlen 2022.

Die Assemblée nationale verabschiedet in zweiter Lesung einen Gesetzesvorschlag zur Stärkung des Abtreibungsrechts und verlängert mit 79 Ja-, 26 Nein-Stimmen und 8 Enthaltungen die gesetzliche Frist für einen Schwangerschaftsabbruch von 12 auf 14 Wochen.

Dezember 2021

01.12. Im Wirtschaftsministerium beginnt eine dreiwöchige Tagung, bei der 300 Vertreter des Handels darüber beraten, wie die Branche mit neuen Herausforderungen, die insbesondere der Online-Handel an sie stellt, umgehen soll.

Julien Denormandie, Minister für Landwirtschaft und Ernährung, präsentiert im Ministerrat seine Pläne zur Reform der Ernteversicherung: Ihr Budget soll verdoppelt werden, um die Landwirte besser gegen die durch den Klimawandel bedingten Unwägbarkeiten des Wetters abzusichern.

Die letzte Stufe der Arbeitslosenreform tritt in Kraft: Um vom französischen Arbeitsamt Leistungen zu erhalten, müssen Antragssteller nun eine Tätigkeit von mindestens sechs Monaten in den letzten zwei Jahren nachweisen (bisher waren es vier Monate); Leistungen für Bezieher von Arbeitslosengeld, deren Einkommen über 4.500 € brutto lag, werden ab dem siebten Bezugsmonat gekürzt (bisher ab dem neunten Monat).

02.12. Der Papst nimmt das Rücktrittsgesuch des Erzbischofs von Paris, Michel Aupetit, an. In der Presse war vorher darüber berichtet worden, dass der Erzbischof mit einer Frau den Zölibat gebrochen habe, was Aupetit stets abgestritten hat.

03. – 04.12. Präsident Emmanuel Macron besucht die Vereinigten Arabischen Emirate, Katar und Saudi-Arabien. Beim Besuch in Dubai, der Hauptstadt der Vereinigten Arabischen Emirate, unterzeichnet Macron einen Vertrag über den Verkauf von 80 Kampfflugzeugen des Typs Rafale des Herstellers Dassault Aviation an das Land.

04.12. Valérie Pécresse, Präsidentin des Regionalrats der Region Île-de-France, gewinnt mit 61 % der Stimmen die Vorwahlen von Les Républicains (LR) und wird somit deren Kandidatin bei den Präsidentschaftswahlen 2022.

08.12. Außenminister Jean-Yves Le Drian trifft in Algier mit dem algerischen Präsidenten Abdelmadjid Tebboune zusammen. Im Anschluss drückt Le Drian den Wunsch aus, dass beide Länder wieder zu einer entspannten Beziehung zurückfinden und ihre Partnerschaft, die unverzichtbar sei, vertiefen.

09.12. Bei einer Pressekonferenz stellt Präsident Emmanuel Macron seine Ziele für ein souveränes, humanes und wachsendes Europa vor, die im Rahmen der französischen EU-Ratspräsidentschaft verfolgt werden sollen: U.a. sind dies eine neue Strategie für die Stärkung der EU-Grenzen, ein Migrationspakt zur ausgeglicheneren Verteilung von Flüchtlingen innerhalb der EU sowie eine neue europäische Verteidigungsstrategie.

Bundesaußenministerin Annalena Baerbock sichert bei ihrer ersten Auslandsreise ihrem Amtskollegen Jean-Yves Le Drian engste Zusammenarbeit zu und erklärt, dass es für Deutschland keinen engeren Freund als Frankreich gebe.

10.12. Die erste Auslandsreise von Bundeskanzler Olaf Scholz führt nach Paris, wo er von Präsident Emmanuel Macron empfangen wird. Bei einer gemeinsamen Pressekonferenz bekunden beide ihren Willen, die enge Zusammenarbeit zwischen Deutschland und Frankreich fortzusetzen.

Kulturministerin Roselyne Bachelot kündigt an, dass die Archive zu gerichtlichen Untersuchungen des Algerienkriegs, wie vom Historiker Benjamin Stora in einem Bericht empfohlen, geöffnet werden.

12.12. Beim dritten und vorerst letzten Referendum über die Unabhängigkeit Neukaledoniens nehmen nur 44 % der wahlberechtigten Einwohner teil, von ihnen stimmen 96,5 % für einen Verbleib bei Frankreich. Die Befürworter der Unabhängigkeit hatten dazu aufgerufen, die Abstimmung zu boykottieren, da sie, anders als von ihnen gefordert, nicht verschoben worden war.

13.12. Als letzte Etappe seiner „Europatournee“, die ihn seit 2017 in alle 26 EU-Partnerländer geführt hat, besucht Präsident Emmanuel Macron die ungarische Hauptstadt Budapest und wird dort von Ministerpräsident Viktor Orbán empfangen. Beide Politiker erklären ihre Übereinstimmung darin, die EU-Verteidigungskapazitäten ausbauen und die Kernkraft als nachhaltige Energiequelle anerkennen zu wollen. Bei dem anschließenden Treffen der Visegrád-Staaten macht Macron deutlich, dass Ungarn keine Zahlungen aus dem Corona-Wiederaufbaufonds der EU erhalten werde, solange es die EU-Forderungen nach einer Verbesserung seiner rechtsstaatlichen Situation nicht umsetzen wird.

Bei seinem Antrittsbesuch bei seinem Amtskollegen Bruno Le Maire betont Bundesfinanzminister Christian Lindner den Willen, in Finanzfragen weiter eng mit Frankreich zusammenzuarbeiten.

14.12. Die Europäische Kommission genehmigt die Übernahme des Umweltkonzerns SUEZ durch seinen Konkurrenten Veolia.

15.12. Die Assemblée nationale nimmt den von der Regierung eingebrachten Haushaltsentwurf für 2022 mit 142 Ja-Stimmen, 50 Nein-Stimmen und einer Enthaltung an. Gemäß diesem Haushalt wird die Verschuldung des Landes 2022 mit 113,5 % des BIP ein Rekordniveau erreichen.

Präsident Emmanuel Macron und Bundeskanzler Olaf Scholz treffen im Vorfeld des Gipfeltreffens der Östlichen Partnerschaft mit dem ukrainischen Präsidenten Volodymyr Zelensky zusammen. Gemeinsam fordern sie Russland zu einer konstruktiven Teilnahme am Normandie-Format auf.

16.12. Präsident Emmanuel Macron und Bundeskanzler Olaf Scholz treten im Anschluss an den EU-Gipfel in Brüssel gemeinsam vor die Presse. Dies ist ein symbolträchtiger Schritt, da Staats- und Regierungschefs nach solchen Treffen ihre Sichtweise normalerweise allein im Hinblick auf das heimische Publikum erläutern.

Zusammensetzung der Regierung Castex I (Stand 5. März 2022)

Premierminister	**Jean Castex**	**DVD**
Minister		
Minister für Europa und auswärtige Angelegenheiten	Jean-Yves Le Drian	TDP
Ministerin für den ökologischen Wandel	Barbara Pompili	LREM-EC
Minister für Bildung, Jugend und Sport	Jean-Michel Blanquer	LREM
Minister für Wirtschaft, Finanzen und Aufschwung	Bruno Le Maire	LREM
Ministerin der Streitkräfte	Florence Parly	TDP
Minister des Inneren	Gérald Darmanin	LREM
Ministerin für Arbeit, Beschäftigung und berufliche Eingliederung	Élisabeth Borne	LREM-TDP
Minister für die Überseegebiete	Sébastien Lecornu	LREM
Minister für den territorialen Zusammenhalt und die Beziehungen zu den Gebietskörperschaften	Joël Giraud	LREM-MR-TDP
Siegelbewahrer, Minister der Justiz	Éric Dupond-Moretti	parteilos (SE)
Ministerin für Kultur	Roselyne Bachelot	DVD
Minister der Solidarität und Gesundheit	Olivier Véran	LREM-TDP
Ministerin für Meeresangelegenheiten	Annick Girardin	MR
Ministerin für Hochschulen, Forschung und Innovation	Frédérique Vidal	LREM
Minister für Landwirtschaft und Ernährung	Julien Denormandie	LREM
Ministerin für den öffentlichen Wandel und den öffentlichen Dienst	Amélie de Montchalin	LREM
Beigeordnete Minister		
Beigeordneter Minister für die Beziehungen zum Parlament und Bürgerbeteiligung beim Premierminister	Marc Fesneau	MoDem
Beigeordnete Ministerin für die Gleichstellung von Frauen und Männern, Diversität und die Chancengleichheit beim Premierminister	Élisabeth Moreno	parteilos (SE)
Beigeordneter Minister für Außenhandel und Standortförderung beim Minister für Europa und auswärtige Angelegenheiten	Franck Riester	Agir
Beigeordnete Ministerin für Wohnungswesen bei der Ministerin für ökologischen Wandel	Emmanuelle Wargon	TDP
Beigeordneter Minister für Verkehr bei der Ministerin für den ökologischen Wandel	Jean-Baptiste Djebbari	LREM-TDP
Beigeordnete Ministerin für Sport beim Minister für Bildung, Jugend und Sport	Roxana Maracineanu	DVG
Beigeordneter Minister für die öffentlichen Haushalte beim Minister für Wirtschaft, Finanzen und Aufschwung	Olivier Dussopt	TDP
Beigeordnete Ministerin für Industrie beim Minister für Wirtschaft, Finanzen und Aufschwung	Agnès Pannier-Runacher	LREM-TDP
Beigeordneter Minister für kleine und mittlere Unternehmen beim Minister für Wirtschaft, Finanzen und Aufschwung	Alain Griset	parteilos (SE)

Beigeordnete Ministerin für Gedenken und Kriegsveteranen bei der Ministerin der Streitkräfte	Geneviève Darrieussecq	MoDem
Beigeordnete Ministerin für Staatsbürgerschaft beim Minister des Inneren	Marlène Schiappa	LREM
Beigeordnete Ministerin für die berufliche Eingliederung bei der Ministerin für Arbeit, Beschäftigung und berufliche Eingliederung	Brigitte Klinkert	DVD
Beigeordnete Ministerin für Stadtentwicklung bei der Ministerin für den territorialen Zusammenhalt und die Beziehungen zu den Gebietskörperschaften	Nadia Hai	LREM
Beigeordnete Ministerin für selbständige Lebensführung beim Minister für Solidarität und Gesundheit	Brigitte Bourguignon	LREM-TDP
Staatssekretäre beim Premierminister		
Regierungssprecher beim Premierminister	Gabriel Attal	LREM
Staatssekretärin für Menschen mit Behinderung	Sophie Cluzel	LREM
Staatssekretäre		
Staatssekretär für Tourismus, französische Staatsangehörige im Ausland und Frankophonie beim Minister für Europa und auswärtige Angelegenheiten	Jean-Baptiste Lemoyne	LREM
Staatssekretär für europäische Angelegenheiten beim Minister für Europa und auswärtige Angelegenheiten	Clément Beaune	LREM-TDP
Staatssekretärin für Biodiversität bei der Ministerin für den ökologischen Wandel	Bérangère Abba	LREM
Staatssekretärin für Jugend und gesellschaftliches Engagement beim Minister für Bildung, Jugend und Sport	Sarah El Haïry	MoDem
Staatssekretär für den digitalen Wandel und elektronische Kommunikation beim Minister für Wirtschaft, Finanzen und Aufschwung und bei der Ministerin für den territorialen Zusammenhalt und die Beziehungen zu den Gebietskörperschaften	Cédric O	LREM
Staatssekretärin für soziale, solidarische und verantwortungsvolle Wirtschaft beim Minister für Wirtschaft und Finanzen und Aufschwung	Olivia Grégoire	LREM
Staatssekretär für Rentenfragen und Gesundheitsschutz am Arbeitsplatz bei der Ministerin für Arbeit, Beschäftigung und berufliche Eingliederung	Laurent Pietraszewski	LREM
Staatssekretär für Kinder und Familien beim Minister der Solidarität und Gesundheit	Adrien Taquet	LREM

DVD	Divers Droite (politisches Etikett von Regierungsmitgliedern aus dem rechten Lager, die keiner Partei angehören, bzw. ihre ursprüngliche Parteimitgliedschaft beendet haben oder ausgeschlossen wurden)
DVG	Divers Gauche (politisches Etikett von Regierungsmitgliedern aus dem linken Lager, die keiner Partei angehören, bzw. ihre ursprüngliche Parteimitgliedschaft beendet haben oder ausgeschlossen wurden)
EC	En commun
LREM	La République en marche
MoDem	Mouvement Démocrate
MR	Mouvement radical
SE	Sans étiquette (Regierungsmitglieder, die sich keiner Partei und keinem Etikett angeschlossen haben)
TDP	Territoires de progrès – Mouvement social-démocrate et européen

Quelle: Französische Regierung

https://www.gouvernement.fr/composition-du-gouvernement

https://www.legifrance.gouv.fr/affichTexte.do?cidTexte=JORFTEXT000042088964&categorieLien=id

https://de.ambafrance.org/Die-Regierung-Jean-Castex

Ergebnisse der französischen Regional- und Departementswahlen

Ergebnisse der Regionalwahlen 2021

Die französischen Regionalwahlen fanden in einem ersten Wahlgang am 20. Juni und in einem zweiten Wahlgang am 27. Juni 2021 statt. Alle 6 Jahre werden, üblicherweise im März, die 1757 Regionalvertreter und Regionalvertreterinnen gewählt, die in den Regionalräten (Conseils Régionaux) für die wirtschaftliche, soziale, gesundheitliche, kulturelle und wissenschaftliche Entwicklung der Region mitverantwortlich sind. 2021 wurde eine historisch niedrige Wahlbeteiligung von 33,28 Prozent (erster Wahlgang) und 34,69 Prozent (zweiter Wahlgang) ermittelt.

Die Regionalwahlen werden nach dem Verhältniswahlsystem in für gewöhnlich zwei Wahlgängen und mit einem „Mehrheitsbonus" durchgeführt. Es werden Listen aufgestellt, die sowohl die geschlechtliche Gleichstellung als auch eine angemessene Vertretung des demografischen Gewichts jedes Gebiets innerhalb der Region gewährleisten sollen. Erhält im ersten Wahlgang keine der Listen mehr als 50 % der abgegebenen Stimmen, findet am folgenden Sonntag ein zweiter Wahlgang statt, an dem nur die Listen teilnehmen können, die im ersten Wahlgang mehr als 10 % der abgegebenen Stimmen erhalten haben. Die so qualifizierten Listen können dann beschließen, alleine anzutreten oder mit anderen Listen zu fusionieren (untereinander oder mit einer Liste, die mindestens 5 % der Stimmen erhalten hat), um ihre Chancen auf eine relative Mehrheit zu erhöhen. Nach dem zweiten Wahlgang erhält die Liste, die die relative Mehrheit erreicht hat, den „Mehrheitsbonus" von zusätzlichen 25 % der Sitze im Rat.

Der Präsident oder die Präsidentin des Rats wird von seinen Mitgliedern mit absoluter Mehrheit gewählt.

Wahlbeteiligung

Erster Wahlgang

	Gesamt	**Wahlberechtigte in %**	**Wähler in %**
Wahlberechtigte[1]	45.925.076		
Enthaltungen	30.639.681	66,72	
Wähler	15.285.395	33,28	
Leere Stimmzettel	365.887	0,80	2,39
Ungültige Stimmen	233.594	0,50	1,53
Gültige Stimmen	14.685.914	31,98	96,08

Zweiter Wahlgang

	Gesamt	**Wahlberechtigte in %**	**Wähler in %**
Wahlberechtigte	45.933.130		
Enthaltungen	29.999.310	65,31	
Wähler	15.933.820	34,69	
Leere Stimmzettel	409.325	0,89	2,57
Ungültige Stimmen	257.986	0,56	1,62
Gültige Stimmen	15.266.509	33,24	95,81

1 im Wählerverzeichnis eingetragen

Stimmenverteilung

	1. Wahlgang		2. Wahlgang[2]	
	absolut	in %	absolut	in %
Liste Extrême gauche	408.918	2,78		
Liste du Parti communiste français	4.279	0,03		
Liste La France Insoumise	123.825	0,84	29.485	0,19
Liste du Parti Socialiste	15.900	0,11	1.597.900	10,47
Liste Union à gauche	1.923.428	13,10	365.371	2,39
Liste Divers gauche	303.451	2,07	3.097.649	20,29
Liste Union à gauche avec les écologistes	1.689.006	11,50	214.768	1,41
Liste Ecologiste	1.083.346	7,38		
Liste Divers	91.575	0,62	231.106	1,51
Liste Divers centre	176.185	1,20	788.400	5,16
Liste Union au Centre	1.291.500	8,79	177.311	1,16
Liste Régionaliste	229.140	1,56	67.220	0,44
Liste La République en marche	76.457	0,52		
Liste du Modem	1.379	0,01	1.442.707	9,45
Liste Union au centre et à droite	1.071.994	7,30		
Liste Union Démocrates et Indépendants	612	0,00	1.277.859	8,37
Liste „Les Républicains“	834.792	5,68	3.024.714	19,81
Liste Union à droite	2.273.492	15,48		
Liste Droite souverainiste	190.908	1,30	43.766	0,29
Liste Divers droite	151.439	1,03	2.908.253	19,05
Liste Rassemblement National	2.743.497	18,68		
Liste Extrême droite	791			

2 Im zweiten Wahlgang können lediglich Listen antreten, die im ersten Wahlgang über 10 % der Stimmen (jeweils immer innerhalb der jeweiligen Regionen) erhalten haben. Listen, die über 5 % der Stimmen auf sich vereinen konnten, haben die Möglichkeit, mit anderen Listen zu fusionieren.

Mehrheiten nach der zweiten Runde

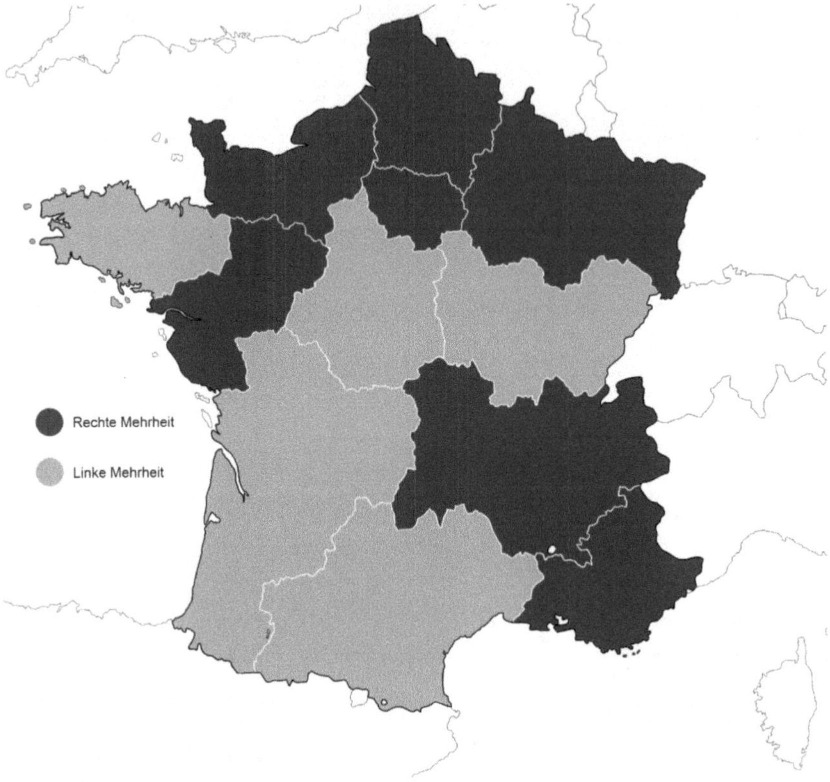

Abbildung 1a: Einteilung nach linker und rechter Mehrheit (Quelle: siehe Abbildung 1b)

Abbildung 1b: Führende Listen der Regionalwahlen (nach 2. Wahlgang) (Quelle: Eigene Darstellungen basierend auf https://www.interieur.gouv.fr/Elections/Les-resultats/Regionales/elecresult__regionales-2021/(path)/regionales-2021/index.html)

Ergebnisse der Departementswahlen 2021

Die französischen Departementswahlen fanden ebenfalls am 20. und 27. Juni 2021 statt. Die Wählenden wählten die 4081 Departementsräte in 95 Departements. Die einzelnen Departements werden dabei in sogenannte „Kantone" (Wahlkreise auf Departementebene) eingeteilt. Die Kandidierenden werden in Paaren nominiert, die seit 2015 immer aus einem Mann und einer Frau bestehen müssen. In jedem Kanton werden in einem binominalen Wahlvorgang demnach eine Kandidatin und ein Kandidat gemeinsam direkt gewählt. Die nächsten Departementswahlen finden 2028 statt.

Um gewählt zu werden, muss nicht nur die absolute Mehrheit der abgegebenen Stimmen, sondern es müssen auch 25 % der Stimmen aller registrierten Wahlberechtigten auf sich vereinigt werden. Falls dies im ersten Wahlgang keinem Kandidatenpaar gelingt, können an einem zweiten Wahlgang diejenigen teilnehmen, die im ersten mindestens 12,5 % der Stimmen aller Wahlberechtigten auf sich vereinigen konnten. Zusammenschlüsse und Neubildungen von Binomen zwischen den Wahlgängen sind nicht möglich. Im zweiten Wahlgang ist das Kandidatenduo gewählt, das die einfache Mehrheit der Stimmen erreicht.

Die gewählten Departementsräte werden für 6 Jahre im Departementsrat sitzen und die Interessen ihres jeweiligen Kantons in den Bereichen Tourismus, lokale Entwicklung, Gesundheitsprävention, Kinderfürsorge, etc. vertreten.

Wahlbeteiligung

Erster Wahlgang

	Gesamt	Wahlberechtigte in %	Wähler in %
Wahlberechtigte[3]	43.250.941		
Enthaltungen	28.838.658	66,68	
Wähler	14.412.283	33,32	
Leere Stimmzettel	452.213	1,04	3,14
Ungültige Stimmen	256.604	0,59	1,78
Gültige Stimmen	13.703.466	31,68	95,08

Zweiter Wahlgang

	Gesamt	Wahlberechtigte in %	Wähler in %
Wahlberechtigte	41.822.100		
Enthaltungen	27.452.654	65,64	
Wähler	14.369.446	34,36	
Leere Stimmzettel	727.410	1,74	5,06
Ungültige Stimmen	364.517	0,87	2,54
Gültige Stimmen	13.277.519	31,75	92,40

3 im Wählerverzeichnis eingetragen

Stimmenverteilung

	1. Wahlgang		2. Wahlgang		
	absolut	**in %**	**absolut**	**in %**	**Sitze**
Rassemblement National	2.448.496	17,87	1.425.576	10,74	26
Divers droite	1.891.178	13,80	2.153.545	16,22	882
Union à gauche avec les écologistes	1.212.731	8,85	1.219.733	9,19	234
Divers gauche	1.189.345	8,68	1.144.195	8,62	432
Union au centre et à droite	1.133.726	8,27	1.418.090	10,68	474
Union à gauche	1.047.691	7,65	1.121.458	8,45	334
Union à droite	834.119	6,09	1.067.073	8,04	398
Les Républicains	811.010	5,92	1.036.402	7,81	386
Parti Socialiste	637.541	4,65	758.251	5,71	348
Divers centre	563.426	4,11	614.524	4,63	220
Écologistes	442.967	3,23	282.096	2,12	26
Divers	396.598	2,89	365.089	2,75	116
Parti Communiste Français	257.064	1,88	177.705	1,34	54
La République en marche	215.387	1,57	97.542	0,73	10
Union au centre	193.689	1,41	161.556	1,22	34
La France Insoumise	109.495	0,80	5.769	0,04	0
Union au centre et à gauche	73.447	0,54	69108	0,52	24
Union des Démocrates et des Indépendants	60.323	0,44	78.372	0,59	32
Régionaliste	57.611	0,42	26.120	0,20	2
Extrême gauche	34.579	0,25	2.468	0,02	0
Droite souverainiste	20.405	0,15	3.345	0,03	0
Parti radical de gauche	19.871	0,15	14.367	0,11	10
Extrême droite	19.867	0,14	14.827	0,11	2
Modem	16.582	0,12	9.499	0,07	4
Union Extrême droite	14.661	0,11	10.809	0,08	0
Gilets jaunes	1.657	0,01			0

Mehrheiten nach der zweiten Runde

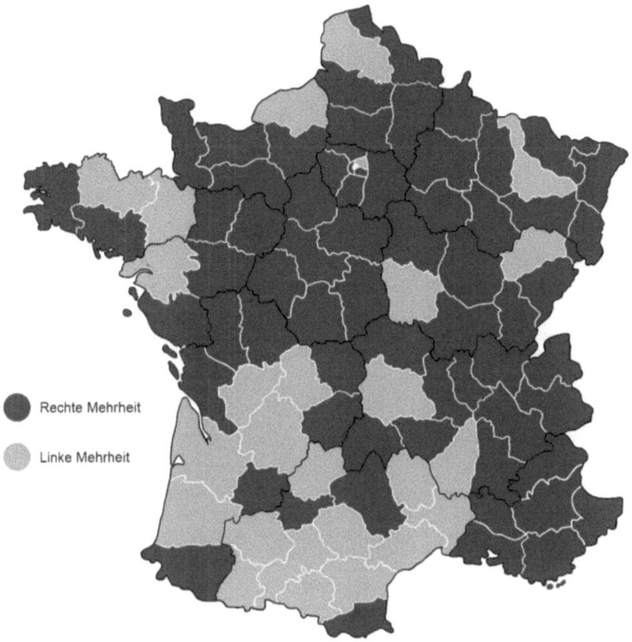

Abbildung 2a: Einteilung nach linker und rechter Mehrheit im Departementsrat (Zweiter Wahlgang) (Quelle: siehe Abbildung 2b)

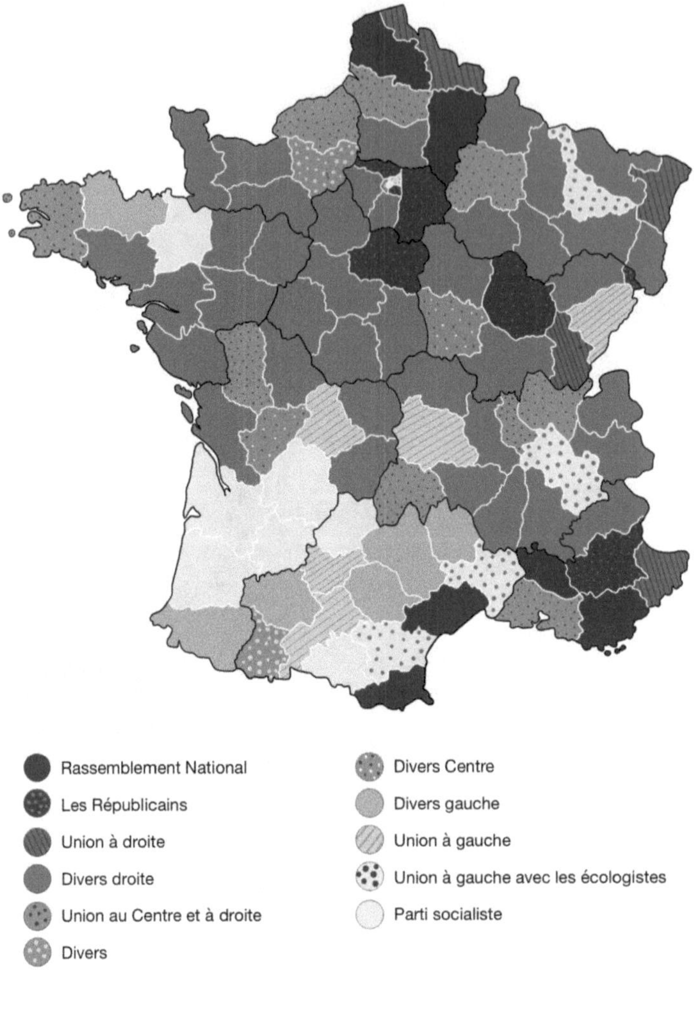

Abbildung 2b: Mehrheiten im Departementsrat (Zweiter Wahlgang) (Quelle: Eigene Darstellungen basierend auf https://elections.bfmtv.com/resultats-departe mentales/ und https://elections.interieur.gouv.fr/index.html)

Statistiken zu Frankreich

Seit der ersten Ausgabe des Frankreich Jahrbuchs 1988 umfassten die Bände statistische Informationen zu Frankreich, insbesondere die „Sozioökonomischen Basisdaten im internationalen Vergleich“ und die „Gesellschaftlichen Basisdaten Frankreichs“.

Das Jahrbuch des dfi war damit seiner Zeit ein Stück weit voraus, war doch der Zugang zu diesen Informationen sowie ihre europäische Vergleichbarkeit Ende der 1980er Jahre wesentlich schwieriger zu gewährleisten, als dies heute der Fall ist.

Heute erlaubt das Internet einen leichten und oftmals aktuelleren Zugang zu einer Fülle von Informationen, die zudem besser als früher über Ländergrenzen hinweg vergleichbar sind. Für die Nutzer des Frankreich Jahrbuchs besteht der Mehrwert also eher darin, Hinweise auf verlässliche offizielle statistische Datenquellen im Netz zu erhalten.

Die wichtigsten Kennzahlen aus internationalen Datenquellen hat das Statistische Bundesamt in Deutschland (Destatis) unter folgendem Link zusammengestellt:

https://www.destatis.de/Europa/DE/Staat/EU-Staaten/Frankreich.html

Des Weiteren präsentiert Destatis in der Reihe „Länderprofile“ Daten aus der internationalen amtlichen Statistik (UN, OECD, IWF, Weltbank). Auf zwölf Seiten werden dort Informationen und Grafiken angeboten, die einen Überblick über die wirtschaftliche und soziale Lage Frankreichs geben. Schwerpunktthemen sind die Bereiche Wirtschaft, Demografie, Soziales, Infrastruktur und Umwelt.

https://www.destatis.de/DE/Themen/Laender-Regionen/Internationales/_inhalt.html#sprg250204

Die französische Statistikbehörde Insee *(Institut national de la statistique et des études économiques)* veröffentlicht ihrerseits jährlich die *Tableaux de l'économie française*, die einen schnellen Überblick zur wirtschaftlichen, demografischen und sozialen Situation in Frankreich geben. Hier finden sich die Datenreihen, die einst als gesellschaftliche Basisdaten Frankreichs im Frankreich Jahrbuch veröffentlicht wurden.

https://www.insee.fr/fr/statistiques/3353488

Des Weiteren stellt das Insee zusammen mit der Dares *(Direction de l'animation de la recherche, des études et des statistiques)* seit einigen Jahren die umfangreiche Analyse *Emploi, chômage, revenus du travail* zum französischen Arbeitsmarkt zur Verfügung.

https://www.insee.fr/fr/outil-interactif/5367857/

Schließlich veröffentlicht die Generaldirektion Wirtschaft und Finanzen der Europäischen Kommission jährlich in ihrem statistischen Anhang zu der Veröffentlichung „Europäische Wirtschaft“ die vergleichenden Basisdaten zu allen EU-Mitgliedsstaaten. Hier finden sich auch die Datenreihen, die früher die Grundlage für die im Frankreich Jahrbuch veröffentlichten Angaben zum internationalen Vergleich sozioökonomischer Basisdaten waren. Die jüngste Ausgabe kann über den nachstehenden Link aufgerufen werden. Seit Herbst 2020 wird dieses Dokument nicht mehr erstellt, aber die Datenreihen können über AMECO Online abgerufen werden. https://ec.europa.eu/info/sites/default/files/economy-finance/saee_spring_2020_0_0.pdf

AMECO Online-Datenbank: https://dashboard.tech.ec.europa.eu/qs_digit_dashboard_mt/public/sense/app/667e9fba-eea7-4d17-abf0-ef20f6994336/sheet/f38b3b42-402c-44a8-9264-9d422233add2/state/analysis/

Überblicksseite der Europäischen Kommission zu makroökonomischen Daten: https://ec.europa.eu/info/business-economy-euro/indicators-statistics/economic-databases/macro-economic-database-ameco/government-finance-and-other-macro-economic-data-eu-countries_en#statistical-annex-of-european-economy

Die Organisation für wirtschaftliche Zusammenarbeit und Entwicklung (*Organisation for Economic Co-operation and Development*, OECD) bietet auf ihrer Internetseite ebenfalls ein Länderprofil zu Frankreich an, in dem ausgewählte Indikatoren präsentiert werden.

https://data.oecd.org/france.htm

Hinweis: Alle Links wurden am 19.1.2022 zuletzt abgerufen und geprüft. Sollten sie sich nicht öffnen lassen, diese direkt in das Browserfenster kopieren.

Universalistisches Ideal und koloniale Kontinuitäten. Die „harkis" in der Fünften Französischen Republik. Anna Laiß, Heidelberg University Publishing, Heidelberg 2021, 528 Seiten

Bis heute ist die Auseinandersetzung mit dem Algerienkrieg in der französischen Politik und Öffentlichkeit ein hochbrisantes Thema. Die Unabhängigkeit jährt sich 2022 zum 60. Mal, bei diesem Anlass ist auch mit der Publikation historischer Arbeiten zu rechnen. In diesem Zusammenhang wird die umfangreiche Arbeit von Anna Laiß ihren Platz finden.

Laiß widmet sich einem besonderen Kapitel der jüngeren französischen Gesellschaftsgeschichte: der Aufnahme der muslimischen algerischen Hilfskräfte der französischen Armee in Frankreich, der so genannten „harkis". Circa 85.000 dieser Bediensteten wurden, wenn auch verspätet und nach etlichen Massakern an ihnen durch die algerische Befreiungsarmee, nach Frankreich geholt, um sie vor weiteren Repressalien zu schützen – die Parallele zu den afghanischen Ortskräften und deren misslungener Exfiltration ist augenfällig.

Die Untersuchung befasst sich mit dem Spannungsfeld zwischen dem sehr französischen und auf die Revolution zurückgehenden Anspruch, allen Menschen ungeachtet ihrer Herkunft, Hautfarbe oder Religionszugehörigkeit die gleichen republikanischen Rechte zuzugestehen, und der gesellschaftlichen und politischen Realität, die mit Diskriminierung, Geringschätzung oder forcierter Assimilation verbunden ist. Die Verfasserin wählt einen in zweierlei Hinsicht interessanten und gegenüber früheren Arbeiten zu den „harkis" innovativen Ansatz: Chronologisch befasst sie sich mit der gesellschaftlichen und diskursiven Beschäftigung mit dieser sozialen Gruppe über einen langen Zeitraum, von 1958 bis zum Beginn des 21. Jahrhunderts. Dadurch kann sie die Entwicklungen von der beginnenden Unabhängigkeitsbewegung bis zur aktuellen Erinnerungsdebatte in den Blick nehmen. Der zweite interessante Punkt ist die Entscheidung, bei den Quellen vor allem Betroffene zu Wort kommen zu lassen, im Besonderen weibliche Stimmen der zweiten oder dritten Generation. Diese Akteurszentrierung ergänzt die sonst dominanten institutionellen Quellen.

Besonderes Augenmerk widmet die Autorin den teils heftigen Debatten um eine angemessene Erinnerungskultur. Wer ist als Opfer, wer als Täter zu bezeichnen? Wie können die Erfahrungen der aus Algerien nach Frankreich zurückgekehrten Siedlergruppen in Einklang gebracht werden mit den Erfahrungen der über lange Zeit mit nur geringen Rechten ausgestatteten muslimischen Hilfskräfte? Vor allem anhand der Bemühungen von

Jacques Chirac, der sich über Jahrzehnte in verschiedenen Funktionen in besonderem Maße der Erinnerung an den Algerienkrieg gewidmet hat, werden die Probleme deutlich. Im Namen der universellen Rechte, die in der französischen Republik repräsentiert sind, wollte er auch den Harkis einen ebenbürtigen Platz im republikanischen Selbstverständnis sichern. Gleichzeitig bemühte er sich, auch aus wahltaktischen Überlegungen, um diejenigen Kreise, die für ein „französisches Algerien" eintraten. Dieser Streit um eine ausgewogene Erinnerungskultur dauert bis heute an und zeigt die Spaltung zwischen den unterschiedlichen Gruppen maghrebinischer Herkunft. Noch vor wenigen Jahren wurden Hunderte von Klagen von „harki"-Familien bei französischen Gerichten eingereicht in der Hoffnung, als Entschädigung für die entwürdigende und diskriminierende Behandlung nach der Übersiedlung nach Frankreich Reparationszahlungen zuerkannt zu bekommen. Nur so, argumentieren die Kläger, würde von den republikanischen Gerichten endlich anerkannt werden, dass die angeblich universellen Rechte als Grundlage einer vollständigen Integration in die Republik gegenüber den „harkis" nicht eingelöst wurden.

Insgesamt ein lesenswertes Buch, das ein durchaus historisch schon breit aufgearbeitetes Thema durch die Fokussierung auf die Diskurs- und Akteursebene in einem neuen Licht erscheinen lässt und für die Analyse der heute immer noch virulenten Diskussion um dieses Kapitel französischer Geschichte viele interessante Ansatzpunkte bietet.

Frank Baasner

Nouvelle Sociologie politique de la France. Herausgegeben von Thomas Frinault, Christian Le Bart und Erik Neveu, Armand Colin, Malakoff 2019, 303 Seiten

Einige der gegenwärtig in ganz Europa diskutierten „gesellschaftlichen Transformationen" scheinen in Frankreich besonders ausgeprägt zu beobachten: Die Umwandlung des Zentralstaats und der in Frankreich traditionell mächtigen Verwaltung hin zu einem auf „Effizient" getrimmten „öffentlichen Management", die „neoliberale" Reformagenda der 1990er Jahre und ihre Auswirkungen auf den Wohlfahrtsstaat und letztendlich den gesellschaftlichen Zusammenhalt, damit (nicht?) verbundene neue Formen sozialer Mobilisation (Gelbwesten...) und nicht zuletzt der Wandel politischer Rollenbilder (Begrenzung auf ein einziges zeitgleich ausgeübtes Mandat, Frauen- und Männerquoten etc.) – all diese Phänomene scheinen sich im öffentlichen und politischen Raum in Frankreich besonders deutlich abzuspielen.

Der vorliegende Sammelband vermittelt den Eindruck, dass die etablierten Ansätze der politischen Soziologie, einer in Frankreich besonders ausgeprägten, mit zahlreichen empirischen Studien gut etablierten Unterdisziplin der Politikwissenschaften, diese neuen Phänomene nicht mehr zufriedenstellend erfassen können. Es bleibt zwar letztendlich offen, ob das an Alexis de Tocqueville angelehnte Zitat „Es benötigt eine neue Politikwissenschaft für eine gänzlich neue Welt" tatsächlich die Qualität der beobachteten tiefgreifenden Veränderungen richtig erfasst. Die 18 empirischen Kapitel sind jedoch durchweg mit Gewinn zu lesen. Sie thematisieren in vier Teilen die Veränderungen staatlichen Handelns und seiner Akteure, mit besonders interessanten Kapiteln zur Transformation des öffentlichen Diensts und des Beamtentums sowie zur Territorialreform und Dezentralisierung. Darauf folgt ein zweiter Teil, der die Mutation etablierter politischer Rollenbilder und Selbstverständnisse untersucht, und dabei von der Veränderung der Parteienlandschaft über die Entstehung neuer politischer Bewegungen und „Ein-Mann-Parteien" bis hin zur Konjunktur „partizipativer Instrumente" wichtige Themen aufgreift. Der dritte Teil widmet sich neuen Techniken im Wahlkampf und bei der Wählermobilisierung, bevor schließlich ein vierter Teil neue Phänomene der sozialen Mobilisierung, einhergehend mit dem abnehmenden Engagement in traditionellen Formen politischer Mobilisierung, untersucht.

Der Band richtet sich in erster Linie an ein akademisches Publikum, das ein vergleichendes oder besonderes Interesse an Frankreich hat. Sieht man von den unvermeidbaren Abschnitten über Methoden und den ausgeprägten sozialwissenschaftlichen Jargon hinweg, empfiehlt sich der Band sogar für Leserinnen und Leser, die sich allgemein für die gegenwärtig in Frankreich zu beobachtenden Veränderungen interessieren.

Stefan Seidendorf

Gouvernance et stratégie des territoires. Damien Augias, Studyrama, Paris 2021, 2. Auflage, 160 Seiten

Die lokale Ebene ist in vielerlei Hinsicht politisch und administrativ von zentraler Bedeutung. Denn dort werden Entscheidungen getroffen, die für die Menschen vor Ort unmittelbar greifbar sind und das Miteinander organisieren. Deren Komplexität hat in den vergangenen Jahrzehnten unter dem Eindruck der internationalen Konkurrenz um Investoren, Arbeitsplätze und Einwohner zugenommen. Wohnen, Arbeiten, Freizeitaktivitäten – der Radius ist merklich gestiegen und stellt lokale Mandatsträger vor erhebliche Herausforderungen, wenn es um die Entwicklung territorialer Strategien geht. Manche Regionen boomen, andere darben und kämpfen darum, die Daseinsvorsorge für eine schrumpfende Bevölkerung so gut wie möglich aufrechtzuerhalten.

Vor diesem Hintergrund ist es umso wichtiger, zu verstehen, wie Entscheidungen auf lokaler Ebene zustande kommen und wer daran beteiligt ist. Hier liefert Damien Augias mit seinem Buch „Gouvernance et stratégies des territoires", das 2021 in zweiter Auflage erschienen ist, ein kurz gehaltenes Standardwerk zu den Rahmenbedingungen in Frankreich. Augias, der aktuell für die Caisse des dépôts arbeitet und an den Instituts d'études politiques von Paris und Straßburg lehrt, hatte zuvor leitende Funktionen in mehreren Gebietskörperschaften in Frankreich inne und darf folglich als ausgewiesener Kenner deren Funktionsweise gelten.

Im Mittelpunkt der Veröffentlichung steht die Frage, wie die lokalen Akteure – die Verwaltung genauso wie ihre privaten Partner aus Wirtschaft und Zivilgesellschaft – zusammenwirken, um einen geographischen Raum gemeinsam zu entwickeln: organisatorisch, institutionell und politisch. Seit den ersten Dezentralisierungsgesetzen Anfang der 1980er Jahre wurden die Kompetenzen der französischen Gebietskörperschaften immer stärker ausgeweitet. Doch um ihrer Aufgabe gerecht zu werden, bedarf es darüber hinaus neben finanziellen Mitteln vor allem Governance-Strukturen, die das Akteursfeld sinnvoll erweitern und über die klassischen, politisch-administrativ geprägten räumlichen Zuschnitte hinausdenken. Denn diese erweisen sich mit Blick auf die verstärkten regionalen Verflechtungen heutzutage vielerorts als unzureichend. Folglich gesellen sich zu den formellen Strukturen immer häufiger weniger stark institutionalisierte Formen der Zusammenarbeit.

Nach einer Klärung des Governance-Begriffs arbeitet sich Augias in zehn Kapiteln systematisch an zentralen Merkmalen lokaler Steuerung ab. Angefangen bei der Bedeutung der politischen Ebene und den Reformen, die zu einer stärkeren Dezentralisierung und einem Rückzug des Staates zugunsten partnerschaftlicher Akteursnetzwerke vor Ort geführt haben, befasst sich der Autor mit deren demokratischer Legitimität ebenso wie mit Fragen des Regionalmarketings sowie der finanziellen Ausstattung, des Managements und der Evaluierung lokaler Politik. Abschließend beschäftigt er sich mit den Auswirkungen der beiden großen Herausforderungen unserer Zeit – Digitalisierung und ökologische Wende. Die Komplexität der Entscheidungsfindung wird dadurch noch einmal erhöht, doch die Veränderungen bergen auch erhebliche Chancen, gerade für die lokale Ebene.

In den letzten Jahren ist den Gebietskörperschaften und ihren Partnern eine Rolle zugewachsen, die sie nicht ohne weiteres ausfüllen können. Damien Augias beschreibt Schlüsselfaktoren, die mit darüber entscheiden, ob sie ihrer Verantwortung gerecht werden können oder nicht. Am Ende zählt, so das Fazit, vor allem das Miteinander. Gefragt seien Strategien, die eine ausgewogene räumliche Entwicklung ermöglichen und dem (vermeintlichen oder tatsächlichen) Auseinanderdriften (groß)städtischer und ländlicher Räume ein klares Bewusstsein für die gegenseitige Abhängigkeit und das Potenzial lokaler Zusammenarbeit (etwa bei der Lebensmittelversorgung oder der Mobilität) entgegensetzen.

Dominik Grillmayer

Les politiques publiques dans la crise. 2008 et ses suites. Herausgegeben von Patrick Hassenteufel und Sabine Saurugger, Les Presses SciencesPo, Paris 2021, 336 Seiten

An Krisen – ökonomischen, politischen, militärischen und ökologischen –, die staatliches Handeln erforderlich machen, mangelt es in der Tat nicht. Doch welchen Einfluss haben sie auf die Politik? Dieser Frage gehen Patrick Hassenteufel und Sabine Saurugger gemeinsam mit einem ausgewählten Kreis an Autorinnen und Autoren am Beispiel der Finanz- und Wirtschaftskrise einschließlich der Eurokrise nach, die sich ab 2008/2009 entwickelten. Im Zentrum stehen dabei nicht nur die Auswirkungen auf die thematisch unmittelbar tangierten Felder der Wirtschafts-, Finanz- und Geldpolitik, sondern auch die Bereiche Umwelt, Soziales, Verteidigung sowie die (Finanz-)Beziehungen zwischen Zentralstaat und nachgeordneten Ebenen.

Die Autoren möchten zu einem vertieften empirischen und theoretischen Verständnis von staatlichen Maßnahmen in Krisenzeiten beitragen. Dies soll vor allem durch eine akteurs- und beziehungszentrierte Perspektive geschehen, die Interessen, Interpretationen und Machtverschiebungen in den Blick nimmt und aufzeigt, wie Krisen Handlungsmöglichkeiten, etwa aufgrund begrenzter fiskalischer Kapazitäten, einschränken und gleichzeitig in anderen Bereichen neue Handlungsspielräume entstehen.

Insgesamt stellen die Herausgeber fest, dass Veränderungen in staatlichen Politiken im Zuge der Krise ab 2008 „begrenzt und kontextabhängig“ (S. 26, eigene Übersetzung) waren. Die größten Veränderungen betrafen dabei die europäischen Institutionen insbesondere in zentralen wirtschaftspolitischen Bereichen, darunter Fiskalpolitik und Geldpolitik, die Rolle der EZB, makroprudenzielle Regulierung sowie die Schaffung einer Bankenunion. Auf nationalstaatlicher Ebene stellen die Autoren mehr Kontinuitäten sowie die Fortschreibung von Trends und Entwicklungslinien fest, die bereits vor der Krise einsetzten. Dies betrifft Bestrebungen hin zu mehr Kosteneffizienz im Bereich der sozialen Sicherung ebenso wie die

Bereitschaft, militärische Ausgaben, insbesondere in Frankreich, von allgemeinen Budgetkürzungen auszunehmen.

Der Band gibt einen detaillierten Überblick über wichtige Entwicklungen in einzelnen Politikbereichen. Neben den genuin europäisch geprägten Politikfeldern verortet er die Entwicklungen in Frankreich in einigen Bereichen europäisch vergleichend. Er greift wichtige Erkenntnisse aus der angelsächsischen wissenschaftlichen Literatur auf und reichert diese mit Erkenntnissen aus der frankophonen Forschung an. Wie bei vielen anderen Sammelbänden auch, ist der vorliegende Band eher lose über ein gemeinsames Erkenntnisinteresse bzw. den Krisenbezug strukturiert. Diese induktive Vorgehensweise illustriert dabei vor allem die Varianz an Auswirkungen zwischen einzelnen Politikfeldern. Ein anspruchsvolles Fachbuch, das einen vielfältigen, in vielen Fällen historisch einordnenden und europäisch vergleichenden Blick auf die Entwicklungen vor und seit der Krise wirft.

Eileen Keller

Die Kunst der Außenseiter. Ausstellungen und Künstlerkarrieren im absolutistischen Paris jenseits der Akademie. Sarah Salomon, Wallstein Verlag, Göttingen 2021, 408 Seiten

Kunstgeschichte ist immer auch politische Geschichte. Dies gilt besonders dann, wenn Kunst, in diesem Fall vorwiegend Malerei, von der Gunst der Herrschenden und der offiziellen, normsetzenden Institutionen abhängt. In dem sehr lesenswerten Buch, das auf ihrer Dissertation am Lehrstuhl von Bénédicte Savoy basiert, lässt Sarah Salomon eine Pariser Welt der Kunst, der Händler, der Aussteller, der weniger bekannten Künstler – und auch besonders vieler Künstlerinnen – in der zweiten Hälfte des 18. Jahrhunderts auferstehen, die auch die *Dixhuitiémistes* nur auszugsweise kennen. Die auf breites Archivmaterial und teilweise entlegene Quellen zurückgreifende Studie hat das Zeug, zu einem Meilenstein in der Forschung zur Kunstgeschichte der vorrevolutionären Zeit zu werden. In der Aufklärungsforschung bzw. den Studien zum 18. Jahrhundert hat es immer wieder überraschende Bücher gegeben, die einen bis dahin ungewohnten Blick auf die komplexe Realität der Epoche geworfen haben – erinnert sei in diesem Zusammenhang beispielhaft an Robert Darnton (*The Great Cat Massacre*, 1984) oder aus neuerer Zeit an Sabine Arnaud (*L'invention de l'hystérie au temps des Lumières*, 2015). Salomons erschöpfendes Porträt einer Epoche mit Blick auf die Welt der Kunstproduktion, der Ausstellung und des Handels, kann sich mit diesen Arbeiten durchaus messen.

Die fünf großen und übersichtlich strukturierten Kapitel orientieren sich an bedeutenden Ausstellungsinstitutionen und -ereignissen, die jenseits bzw. parallel zu den Aktivitäten der *Académie royale de peinture et de sculpture* stattgefunden haben. Der Louvre-Salon der *Académie* war der Ort, an dem ausgewählte Künstler mit ihren Werken vor allem der symbolischen Inszenierung der absoluten Macht des Königs und des Hofes dienen sollten. Salomons Untersuchung widmet sich all jenen anderen Orten, wo das vielfältige künstlerische Schaffen in Ausstellungsforen Sichtbarkeit erlangt. Dabei kommen viele Faktoren ins Spiel, die alle zur Dynamisierung und Modernisierung des Kunstschaffens und des Kunstmarkts beitragen: zunehmend professionelle Kunstkritik (zu erinnern ist vor allem an Diderots Schaffen in diesem Bereich), das urbane und eben nicht-höfische Publikum sowie der auch internationale, relevante Kunst- und Ausstellungsmarkt.

Einige der prägenden Erkenntnisse des Buchs seien hier erwähnt. Paris als internationales Kunstzentrum war in der zweiten Hälfte des 18. Jahrhunderts alles andere als nur ein Platz der absolutistischen Selbstinszenierung. Konkurrierende Diskurse über den Begriff „Kunst“, neue Künstlerbiographien suchten und fanden ihren Platz in neuen Orten der Sichtbarkeit. Die maßgeblich ökonomische Interessen verfolgenden Händler und Aussteller traten in Konkurrenz zum Hof, aber nicht – wie man denken könnte – im Sinne einer politischen, anti-absolutistischen Demokratisierung, sondern als Vertreter einer nach freiem Handel strebenden Bürgerschicht. Besonders interessant ist die Diskussion des Begriffs „Freiheit“, der natürlich in der Aufklärung ohnehin Hochkonjunktur hatte und in den Kunstdiskursen und dem Streit zwischen königlichen Institutionen und anderen Ausstellungsformaten debattiert wurde. Salomon trifft die, wie ich finde, kluge Entscheidung, den Begriff „Freiheit“ als in seiner Bedeutung nicht eindeutigen Terminus in Anführungszeichen zu setzen, um ihn dann in unterschiedlichen Zusammenhängen zu diskutieren. Ein weiterer überraschender Befund ist die Tatsache, dass die Bewegungen der Emanzipation von der höfischen Kunstnorm zwar in der vorrevolutionären Zeit stattfinden, aber nicht teleologisch als „Streben zum totalen Umsturz“ gelesen werden dürfen.

Jedes Kapitel hat ein knappes und dichtes Resümee, was die Lektüre erleichtert und übersichtlich macht. Es mag eine Anregung des renommierten Wallstein Verlags oder die Idee der Autorin gewesen, auf jeden Fall ist bemerkenswert, wie viel Mühe in die deutschen Übersetzungen der fremdsprachigen Zitate gesteckt wurde. Auch dies erleichtert die Lektüre und den Zugang zu einer vielseitigen Epoche, wo Kunst und Künstler (hervorzuheben ist die große Zahl an Künstlerinnen), Aussteller und Händler zu einer Modernisierung des Sektors beigetragen haben, die gemeinhin eher dem 19. Jahrhundert zugeschrieben wird.

Frank Baasner

Franco-German Relations Seen from Abroad. Postwar Reconciliation in International Perspectives. Herausgegeben von Nicole Colin und Claire Demesmay, Springer Nature Switzerland, Cham 2021, 257 Seiten

Wie werden die deutsch-französischen Beziehungen in anderen Konfliktgebieten der Welt heute wahrgenommen und welchen Beitrag kann fundiertes Wissen über den Aussöhnungsprozess zwischen Deutschland und Frankreich zur Befriedung lokaler und regionaler Konflikte andernorts leisten? Diesen Fragen gehen Nicole Colin und Claire Demesmay gemeinsam mit weiteren Autorinnen und Autoren anhand von einem breiten Spektrum an Fallstudien aus Afrika, Asien und Europa nach.

Der Band beruht auf zwei Workshops in Berlin, in denen Spezialisten aus 15 Ländern mit Expertinnen und Experten der deutsch-französischen Beziehungen ins Gespräch gebracht wurden. Neben einer niederländischen und einer polnischen Perspektive auf das deutsch-französische Verhältnis wurden vor allem weitere, überwiegend grenzüberschreitende Konflikte analysiert, darunter Israel und Palästina, Indien und Pakistan, Ukraine und Russland, Japan und China, auf dem Balkan sowie zwischen Algerien und Marokko.

Basierend auf einer Präsentation des jeweiligen Konflikts, Perspektiven für eine Annäherung und einer Diskussion der Wahrnehmung der deutsch-französischen Aussöhnung im Austausch mit Experten sollten die jeweiligen Länderspezialisten in ihren Beiträgen die Übertragbarkeit der deutsch-französischen Erfahrungen reflektieren. Den Länderstudien vorangestellt ist ein Beitrag, der sich mit dem Begriff und dem Konzept der Aussöhnung befasst. Am Ende des Beitrags synthetisiert die Historikerin Corinne Defrance ihre eigenen Erfahrungen mit der Vermittlung der deutsch-französischen Aussöhnung in anderen Teilen der Welt. Einleitung und Schluss sind sehr knapp gehalten, sodass Einsichten aus den Fallstudien, die zum Teil sehr gezielt Beziehungen zum deutsch-französischen Aussöhnungsprozess herstellen, nur begrenzt vergleichend aufgearbeitet sind.

Inhaltlich bestätigen die Analysen Annahmen, die auch andernorts bereits betont wurden (vgl. beispielsweise Stefan Seidendorf, Deutsch-Französische Beziehungen als Modellbaukasten? Baden-Baden, 2012): Konflikte und damit verbundene Aussöhnungsprozesse sind stark von ihrem jeweils eigenen Kontext geprägt, sodass es keine einfache Übertragbarkeit gibt. Die Herausgeberinnen plädieren für einen „multi-perspective approach", der politische, kulturelle und zivilgesellschaftliche Dimensionen des Konflikts gleichberechtigt in den Blick nimmt. Auch wenn die deutsch-französischen Beziehungen nicht als direktes Vorbild dienen können, so können sie doch ein Bezugspunkt und eine nützliche Quelle für Inspiration selbst in ganz anderen Situationen sein.

Das Lernen vom deutsch-französischen Beispiel wird dabei oft durch dessen mangelnde Kenntnis oder gar fehlgeleitete Mystifizierung erschwert. Umgekehrt behindert ein unzureichendes Verständnis der Experten der deutsch-französischen Beziehungen dafür, wie spezifisch bestimmte Erfahrungen, Entwicklungen und gesellschaftliche Rahmenbedingungen für den Kontext der deutsch-französischen Aussöhnung in Westeuropa in der zweiten Hälfte des 20. Jahrhunderts im geopolitischen Kontext des kalten Krieges sind, ebenfalls diesen Prozess.

Gegen Ende des Bandes klingt an, dass die Auseinandersetzung mit anderen Annäherungs- und Aussöhnungsprozessen auch den Blick auf die Rahmenbedingungen des deutsch-französischen schärft. Weil es DIE Geschichte oder DAS Narrativ der deutsch-französischen Aussöhnung nicht gibt und diese in den Geschichts- und Sozialwissenschaften Gegenstand wissenschaftlicher Debatten ist, wäre es interessant gewesen, die im Rahmen des Projekts vermittelten Kenntnisse transparent zu machen und im Kontext wissenschaftlicher Debatten zu verorten. Ein insgesamt interessanter, in seiner Herangehensweise origineller Band, der neue Blickwinkel auf das deutsch-französische Verhältnis und seine Bedeutung ermöglicht.

Eileen Keller

Croyances et savoirs d'enseignants allemands et français. (Re)penser l'interculturel à l'école. Véronique Lemoine-Bresson, L'Harmattan, Paris 2021, 254 Seiten

Diese nicht nur wissenschaftlich, sondern auch politisch hochaktuelle Studie widmet sich einer Problematik, die immer stärker ins Bewusstsein derjenigen Forscher und Praktiker rückt, die sich internationaler Arbeit reflektiert annehmen wollen: Was bedeutet „interkulturelle Kompetenz", wie kann die schwammige Begrifflichkeit „Interkulturalität" präzise gefasst werden und wie kann man in dieser Diskussion der voreiligen essentialistischen Festschreibung des „Anderen" und vor allem der Reduktion auf vermeintlich homogene nationale Identitäten entgehen?

Die Autorin greift ein Thema auf, das in der schulischen Pädagogik deshalb von virulenter Aktualität ist, weil in den Curricula immer öfter (meist auf Initiative der politischen Institutionen) die „interkulturelle Kompetenz" als Schlüsselqualifikation eingefordert wird. Die Studie geht der Frage nach, wie ein sinnvolles Ausbildungs- und Weiterbildungskonzept für Fremdsprachenlehrerinnen und -lehrer zum Thema „interkulturelle Kompetenz" aussehen könnte. Dabei konzentriert sich die Autorin auf Deutsch und Französisch als jeweilige Fremdsprachen. Im Mittelpunkt stehen die pädagogischen Situationen im Kindesalter, obwohl die Überlegungen und Erkenntnisse auch für die Sprachlehrenden in höheren Klassen relevant sind.

Das Vorwort von Nathalie Auger nennt das grundsätzliche und in seiner Bedeutung kaum zu überschätzende Problem klar beim Namen: „Véronique Lemoine-Bresson ne nous donne pas une liste de choses ‚à faire' ou ‚à ne pas faire' pour développer des compétences interculturelles auprès de nos élèves. Son objet est tout autre. Il s'agit en réalité d'une sorte de prolégomènes à des propositions didactiques et pédagogiques qui permettent de comprendre pourquoi, au plan général, la didactique interculturelle est dans une sorte d'impasse depuis plus de 30 ans : les enseignants ne sachant pas réellement comment la mettre en pratique alors qu'ils en ressentent crucialement le besoin…"

Ein zentrales Argument der Studie wird im Vorwort ebenfalls schon ausgeführt. Interkulturalität oder interkulturelle Kompetenz, so Auger, werde meist insofern falsch verstanden, als man diese Fähigkeit als eine statisch gegebene Technik verstehe, die zwingend zu Toleranz und Alteritätsverständnis führe. Diese Konzentration auf das „Produkt" der „interkulturellen Kompetenz" übersehe indes den Umstand, dass es sich um kommunikative Prozesse handelt, um variable interaktive Situationen, die eben genau nicht statisch zu betrachten sind.

Mit dem Ziel, ein zeitgemäßes Angebot an Aus- und Weiterbildung für Fremdsprachenlehrer zum Thema „interkulturelle Kompetenz" vorzubereiten, hat die Autorin mit Fokusgruppen in Deutschland und Frankreich eine qualitative Untersuchung konzipiert, die sich vor allem mit den diskursiven Verfahren der Pädagogen im Umgang mit den Repräsentationen des „anderen Landes", der „anderen Kultur" beschäftigt. Die gewählte Methode erlaubt es, im Kleingruppengespräch zu beobachten, wie sich die pädagogisch arbeitenden Lehrkräfte mit ihren eigenen *à prioris* gegenüber dem Zielland des Fremdsprachenunterrichts befassen, wie sie mit den Widersprüchen zwischen „Stereotyp" und eigener, meist kontrastiver oder differenzierter empirischer Erfahrung umgehen lernen.

Anhand der Analyse offizieller bildungspolitischer Texte und der Gesprächsprotokolle in den Fokusgruppen rekonstruiert die Autorin drei große „Glaubenssätze" (sie spricht von „croyances"). Die erste weit verbreitete

Überzeugung besteht in der Behauptung, Kenntnisse über die Zielkultur seien Voraussetzung und Garant für gelungene Treffen mit Vertretern der anderen Kultur. Die zweite „croyance" postuliert, dass nur ein (längerer) persönlicher Aufenthalt im Zielland die Voraussetzungen dafür schaffen kann, interkulturelles Wissen zu vermitteln. Die dritte Grundüberzeugung schließlich unterstreicht die positive Bedeutung von „angenehmen Erfahrungen" während eines Austauschs, wohingegen konfliktbeladene Situationen eher vermieden werden.

Die drei Überzeugungen wurden in den Fokusgruppen diskutiert, in ihrer Bedeutung und Pertinenz relativiert und durch Differenzierungen weiterentwickelt. Als Fazit aus den minutiös nachgezeichneten Gesprächen der Fokusgruppen könnte man festhalten, dass die Thematik „interkultureller Kompetenz" nur sinnvoll bearbeitet werden kann, wenn der Prozesscharakter der intersubjektiven Kommunikation berücksichtigt und die Zuweisung statischer kollektiver kultureller Eigenheiten vermieden wird.

Insgesamt kann man es vielleicht so formulieren: Vermittlung von Elementen einer als fremd definierten Kultur ohne konkreten Anlass menschlicher Treffen ist wie Trockenschwimmen. Einsetzbar werden die Kenntnisse erst in einem Becken, über dessen Größe und Tiefe allerdings ebenso wenig vorab informiert werden kann wie über die Farbe und Temperatur des Wassers. Interkulturelle Kompetenz – sofern man überhaupt an diesem Begriff festhalten will – kann nur *à posteriori* in der Verarbeitung konkreter, personifizierter Erlebnisse gewonnen werden. Für die Interpretation des Erlebten sind dann sehr wohl auch Kenntnisse über soziokulturelle Gewohnheiten oder über objektive Gegebenheiten im Gastland von Nutzen.

Es ist ein großes Verdienst dieser Arbeit, die scheinbar selbstverständlichen Glaubenssätze der „interkulturellen Pädagogik" zu hinterfragen und die einfachen Behauptungen zu dekonstruieren. Anhand der Fremdsprachenpädagogik wird die zeitgemäße Infragestellung und Aktualisierung einer weltweit und auch innerhalb Europas entscheidenden Aufgabe eingelöst. Möge die Arbeit zu weiteren Debatten um den allzu dehnbaren Begriff „interkulturelle Kompetenz" beitragen.

Frank Baasner

Italia e Germania. L'intesa necessaria (per l'Europa). Federico Niglia, Beda Romano und Flavio Valeri, Bollati Boringhieri, Turin 2021, 128 Seiten

Die literarischen Versuche, das deutsch-italienische Verhältnis zu erfassen, die gefühlten Differenzen und gleichzeitig engen Verknüpfungen zu beschreiben und zu interpretieren, hat eine lange Reihe von Büchern aus der Feder von Literaten, Wissenschaftlern, Politikern und Journalisten hervorgebracht. Man muss nicht bis auf Tacitus' Studie zu den Germanen zurückgehen, um diese Tradition zu illustrieren. Erinnert sei beispielsweise an die große Reiseliteratur deutscher Literaten aus dem 19. Jahrhundert oder an einige bekannte Titel des 20. Jahrhunderts wie Luigi Vittorio Ferraris (Wenn schon, denn schon – aber ohne Hysterie: an meine deutschen Freunde, 1988), Angelo Bolaffi (Die schrecklichen Deutschen: eine merkwürdige Liebeserklärung, 1995) oder Roberto Giardina (Anleitung die Deutschen zu lieben, 1996).

Der im März 2021 erschienene Essay hat den Vorteil, dass er von drei Spezialisten ihres jeweiligen Fachgebiets geschrieben worden ist und somit auf ein solides, faktenbasiertes Fundament aufbauen kann. Das Buch erscheint in einem historisch bedeutsamen Moment. Über viele Jahre hatte das Bild Deutschlands in der italienischen Öffentlichkeit stark gelitten, und umgekehrt konnte man in Deutschland ein gewisses Desinteresse – wenn nicht Misstrauen – gegenüber der politischen Aktualität in Italien konstatieren. Erst seit mit dem gemeinsamen europäischen Kraftakt zur Bewältigung der Folgen der Corona-Pandemie, NextGenerationEU, ein deutliches Zeichen der Solidarität gegenüber dem besonders hart getroffenen Italien gesetzt wurde, hat sich auch die Wahrnehmung des als dominant empfundenen Deutschland wieder verbessert.

Im ersten Kapitel zeichnet Flavio Valeri, der eine lange Karriere bei der Deutschen Bank absolviert hat, die sehr intensiven Wirtschaftsbeziehungen zwischen Deutschland und Italien nach. Mit überraschenden Zahlen illustriert er, wie stark beide Volkswirtschaften voneinander abhängen: Der Warenaustausch (2019) zwischen Deutschland und Italien ist bedeutender als der Warenaustausch Italiens mit den USA und China zusammen. Auch die Vorstellung, die Handelsbilanz sei für Italien allzu negativ, ist schnell widerlegt: Italien exportiert für ca. 60 Milliarden und importiert für etwa 70 Milliarden. Die wechselseitigen Präsenzen im Partnerland sind vor allem im produzierenden Gewerbe groß. Mehr als 168.000 Mitarbeitern in circa 2.000 deutschen Firmen in Italien stehen 140.000 Arbeitsplätze bei italienischen Unternehmen in Deutschland gegenüber (Zahlen ohne den Dienstleistungssektor). Ein besonders großes Gewicht haben bei den deutsch-italienischen Wirtschaftsbeziehungen die stark industrialisierten Regionen Lombardei, Veneto und Emilia-Romagna auf italienischer, Baden-Württemberg, Bayern und NRW auf deutscher Seite. Nach dem empirischen Abschnitt widmet sich Valeri der zentralen Rolle der EU-Institutionen, wenn es um Normsetzung, Qualitäts- und Verbraucherschutzfragen geht. Weitere Abschnitte widmen sich der Logistik – die Alpenquerung über den Brenner ist weiterhin das Nadelöhr – und dem Bankensektor. Zum Abschluss unterstreicht Valeri die Bedeutung des freien Welthandels in einer multilateralen Ordnung für die beiden exportstarken Volkswirtschaften.

Federico Niglia analysiert die politischen Beziehungen zwischen Deutschland und Italien, wobei er historisch bis zur Epoche der beiden (verspäteten) Nationalstaatsbildungen zurückgeht. Er unterstreicht die Tatsache, dass bis heute noch kein für beide Seiten akzeptabler historischer Blick auf die Zeit der deutschen Besatzung (1943-1945) entwickelt werden konnte. Deshalb spielen die schmerzhaften Kapitel der gemeinsamen Geschichte bis in die aktuellen Beziehungen hinein. Schon vorher, in der wilhelminischen Epoche deutscher Dominanz in Europa, hatte sich ein dialektisches Verhältnis aufgebaut, das einerseits aus Faszination für wissenschaftlichen Fortschritt und andererseits aus Widerstand gegen ein Kulturideal bestand, in dem man die Abkehr von humanistischen Grundwerten sah. Dieses historische „Grundrauschen" ist eine Realität, mit der sich alle Regierungen in den Jahrzehnten der europäischen Einigung und der bilateralen Annäherung auseinandersetzen mussten. Niglia zeichnet die wichtigsten Schritte in den Beziehungen der Nachkriegszeit nach. Ein wichtiger Einschnitt stellt für Italien der Mauerfall und die schnelle deutsche Wiedervereinigung dar. In den 1990er Jahren kam es zu einer „kühlen" Phase in den bilateralen Beziehungen, als Schröder und Berlusconi mit ihren jeweiligen Regierungen sehr unterschiedliche Wege eingeschlagen hatten. Das vergleichsweise geringe Interesse der deutschen Politik an Italien geht auf diese Phase zurück. Die neuesten Entwicklungen zeugen zwar von einem erneuten Aufbau von gegenseitigem Vertrauen in den Regierungsspitzen, vor allem unter Premierminister Draghi, aber gleichzeitig ist die Ebene der gesellschaftlichen Kontakte weiterhin schwach entwickelt. Hier besteht, so Niglia, ein großer Bedarf an Dialog, informellen Kontakten in Wirtschaft, Wissenschaft und Gesellschaft. Nur so können die sowohl kulturellen als auch strukturellen Divergenzen zwischen beiden Ländern weniger als Problem denn als Chance gesehen werden.

Mit den reellen oder vermeintlichen kulturellen Unterschieden zwischen Deutschland (bzw. „den Deutschen") und Italien bzw. „den Italienern" befasst sich Beda Romano im dritten und letzten Teil des Essays. Unter dem Titel „Breve trattato di psicologia tedesca" begibt sich der Autor mutig auf ein schwieriges Feld, man könnte auch sagen auf Glatteis. Viel ist über Wahrnehmungsmuster, über Stereotype, über deren wahren Kern oder über deren karikaturale Überzeichnung geschrieben worden. Es ist aber gut und wichtig, diesem Problem wechselseitiger Zuschreibung von bestimmten kollektiven Eigenheiten nicht aus dem Weg zu gehen, denn zu präsent sind solche Bilder und Vor-Urteile in der öffentlichen Debatte, genauso übrigens wie im privaten Kontext. Romano konzentriert sich auf den Versuch, dem italienischen Lesepublikum das Verständnis des mal verhassten, mal bewunderten Partners jenseits der Alpen zu erleichtern.

In einem historischen Zeitraffer ruft der Autor die engen historischen Wechselwirkungen in Erinnerung, von der römischen Antike bis ins 16. Jahrhundert. Mit der Reformation geht eine deutliche Kritik am Vatikan und damit auch an einem gewissen Teil Italiens einher. Romano führt einige strukturierende Eigenheiten der deutschen Kultur auf die Reformation zurück: Pflichtbewusstsein, Regelobservanz und starke gesellschaftliche Kontrolle des Individuums sieht er ebenso als Folge der Reformation wie die weiterhin starke Präsenz der Kirchen im Staatswesen (Religionsunterricht in der Schule, starke politische Präsenz bei den Kirchentagen usw.) oder auch die Tatsache, dass Deutschland mit der Präsenz unterschiedlicher Glaubensgruppen weniger Schwierigkeiten hat als andere Länder.

Das Kapitel über die charakteristische Ordnungsliebe, die in Zusammenhang mit Risikominimierung und letztlich Bewältigung existentieller Angst gebracht wird, erscheint dem deutschen Rezensenten etwas holzschnittartig. Wer in der jüngsten Vergangenheit in Deutschland gelebt hat und die sozialen Phänomene oder die Verwaltungsabläufe in der Corona-Pandemie beobachten musste, hätte sich eher mehr als weniger Ordnung, eher mehr vorausschauende Risikominderung gewünscht als die Realität zu bieten hatte. In diesem Kapitel zeigt sich wieder einmal, dass die Wahrnehmungen der Differenz zur Übertreibung neigen, was aber für die Förderung des wechselseitigen Verständnisses nicht unbedingt schädlich sein muss. Für philosophisch gebildete Leserinnen und Leser – in Italien wird in den weiterführenden Schulen übrigens weit mehr Philosophie unterrichtet als in Deutschland, dem Land der Dichter und Denker – ist das Kapitel ein Genuss, auch wenn viele Aussagen sehr pauschalisierend sind, wofür sich Beda Romano zu Beginn seines Teils ausdrücklich entschuldigt. Abschließend unterstreicht er die jahrhundertealte, gegenseitige Beeinflussung und Faszination, die deutsch-italienische Zusammenarbeit bis heute zu einer spannungsgeladenen Aufgabe macht. Die deutsch-italienischen Beziehungen, so bemerkt Romano ganz nebenbei, seien viel komplizierter als das Verhältnis zwischen Deutschland und Frankreich.

In der Summe gelingt es den Autoren, die bisweilen in Italien geäußerte Sorge, man werde von einem allzu dominanten Deutschland insgeheim auf dem Weg der europäischen Integration kolonisiert, durch harte Fakten und kluge Beobachtung von „soft factors“ zu entkräften. Es ist dem Buch zu wünschen, dass es die deutsch-italienische Debatte bereichert, versachlicht und eine neue Ebene der fruchtbaren Auseinandersetzung mit dem historisch, wirtschaftlich und politisch unverzichtbaren Partner einläutet.

Frank Baasner

Deutschsprachige Literatur zu Frankreich

Ausgewählte Neuerscheinungen 2021*
Erstellt von der Frankreich-Bibliothek am Deutsch-Französischen Institut

A. Frankreich: Wirtschaft, Gesellschaft, Politik

1. Allgemeines
2. Politik und Recht
3. Gesellschaft
4. Wirtschaft
5. Kultur / Bildung / Medien
6. Philosophie
7. Internationale Beziehungen / Sicherheitsfragen / Europa
8. Geschichte

B. Deutsch-französische Beziehungen

1. Allgemeines
2. Politische Beziehungen
3. Gesellschaft / Bildung / Information
4. Wirtschaftsbeziehungen
5. Kulturbeziehungen
6. Grenznahe Beziehungen / Jumelages
7. Geschichte

C. Vergleichende Studien

1. Politik und Recht
2. Gesellschaft
3. Wirtschaft
4. Kultur
5. Geschichte

D. Bibliographische Arbeiten

* In Einzelfällen werden auch ältere Titel nachgewiesen

A. Frankreich: Wirtschaft, Gesellschaft, Politik

1. *Allgemeines*

Länderbericht Frankreich / Corine Defrance und Ulrich Pfeil (Hrsg.). - Bonn: Bundeszentrale für politische Bildung, 2021. - 606 Seiten. (Schriftenreihe / Bundeszentrale für Politische Bildung; 10661)

2. *Politik und Recht*

Kallinich, Daniela: Zwischen Polarisierung und Moderation: Frankreichs Präsident Macron und sein Dritter Weg auf dem Prüfstand. - Brüssel: Friedrich-Naumann-Stiftung für die Freiheit, November 2020. - 1 Online-Ressource (31 Seiten) https://fnf-europe.org/wp-content/uploads/2021/01/A4_Studie_Franzosischer-Zentrismus_DE.pdf

Weck, Joseph de: Emmanuel Macron: der revolutionäre Präsident. - London; Berlin: Weltkiosk, 2021. - 201 Seiten

3. *Gesellschaft*

Andras, Joseph: Kanaky: auf den Spuren von Alphonse Dianou: ein Bericht / aus dem Französischen mit einem Glossar und einer Zeittafel von Claudia Hamm. - München: Carl Hanser Verlag, [2021]. - 319 Seiten

Delcroix, Catherine: Licht und Schatten der Familie Nour: wie manche der Prekarität trotzen - biographische Rekonstruktionen. - Leverkusen: Verlag Barbara Budrich, 2021. - 255 Seiten. (Qualitative Fall- und Prozessanalysen; 17)

Eribon, Didier: Gesellschaft als Urteil: Klassen, Identitäten, Wege / aus dem Französischen von Tobias Haberkorn. - 2. Auflage. - Berlin: Suhrkamp, 2021. – 264 Seiten

Ernaux, Annie: Eine Frau / aus dem Französischen von Sonja Finck. - 2. Auflage. - Berlin: Suhrkamp, 2021. - 88 Seiten. (Suhrkamp Taschenbuch; 5138)

Hugues, Pascale: Mädchenschule: Porträt einer Frauengeneration / aus dem Französischen von Lis Künzli. - Originalausgabe. - Hamburg: Rowohlt, Oktober 2021. - 301 Seiten

Laiß, Anna: Universalistisches Ideal und koloniale Kontinuitäten: die „harkis“ in der Fünften Französischen Republik. - Heidelberg: Heidelberg University Publishing, 2021. - 525 Seiten. (Pariser historische Studien; Band 120). Dissertation, Universität Freiburg i. Br., 2017 (überarbeitete Fassung)

Verrecchia, Adrien; Poupat, Bastien; Taix, Benoit: Ultra - französische Lebensart. - Freital: Blickfang Ultra, B&P Verlag, [2021]. - 352 Seiten

4. Wirtschaft

Fleck, Klaus E. W.; Güttler, Wolfgang; Kettler, Stefan Hans: Fachwörterbuch Recht, Wirtschaft und Politik. Band 2. Deutsch - Französisch. - München: C.H. Beck, 2021. - XXVI, 1325 Seiten

Mensitieri, Giulia: Das schönste Gewerbe der Welt: hinter den Kulissen der Modeindustrie / aus dem Französischen von Lena Müller. - Berlin: MSB Matthes & Seitz Berlin Verlagsgesellschaft mbH, 2021. - 335 Seiten

Peto, Rudolf: Die Geschichte der französischen Planifikation während der Trente Glorieuses. - Berlin: epubli, [2021]. - 304 Seiten

5. Kultur / Bildung / Medien

Bon Voyage, Signac! Eine impressionistische Reise durch die eigene Sammlung / herausgegeben von Barbara Schaefer; Übersetzung: Ursula Fethke. - Köln: Wallraf-Richartz-Museum, 2021. - 312 Seiten. (Wallraf im Fokus; 9)

Ferdinand Simonis: Lyrische Kosmologien in der französischen Dichtung des 20. Jahrhunderts / herausgegeben von Annette Simonis, Linda Simonis. - Heidelberg: Universitätsverlag Winter, [2021]. - 252 Seiten. (Beiträge zur Literaturtheorie und Wissenspoetik; Band 24)

Geschwätzige Geheimnisse: erotisch-pornografische Literaturillustrationen aus Frankreich, 1881-1983: die Sammlung Bea und Roger Schneider / Fritz Franz Vogel. - 2., leicht berichtigte Auflage. - Diessenhofen: edition ABCDEFGHIJKLMNOPQRSTUVWXYZ, [2021]. - 453 Seiten

Hachmeister, Lutz: Hôtel Provençal: eine Geschichte der Côte d'Azur. - München: C. Bertelsmann, 2021. - 237 Seiten

Hafner, Wilhelm: Das Orgelwerk von André Fleury (1903-1995) und sein Verhältnis zur französischen Orgelmusik des 20. Jahrhunderts. - Baden-Baden; Bouxwiller: Editions Valentin Koerner, 2021. - XIV, 469 Seiten. (Collection d'études musicologiques; Band 102)

Hammes, Manfred: Durch den Süden Frankreichs: Literatur, Kunst, Kulinarik. - 3. überarbeitete Auflage. - Wädenswil: NIMBUS. Kunst und Bücher AG, 2021. - 701 Seiten

Klassiker des französischen Kinos in Einzeldarstellungen / herausgegeben von Ralf Junkerjürgen, Christian von Tschilschke und Christian Wehr. - Berlin: Erich Schmidt Verlag, [2021]. - 658 Seiten

Pieroth, Bodo: Recht und französische Literatur: von Jean de la Fontaine bis Albert Camus. - München: C.H. Beck, [2021]. - X, 303 Seiten

Salié, Olaf: Chanson: Leidenschaft, Melancholie und Lebensfreude aus Frankreich. - Lizenzausgabe. - Hamburg: Die Zeit, [2021]. - 239 Seiten

Sarr, Felwine; Savoy, Bénédicte: Zurückgeben: über die Restitution afrikanischer Kulturgüter. - Sonderausgabe für die Bundeszentrale für politische Bildung. - Bonn: Bundeszentrale für Politische Bildung, 2020. - 223 Seiten

Temelli, Yasmin: Le sel n'est pas salé: Depression und depressives Erleben männlicher Figuren in der französischen Gegenwartsliteratur. - Baden-Baden: Nomos, 2021. - 354 Seiten. (Rombach Wissenschaften. Reihe Litterae; Band 250)

Volpert, Sofiya: „Ein Fenster zum Westen": wie das französische Savoir-Vivre von der Leinwand in die UdSSR der 1970er und 1980er Jahre gelangte. - Marburg: Büchner-Verlag, [2020]. - 123 Seiten. (Schlaglichter; 5)

6. *Philosophie*

Bourdieu, Pierre: Die feinen Unterschiede: Kritik der gesellschaftlichen Urteilskraft / übersetzt von Bernd Schwibs und Achim Russer. - 28. Auflage. - Frankfurt am Main: Suhrkamp, 2021. - 910 Seiten

Châtelet, Gilles: Leben und Denken wie die Schweine: über die Anstiftung zu Neid und Langeweile in den Marktdemokratien / aus dem Französischen von Markus Sedlaczek. - Berlin: August Verlag, 2021. - 192 Seiten

Hartog, François: Das antike Griechenland ist die schönste Erfindung der Neuzeit / mit einem kurzen bibliographischen Essay von Dimitris Kousouris. - Göttingen: V&R unipress, Vienna University Press, [2021]. - 54 Seiten. (Gunnar Hering lectures; volume 3)

Postmoderne und Dekonstruktion: Texte französischer Philosophen der Gegenwart / mit einer Einführung herausgegeben von Peter Engelmann. - Durchgesehene und aktualisierte Ausgabe 2021. - Ditzingen: Reclam, 2021. - 286 Seiten

Quisinsky, Michael: Marie-Dominique Chenu: Weg - Werk - Wirkung. - Freiburg: Verlag Herder, [2021]. - 383 Seiten

7. *Internationale Beziehungen / Sicherheitsfragen / Europa*

Blaschke, Sina: Emmanuel Macrons Europavisionen und -konzeptionen in seinen programmatischen Reden und in der Presseberichterstattung in Deutschland und Frankreich: eine wissenssoziologische Diskursanalyse 2021. - 1 Online-Ressource (148 Seiten). Masterarbeit, Universität des Saarlandes, 2021 https://www.dfi.de/pdf-Dateien/abschlussarbeiten/MA-Blaschke.pdf

Blau, Antonia: Die Kunst der Dekolonisierung: deutsch-französische Auswärtige Kulturarbeit in Palästina. - Wiesbaden; [Heidelberg]: Springer VS, [2021]. - XVIII, 311 Seiten. Dissertation, Universität Hildesheim, 2020. Dissertation, Aix-Marseille Université, 2020

Frankreichs Außen- und Sicherheitspolitik unter Präsident Macron: Konsequenzen für die deutsch-französische Zusammenarbeit / Ronja Kempin (Hrsg.). - Berlin: Stiftung Wissenschaft und Politik, Deutsches Institut für Internationale Politik und Sicherheit, März 2021. - 1 Online-Ressource (54 Seiten) https://www.swp-berlin.org/fileadmin/contents/products/studien/2021S04_Macron.pdf

Französische Österreichbilder - Österreichische Frankreichbilder / Marc Lacheny, Maria Piok, Sigurd Paul Scheichl und Karl Zieger (Hrsg.). - Berlin: Frank & Timme, Verlag für wissenschaftliche Literatur, [2021]. - 272 Seiten. (Forum: Österreich; Band 12)

Karlsson, Felix: Die Coronakrise in der EU und der Merkel-Macron-Plan: wie kann der damit einhergehende Wandel deutscher Europapolitik erklärt werden? - Berlin: Freie Universität Berlin, März 2021. - 1 Online-Ressource (57 Seiten) (Berliner Arbeitspapier zur Europäischen Integration; Nr. 20) https://refubium.fu-berlin.de/handle/fub188/30709

Krieger, Wolfgang: Partnerdienste: die Beziehungen des BND zu den westlichen Geheimdiensten 1946-1968. - Berlin: Ch. Links Verlag, Januar 2021. - 440 Seiten. (Veröffentlichungen der Unabhängigen Historikerkommission zur Erforschung der Geschichte des Bundesnachrichtendienstes 1945-1968; Band 12)

Lacher, Wolfram: Unser schwieriger Partner: Deutschlands und Frankreichs erfolgloses Engagement in Libyen und Mali. - Berlin: Stiftung Wissenschaft und Politik, Deutsches Institut für Internationale Politik und Sicherheit, 2021. - 1 Online-Ressource (39 Seiten). (SWP-Studie; 3 (Februar 2021))
https://doi.org/10.18449/2021S03

Renkamp, Anna; Hierlemann, Dominik; Fingerhut, Jana: Europäische Demokratie gestalten: Europawerkstatt zur Zukunft Europas mit polnischen, französischen und deutschen Bürgerinnen und Bürgern - 1. und 2. März 2020 in Berlin. - Gütersloh: Bertelsmann Stiftung, [Juni 2020]. - 1 Online-Ressource (51 Seiten). https://www.bertelsmann-stiftung.de/fileadmin/files/Projekte/Demokratie_und_Partizipation_in_Europa_/Europaeische_Demokratie_gestalten.pdf

Soldwisch, Ines: Das Europäische Parlament 1979-2004: Inszenierung, Selbst(er)findung und politisches Handeln der Abgeordneten. - Stuttgart: Verlag W. Kohlhammer, 2021. - 302 Seiten. (Forum historische Forschung. Moderne Welt). Habilitationsschrift, RWTH Aachen University, 2018

8. *Geschichte*

Barnes, Julian: Der Mann im roten Rock / aus dem Englischen von Gertraude Krueger. - 2. Auflage. - Köln: Kiepenheuer & Witsch, 2021. - 299 Seiten

Börner, Helmut; Bunde, Peter; Münch, Reinhard; Schneider, Colin: Als die Spanier für Napoleon fochten. - Leipzig: Engelsdorfer Verlag, 2021. - 170 Seiten

De Waal, Edmund: Camondo: eine Familiengeschichte in Briefen / aus dem Englischen von Brigitte Hilzensauer. - Wien: Paul Zsolnay Verlag, 2021. - 189 Seiten

Deinet, Klaus: Napoleon Bonaparte: das Leben einer Legende. -Stuttgart: Verlag W. Kohlhammer, 2021. - 378 Seiten (Urban-Taschenbücher)

Externbrink, Sven: Ludwig XIV.: König im großen Welttheater. - Leiden; Boston, MA, USA; Singapore; Paderborn, Deutschland: Brill, Ferdinand Schöningh, [2021]. - XII, 470 Seiten

Hartmann, Detlef; Wimmer, Christopher: Die Kommunen vor der Kommune 1870/71: Lyon/Le Creusot/Marseille/Paris. - Berlin; Hamburg: Assoziation A, [2021]. - 143 Seiten

Hünigen, Ute: Le Triomphe de la République: das Republikdenkmal von Aimé-Jules Dalou im Kontext der kunstpolitischen und künstlerischen Strömungen der Dritten Republik von 1870 bis 1899. / herausgegeben von Katrin Pollems-Braunfels; mit einem Vorwort von Hans Ottomeyer. - München: Hirmer, [2021]. - 279 Seiten

Jordanov, Daniel: Arrêts de règlement: gerichtliche Gesetzgebung im frühneuzeitlichen Frankreich am Beispiel des Parlements de Provence. - Berlin: Peter Lang, [2021]. - 246 Seiten. (Rechtshistorische Reihe; Band 493). Dissertation, Westfälische Wilhelms-Universität Münster, 2019

Kleinjung, Christine: Bischofsabsetzungen und Bischofsbild: Texte - Praktiken - Deutungen in der politischen Kultur des westfränkisch-französischen Reichs 835-ca. 1030. - Ostfildern: Jan Thorbecke Verlag, [2021]. - 388 Seiten. (Quellen und Forschungen zum Recht im Mittelalter; Band 11)

Krumeich, Gerd: Jeanne d'Arc: Seherin - Kriegerin - Heilige: eine Biographie. - München: C.H. Beck, [2021]. - 399 Seiten

Lang, Sebastian: Gottes Werk im Handeln des Menschen: Deutungen des Lebens Jesu im Frankreich der ersten Hälfte des 17. Jahrhunderts. - Münster: Aschendorff Verlag, [2021]. - X, 325 Seiten. (Frankfurter theologische Studien; 79. Band). Dissertation, Johannes Gutenberg-Universität Mainz, 2020

Louise Michel oder: Die Liebe zur Revolution / Florence Hervé (Hrsg.). - Berlin: Dietz, 2021. - 135 Seiten

Massicot, Stephanie: Versprachlichungsstrategien unroutinierter Schreiber: französische Bittbriefe des 19. Jahrhunderts auf dem Prüfstand. - Friedrich-Alexander-Universität Erlangen-Nürnberg, 2021. - 1 Online-Ressource (309 Seiten). Dissertation, Erlangen, Friedrich-Alexander-Universität Erlangen-Nürnberg, 2020

Michel, Louise: Die Pariser Commune / aus dem Französischen von Veronika Berger, die Gedichte übersetzte Eva Geber. - 2. Auflage. - Wien; Berlin: Mandelbaum Verlag, 2021. - 415 Seiten

Müchler, Günter: Napoleon: Revolutionär auf dem Kaiserthron. - Durchgesehene Neuausgabe. - Darmstadt: wbg Paperback, [2021]. - 622 Seiten

Münch, Reinhard: 1809 – mit Napoleon in Österreich. - Leipzig: Engelsdorfer Verlag, 2021. - 128 Seiten

Münch, Reinhard: Als die Holländer für Napoleon fochten. - Leipzig: Engelsdorfer Verlag, 2021. - 154 Seiten

Münch, Reinhard: Als die Österreicher für Napoleon fochten. - Zweite überarbeitete und erweiterte Auflage. - Leipzig: Engelsdorfer Verlag, 2021. - 145 Seiten

Münch, Reinhard: Als die Polen für Napoleon fochten. - Leipzig: Engelsdorfer Verlag, 2021. - 150 Seiten

Münch, Reinhard: Als die Schweizer für Napoleon fochten. - Zweite überarbeitete und erweiterte Auflage. - Leipzig: Engelsdorfer Verlag, 2021. - 137 Seiten

Münch, Reinhard: Als die Südeuropäer für Napoleon fochten: von Portugal bis zur Adria. - Leipzig: Engelsdorfer Verlag, 2021. - 136 Seiten

Münch, Reinhard: Napoleons Generale: die für ihn ihr Leben gaben. - Leipzig: Engelsdorfer Verlag, 2021. - 111 Seiten

Opinion publique, Révolution, Contre-révolution. - Berlin; Boston: De Gruyter Oldenbourg, 2021. - 233 Seiten. (Handbuch politisch-sozialer Grundbegriffe in Frankreich 1680-1820; Heft 22) (Ancien Régime, Aufklärung und Revolution; Band 10)

Planert, Ute: Napoleons Welt: ein Zeitalter in Bildern. - Darmstadt: wbg Theiss, [2021]. - 224 Seiten

Ross, Kristin: Luxus für alle: die politische Gedankenwelt der Pariser Kommune / aus dem Englischen von Felix Kurz. - Berlin: Matthes & Seitz, [2021]. - 203 Seiten

Salomon, Sarah: Die Kunst der Außenseiter: Ausstellungen und Künstlerkarrieren im absolutistischen Paris jenseits der Akademie. - Göttingen: Wallstein Verlag, [2021]. - 408 Seiten. Dissertation, Technische Universität Berlin, 2018

Schuler, Thomas: Auf Napoleons Spuren: eine Reise durch Europa. - 2., überarbeitete Auflage. - München: C.H. Beck, 2021. - 408 Seiten

Schultz, Uwe: Der König und sein Richter: Ludwig XVI und Robespierre: eine Doppelbiographie. - 2. Auflage, unveränderter Nachdruck. - München: C. H. Beck, 2021. - 399 Seiten

Simek, Rudolf: Die Geschichte der Normannen: von Wikingerhäuptlingen zu Königen Siziliens. - Durchgesehene Ausgabe.- Ditzingen: Reclam, 2021. - 360 Seiten

Vidler, Anthony: Claude-Nicolas Ledoux: Architektur und Utopie im Zeitalter der Französischen Revolution. - Zweite und erweiterte Ausgabe. - Basel: Birkhäuser, [2021]. - 184 Seiten

Wittmann, Heiner: Napoleon Bonaparte 1769-1821: der Bonapartismus und die Napoleon-Legende. - Köln: machiavelli edition, 2021. - 162 Seiten

Zamoyski, Adam: Napoleon: Ein Leben. - 2. Auflage. - München: C.H. Beck, 2021. - 863 Seiten

B. Deutsch-französische Beziehungen

1. Allgemeines

Frankreich im Saarland = La France en Sarre / Susanne Mueller (Hrsg.). - Frankfurt am Main: Cross-Culture Publishing, 2020. - 216 Seiten. (Reihe Regio; Band 6)

Frankreich in der Metropolregion FrankfurtRheinMain = La France dans la région métropolitaine Francfort-Rhin-Main / Susanne Mueller (Hrsg./éd.). - 5. veränderte Auflage. - Frankfurt am Main: Cross-Culture Publishing, 2021. – 256 Seiten. (Reihe Regio; Band 5)

Frankreich in Rheinland-Pfalz: Gestern und heute = La France en Rhénanie-Palatinat: hier et aujourd'hui / Susanne Mueller (Hrsg.). - Frankfurt am Main: Cross-Culture Publishing, 2021. - 220 Seiten. (Reihe Regio; Band 7)

Gebhardt, Thomas: Der Fluch von Sedan: zur Problematik der deutsch-französischen Nachbarschaft: Denkmäler und Denkfehler – von Vercingetorix bis Macron / mit einem Vorwort von Willy Wimmer. - Verlag zeitgeist Print & Online, 2020. - 175 Seiten

Wickert, Ulrich: Frankreich muss man lieben, um es zu verstehen. - Ungekürzte Taschenbuchausgabe. - München: Piper, Februar 2021. - 297 Seiten

Wickert, Ulrich: Mein Paris. - Neuausgabe. - Hamburg: Atlantik Verlag, [2021]. – 315 Seiten

2. *Politische Beziehungen*

Bericht über die deutsch-französische parlamentarische Zusammenarbeit im Jahr 2019 gemäß Art. 8 des Deutsch-Französischen Parlamentsabkommens: = Rapport sur la coopération parlementaire franco-allemande en 2019 au sens de l'article 8 de l'accord parlementaire franco-allemand / Deutsch-Französische Parlamentarische Versammlung. - [Berlin], [7. Dezember 2020]. - 1 Online-Ressource (21 Seiten)
https://www.bundestag.de/resource/blob/812038/b93515b1b2d5e242b9dfba537cc26213/20200902_jahresbericht_2019-data.pdf

Grenzerfahrungen: COVID-19 und die deutsch-französischen Beziehungen = Expériences transfrontalières: les relations franco-allemandes à l'heure de la COVID-19 / Florian Weber, Roland Theis, Karl Terrolion (Hrsg.). - Wiesbaden: Springer Fachmedien Wiesbaden GmbH, 2021. - X, 468 Seiten. (Räume, Grenzen, Hybriditäten)

Stenografisches Protokoll der vierten Sitzung der Deutsch-Französischen Parlamentarischen Versammlung / Deutscher Bundestag, Assemblée nationale; Vorsitz/Présidence: Wolfgang Schäuble, Richard Ferrand, Andreas Jung, Christophe Arend. - [Berlin], 2020. - 1 Online-Ressource (203 Seiten) https://www.bundestag.de/resource/blob/818012/68f1e5c7d61e9756b2acab7c27120b92/20200922_protokoll-data.pdf

3. *Gesellschaft / Bildung / Information*

Baasner, Frank: Deutsch-französische Austausch- und Kooperationsprogramme der Robert Bosch Stiftung: Ertrag und langfristige Wirkung. - Ludwigsburg: Deutsch-Französisches Institut, Juli 2021. - 115 Seiten. (dfi compact; Nr. 18 (Juli 2021))

Begrenzungen, Überschreitungen: interdisziplinäre Perspektiven auf Grenzen und Körper / Sarah Ehlers, Sarah Frenking, Sarah Kleinmann, Nina Régis und Verena Triesethau (Hrsg./éd.). - Göttingen: V&R unipress, [2021]. - 299 Seiten. (Deutschland und Frankreich im wissenschaftlichen Dialog; Band 11)

Defrance, Corine; Hermann, Tanja: Die deutsch-französische Zivilgesellschaft: Gegenstand und Akteur der bilateralen Beziehungen Bilanz und Perspektiven nach Unterzeichnung des Aachener Vertrags. - Paris: Ifri, Dezember 2021. - 1 Online-Ressource (29 Seiten). (Visions franco-allemandes; 32) https://www.ifri.org/sites/default/files/atoms/files/vfa_32_c._defrance_t._herrmann_deutsch_franzosische-zivilgesellschaft_dez_2021.pdf

Deutsch-französische Zusammenarbeit: Praxishandbuch / Baden-Württemberg, Ministerium für Kultur, Jugend und Sport; [Einführung: Frank Baasner, Deutsch-Französisches Institut Ludwigsburg]. - [Stuttgart], [2021]. - 1 Online-Ressource (71 Seiten) https://km-bw.de/site/pbs-bw-km-root/get/documents_E1868869478/KULTUS.Dachmandant/KULTUS/KM-Homepage/Publikationen%202021/2021%20Praxishandbuch%20Deutsch_Franzoesische%20Zusammenarbeit.pdf

Diallo, Elisa: Französisch verlernen: Mein Weg nach Deutschland. - Berlin: Berenberg Verlag GmbH, 2021. - 240 Seiten

Flucke, Franziska: Der bilinguale Geschichtsunterricht seit 1945: die Entwicklung im Kontext der deutsch-französischen Kulturbeziehungen. - St. Ingbert: Röhrig Universitätsverlag, 2020. - 385 Seiten. (Historica et didactica. Forschung Geschichtsdidaktik; Band 4). Dissertation, Universität Siegen, 2018. Dissertation, Université de Lorraine, Metz, 2018

Fourcaud, Christine; Springer, Matthias: Frühkindlicher Fremdsprachenerwerb in den „Elysée-Kitas“: Schnupperstunde Französisch in den Münchner städtischen Kindertageseinrichtungen. - Tübingen: Narr Francke Attempto, [2021]. – 269 Seiten

Goulet, Vincent; Seidendorf, Stefan; Binder, Susanne: Lehr- und Wanderjahre: Auslandsaufenthalt und Autonomiegewinn. Berufsbildende Auslandspraktika und ihre Auswirkungen auf den Lebenslauf. - Paris; Berlin: OFAJ/DFJW, 2021. – 242 Seiten. (Arbeitstexte; Nummer 32)

Nachlass der Gesellschaft der Freunde französischer Kultur e.V. Stuttgart in der Frankreich-Bibliothek des Deutsch-Französischen Instituts. - Ludwigsburg: Deutsch-Französisches Institut, [2020]. - 1 Online-Ressource (40 Seiten) https://www.dfi.de/pdf-Dateien/GFfK/GFfK-Nachlass-fuer-Website.pdf

Partenariats - Ideen, Methoden, Aktivitäten / Koordination des Thementeils: Ulrike C. Lange & Haika Hartmann. - Bochum: Bundesgeschäftsstelle der VdF, 2021. - 46 Seiten. (Französisch heute; Jahrgang 52,4)

Yakut, Atilla: Literatur für deutsch-französisch zweisprachige Kinder. - Heidelberg: Verlag Y. Landeck, [2020]. - 224 Seiten. (Edition Zweisprachigkeit - iki; Band 22)

4. *Wirtschaftsbeziehungen*

Auswirkungen einer Abschaltung des Kernkraftwerks Cattenom auf die Versorgungssicherheit in der Region / Consentec; im Auftrag von Ministère de l'Énergie et de l'Aménagement du territoire du Grand-Duché de Luxembourg, Ministerium für Umwelt, Energie, Ernährung und Forsten Rheinland-Pfalz, Ministerium für Wirtschaft, Arbeit, Energie und Verkehr Saarland. - Aachen, 15. April 2021. - 1 Online-Ressource (23 Seiten) https://www.saarland.de/mwaev/DE/downloads/energie/dld_consentec_Studie_Auswirkungen_AbschaltungCattenom_Bericht.pdf?__blob=publicationFile&v=3

5. *Kulturbeziehungen*

Arnoux, Mathilde: Geteilte Wirklichkeit: für eine Geschichte der künstlerischen Beziehungen zwischen Ost und West in Europa während des Kalten Krieges / aus dem Französischen von Stefan Barmann. - Zürich: Diaphanes, 2021. – 237 Seiten. (Passerelles)

Bernhard Groethuysen: Deutsch-französischer Intellektueller, Philosoph und Religionssoziologe / herausgegeben von Richard Faber und Claude D. Conter. - Würzburg: Königshausen & Neumann, [2021]. - 312 Seiten

Bouzac, JP: Mein Kalter Krieg: ein Charentais an der Berliner Mauer. - Norderstedt: BoD – Books on Demand, [2021]. - 156 Seiten

Duhem, Sandra: Deutscher Expressionismus in Frankreich: späte Anerkennung im Pariser Musée national d'art moderne: 1960-1978. - Berlin; München: Deutscher Kunstverlag, [2021]. - 358 Seiten. Dissertation unter dem Titel: Die Rezeption der Kunst des deutschen Expressionismus in Sonderausstellungen französischer Museen.

Führer, Christian: Rendezvous: Frankreichs Militär in der Pfalz 1945-1999 / Alexander Schubert für die Stiftung Historisches Museum der Pfalz Speyer zusammen mit Christian Führer und Ludger Tekampe (Hrsg.). - Ubstadt-Weiher; Heidelberg; Speyer; Stuttgart; Basel: verlag regionalkultur, [2021]. - 125 Seiten

Impressionismus - deutsch-französische Begegnungen / herausgegeben von Markus Bertsch und Karin Schick für die Hamburger Kunsthalle. - Köln: Wienand, 2021. - 197 Seiten

Klemm, Stephan: Die Nacht von Sevilla '82: ein deutsch-französisches Fußballdrama. - Kellinghusen: Verlag Eriks Buchregal, 2021. - 192 Seiten

Kuderna, Michael: Grenzüberschreitungen: ein deutsch-französischer Architekt, sein Meisterwerk und Hitler-Bilder in Kirchen. - Saarbrücken: Geistkirch-Verlag, 2021. - 440 Seiten

Maunder, Hilke: So viel Frankreich steckt in Deutschland: 26 Städte-Portaits. - Norderstedt: BoD – Books on Demand, 2020. - 316 Seiten

Mystique et psychisme: une approche interculturelle = Mystik und Psyche in interkultureller Perspektive / coordonné par Christine Maillard et Sonia Goldblum. - Strasbourg: Presses universitaires de Strasbourg, [2021]. - 166 Seiten. (Recherches germaniques. Hors série; no 16 (2021)). Beiträge teilweise französisch, teilweise deutsch

Noack, Daniela: Vom unromantischen Leben in Paris: feuilletonistische Texte aus den 1990er Jahren. - Norderstedt: BoD – Books on Demand, 2021. - 114 Seiten

Rieger, Karin: Eine außergewöhnliche Freundschaft: die Geschichte von zwei starken Frauen, die in unterschiedlichen Systemen zu Hause waren. - Jüchen: Romeon-Verlag, 2021. - 244 Seiten

Scappini, Gérard: Ankunft in der Fremde: Von Toulon nach Freiburg. 1966 –1967. - Bielefeld: Pendragon, 2021. - 216 Seiten

Steurer, Hannah: Tableaux de Berlin: französische Blicke auf Berlin vom 19. bis zum 21. Jahrhundert. - Heidelberg: Universitätsverlag Winter, [2021]. - 550 Seiten. (Neues Forum für allgemeine und vergleichende Literaturwissenschaft; Band 58). Dissertation, Universität des Saarlandes, 2020 (leicht überarbeitete Fassung)

Stierle, Karlheinz: Paris denken - penser Paris: deutsch-französische Annäherungen. - Erste Auflage, Originalausgabe. - Berlin: Suhrkamp, 2021. - 308 Seiten

Syring, Marie Luise: Verschwommene menschenfreundliche Reden - Beuys in Frankreich. - Köln: Strzelecki Books, 2021. - 51 Seiten

Theorieübersetzungsgeschichte: Deutsch-französischer und transatlantischer Theorietransfer im 20. Jahrhundert / Wolfgang Hottner (Hrsg.). - Berlin, Germany: J.B. Metzler, [2021]. - VIII, 219 Seiten. (Globalisierte Literaturen - Theorie und Geschichte transnationaler Buchkultur; Band 2)

6. *Grenznahe Beziehungen / Jumelages*

Coatleven, Lucie; Hublet, François; Rospars, Théophile: Subsidiäres Krisenmanagement in der Corona-Pandemie: Bundesrepublikanisches Erfolgsmodell und grenzübergreifende Perspektiven. - Paris: Le Grand continent, décembre 2020. - 1 Online-Ressource (23 Seiten) https://legrandcontinent.eu/de/wp-content/uploads/sites/7/2020/12/Rapport_GEG-_DE.pdf

Eberbach - Thonon: 1961 - 2021, 60 Jahre: Festbuch / Herausgeber: Stadt Eberbach / Ville d'Eberbach. - Eberbach: Stadt Eberbach, 2021. - 217 Seiten

Edingen-Neckarhausen–Plouguerneau: eine deutsch-französische Partnerschaft - un Jumelage franco-allemand. Band 2. - Edingen-Neckarhausen: Edition Ralf Fetzer, 2020. - 176 Seiten

Gemeinsam Grenzen überschreiten: Au-delà des limites, ensemble. - Basel: IBA Basel, [2021]. - 78 Seiten. (Baumeister)

Gemeinsame Erklärung des Gipfels der Großregion: 17. Gipfel der Großregion unter saarländischer Präsidentschaft. - 20. Januar 2021. - 1 Online-Ressource (25 Seiten)
http://www.grossregion.net/content/download/5071/79946

Ludwigsburg Montbéliard: 70 Jahre Städtepartnerschaft. - Ludwigsburg: Stadt Ludwigsburg, 2021. - 36 Seiten

Verkehrssicherheit in der Großregion: Daten, Kampagnen, Ansprechpartner = Sécurité routière dans la Grande Région: données, campagnes, interlocuteurs / EVTZ Gipfelsekretariat der Großregion. - Ausgabe 2020. - Esch/Alzette: Secrétariat du Sommet de la Grande Région, 2020. - 63 Seiten

Willkommen in der Großregion: unsere Gemeinsamkeiten und der Reichtum unserer Unterschiede / Schriftleitung: Gipfelsekretariat der Großregion. - 3. Auflage. - Esch-sur-Alzette: Gipfelsekretariat der Großregion, 2021. - 87 Seiten. (Schriftenreihe der Großregion; Tome / Band 22)

7. *Geschichte*

Befreiungskriege, Nationalstaat und Erhebung 1848/49 / Herausgeber: Kreis Warendorf, Der Landrat. - Warendorf: Kreis Warendorf, [2019]. - 116 Seiten. (Quellenheft; 1)

Bennemann, Nils: Rheinwissen: die Zentralkommission für die Rheinschifffahrt als Wissensregime, 1817-1880. - Göttingen: Vandenhoeck & Ruprecht, [2021]. - 314 Seiten. (Veröffentlichungen des Instituts für Europäische Geschichte Mainz; Band 260). Dissertation, Universität Dusiburg-Essen, 2019

Bichler, Karl-Horst: Johann Bartholomäus Trommsdorffs Leben und Wirken in Erfurt in den epochalen Veränderungen des frühen 19. Jahrhunderts. - Berlin: Lehmanns Media, [2021]. - 78 Seiten

Bohmann, Dominik: Französisches Leben im Lager Regensburg: ein Mikrokosmos im Licht der Gefangenenzeitung „Le pour et le contre“ (1916/1817). - Regensburg: Verlag Friedrich Pustet, 2021. - 407 Seiten. (Kulturgeschichtliche Forschungen zu Gefangenschaft und Internierung im Ersten Weltkrieg; Band 3). Dissertation, Universität Regensburg, 2019

Bonkhoff, Bernhard H.: Kultur, Konfession, Region: gesammelte Aufsätze zur Kirchen- und Landesgeschichte von Pfalz und Elsass-Lothringen / herausgegeben von Peter Wasem. - St. Ingbert: Conte Verlag, [2021]. - 709 Seiten

Delpal, Bernard: Dieulefit - Rettungswiderstand eines Dorfes in der Provence während der Nazi-Besatzung. - Frankfurt am Main: Brandes & Apsel, 2021. – 183 Seiten

Die drei Schwestern: Selma, Bertha und Gundl, geb. Steinmetz; Frauen im Widerstand 1933-1945 / Sonja Frank (Hrsg.). - Wien: Theodor Kramer Gesellschaft, 2021. - 299 Seiten

Die französischen Revolutionstruppen im Bergischen Land 1795 – 1800/1814 in den Briefen des Verwalters von Schloss Morsbroich / Arbeitsgemeinschaft Geschichte in Leverkusen; Herausgeber: Hans-Jürgen Dorn. - Hamburg: tredition, 2020. - 140 Seiten

Eckardt, Dietrich: Als Wanderer zwischen den Zeiten. - Leipzig: Engelsdorfer Verlag, 2021. - 249 Seiten

Ernst Moritz Arndt in seiner Zeit: Pommern vor, während und nach der napoleonischen Besetzung / herausgegeben von Dirk Alvermann und Irmfried Garbe. - Wien; Köln; Weimar: Böhlau Verlag, [2021]. - 256 Seiten. (Veröffentlichungen der Historischen Kommission für Pommern. 5, Forschungen zur Pommerschen Geschichte; Band 55)

Feldpost einer Dresdner Familie 1940/1941: aus und nach Paris / Christian Hermann (Hrsg.). - Leipzig: Leipziger Universitätsverlag, 2021. - 371 Seiten

Fontane, Theodor: Kriegsgefangen: Erlebtes 1870. - Neuausgabe. - Potsdam: Klaus Becker Verlag, 2021. - VI, 243 Seiten

Frenking, Sarah: Zwischenfälle im Reichsland: Überschreiten, Polizieren, Nationalisieren der deutsch-französischen Grenze (1887–1914). - Frankfurt; New York: Campus Verlag, [2021]. - 442 Seiten. (Campus historische Studien; Band 81)

Geisenhanslüke, Achim: Am scharfen Ufer: Hölderlin, Frankreich und die Heideggersprache. - Paderborn: Brill, Wilhelm Fink, [2021]. - XI, 173 Seiten

Georgi, Ina: 150 Jahre Gründung des Deutschen Reiches: 1871-2021. - Schneeberg, 2021. - 16 Seiten. (Schneeberger Bote; Sonderausgabe)

Gurs 1940: die Deportation und Ermordung von südwestdeutschen Jüdinnen und Juden: Katalogbroschüre / kuratorisches Konzept und Redaktion: Christoph Kreutzmüller und Kerstin Stubenvoll; Übersetzung: Valentine Meunier. - Berlin: Haus der Wannseekonferenz, Gedenk- und Bildungsstätte, [2021]. - 96 Seiten

Hedwig, Hintze: verstreute Schriften / Elisabeth Dickmann (Hrsg.). - Berlin: trafo, [2021]. - 650 Seiten. (Schriftenreihe des Hedwig-Hintze-Instituts Bremen; 11)

Horn, Stephan: Französische und wallonische Freiwilligenverbände im Zweiten Weltkrieg: Politische Implikationen militärischer Kollaboration. - Berlin: Carola Hartmann Miles-Verlag, 2021. - 136 Seiten

Jenseits von Straßburg / herausgegeben von Jan Bürger, Ulrich Nolte und Martial Staub. - München: C.H. Beck, [2021]. - 128 Seiten. (Zeitschrift für Ideengeschichte; Heft 15, 2 (Sommer 2021))

Joachim Heinrich Campe: Rückreise von Paris nach Braunschweig: ein Nachtrag zu der Reise durch England und Frankreich (1804) / herausgegeben von Elmar Lechner. - Klagenfurt: Arbeitsbereich Schulpaedagogik und Historische Bildungsforschung (Alpen-Adria-Universitaet Klagenfurt Austria), 2021. - 4, XXIV Seiten. (Retrospektiven in Sachen Bildung. R. 10, Übersehene Quellen; Nr. 51)

Kartographie der Zerstörung: der rheinhessische Raum des späten „friedlosen 17. Jahrhunderts" im großmaßstäblichen Kartenbild Joseph Claude Favrots / herausgegeben von Klaus Kremb. - Worms: Worms Verlag, 2020. - 176 Seiten. (Alzeyer Geschichtsblätter. Sonderheft; 28)

Kladstrup, Don; Kladstrup, Petie: Wein & Krieg: Bordeaux, Champagner und die Schlacht um Frankreichs größten Reichtum / aus dem Englischen von Dietmar Zimmer. - Zwölfte Auflage. - Stuttgart: Klett-Cotta, 2021. - 380 Seiten

Klein, Carl: Fröschweiler Chronik: Kriegs- und Friedensbilder aus dem Jahr 1870. - Hamburg: Osburg Verlag, 2021. - 382 Seiten

Kramp, Mario: 1870/71 Franzosen in Köln: die vergessenen Gefangenen des Deutsch-Französischen Kriegs. - Weilerswist: Verlag Ralf Liebe, [2021]. - 255 Seiten

Kriegsende und französische Besatzung am Oberrhein 1918-1923 / herausgegeben von Martin Furtwängler, Lenelotte Möller und Armin Schlechter. - Ostfildern: Jan Thorbecke Verlag, [2020]. - 260 Seiten. (Oberrheinische Studien; Band 42)

Krüger, Dieter: Verständigung mit Frankreich: Das vergebliche Plädoyer des Oberst Dr. Hans Speidel: Paris 1940-1942. - Berlin: Miles-Verlag, 2021. - 144 Seiten

Kühlmann, Wilhelm: Abenteuerliche Studien: pfälzische Studenten im frühneuzeitlichen Frankreich. - Ubstadt-Weiher; Heidelberg; Speyer; Stuttgart; Basel: verlag regionalkultur, [2021]. - 112 Seiten. (Mannheimer historische Schriften. Kleine Reihe; Band 1)

Lintner, Philipp: Im Kampf an der Seite Napoleons: Erfahrungen bayerischer Soldaten in den Napoleonischen Kriegen. - München: Verlag C.H. Beck, 2021. - IX, 349 Seiten. (Schriftenreihe zur bayerischen Landesgeschichte; Band 175). Dissertation, Universität Augsburg, 2017 (überarbeitete Fassung)

Lubini, Julian: Die Geschichte des »Landes« Lindau: ein Kreis als Staat zwischen Frankreich, Bayern, Württemberg und dem Bund (1945-1955/56): Strukturen, Personen, Ereignisse. - Norderstedt: BoD - Books on Demand, [2021]. - XXXVIII Seiten

Lusseyran, Jacques: Das wiedergefundene Licht: die Lebensgeschichte eines Blinden im französischen Widerstand / aus dem Französischen übersetzt von Uta Schmalzriedt. - 17. Auflage. - Stuttgart: Klett-Cotta, 2021. - 334 Seiten

Maier, Lilly: Auf Wiedersehen, Kinder! Ernst Papanek: Revolutionär, Reformpädagoge und Retter jüdischer Kinder. - Wien; Graz: Molden, [2021]. - 303 Seiten

Münch, Reinhard: Als „les Allemands" für Napoleon fochten. - Leipzig: Engelsdorfer Verlag, 2021. - 122 Seiten

Münch, Reinhard: Als die Mecklenburger für Napoleon fochten. - Zweite überarbeitete und erweiterte Auflage. - Leipzig: Engelsdorfer Verlag, 2021. - 138 Seiten

Napoleon und die Deutschen: Wie ein Franzose dem Nationalstaat zum Aufstieg verhalf / Redakteur dieser Ausgabe: Johannes Saltzwedel. - Hamburg: SPIEGEL-Verlag Rudolf Augstein Gmbh & Co. KG, 2021. - 146 Seiten. (Der Spiegel. Geschichte; 2021, 1)

Petersen, Birger: Elsa Barraine und die Résistance in Frankreich = Elsa Barraine et la Résistance. - Mainz: Edition FIFF, 2021. - 81 Seiten. (Cahier de Mayence; 12)

Refuge Berlin Brandenburg: Migration und Leben der Hugenotten 1672 bis heute. - Berlin: Vergangenheitsverlag, 2021. - 244 Seiten

Schäder, Kai: Karl Trenkel: Unter französischen Bajonetten: Eine Denkschrift aus der Zeit der Franzosen-Besetzung vom 16. Januar 1923 bis 22. Oktober 1924. - Dortmund: transfer. verlag, 2020

Schefzyk; Miriam: Migration und Integration im Paris des 18. Jahrhunderts: Martin Carlin und die deutschen Ebenisten. - Bielefeld: transcript, [2022]. - 392 Seiten. (Vernetzen - bewegen - verorten; Band 1). Dissertation, Westfälische Wilhelms-Universität Münster; École pratique des hautes études Paris, 2019

Schott, Hanna: Von Liebe und Widerstand: Magda & André Trocmé - der Mut dieses Paares rettete Tausende. - 5. Auflage. - Cuxhaven: Neufeld Verlag, 2021. - 240 Seiten

Seibt, Gustav: Goethe und Napoleon: eine historische Begegnung. - München: C.H.Beck, 2021. - 287 Seiten. (C.H. Beck Paperback; 6431)

Sémelin, Jacques: Ohne Waffen gegen Hitler: eine Studie zum zivilen Widerstand in Europa / aus dem Französischen übersetzt von Ralf Vandamme. - Göttingen: Wallstein Verlag, [2021]. - 285 Seiten

Söllner, Alfons: ad Hannah Arendt: Elemente und Ursprünge totaler Herrschaft. - Hamburg: Europäische Verlagsanstalt, [2021]. - 136 Seiten

Sowada, Lena: Schreiben im Ersten Weltkrieg: französische Briefe und Tagebücher wenig geübter Schreiber aus der deutsch-französischen Grenzregion. - Berlin; Boston: De Gruyter, [2021]. - XI, 648 Seiten. (Beihefte zur Zeitschrift für romanische Philologie; Band 456. Dissertation, Universität Heidelberg, 2019. Dissertation, Université Paul-Valéry Montpellier, 2019

Spies, Christopher: Die „Kriegsverbrecherfrage" in Rheinland-Pfalz, Baden und Württemberg-Hohenzollern: zur Politik der Regierungen Altmeier, Wohleb und Müller in Begnadigungsverfahren von Verurteilten französischer Militärgerichte: 1947-1957 / Herausgeber: Kommission des Landtages für die Geschichte des Landes Rheinland-Pfalz. - Ubstadt-Weiher; Heidelberg; Speyer; Stuttgart; Basel: Verlag Regionalkultur, [2020]. - 480 Seiten. (Veröffentlichungen der Kommission des Landtages für die Geschichte des Landes Rheinland-Pfalz; Band 32). Dissertation, Johannes Gutenberg-Universität Mainz, 2019

Themenheft: Hugenotten in Hofgeismar. - Bad Karlshafen: Deutsche Hugenotten-Gesellschaft e.V., [2021]. - Seite 98-148 (Hugenotten; 85. Jahrgang, Nr. 3 (2021))

Transformer le monument funéraire: Möglichkeitsräume künstlerischer Überbietung des französischen Monuments im 18. und 19. Jahrhundert / Birgit Ulrike Münch und Wiebke Windorf (Hrsg.); Deutsches Forum für Kunstgeschichte, Paris. - Heidelberg: arthistoricum.net, 2021. - 265 Seiten. (Passages online; 7)

Vom Erhabenen zum Lächerlichen ist es nur ein Schritt: Napoleon in der Karikatur: aus dem Bestand der Graphischen Sammlung des Kulturhistorischen Museums Magdeburg / herausgegeben von Gabriele Köster und Karin Kanter. - Magdeburg: Magdeburger Museen, [2021]. - 244 Seiten. (Magdeburger Museumsschriften; 19)

Zuckermann, Moshe: Das Trauma des „Königsmordes": Französische Revolution und deutsche Geschichtsschreibung im Vormärz. - Neuausgabe. - Hamburg: Europäische Verlagsanstalt, [2021]. - ix, 465 Seiten

C. Vergleichende Studien

1. Politik und Recht

Baumann, Robert: Die völkerrechtliche Zulässigkeit der Grünstromförderung in der Schweiz: mit einem Seitenblick auf Frankreich, Deutschland und Italien. - Zürich; St. Gallen: Dike, [2021]. - VIII, 47 Seiten. (Schriften zum Energierecht; Band 16)

Der Gleichbehandlungsgrundsatz im Gesellschaftsrecht: Verhandlungen der Fachgruppe für vergleichendes Handels- und Wirtschaftsrecht anlässlich der 37. Tagung für Rechtsvergleichung vom 19. bis 21. September 2019 in Greifswald / herausgegeben von Peter Jung. - Tübingen: Mohr Siebeck, [2021]. - VI, 176 Seiten. (Rechtsvergleichung und Rechtsvereinheitlichung; 76)

Die Reform des französischen Haftungsrechts im europäischen Kontext / herausgegeben von Stefan Huber und Jens Kleinschmidt. - Tübingen: Mohr Siebeck, [2021]. - VIII, 190 Seiten. (Rechtsvergleichung und Rechtsvereinheitlichung; 77)

Dorn, Leon Konstantin: Die Kontrolle vertraglicher Ungleichgewichte zwischen Unternehmern: eine rechtsvergleichende Untersuchung des reformierten französischen und des deutschen Vertragsrechts. - Tübingen: Mohr Siebeck, [2021]. - XXVII, 438 Seiten. (Studien zum ausländischen und internationalen Privatrecht; 464). Dissertation, Bucerius Law School, Hamburg, 2020

Farahat, Anuscheh: Transnationale Solidaritätskonflikte: eine vergleichende Analyse verfassungsgerichtlicher Konfliktbearbeitung in der Eurokrise. - Tübingen: Mohr Siebeck, [2021]. - XXII, 445 Seiten. (Jus publicum; Band 298). Habilitationsschrift erschien unter dem Titel: Verfassungsgerichtsbarkeit in der Eurokrise: Verfassungsgerichte als Foren und Akteure der Konfliktbearbeitung in europäischen Solidaritätskonflikten.

Giraud-Willer, Alix: Kritik starrer Mindeststrafen: ein Beitrag zur Lockerung absoluter und starrer (Mindest-)Strafdrohungen im Lichte der deutsch-französischen Rechtsentwicklung. - Tübingen: Mohr Siebeck, [2021]. - XVII, 172 Seiten. (Rechtsvergleichung und Rechtsvereinheitlichung; 78)

Gubenko, Elena: Die Abgrenzung des Erbstatuts vom Sachstatut in der EuErbVO. - Tübingen: Mohr Siebeck, [2021]. - XXII, 322 Seiten. (Studien zum ausländischen und internationalen Privatrecht; 463). Dissertation, Universität zu Köln, 2020

Jahn, Jannika: Die Medienöffentlichkeit der Rechtsprechung und ihre Grenzen. - Baden-Baden: Nomos, 2021. - 481 Seiten. (Beiträge zum ausländischen öffentlichen Recht und Völkerrecht; Band 302). Dissertation, Universität Heidelberg, 2020

Kamanabrou, Sudabeh: Richtlinienkonforme Auslegung im Rechtsvergleich: eine Untersuchung am Beispiel des Urlaubsrechts. - Tübingen: Mohr Siebeck, [2021]. - XXVIII, 393 Seiten. (Rechtsvergleichung und Rechtsvereinheitlichung; 75)

Karmann, Silvia Kristin: Die Ordonnance de la marine und die französische Versicherungspraxis: die Entwicklung des Versicherungsvertragsrechts in Frankreich vom Guidon de la mer bis zum Code de commerce. - Berlin: Duncker & Humblot, [2021]. - 346 Seiten. (Comparative studies in the history of insurance law; volume/Band 9). Dissertation, Universität Augsburg, 2020

Kübler-Wachendorff, Maximilian: Das forum necessitatis im europäischen Zuständigkeitsrecht. - Tübingen: Mohr Siebeck, [2021]. - XXII, 246 Seiten. (Studien zum ausländischen und internationalen Privatrecht; 465). Dissertation, Universität Augsburg, 2020

Maaß, Frederike: Der europäische Konsens und die Rolle rechtsunverbindlicher Europaratsdokumente in der Rechtsprechung des Europäischen Gerichtshofs für Menschenrechte. - Berlin: Duncker & Humblot, [2021]. - 347 Seiten. (Schriften zum Völkerrecht; Band 243). Dissertation, Georg-August-Universität Göttingen, 2020

Mavrantonakis, Emmanouil: Das Verbot der révision au fond im internationalen Handelsschiedsverfahren: zur Bindung des staatlichen Gerichts an die schiedsgerichtlichen Sachverhaltsfeststellungen und zu den erforderlichen Ausnahmen. - Tübingen: Mohr Siebeck, [2021]. - XXVI, 366 Seiten. (Veröffentlichungen zum Verfahrensrecht; Band 177). Dissertation, Ruprecht-Karls-Universität Heidelberg, 2020

May, Jonas: Laizität und Sozialdemokratie: eine vergleichende Untersuchung von Religions- und Weltanschauungspolitik in Frankreich, Spanien und Deutschland. - Wiesbaden: Springer VS, [2021]. - XI, 446 Seiten. Dissertation, Universität Siegen, 2020

Personengesellschaften im Rechtsvergleich / herausgegeben von Holger Fleischer, bearbeitet von Peter Agstner et al. - München: C.H. Beck, 2021. - XXX, 483 Seiten

Preiß, Julia: Die Europawahlen 2019 in Deutschland und Frankreich: Überwindung des „Second-Order-Charakters" durch die Nominierung von Spitzenkandidaten? - Brüssel, 2021. - 153 Seiten. Magisterarbeit, Europa-Universität Viadrina; 2021. Magisterarbeit, Sciences Po Strasbourg, 2021

Riegen, Stephanie von: Das Stimmverbot des GmbH-Gesellschafters in Deutschland und Europa. - Baden-Baden: Nomos, 2021. - 445 Seiten. (Heidelberger Schriften zum Wirtschaftsrecht und Europarecht; Band 97). Dissertation, Universität Mainz, 2020

Römling, Dominik: Die Effektivität des Vergaberechtsschutzes in Frankreich. - Göttingen: V&R unipress, Universitätsverlag Osnabrück, [2021]. - 354 Seiten. (Schriften zum europäischen und internationalen Recht; Band 24). Dissertation, Universität Osnabrück, 2020/2021

Ruckteschler, Alexander: Die Veräußerung streitbefangener Gegenstände: eine Neubewertung auf historisch-vergleichender Grundlage. - Tübingen: Mohr Siebeck, [2021]. - XXV, 406 Seiten. (Studien zum ausländischen und internationalen Privatrecht; 469). Dissertation, Bucerius Law School Hamburg, 2020

Scholz, Florian: Kirchliches Arbeitsrecht in Europa: rechtliche Rahmenbedingungen der Beschäftigung von Arbeitnehmern durch die Kirchen in Deutschland, England, Österreich und Frankreich unter besonderer Berücksichtigung staatskirchenrechtlicher Grundlagen. - Freiburg im Breisgau: Lambertus, 2021. - 550 Seiten. (Schriftenreihe zum kirchlichen Arbeitsrecht; Band 12). Dissertation, Rheinische Friedrich-Wilhelms-Universität Bonn, 2020

Schreiner, Pirmin Emanuel: Die Vermessung des Mietrechts: über die Methode quantitativer Rechtsvergleichung am Beispiel des Wohnraummietrechts in Deutschland, England und Frankreich. - Tübingen: Mohr Siebeck, [2021]. - XXIV, 379 Seiten. (Studien zum ausländischen und internationalen Privatrecht; 468). Dissertation, Universität Potsdam, 2020

Sommerfeld, Antonia: AGB-Reform und Rechtsflucht: Bedeutung der Rechtsflucht für die AGB-Reformdebatte im unternehmerischen Rechtsverkehr. - Tübingen: Mohr Siebeck, [2021]. - XXX, 463 Seiten. (Studien zum ausländischen und internationalen Privatrecht; 473). Dissertation, Universität Hamburg, 2020/21

Trinks, Jennifer: Stimmrechtszuordnung beim Nießbrauch an Gesellschaftsanteilen: ein deutsch-französischer Rechtsvergleich. - Berlin: Duncker & Humblot, [2021]. - 552 Seiten. (Abhandlungen zum deutschen und europäischen Gesellschafts- und Kapitalmarktrecht; Band 171). Dissertation, Bucerius Law School Hamburg,2020

Vittu, Elodie: Recht auf Stadt: von einem theoretischen Konzept aus Frankreich zu „Recht auf Stadt"-Bewegungen in Lateinamerika und Europa. - Ilmtal-Weinstraße: Bauhaus-Universitätsverlag Weimar, [2021]. - 296 Seiten. (IfEU Edition; Band 3). Dissertation, Bauhaus-Universität Weimar, 2018

Wessendorf, Julian: Euroskeptizismus auf dem Vormarsch: Positionen der politischen Rechten im Europaparlament. - Stuttgart: Ibidem Verlag, [2021]. – 239 Seiten. (An interdisciplinary series of the Centre for Intercultural and European Studies; 20)

2. *Gesellschaft*

Raphael, Lutz: Jenseits von Kohle und Stahl: eine Gesellschaftsgeschichte Westeuropas nach dem Boom. - Erste Auflage. - Berlin: Suhrkamp, 2021. - 526 Seiten. (Frankfurter Adorno-Vorlesungen; 2018)

Reinecke, Christiane: Die Ungleichheit der Städte: urbane Problemzonen im postkolonialen Frankreich und der Bundesrepublik. - Göttingen: Vandenhoeck & Ruprecht, [2021]. - 386 Seiten. (Kritische Studien zur Geschichtswissenschaft; Band 242). Habilitationsschrift, Universität Leipzig, 2019

Soziale und territoriale Ungleichheiten vor dem Hintergrund der Gelbwestenkrise / Deutsch-Französisches Institut (Hrsg.); Redaktion: Eileen Keller - Wiesbaden: Springer VS, [2021]. - XIII, 243 Seiten. (Frankreich Jahrbuch; 2020)

Urbane Großräume in Deutschland und Frankreich: Fragen und Formen regionaler Kooperation / herausgegeben von Deutsch-Französisches Institut und Wüstenrot Stiftung; Redaktion: Dominik Grillmayer, Stefan Krämer. - Ludwigsburg: Wüstenrot Stiftung, [2021]. - 216 Seiten

3. *Wirtschaft*

Albu, Nora: Grundstruktur der Wirtschaft und Strukturwandel. Eine Input-Output-Analyse am Beispiel Deutschlands und Frankreichs. - Berlin, September 2020. - 1 Online-Ressource (236 Seiten). Dissertation, Universität Bremen, 2020 https://doi.org/10.26092/elib/773

Keller, Eileen: Europa in der Corona-Krise: wirtschaftliche Folgen und Perspektiven für Italien, Frankreich und Deutschland. - Loveno di Menaggio: Villa Vigoni Editore, 2021. - 1 Online-Ressource (32 Seiten) https://www.villavigoni.eu/wp-content/uploads/2021/06/Vigoni-Papers-5_2021_Keller.pdf

Krauss, Clemens: Geldpolitik im Umbruch: die Zentralbanken Frankreichs und der Bundesrepublik Deutschland in den 1970er Jahren. - Berlin; Boston: De Gruyter Oldenbourg, [2021]. - VII, 392 Seiten. (Quellen und Darstellungen zur Zeitgeschichte; Band 128). Dissertation, Ludwig-Maximilians-Universität München

Perspektiven eines Industriemodells der Zukunft / Wolfgang Lemb (Hrsg.). - Marburg: Metropolis-Verlag, 2021. - 313 Seiten

Reuter, Britta: Transparenz öffentlicher Einkaufsdaten in Deutschland: Anforderungen und Handlungsfelder im Kontext von Open Government. - Wiesbaden; [Heidelberg]: Springer Gabler, [2021]. - XXXIX, 447 Seiten. Dissertation, Zeppelin Universität Friedrichshafen, 2020

Tiemann, Marcel: Unternehmenskooperationen in disruptiven Zeiten: Erfolgsfaktoren für strategische Allianzen und Innovationsführerschaft. - Stuttgart; [Freiburg]: Schäffer-Poeschel Verlag, Februar 2021. - 202 Seiten

4. *Kultur*

Angenlahr, Theresa: Der Kölner Lischka-Prozess: NS-Verbrechen und Erinnerungskultur in der Bundesrepublik Deutschland und in Frankreich. - Berlin: Peter Lang, [2021]. - 175 Seiten. (Zivilisationen & Geschichte; Band 68)

Außenbeziehungen und Erinnerung: Funktionen, Dynamiken, Reflexionen / herausgegeben von Friedrich Kießling und Caroline Rothauge. - Berlin; Boston: De Gruyter Oldenbourg, [2021]. - VII, 254 Seiten

Hennigfeld, Ursula: Terror und Roman: 9/11-Diskurse in Frankreich und Spanien. - Heidelberg: Universitätsverlag Winter, 2021. - 207 Seiten. (Studia Romanica; 229)

Schelle, Carla; Fritzsche, Bettina; Lehmann-Rommel, Bettina: Falldarstellungen für eine komparative, praxeologische Seminararbeit: Unterrichtssituationen aus Deutschland, Frankreich, Senegal und England. - Münster: Waxmann, 2021. - 163 Seiten

5. *Geschichte*

Bildung, Sammlung, Expertise: Formen und Vermittlungen künstlerischen Wissens in Residenzstädten des Spätmittelalters und der Frühen Neuzeit; drittes Atelier des Akademieprojekts „Residenzstädte im Alten Reich“ / herausgegeben von Pia Oehler, Julia Schmidt. - Kiel; Mainz: Residenzen-Kommission der Akademie der Wissenschaften zu Göttingen, 2021. - 76 Seiten. (Mitteilungen der Residenzen-Kommission der Akademie der Wissenschaften zu Göttingen. Sonderheft. N.F., Stadt und Hof; 3)

Confrontations au national-socialisme en Europe francophone et germanophone 1919-1949 Volume 4. Conservateurs, nationalistes, anciens nationaux-socialistes / etudes réunies par Michel Grunewald, Olivier Dard, Uwe Puschner. - Bruxelles; Berlin; Bern; New York; Oxford; Wien: Peter Lang, [2020]. - 390 Seiten. (Convergences; vol. 100) Beiträge teilweise französisch, teilweise deutsch

Der Erste Weltkrieg in Literatur, Künsten und Wissenschaft: Kriegserfahrung und intellektuelle Gegenwehr / Françoise Lartillot, Ina Ulrike Paul (Hrsg./éds.). - Berlin; Bern; Bruxelles; New York; Oxford; Warszawa; Wien: Peter Lang, [2022]. - 276 Seiten. (Zivilisationen & Geschichte; Band 70)

Finzsch, Norbert: Der Widerspenstigen Verstümmelung: eine Geschichte der Kliteridektomie im »Westen«, 1500-2000. - Bielefeld: transcript, [2021]. - 526 Seiten. (Gender, diversity and culture in history and politics; Band 1)

Gewaltgemeinschaften? Studien zur Gewaltgeschichte im und nach dem Ersten Weltkrieg / Sven Oliver Müller, Christin Pschichholz (Hrsg.). - Frankfurt; New York: Campus Verlag, [2021]. - 283 Seiten. (Krieg und Konflikt; Band 12)

Haase, Jeannette: Das Ende des Kaperwesens in der europäischen Literatur und dem Recht Englands und Frankreichs bis zur Pariser Seerechtsdeklaration von 1856. - Berlin; Bern; Bruxelles; New York; Oxford; Warszawa; Wien: Peter Lang, [2021]. - 200 Seiten. (Europäische Hochschulschriften. Reihe 2, Rechtswissenschaft; Band/ Volume 6234). Dissertation, Universität Bonn, 2020

Hadwiger, Daniel: Nationale Solidarität und ihre Grenzen: die deutsche „Nationalsozialistische Volkswohlfahrt“ und der französische „Secours national“ im Zweiten Weltkrieg. - Stuttgart: Franz Steiner Verlag, [2021]. - 405 Seiten. (Schriftenreihe des Deutsch-Französischen Historikerkomitees; Band 18). Dissertation, Universität Tübingen, 2019

Hesse, Helge: Die Welt neu beginnen: Leben in Zeiten des Aufbruchs 1775 bis 1799. - Ditzingen: Reclam, 2021. - 431 Seiten

König, Diemut; Odierna, Simone: Dynamiken des Erinnerns in der internationalen Jugendarbeit: Geschichte, Gedenken und Pädagogik zum Ersten Weltkrieg. - Münster: Waxmann, 2020. - 397 Seiten.

Krause, Robert: Muße und Müßiggang im Zeitalter der Arbeit: zu einer Problemkonstellation der deutschen und französischen Literatur, Kultur und Gesellschaft im ‚langen' 19. Jahrhundert. - Berlin: Springer, [2021]. - X, 414 Seiten.

Kulturgutschutz in Europa und im Rheinland: Franziskus Graf Wolff Metternich und der Kunstschutz im Zweiten Weltkrieg / Hans-Werner Langbrandtner, Esther Rahel Heyer, Florence de Peyronnet-Dryden (Hrsg.). - Wien; Köln; Weimar: Böhlau Verlag, [2021]. - 542 Seiten. (Brüche und Kontinuitäten; Band 5) (Schriften / Vereinigte Adelsarchive im Rheinland e.V.; 7)

Lemmes, Fabian: Arbeiten in Hitlers Europa: die Organisation Todt in Frankreich und Italien 1940-1945. - Wien; Köln; Weimar: Böhlau Verlag, [2021]. - 770 Seiten. (Industrielle Welt; Band 96). Grundlage bildet die 2009 verteidigte Dissertation am Europäischen Hochschulinstitut Florenz u.d.T.: Arbeiten für das Reich

März, Julian: Zwischen Laizismus und Religionsfreiheit: das Religionsverfassungsrecht der Dritten Französischen Republik im Vergleich mit der Weimarer Republik. - Berlin: Duncker & Humblot, [2021]. - 324 Seiten. Dissertation, Universität Passau, 2020

Psychiatrie im Ersten Weltkrieg / Thomas Becker, Heiner Fangerau, Peter Fassl, Hans-Georg Hofer (Hrsg.). - 2., korrigierte Auflage. - München: UVK, 2021. - 458 Seiten. (Irseer Schriften; N.F. 12)

Schulze, Thies: Katholischer Universalismus und Vaterlandsliebe: Nationalitätenkonflikte und globale Kirche in den Grenzregionen Ostoberschlesien und Elsass-Lothringen 1918-1939. - Paderborn: Brill, Ferdinand Schöningh, [2021]. - XII, 464 Seiten. (Veröffentlichungen der Kommission für Zeitgeschichte. Reihe B, Forschungen; Band 138). Habilitationsschrift, Universität Münster, 2015

Siegwart, Florian: Englische und französische Feuerversicherungsbedingungen vor 1900: Gemeinsamkeiten, Einflussnahmen, Unterschiede. - Berlin: Duncker & Humblot, [2021]. - 170 Seiten. (Comparative studies in the history of insurance law; volume/Band 13). Dissertation, Universität Augsburg, 2020

Vogl, Thomas: Der Einfluss des französischen Rechts auf die Entwicklung der Handelsgerichtsbarkeit in Deutschland im 19. Jahrhundert. - Berlin: Duncker & Humblot, [2021]. - 311 Seiten. (Schriften zur Rechtsgeschichte; Band 193). Dissertation, Universität Augsburg, 2020

D. Bibliographische Arbeiten

Klapp-Online: Bibliographie der französischen Literaturwissenschaft / herausgegeben und bearbeitet von Astrid Klapp-Lehrmann. - Frankfurt am Main: Vittorio Klostermann
https://www.klapp-online.de/

Literaturdienst Frankeich: Neuzugänge zur Datenbank Internationale Beziehungen und Länderkunde. Tagesaktueller Überblick über die neueste Literatur zu den französischen Außenbeziehungen / deutsch-französischen Beziehungen sowie zur französischen Politik, Wirtschaft und Gesellschaft. - Ludwigsburg: Deutsch-Französisches Institut
www.dfi.de/literaturdienst

Sachregister

Angegeben ist, zur Verdeutlichung, wenn sich der Begriff auf Deutschland (D), Frankreich (F), Italien (I) oder die Europäische Union (EU) im Speziellen bezieht.

Personenregister

FSC
www.fsc.org
MIX
Papier | Fördert gute Waldnutzung
FSC® C083411

Kolibri 360 GmbH
Ferdinand-Jühlke-Straße 7
99095 Erfurt, Deutschland
produktsicherheit@kolibri360.de